Politik

Fachoberschulen und Höhere Berufsfachschulen

MITMACHEN

Herausgegeben von
Ralf Dettinger
Lars Dietershagen
Susanne Gerngroß
Dennis Neumann
Andrea Szukala

Erarbeitet von
Thomas H. A. Becker
Ralf Dettinger
Lars Dietershagen
Susanne Gerngroß
Sonja Hensel
Dennis Neumann
Andrea Szukala

unter Mitarbeit
der Verlagsredaktion

Cornelsen

Bearbeiter der Kapitel im Buch

Ralf Dettinger (3, 4, 5, 6)
Lars Dietershagen (3, 9, 10, 11, 12)
Susanne Gerngroß (8, 9, 13)
Andrea Szukala (7, 15)
Dennis Neumann (1, 2)
Sonja Hensel (14)
Thomas H. A. Becker (11)

Hinweis: Manche Quellentexte wurden nach den Regeln der alten Rechtschreibung wiedergegeben.
Zur Vereinfachung der Texte wurde die männliche Form als Schreibweise gewählt.
Gemeint sind dann beide Geschlechter

Verlagsredaktion: Elisabeth Berten
Außenredaktion: Bettina Kanke, Berlin
Bildredaktion: Ali Emani, Berlin; Christiane Grosskopf, Berlin; Christina Scheurer, Rohrbach
Layout und technische Umsetzung: Christoph Berten, Berlin
Umschlaggestaltung: Christoph Berten, Berlin
Titelfoto: Christoph Berten, Berlin
Titelmotiv: Streetart von Fernanda Manea, Arte no muro; anlässlich des Sozialforums 2012
in Porto Alegre, Brasilien

Zu diesem Buch gibt es „Handreichungen für den Unterricht" als kostenpflichtiger Download.
(ISBN 987-3-06-450981-8)

www.cornelsen.de/cbb

Druck: Stürtz GmbH, Würzburg
ISBN 978-3-06-450737-1

PEFC
PEFC/04-31-1404
PEFC zertifiziert
Dieses Produkt stammt aus nachhaltig bewirtschafteten Wäldern und kontrollierten Quellen.
www.pefc.de

Mitmachen

„Interessiert euch für das, was uns interessiert". So lautet das Fazit einer deutschlandweiten Studie des Kinderhilfswerks der UNO, UNICEF, in der Jugendliche zwischen 12 und 17 Jahren befragt wurden. Eben diese Studie sagt aber auch aus, dass das politische Interesse von Jugendlichen ab dem 15. Lebensjahr signifikant nachlässt. Dem wollen wir mit diesem Buch entgegenwirken. Denn Politik ist nichts Theoretisches, weit Entferntes, mit dem Jugendliche nur dann konfrontiert werden, wenn neue Gesetze erlassen werden oder Wahlen anstehen. Politik ist ein wichtiger Aspekt des Alltages, der überall dort drinsteckt, wo Menschen sich verwirklichen wollen oder wo sie in Gesellschaft zusammen leben und arbeiten. An all diesen Prozessen kann, muss man teilnehmen, um die eigene Lebenswirklichkeit gestalten zu können. Dazu wollen wir beitragen: Mit realitätsnahen Situationen und Arbeitsaufträgen soll die politische Meinungsbildung der Jugendlichen unterstützt werden. Handlungsorientierte Aufgabenstellungen bieten dazu die Möglichkeiten, Kompetenzen zu erwerben, anzuwenden und zu vertiefen. Die Schülerinnen und Schüler sollen dabei Gelegenheit bekommen, sich aktiv einzubringen und mitzugestalten.

Dabei legen die Herausgeber dieses Buchs großen Wert darauf, mit möglichst abwechslungsreichen Lernmethoden und vielfältigem Arbeitsmaterial selbstgesteuerte und kooperative Arbeitsprozesse zu initiieren, die den beruflichen, öffentlichen und privaten Bezug politischer Bildung verdeutlichen. Dort, wo es notwendig ist, verweist das Buch auf tiefergehende Recherchemöglichkeiten, die es den Lernenden ermöglichen, ihre Kompetenzen selbstständig zu erweitern.

Jedes Kapitel endet mit einer Lernsituation, die dazu anregt, das im Kapitel Gelernte anzuwenden, realitätsnah umzusetzen und so den Lernstand zu überprüfen. Die Schülerinnen und Schüler nutzen dazu ihre erworbenen Kompetenzen, um Möglichkeiten der politischen Partizipation anzuwenden.

„Mitmachen" eröffnet aufgrund seiner vielfältigen Methoden und Arbeitstechniken die Möglichkeit, politische Prozesse handlungsorientiert nachzuvollziehen und kontrovers zu diskutieren. Um die Arbeit zu erleichtern und damit alle wirklich mitmachen können, sind die Methoden und Arbeitstechniken im Anhang dargestellt und erläutert.

Wir wünschen uns, dass dieses Buch dazu beiträgt Politik als spannend und herausfordernd wahrzunehmen und zu erkennen, dass es sich lohnt, mitzumachen.

DIE HERAUSGEBER — BERLIN IM JANUAR 2014

Inhalt

1 Identität – wer bin ich? 8

1.1 Auf der Suche nach dem Ich 10
1.2 Mein Ich in der digitalen Welt 12
1.3 Die Entstehung des Ich 14
1.4 Wie kann Identitätsbildung gelingen? 17
1.5 Ich und Andere 18
1.6 Identität – Nutzen Sie Ihre Kompetenzen 22

2 Gesellschaft heute – wie leben wir zusammen? 24

2.1 Was ist Gesellschaft? 26
2.2 Familie heute 27
2.3 Gesellschaftliche Funktionen von Familien 29
2.4 Die Schule als „Gesellschaft im Kleinen“ 30
2.5 Legt Schule den sozialen Auf- und Abstieg fest? 31
2.6 Soziale Ungleichheit in Deutschland 32
2.7 Einkommensverteilung in Deutschland 33
2.8 Armut in Deutschland 34
2.9 Soziale (Un-)Gerechtigkeit in Deutschland 36
2.10 Gesellschaft heute: Nutzen Sie Ihre Kompetenzen 38

3 Migration 40

3.1 Menschen wandern schon immer – zwei Beispiele 42
3.2 Migration in die Bundesrepublik – Nachkriegszeit – Gastarbeiter 44
3.3 50 Jahre deutsch-türkisches Anwerbeabkommen – Integration geglückt? 46
3.4 Zuwanderung – gesetzlich geregelt 48
3.5 Zuwanderung steuern 50
3.6 Asyl in Deutschland 52
3.7 Migration: Nutzen Sie Ihre Kompetenzen 54

4 Die Zukunft der Arbeit 56

4.1 Was bedeutet Arbeit für mich und für die Gesellschaft? 58
4.2 Arbeit früher – Arbeit heute 60
4.3 Wirtschaftsstruktur im Wandel 61
4.4 Was bedeutet Arbeitslosigkeit? 63
4.5 Ursachen von Arbeitslosigkeit und ihre Folgen 64
4.6 Zukunft der Arbeit – so ? ... oder so? 66
4.7 Die Zukunft der Arbeit: Nutzen Sie Ihre Kompetenzen 70

5 Demokratie in der Arbeitswelt 72

5.1 Ausbildung früher... Ausbildung heute 74
5.2 Mitbestimmung in Deutschland – vom 19. Jahrhundert bis heute 76
5.3 Mitbestimmung am Arbeitsplatz 78
5.4 Unternehmensbezogene Mitbestimmung 80
5.5 Überbetriebliche Mitbestimmung 82
5.6 Wirtschaft und Demokratie 84
5.7 Demokratie in der Arbeitswelt: Nutzen Sie Ihre Kompetenzen 86

6 Die Wirtschaft und ich 88

6.1 Warum wir wirtschaften 90
6.2 Bedürfnisse 92
6.3 Preisbildung 94
6.4 Die Rolle des Staates 96
6.5 Verbraucherrechte 98
6.6 Verbraucherpflichten 100
6.7 Die Wirtschaft und ich: Nutzen Sie Ihre Kompetenzen 102

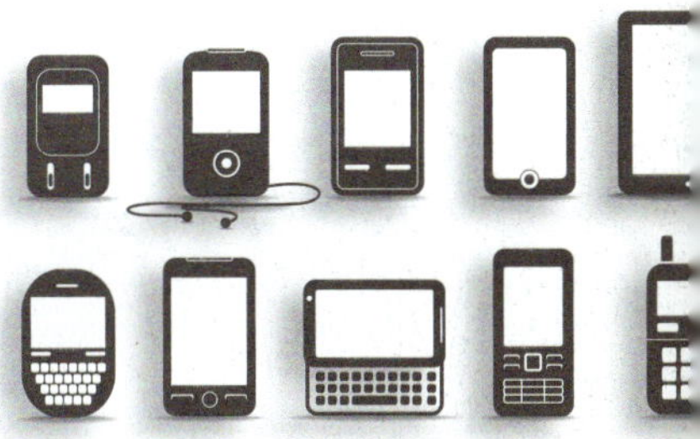

7 Regieren und regiert werden: Demokratie als Idee und Praxis 104

7.1 Sich selbst regieren und selbst entscheiden: Die Dorfgründung in Südfrankreich 106
7.2 Politik und die Frage der Legitimität von Entscheidungen 108
7.3 Demokratische Selbstregierung in der antiken Versammlungsdemokratie 110
7.4 Volkssouveränität und Repräsentation 112
7.5 Die Idee der demokratischen Repräsentation in der deutschen Geschichte 115
7.6 Regieren und regiert werden: Nutzen Sie Ihre Kompetenzen 118

8 So funktioniert unser politisches System 120

8.1 Deutschland nach 1945 – Besatzungszeit 122
8.2 Die DDR 124
8.3 Prinzipien der Demokratie in Deutschland: Das Grundgesetz 126
8.4 Das Regierungssystem in Deutschland – ein Vergleich mit Großbritannien 128
8.5 Wie Politik gemacht wird 130
8.6 Staatliche Macht braucht Kontrolle 132
8.7 So funktioniert unser politisches System: Nutzen Sie Ihre Kompetenzen 134

9 Wie kann ich mitbestimmen in der Politik? 136

9.1 Was ist Partizipation? 138
9.2 Wahlen in Deutschland 139
9.3 Parteien 140
9.4 Interessengruppen 141
9.5 Deutschland – eine wehrhafte Demokratie 142
9.6 Parteienverbot – das Beispiel NPD 143
9.7 Plebiszitäre Elemente und Bürgerinitiativen 144
9.8 Alternative Partizipationsformen 146
9.9 Liquid Democracy – das Internet als Betätigungsort politischer Partizipation 148
9.10 Wie kann ich mitbestimmen: Nutzen Sie Ihre Kompetenzen 150

10 Der Sozialstaat 152

10.1 Die Sozialversicherung und der Wohlfahrtsstaat – wie sozial muss ein Staat sein? 154
10.2 Die Sozialversicherungen 156
10.3 Leben in einer solidarischen Gesellschaft 158
10.4 Der demografische Wandel – ein Problem des Sozialstaates 160
10.5 Der Sozialstaat: Nutzen Sie Ihre Kompetenzen 166

11 Neue Medien 168

11.1 Alte und neue Massenmedien 170
11.2 Information – Kommunikation – Interaktion 172
11.3 Wie das Internet Gesellschaften verändert 174
11.4 Risiken und Chancen für den Einzelnen 176
11.5 Internet und Wirtschaft 178
11.6 Internet und Recht 180
11.7 Neue Medien: Nutzen Sie Ihre Kompetenzen 182

12 Unsere Umwelt – Ressourcensicherung und Nachhaltigkeit 184

12.1 Umwelt – gibt es dafür eine Definition? 186
12.2 Natürliche Ressourcen – Kapazität und Verbrauch 187
12.3 Industrialisierung und Umweltschutz – von früher bis heute 188
12.4 Nachhaltigkeit – Wohlstand erhalten, die Umwelt schützen 190
12.5 Die Klimaerwärmung – der Treibhauseffekt und seine Folgen 192
12.6 Die Verantwortung des Einzelnen: Was kann ich selbst tun? 194
12.7 Ressourcensicherung und Nachhaltigkeit: Nutzen Sie Ihre Kompetenzen 198

13 Die Europäische Union – mehr als ein Wirtschaftsraum 200

13.1 EU im Alltag: Die Schokoladenrichtlinie 202
13.2 Die Struktur der EU 206
13.3 Der Euro 208
13.4 Wofür die EU ihr Geld ausgibt 210
13.5 Die Zukunft der EU 212
13.6 Die Europäische Union – mehr als ein Wirtschaftsraum: Nutzen Sie Ihre Kompetenzen 214

14 Globalisierung 216

14.1 Was bedeutet Globalisierung? 218
14.2 Globalisierung – alles andere als neu 220
14.3 Wirtschaft und Handel verbinden die Welt Schokolade – ein globalisiertes Produkt 222
14.4 Weltweite Konflikte aufgrund knapper Ressourcen 224
14.5 Internationale Zusammenarbeit 226
14.6 Die Vor- und Nachteile der Globalisierung 227
14.7 Perspektiven 228
14.8 Globalisierung: Nutzen Sie Ihre Kompetenzen 230

15 Globale und regionale Sicherheit – Friedenspolitik in einer entgrenzten Welt 232

15.1 Die Entstehung internationaler Beziehungen 234
15.2 Konflikte und neue Bedrohungen der globalen und der lokalen Sicherheit 238
15.3 Neue Kriege um natürliche Ressourcen und Rohstoffe 240
15.4 Möglichkeiten der internationalen Organisationen und die deutsche Außen- und Entwicklungspolitik 243
15.5 Werte, Ziele und Interessen der deutschen Sicherheitspolitik 245
15.6 Globale und regionale Sicherheit: Nutzen Sie Ihre Kompetenzen 246

Anhang

Methoden und Techniken 248
Stichwortverzeichnis 263
Bildquellen 270

1 Identität – wer bin ich?

So Vernetzen Sie Ihr Wissen:

Mit den Themen:

- Gesellschaft heute – wie leben wir zusammen? (→ Kap. 2)
- Neue Medien (→ Kap. 11)

Diese Methoden verwenden Sie:

- Diagramme/Schaubilder erstellen
- Mindmap
- Think-Pair-Share
- Diskussion
- Internetrecherche
- Paar-Check

Fingerabdrücke sind einzigartig. Die Endungen und Verzweigungen der Hautrillen der Finger eines jeden Menschen gleichen nie denen eines anderen. Deshalb werden Fingerabdrücke (Daktylogramme) auch zur Identifikation und Authentifizierung von Personen genutzt.

Bei der Identifizierung eines Menschen, wie beispielsweise im Personalausweis, werden meist bestimmte Daten wie Name, Alter, Geschlecht, Größe, Augenfarbe und Adresse als die wichtigsten Charakteristika der Identität in den Blick genommen. Dass die Identität aber weit mehr als nur bestimmte Personendaten umfasst, werden Sie in diesem Kapitel lernen.

Das Bild links zeigt die künstlerische Auseinandersetzung mit dem Thema „Fingerabdruck". Es stellt nicht nur die Einzigartigkeit durch die typischen individuellen Rillen eines Fingerabdrucks dar. Dass der Abdruck durch das Ausschneiden der Linien selbst hergestellt ist, zeigt im übertragenen Sinn auch, dass Menschen eine Identität nicht bloß „haben", sondern auch selbst „machen" können. Wie, das wird ebenfalls in diesem Kapitel thematisiert.

Außerdem werden Sie diskutieren, welche Rollen Sie innerhalb verschiedener Gruppen ausüben und welche Funktionen diese Gruppen für Ihre Identitätsbildung sowie für die Gesellschaft haben.

Diese Kompetenzen erwerben Sie:

- Sie können erklären, was Identität ist und wie sie entsteht.
- Sie können die Rolle der Medien bei der Identitätsbildung beschreiben und kritisch bewerten.
- Sie können unterschiedliche, auch konkurrierende Rollenanforderungen, die an Menschen gestellt werden, benennen und mögliche Lösungsansätze für Rollenkonflikte aufzeigen.
- Sie können die Funktionen von Gruppen bei der Vergesellschaftung von Menschen darstellen.

1.1 Auf der Suche nach dem Ich

Bücher, die sich mit Fragen zur Identität beschäftigen, wurden in den vergangenen Jahren zu millionenfachen Bestsellern.
Warum interessiert viele Leser die Frage nach ihrem Ich offenbar so sehr, dass sie sich Orientierung und Antworten in einem Buch erhoffen?
Vielleicht ganz einfach deswegen, weil die Frage nach unserer Identität in unserem Alltag eine große Rolle spielt: Unsere Ausbildungs- und Berufswahl, die Wahl von Freunden und Partnern sowie unserer Freizeitaktivitäten hängt damit zusammen, als wer wir uns fühlen.
Gleichzeitig haben wir aber in unserem täglichen Leben nur selten die Möglichkeit, darüber nachzudenken, wer wir sind, und vielleicht noch seltener, wie man Ich wird und wer man zukünftig sein möchte.
Besonders Jugendliche und junge Erwachsene suchen hier nach Antworten, weil das Erwachsenwerden viele neue Anforderungen mit sich bringt.

Die zwei Seiten des Ich

Der Sozialpsychologe George Herbert Mead hat grundlegende Forschungsarbeit zur Struktur der Identität geleistet.

George Herbert Mead (1863–1931), US-amerikanischer Sozialpsychologe. Er befasste sich unter anderem mit der Entwicklung der Identität und dem Prozess der Sozialisation (siehe Kapitel 1.3).

Mead unterscheidet zwei Seiten des Ich: das „I" und das „Me". Das „I" ist das impulsive Ich und bezeichnet die spontanen und unbewussten Bedürfnisse und Triebe, mit denen wir auf Reize aus der Umwelt reagieren.
Das „Me" steht für das reflektierte Ich. Diese Seite des Ich beinhaltet Vorstellungen darüber, wie uns die anderen sehen. Diese Bilder haben wir aus verschiedenen Situationen, in denen wir mit anderen Menschen in Kontakt getreten sind und den Rollen, die wir dort eingenommen haben, aufgebaut. Durch neue Erfahrungen im Umgang mit anderen und neue Rollen, die wir im Alltag einnehmen, werden die reflektierten Ichs zahlreicher und differenzierter.
Die „Me's" üben dabei eine fortlaufende soziale Kontrolle auf das impulsive Ich aus. Aus dieser Differenz zwischen „I" und „Me" sowie dem Versuch, diese zusammenzuführen und somit ein einheitliches Selbstbild zu erschaffen, entwickelt sich das „Self", unsere Identität.

Jetzt sind Sie dran …

1. Zeichnen Sie ein Schaubild (➲ Diagramme / Schaubilder erstellen), in dem Sie die Struktur der Identität nach George Herbert Mead darstellen.
2. Tauschen Sie sich mit einem Mitschüler aus und überprüfen Sie wechselseitig, ob Sie die zentralen Begriffe sowie deren Aussagen verstanden haben. Ergänzen Sie bei Bedarf Ihr Schaubild.
3. Stellen Sie Ihr Schaubild der Klasse vor. Erläutern Sie, warum Sie sich für Ihre Darstellungsweise entschieden haben, und verwenden Sie dabei die erarbeiteten Fachbegriffe.

Der US-amerikanische Soziologe Erving Goffman geht in seinem 1959 veröffentlichten Buch „The presentation of self in everyday life" (in Deutschland erschienen unter dem Titel „Wir alle spielen Theater") davon aus, dass wir, wenn wir mit anderen Menschen in Kontakt treten, den Eindruck der Anderen von uns kontrollieren wollen. Er unterscheidet hierzu in seiner Theorie zwei Dimensionen der Identität: die soziale Identität und die personale Identität.

Erving Goffman (1922–1982), US-amerikanischer Soziologe. Er untersuchte unter anderem Selbstdarstellungen im Alltag.

Soziale Identität
Menschen zeigen sich anderen Menschen gegenüber in verschiedenen Rollen jeweils von ausgewählten Seiten. Sie betonen situationsabhängig bestimmte Seiten, während sie andere verbergen. Das wird auch als Identitätsmanagement bezeichnet.

Personale Identität
Die verschiedenen sozialen Identitäten, die Menschen nach außen präsentieren, müssen sie nach innen als stimmiges Selbstbild zusammenhalten.

Goffman sieht den Alltag von Menschen als Theaterbühne, auf der verschiedene Darsteller Handlungsmuster in Rollen ausüben. Dabei bringen sie in dem Versuch, während der Darstellung einen bestimmten Eindruck erzeugen zu wollen, eine ausgewählte Identität zum Ausdruck. Ob als Schülerin, Tochter, Schwester oder Freundin: Rollen werden andauernd bewusst oder unbewusst übernommen und das Handeln ist dabei immer auch eine Darstellung.

Jetzt sind Sie dran …

4. Nutzen Sie für die folgenden Aufgaben die Think-Pair-Share-Technik (➲ Think-Pair-Share).
   a) Ergänzen Sie in Ihrem Schaubild zu den zwei Seiten des Ich nach Mead die Begriffe „soziale Identität" und „personale Identität".
   b) Vergleichen Sie Ihre Zuordnung mit der Ihrer Sitznachbarn.
   c) Präsentieren Sie Ihr Ergebnis im Klassenplenum und diskutieren Sie dabei den Ausspruch „Ich bin viele" der Psychologin Helga Bilden (➲ Diskussion).
5. Erstellen Sie eine ➲ Mindmap Ihres Ich.
   a) Lassen Sie sich dabei von dem Bild eines „Alltagstheaters" (Goffman) leiten: Welche Rollen nehmen Sie als Darsteller ein? Wie sehen die Bühnenbilder aus? Welche Facetten Ihres Ich bringen Sie in Ihren Darstellungen zum Ausdruck und wie möchten Sie dabei von anderen gesehen werden?
   b) Seien Sie kreativ: Verwenden Sie farbige Stifte, ausgeschnittene Bilder oder kleben Sie Gegenstände auf.
   Bitte verwahren Sie diese Identitäts-Mindmap sorgfältig. Sie werden an dieser später noch weiterarbeiten.

1.2 Mein Ich in der digitalen Welt

Viele Menschen nutzen das Internet, um mit anderen Menschen in Kontakt zu treten. Besonders in sozialen Netzwerken stellen sie sich dabei diese Fragen: Wie viele und welche Seiten meines Ich möchte ich den anderen Nutzern zeigen? Wie präsentiere ich mich online anderen Nutzern und inwieweit entspricht dabei mein Profil meinem Selbstbild? Welche Chancen, aber auch Risiken sind mit der Verwendung von Online-Identitäten verbunden?

Medien und Identitätsbildung

Die Rolle, die Medien bei der Ausbildung einer Identität spielen, charakterisieren die Medienforscher Ingrid Paus-Hasebrink, Uwe Hasebrink und Jan-Hinrik Schmidt so:

> Leben, Alltagsbewältigung, dies lässt sich konstatieren, ist nicht ohne Identität bzw. das Bewusstsein eines Selbst möglich. Auch das viel proklamierte Spiel mit Identitäten setzt Identität voraus – im Grunde sogar eine besonders starke! Leben kann nicht ohne Verankerung, Positionierung und Verortung in der möglichst geglückten Balance von Innen und Außen auskommen. Das stete Bemühen darum – und dies in Abhängigkeit von den sich stellenden Lebensaufgaben und Lebensphasen – findet auch mithilfe von Medien statt. [...]
> Da Erwachsene Jugendlichen heute, wie es bereits die Shell Jugendstudie aus dem Jahr 2000 (vgl. Jugendwerk der Deutschen Shell 2000) zu bedenken gab, weiterhin nur wenige brauchbare Konzepte zur Identitätsbildung anbieten, greifen Jugendliche auf symbolische – mediale – Welten zurück, die ihnen in hohem Maße eine aktiv bestimmte dynamische Selbst-, Sozial- und Sachauseinandersetzung erlauben. [...]
> Das Social Web ermöglicht [...] „Als-ob-Spiele" in der Ausbildung von Identitäten und in einem spielerischen Ausprobieren von Handlungsoptionen, d. h., es bietet virtuelle Räume zur Selbst(re)präsentation.
>
> Quelle: Ingrid Paus-Hasebrink, Uwe Hasebrink und Jan-Hinrik Schmidt [Hrsg.]: Heranwachsen mit dem Social Web. Zur Rolle von Web 2.0-Angeboten im Alltag von Jugendlichen und jungen Erwachsenen; 2011. S. 24 ff.

Social Web
Websites und Software, die dazu dienen, Menschen online in soziale Beziehungen zueinander treten lassen zu können

„Fluid Identity" – Muss Identität im Internet „flüssig" sein?

Bei vielen Social Websites und entsprechenden Online-Diensten ist es vorgeschrieben, dass Nutzer ihren realen Namen angeben. So möchten die Anbieter ihre Nutzer auch eindeutig identifizieren können und damit unter anderem Cyber-Mobbing vorbeugen.

Der Internet-Unternehmer Christopher Poole löste auf einem Treffen zum Web 2.0 im Jahr 2011 eine Diskussion zum Thema Online-Identitäten aus, indem er diesen Anbietern vorwarf, sie würden die Identitätsdarstellung ihrer Nutzer einschränken.

Poole sagte, dass – so wie im realen Leben – die Frage im Internet nicht sei, „mit wem du etwas [Meinungen, Erfahrungen etc.] teilst, sondern als wer". Die eindeutige Online-Identifikation („Wer du online bist, ist, wer du offline bist.") limitiere diese Frage auf eine Antwortmöglichkeit. Poole führte dies weiter aus: „Wir alle haben multiple Identitäten. Und das ist nichts Unnormales, es ist Teil des Menschseins." Und weiter: „Wir sind alle Menschen mit vielen Facetten. [Bestimmte Online-Dienste] möchten dich glauben lassen, dass du ein ‚Spiegel' bist, dass es ein Spiegelbild gibt, dass es eine Vorstellung deines Selbst gibt. Was du in dem Spiegel siehst, ist, was jeder Andere im Spiegel sieht." Diese Online-Dienste würden dabei, kritisiert Poole, eine Art „Fast-Food-Ansatz" verfolgen: Man müsse in ein bestimmtes Darstellungsraster passen. Seine Schlussfolgerung lautet: Die angesprochenen Online-Dienste zwingen dazu, „Identitäten ‚zusammenzufassen' und machen uns dadurch ‚schlichter', als wir wirklich sind."

Autorentext und Übersetzung nach
www.youtube.com/watch?v=e3Zs74IHomc

Cyber-Mobbing
verschiedene Formen der Diffamierung (üble Nachrede, Beleidigungen, Verbreitung von Unwahrheiten über Personen) im Internet, z.B. auf Social Websites

Jetzt sind Sie dran …

1. Nehmen Sie noch einmal Ihre bereits erstellte Identitäts-Mindmap zur Hand und ergänzen Sie, welche Rollen Sie auf der „Bühne Internet" einnehmen und welche Funktionen diese Rollen dabei für Sie erfüllen.
2. Erstellen Sie eine Liste „Mein Ich in der digitalen Welt", in der Sie Vor- und Nachteile aufschreiben, die im Umgang mit digitalen Identitäten auftreten können (siehe Beispiel rechts). Beziehen Sie sich dabei auf die gelesenen Texte und ergänzen Sie eigene Erfahrungen.
3. Stellen Sie die Liste Ihrem Sitznachbarn vor und vergleichen Sie Ihre Einträge miteinander. Gibt es Übereinstimmungen oder Unterschiede?
4. Diskutieren Sie in der Klasse (➲ Diskussion): Wie ist vor dem Hintergrund der Theorien von Mead und Goffman die Forderung Pooles nach mehr Anonymität der „realen" Identität im Internet zu bewerten?

Mein Ich in der digitalen Welt

Vorteile	Nachteile
Ich kann mich als diejenige/derjenige darstellen, die/der ich schon immer mal sein wollte …	Ich weiß nicht, ob mein digitales Gegenüber der ist, der es vorgibt zu sein …

1.3 Die Entstehung des Ich

Interaktion
wechselseitiges, aufeinander bezogenes Kommunizieren und Handeln zwischen Personen

Generalisierung
Verallgemeinerung

Sie haben bisher gelernt, was Identitäten sind, wie sie strukturiert sind und welche Dimensionen sie haben. Doch wie entwickeln sich Identitäten und welche Fähigkeiten brauchen Menschen, um erfolgreich eine Identität auszubilden?

Wie werde ich Ich?

Nach George Herbert Mead entsteht die Struktur des Ich aus sozialen Interaktionen. Schon ein Neugeborenes spürt, dass es für die Erfüllung seiner Bedürfnisse (wie zum Beispiel die Nahrungsaufnahme) mit anderen Menschen in Kontakt treten muss. Anfangs durch Blicke oder Gesten, später durch Sprache. Kinder lernen, sich mit der Verwendung von Gesten und Sprache, also durch Kommunikation und Interaktion, in die Rolle ihres Gegenübers hineinzuversetzen und so gedanklich vorwegzunehmen, wie die oder der Andere reagieren wird. Mead bezeichnet diese Fähigkeit als „taking the role of the other“ (= Rollenübernahme). In frühen Phasen ihres Lebens übernehmen Menschen zunächst die Rollen konkreter Anderer von Bezugspersonen wie den Eltern. Später werden aus den Erfahrungen, die mit konkreten Personen gemacht wurden, abstrakte Regeln generalisiert. Hierzu gehören zum Beispiel Verhaltensweisen wie sich beim Gähnen in der Öffentlichkeit die Hand vor den Mund zu halten. Die Fähigkeit zur Perspektivenübernahme dieser generalisierter Anderer ermöglicht erst die Entwicklung einer Identität.

Mead beschreibt mit diesem Modell die Entwicklung einer Identität als aktiven Prozess. Hiermit legt er gleichzeitig eine wichtige Vorstellung davon fest, wie Menschen Mitglied einer Gesellschaft werden, wie sich also Sozialisation vollzieht.

Sozialisation: Eine Definition

Unter Sozialisation versteht man den Prozess des Aufwachsens in einer sozialen, materiellen und medialen Umwelt, in dem der Einzelne durch Ausprobieren, Nachahmen, Interaktion, Lernen, Prägung und aktive Aneignung von Sprache, Wissen, Alltagsweisheiten, Deutungen, kulturellen Mustern usw. zu einem autonomen und handlungsfähigen, erwachsenen Subjekt und Mitglied einer Gesellschaft wird.

Quelle: Thomas Schwietring (2011): Was ist Gesellschaft? Einführung in soziologische Grundbegriffe. S. 263

Sozialisation ist gleichzeitig Prozess der Vergesellschaftung und der Individuierung. Menschen werden also nicht ausschließlich durch die Gesellschaft „geformt“, sondern entwickeln aktiv durch den oben beschriebenen Vorgang der Interaktion mit anderen Menschen eine individuelle Persönlichkeit. Nach dieser Vorstellung ist Sozialisation auch vom Begriff nicht das Gleiche wie „Erziehung“. Erziehung kann als ein Teilvorgang der Sozialisation verstanden werden, der vor allem durch bestimmte Personen wie beispielsweise die Eltern absichtsvoll geplant und durchgeführt wird.

Sozialisationsphasen und Sozialisationsinstanzen

Man kann zwischen zwei wichtigen Sozialisationsphasen unterscheiden. Die primäre Sozialisation ist die erste Phase, die ein Mensch in seiner Kindheit durchläuft. In dieser Phase sind die Eltern die wichtigsten Bezugspersonen (Sozialisationsinstanzen).
In der sekundären Sozialisationsphase erweitert sich der Kreis der zentralen Bezugspunkte von den Eltern auf die Peergroup. In dieser Phase setzen sich junge Menschen mit dem Erwachsenwerden auseinander. Auch die Schule ist eine wichtige Sozialisationsinstanz während dieser Zeit, welche die Pubertät einschließt.
Sozialisation ist dabei kein abgeschlossener Prozess, sondern ein lebenslanger Vorgang, in dem sich Menschen immer wieder neu ihrer Rolle in der Gesellschaft bewusst werden. Beispiele hierfür sind berufliche Wechsel, das Auswandern in ein anderes Land oder auch der Eintritt in den Ruhestand.

Peergroup; Peers
Bezugsgruppe, die aus meist gleichaltrigen Personen besteht. Diese sozialen Gruppen erfüllen wichtige Funktionen, zum Beispiel bei der Suche nach sozialer Orientierung.

Jetzt sind Sie dran …

1. Wie entwickelt sich nach George Herbert Mead die Identität eines Menschen? Erstellen Sie ein Schaubild (➲ Diagramme/Schaubilder erstellen), welches die Dynamik dieses Prozesses darstellt.
2. Überlegen Sie, welche generalisierten Regeln Sie kennen. Notieren Sie diese nach dem folgenden Muster:
„Man hält sich die Hand vor den Mund, wenn man in der Öffentlichkeit gähnt"; „Man bietet älteren Menschen in öffentlichen Verkehrsmitteln seinen Sitzplatz an"; „Man lügt nicht" usw.
3. Vergleichen Sie Ihre generalisierten Regeln mit denen Ihres Sitznachbarn: Welche Regeln haben Sie beide notiert, welche weichen voneinander ab?
4. Diskutieren Sie (➲ Diskussion): Welche Regeln haben die Rollen, die Sie in Ihrer Identitäts-Mindmap dargestellt haben, zu befolgen? Ergeben sich hieraus Konflikte zwischen den einzelnen Rollen?

„Haben" Menschen ein Geschlecht?

Die Ausbildung einer Geschlechtsidentität ist ein zentraler Bestandteil innerhalb des Sozialisationsprozesses. Die Kategorie Geschlecht wird wichtiges Element unseres Selbstbildes und hat unter anderem Auswirkungen darauf, welche Kleidung wir tragen, wie wir uns im Alltag bewegen und welche Gestik wir verwenden.
Dabei sind Geschlechterrollen soziale Rollen, die gesellschaftlich definiert sind und mit bestimmten Rollenerwartungen einhergehen. Gut zu erkennen ist dies am Beispiel der Kleidung. Bis in das 20. Jahrhundert hinein war in den meisten europäischen Ländern das Tragen von Hosen für Frauen gesellschaftlich verpönt oder sogar verboten.
Für Männer war das Tragen von Röcken in einigen Ländern Europas über Jahrhunderte hinweg üblich, und auch heute noch ist z. B. der traditionelle wollene „Kilt" in Schottland ein beliebtes Kleidungsstück.
Der Männerrock hat sich allerdings als „typische" Alltagskleidung in Deutschland nicht durchgesetzt.
Die Erwartungen daran, was „typisch weiblich" und „typisch männlich" ist, werden als Geschlechterstereotype bezeichnet.

→

Sie werten und schreiben vor, wie Frauen und Männer „sein sollen". Abweichendes Rollenverhalten kann dadurch bestraft werden, dass es gesellschaftlich nicht akzeptiert wird. Abwertende Blicke beim Tragen eines Männerrockes wären ein Beispiel hierfür. Dabei sind die Geschlechterrollen und stereotypen Erwartungen an diese nicht angeboren und auch mehr als das Produkt unserer Erziehung: Menschen verhalten sich in ihrem Alltag diesen stereotypen Erwartungen entsprechend und tragen so dazu bei, dass Verhalten und Erwartungen aufrechterhalten werden. Die Perspektive des „Doing Gender" soll dies verdeutlichen:
Anders als in der deutschen Sprache wird im Englischen zwischen „Sex" und „Gender" unterschieden. Sex steht hierbei für das biologische Geschlecht, während Gender für das kulturelle oder soziale Geschlecht steht. In diesem enthalten sind alle Erwartungen, Anforderungen und Bedeutungen an das, was als weiblich oder männlich bezeichnet wird. „Doing Gender" bezeichnet den Prozess, wie Menschen durch ihre alltäglichen Verhaltensweisen aktiv dazu beitragen, dass die Unterscheidung Frau/Mann aufrechterhalten wird.

Um die Zugehörigkeit zu einem Geschlecht durch entsprechende Kleidung und Körpersprache, Gestik und Mimik im Alltag souverän darstellen zu können, muss dies so „natürlich" wie möglich erfolgen. Dieses Rollenhandeln wird damit schließlich selbstverständlich und hat zur Folge, dass es ebenso als „natürlich" wahrgenommen wird. Verdeutlicht werden kann dies noch einmal am Beispiel von Kleidung: Dass nahezu ausschließlich Frauen Röcke tragen führt in unserer Gesellschaft dazu, dass ein Rock als „typisch weibliches Kleidungsstück" gilt. Gleichzeitig bewirkt diese Auffassung, dass alle Personen, die einen Rock tragen, als (zumindest teilweise) weiblich gesehen werden. Die soziale Zuschreibung von Geschlecht orientiert sich also an gesellschaftlichen Regeln und Normen und reproduziert diese gleichzeitig, was zu einer Fortschreibung von (stereotypen) Geschlechterrollen führt.

Autorentext nach: Ursula Athenstaedt und Dorothee Alfermann: Geschlechterrollen und ihre Folgen. Eine sozialpsychologische Betrachtung; und Carolin Küppers: Soziologische Dimensionen von Geschlecht.
In: Aus Politik und Zeitgeschichte: Geschlechtsidentität, 2012.

Jetzt sind Sie dran …

5. Recherchieren Sie im Internet (➲ Internetrecherche), was vor 50 Jahren in Deutschland als „typisch männlich" und „typisch weiblich" angesehen wurde. Beziehen Sie sich dabei sowohl auf Äußerlichkeiten wie Kleidung als auch auf Dinge wie Sprache und Verhaltensweisen, Freizeitaktivitäten und „typische" Berufswahlen von Frauen und Männern.
6. Tragen Sie Ihre Ergebnisse in eine dreispaltige Tabelle ein. Ergänzen Sie in der zweiten Spalte, wie sich diese Rollenerwartungen aus heutiger Sicht verändert haben.
7. Denken Sie nun darüber nach, wie diese Geschlechterrollen in 50 Jahre aussehen könnten. Was, denken Sie, wird sich verändert haben? Tragen Sie dies bitte in die dritte Spalte ein.
8. Stellen Sie Ihre Ergebnisse in der Klasse vor. Diskutieren Sie anschließend, ob und wie sich die Geschlechterrollen zukünftig wandeln werden (➲ Diskussion). Welche Folgen könnten sich hieraus für den Einzelnen und für die Gesellschaft ergeben?

1.4 Wie kann Identitätsbildung gelingen?

Sie haben gelernt, dass Identität keine angeborene Eigenschaft ist, sondern dass Menschen im Laufe Ihres Lebens unterschiedliche soziale Identitäten aufbauen, die für ein angemessenes Handeln im Alltag notwendig sind. Besonders in der sekundären Sozialisationsphase stellt sich Jugendlichen die Frage, wie sie ein einheitliches Selbstbild entwickeln sollen.

Der Soziologe Waldemar Vogelsang stellt die Anforderungen bei der Ausbildung einer eigenen Identität so dar:

Ressourcen
Mittel oder Quellen, die für etwas Bestimmtes zur Verfügung stehen. Dies können materielle Güter wie Geld oder immaterielle Güter wie Bildung sein.

Wie offen Identitäten entworfen werden und wie eigenwillig die Selbstkreationen sich gestalten, hängt [...] von den gesellschaftlichen Rahmenbedingungen und individuellen Ressourcen und – gerade bei Jugendlichen – den stilistischen Vorlieben und szenischen Bindungen ab. [...] Dies hat Konsequenzen für die Identitätsbildung, weil sich das Individuum aufgrund der fragmentierten Lebensbedingungen seine Identität aus verschiedenen Partikeln zusammenbasteln muss, indem es zwischen mehreren Optionen wählen kann. [...] Was angesichts der Herausforderungen zunehmender Wahlfreiheit jedoch überrascht, ist der Zukunftsoptimismus und die Selbstverständlichkeit, mit der sich die junge Generation dem Wagnis Multioptionsgesellschaft stellt. Sie fühlt sich keineswegs durch die Gespenster bedroht, die in den öffentlichen Debatten an die Wand gemalt werden: Werteverfall, Ich-Sucht und Ellenbogenmentalität. Im Gegenteil, die große Mehrheit der Jugendlichen nimmt die Unsicherheiten und Risiken der vielgestaltigen Lebens- und Handlungssituationen produktiv an und versucht, sich in dem neuen Optionsraum möglichst originär – und vielfach auch originell – einzurichten.

Quelle: Waldemar Vogelsang (2010): Digitale Medien – Jugendkulturen – Identität. In. Kai-Uwe Hugger (Hrsg.): Digitale Jugendkulturen. S. 38 f.

Identitätsfördernde Eigenschaften
Welche Fähigkeiten müssen Menschen haben, um die von Vogelsang beschriebenen Herausforderungen bewältigen zu können? Der Soziologe Lothar Krappmann nennt vier Kompetenzen für eine erfolgreiche Identätsbildung und ein souveränes Rollenhandeln.

1. müssen Rollenerwartungen infrage gestellt werden können. Man muss sich über seine eigenen Rollen im Klaren sein und darüber, welche gesellschaftlichen Erwartungen an diese gestellt werden (**Rollendistanz**).
2. muss man sich in die Rollen anderer Menschen hineinversetzen können (**Empathie**).
3. ist es sehr wichtig, widersprüchliche Bedürfnisse aushalten zu können. Diese sogenannte **Ambiguitätstoleranz** ist notwendig, weil es unterschiedliche Erwartungen an unterschiedliche Rollen geben kann, die nicht miteinander vereinbar sein können.
4. muss man die Fähigkeit haben, anderen zeigen zu können, wer man ist (**Identitätsdarstellung**). Hierzu gehört auch das „souveräne Spiel" mit unterschiedlichen Rollen in sozialen Interaktionen.

Autorentext nach Lothar Krappmann 1975 und Heinz Abels 2010

Jetzt sind Sie dran ...

1. Überprüfen Sie im Paar-Check, ob Sie die vier identitätsfördernden Eigenschaften nach Krappmann verstanden haben.
2. Stellen Sie sich vor, Sie wanderten in ein anderes Land aus.
   a) Beschreiben Sie anhand einer frei gewählten Alltagssituation, welche Herausforderungen sich für ein gelungenes Identitätsmanagement ergeben. Stellen Sie Bezug zu den Theorien Meads und Goffmans sowie zu den identitätsfördernden Eigenschaften nach Krappmann her.
   b) Überlegen Sie im Umkehrschluss, welche Herausforderungen sich für Menschen in einer ähnlichen Situation ergeben, die nach Deutschland eingewandert sind. Diskutieren Sie Ihre Überlegungen im Klassenplenum.

1.5 Ich und Andere

Sie haben bereits im letzten Kapitel gesehen, dass Sie Ihre Identität nicht alleine ausbilden, sondern immer durch Interaktion mit anderen Menschen. Es ist auch deutlich geworden, dass dieser Prozess eng mit dem soziologischen Konzept „Sozialisation" zusammenhängt. Sozialen Gruppen kommt dabei eine zentrale Bedeutung zu, da in diesen bestimmte Erwartungen an unsere Rollen gestellt werden. So kann das erwünschte Verhalten im Unterricht ein vollkommen anderes sein als das in der Gruppe der Gleichaltrigen. Was aber sind Gruppen und welche Funktionen haben sie? Was bedeuten sie dabei für den Einzelnen? Wie verändern Gruppen uns?

Was ist eine Gruppe?
Eine einfache Definition von Gruppe lautet:
Eine Anzahl von mindestens zwei Personen, die sich selbst als Mitglied dieser Gruppe sehen, also ein „Wir-Gefühl" haben. Die Gruppenangehörigen haben zumeist ein gemeinsames Ziel, stehen in einem über eine gewisse Zeit andauernden Interaktionsprozess zueinander und haben ein geteiltes Normen- und Wertesystem.
Unterschieden werden kann zwischen informellen Gruppen und formalen Gruppen.

Informelle Gruppen
Informelle Gruppen entstehen aus dem menschlichen Grundbedürfnis nach Interaktion und persönlich-emotionalen Bindungen. Sie haben keine formalen Strukturen und verfolgen keine fest definierten Ziele. Peergroups sind ein Beispiel für eine informelle Gruppe.

Formale Gruppen
Formale Gruppen entstehen meist innerhalb von Organisationen durch die Notwendigkeit des Zusammenarbeitens zu einem bestimmten Zweck. Sie haben feste Regeln und Normen. Ein- und Austritt sind meist an bestimmte Formalitäten gebunden. Abteilungen innerhalb eines Betriebes sind ein Beispiel für formale Gruppen.

Jetzt sind Sie dran …

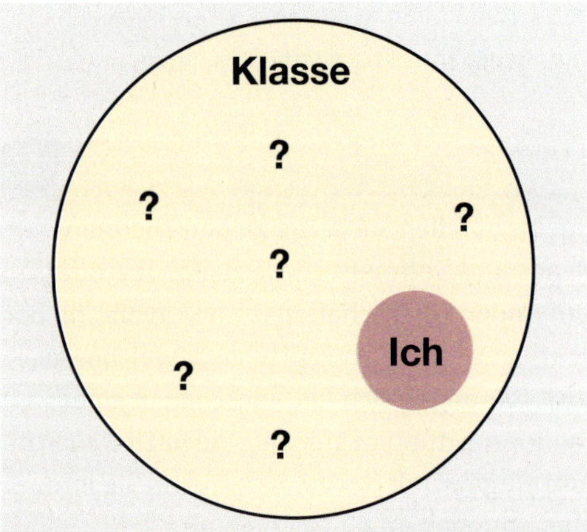

1. Erstellen Sie eine Zeichnung mit allen Gruppen, denen Sie angehören.
2. Arbeiten Sie farblich oder durch Beschriftung heraus, welche dieser Gruppen informell und welche formal sind.
3. Schreiben Sie unter die Zeichnung, welche positiven und negativen Erfahrungen Sie innerhalb der jeweiligen Gruppen gemacht haben.
4. Ergänzen Sie Ihre Identitäts-Mindmap von Seite 11 mit den für Sie zentralen informellen und formalen Gruppen. Überlegen Sie, welche Rolle diese verschiedenen Gruppen bei Ihrer Identitätsbildung spielen.

Funktionen von Gruppen

Gruppen erfüllen eine zentrale Funktion bei der Sozialisation von Menschen. Dabei belegen ...

> [d]ie Ergebnisse der Gruppenforschung auf ganz verschiedenen Teilgebieten [...] eindrucksvoll, dass Menschen, ganz gleich welchem Gesellschaftssystem sie auch angehören, das Einzeldasein ohne Gruppenzugehörigkeit als Defizit empfinden, dem sie nach Möglichkeit abzuhelfen trachten. Die Zugehörigkeit zu einer relativ dauerhaften Gruppe, in der unmittelbare Interaktion eines Mitglieds mit jedem anderen möglich ist und in der die Beziehungen durch Vertrautheit und Intimität gekennzeichnet sind, gehört offenbar zu den individuellen Grundbedürfnissen, deren Befriedigung die Voraussetzung für eine normale Persönlichkeitsentfaltung und speziell für das seelische Gleichgewicht des einzelnen ist.
>
> Quelle: Martin Schwonke (1999): Die Gruppe als Paradigma der Vergesellschaftung. In: Bernhard Schäfers (Hrsg.): Einführung in die Gruppensoziologie. S. 37.

Die individuellen Bedürfnisse eines Menschen können mit sozialen Normen übereinstimmen, aber auch mit ihnen kollidieren.

Soziale Normierung

Innerhalb von Gruppen finden Regelungen des Verhaltens der Gruppenangehörigen statt. Nur so ist eine zielgerichtete Interaktion möglich, was insbesondere in formalen Gruppen wichtig ist.
Dabei können gruppenspezifische Normen entstehen, die nicht zwangsläufig mit denen einer Gesellschaft übereinstimmen oder sogar über das, was gesellschaftlich erwünscht ist, hinausgehen.

Soziale Differenzierung

Dieser Begriff steht für unterschiedliche Rollen- und damit auch Aufgabenverteilungen.
In Gruppen findet häufig eine Differenzierung zwischen verschiedenen Rollen statt.
Ein Beispiel hierfür sind etwa die unterschiedlichen Rollen und Aufgaben innerhalb der Gruppe der Familie.

Wie wichtig sind Peergroups für Jugendliche?

Die Peergroup spielt insbesondere für Jugendliche eine sehr große Rolle. Im Rahmen der Shell Jugendstudie (2010; siehe Grafik Seite 20) gaben 79 % der befragten Jugendlichen und jungen Erwachsenen im Alter von 12 bis 25 Jahren an, dass sie sich „immer" oder „öfters" einer Freundin oder einem Freund anvertrauen, wenn sie Schwierigkeiten oder große Probleme haben.
Junge Menschen sehen sich mit den Erwartungen konfrontiert, die Erwachsene an sie stellen, und suchen daher in Peergroups nach Schutz und Sicherheit.
Besonders bei der Suche nach einem einheitlichen Selbstbild erfüllen Peergroups elementare Funktionen: In ihnen können verschiedene Rollen ausprobiert und somit auch wichtige Fähigkeiten zum Aufbau einer Identität, wie beispielsweise Empathie, erlernt werden.

Peergroups dienen auch der Loslösung vom Elternhaus, da in ihnen dominante Beziehungsstrukturen wie im Eltern-Kind-Verhältnis einer Gleichheit zwischen den Gruppenangehörigen weichen können. Gleichaltrigkeit ist daher neben dem Vorhandensein ähnlicher oder gleicher Wünsche und Werte der Gruppenangehörigen nur eines der Merkmale von Peergroups. Neben die angesprochenen positiven Funktionen von Peergroups für ihre Angehörigen können auch negative Effekte treten. So kann die Gruppe der Gleichaltrigen das Risikoverhalten der Gruppenmitglieder beeinflussen. Übermäßiger Alkoholkonsum, die Einnahme von illegalen Drogen oder gefährliche Mutproben wie das sogenannte „S-Bahn-Surfen“ sind Beispiele für solche riskanten Verhaltensweisen.

„Weh dem, der aus der Reihe tanzt“

Was Jugendliche tun, wenn sie Schwierigkeiten oder große Probleme haben
(Jugendliche im Alter von 12–25 Jahren; Angaben in Prozent)

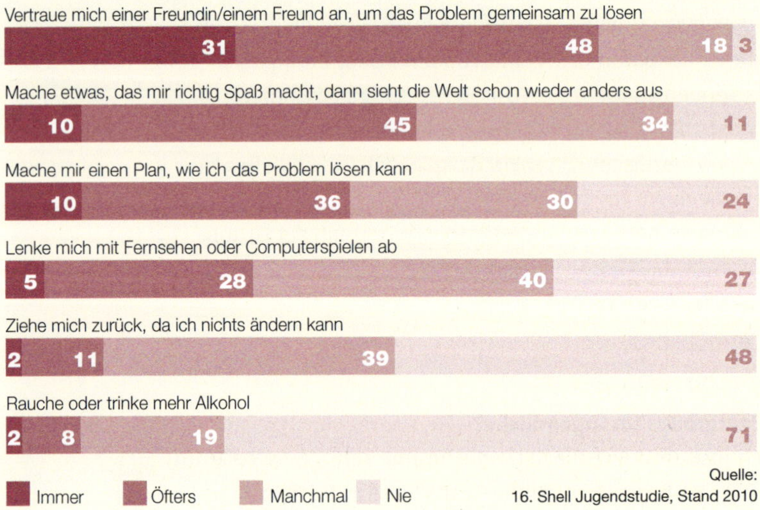

Quelle: 16. Shell Jugendstudie, Stand 2010

Jetzt sind Sie dran …

5. Erläutern Sie die unter „Funktionen von Gruppen“ eingangs aufgestellte These, dass Gruppen bei der Sozialisation von Menschen eine zentrale Rolle spielen.
6. Beziehen Sie sich in einem zweiten Schritt auf die Peergroup: Stellen Sie dar, warum diese für die Persönlichkeitsentwicklung wichtig ist.
7. Betrachten Sie das Bild „Weh dem, der aus der Reihe tanzt“: Was sagt es über mögliche Probleme, die in der Peergroup entstehen können, aus? Überlegen Sie gemeinsam mit Ihrem Sitznachbarn, welche generellen Handlungseinschränkungen innerhalb dieser spezifischen Gruppe stattfinden können.

Fallbeispiel

Konformitätsdruck in Gruppen

Die positiven Funktionen, die insbesondere Peergroups für Jugendliche und junge Erwachsene haben, kennen Sie bereits. Auch die Handlungseinschränkungen innerhalb der Peergroup haben Sie bereits in Aufgabe 7 diskutiert. Vielleicht haben Sie auch darüber nachgedacht, dass Gruppenzwänge innerhalb der Peergroup entstehen können, wenn der Druck in einer Gruppe, ein den anderen gleiches Verhalten zu zeigen, groß ist. Das wird auch als Konformitätsdruck bezeichnet.

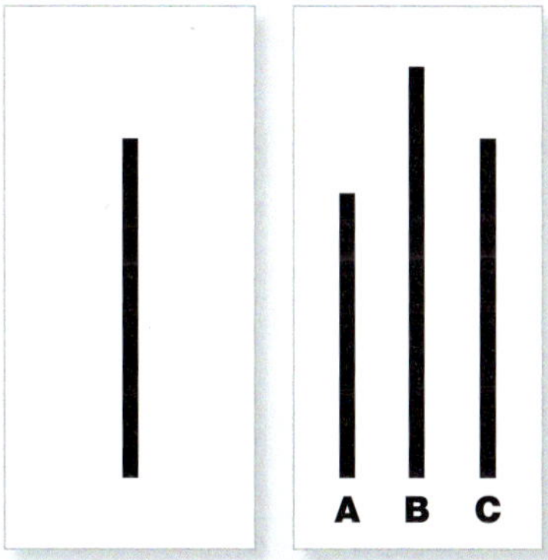

Die vom Psychologen Salomon Asch 1951 durchgeführten Experimente zum Konformitätsdruck in Gruppen zeigen, wie Personen durch Gruppenzwang falsche Aussagen als richtig bewerten.
Eine Versuchsperson betritt einen Raum, in dem mehrere Personen an einem Konferenztisch sitzen. Die Versuchsperson geht davon aus, dass diese Personen ebenfalls freiwillig Teilnehmende des Experiments sind. Tatsächlich sind jedoch alle Personen, außer der Versuchsperson, Vertraute des Versuchsleiters.
Auf einem Bildschirm werden der Gruppe eine schwarze Linie und daneben eine Gruppe von drei schwarzen Linien gezeigt. Die Versuchsperson soll nun einschätzen, welche der drei Linien gleich lang wie die Vergleichslinie ist. In der Versuchsgruppe sollten in ausgewählten Durchgängen die Vertrauten des Versuchsleiters ein falsches Urteil abgeben, im Beispiel oben also „A" oder „B" antworten, obwohl offensichtlich „C" die richtige Antwort ist.
In dieser Gruppe machten die Versuchspersonen zu 37 Prozent Fehler, jede dritte Versuchsperson passte sich also dem (falschen) Mehrheitsurteil an.

Aus sozialpsychologischer Sicht gibt es zwei maßgebliche Ursachen für gruppenkonformes Verhalten. Der informative Einfluss bewirkt, dass in unsicheren oder unbekannten Situationen das Verhalten anderer Menschen als wichtige Information für das eigene Verhalten dient. Der normative Einfluss führt dazu, dass sich Menschen gruppenkonform verhalten, da sie von den Anderen gemocht und akzeptiert werden möchten.

Jetzt sind Sie dran …

8. Stellen Sie die Versuchsanordnung des Experiments sowie die Ergebnisse in eigenen Worten dar.
9. Welche Schlüsse lassen sich aus diesem Experiment für die Entstehung von Normen und Regeln innerhalb einer Gruppe ziehen? Begründen Sie Ihre Überlegungen schriftlich.
10. Ergänzen Sie beispielhafte schulische und beruflichen Situationen, in denen ein besonders hoher Konformitätsdruck herrschen kann, und erläutern Sie, welche der im Text genannten Ursachen jeweils zu einem möglichen gruppenkonformen Verhalten führen könnte.

1.6 Wer bin ich? – Nutzen Sie Ihre Kompetenzen

Situation

Sie möchten demnächst ein Betriebspraktikum bei der fiktiven Firma „CARLSON GmbH“ absolvieren. Die Firma hat folgende Praktikumsausschreibung veröffentlicht:

Zur Verstärkung unseres Teams in der Zentralabteilung **Einkauf in Hörde** (NRW) suchen wir ab sofort eine/n

Praktikanten (m/w)

Ihre Aufgaben

- Sie unterstützen uns bei der Akquirierung von Angeboten und der Durchführung von Anfragen.
- Sie erstellen selbstständig Ausschreibungen.
- Sie werten eingehende Angebote aus.
- Sie pflegen Kontakte zu bestehenden Partnern und bauen neue Kontakte auf.
- Sie überwachen Liefertermine.

Ihr Profil

- Motivation für die Aufgaben im Einkauf
- strukturierte und selbstständige Arbeitsweise
- Engagement und ein hohes Maß an Zielorientierung
- Teamfähigkeit und Kommunikationskompetenz
- Serviceorientierung und Verhandlungsgeschick

Unser Profil

CARLSON GmbH stellt Auto- und Motorenteile sowie Produkte für den Industrietechnik-Bedarf her. Seit 1964 produzieren wir für alle namhaften Erstausrüster der Automobilzulieferindustrie in Großserie und Einzelanfertigung.

Die Praktikumsstelle ist zum nächstmöglichen Zeitpunkt befristet für drei Monate zu besetzen und kann gegebenenfalls verlängert werden.

Bitte senden Sie Ihre vollständigen und aussagekräftigen Bewerbungsunterlagen unter Angabe Ihres frühestmöglichen Eintrittstermins an nachfolgende Stelle:

CARLSON GmbH
Personalmanagement
Katrin Diehrmann
Schlosserstr. 54–64
51689 Hörde

Arbeitsaufträge

Erstellen Sie vollständige Bewerbungsunterlagen, mit denen Sie sich auf die ausgeschriebene Praktikumsstelle bewerben. Die Herausforderung ist, dass nur drei Praktikumsstellen vergeben werden und diese Stellen heiß begehrt sind.

Neben den obligatorischen Bestandteilen wie Betreff, Anrede und Grußformel möchten Sie im Hauptteil daher Ihre Motivation beschreiben: Warum sollten gerade Sie die Praktikumsstelle erhalten? Welche besonderen Stärken bringen Sie mit? Nehmen Sie dabei vor allem Bezug zu den in der Ausschreibung enthaltenen Informationen zur Stelle und zum Betrieb.

Einige Tipps zur Erstellung der Bewerbungsmappe:

- Gehen Sie genau auf das Anforderungsprofil in der Ausschreibung ein und nehmen Sie Bezug auf die dort skizzierten Aufgabenbereiche.
- Drücken Sie Ihre Motivation zur Arbeit im Betrieb deutlich, aber nicht übertrieben aus.
- Beachten Sie: „Kommunikationskompetenz“ bezieht sich auch auf die Schriftsprache! Achten Sie auf Rechtschreibung, Grammatik und Form.
- Achten Sie darauf, wie sich der Betrieb in der Ausschreibung selbst darstellt: Können Sie dies für Ihr Anschreiben nutzen?

Nachdem Sie Ihre Unterlagen erstellt haben, untersuchen Sie diese mithilfe Ihrer in diesem Kapitel erworbenen Kompetenzen. Bearbeiten Sie dazu nachfolgende Aufgaben:

1. **Wie möchten Sie den Eindruck von sich auf den Betrieb kontrollieren? Welche Facetten Ihrer Persönlichkeit kommen in Ihrer Bewerbung hierzu vor allem zum Ausdruck? Was haben Sie betont, was nicht? Nehmen Sie dabei Bezug auf die Theorie Erving Goffmans.**
2. **Inwieweit entspricht die Rolle, die Sie von sich in der Bewerbung entworfen haben, Ihrem „nach innen zusammengehaltenen Selbstbild“ (personale Identität)?**
3. **Welche identitätsfördernden Eigenschaften nach Krappmann haben bei der Erstellung der Bewerbung eine besonders große Rolle gespielt? Begründen Sie, warum diese Eigenschaften besonders wichtig waren.**
4. **Reflektieren Sie, indem Sie Bezug zur Bewerbung nehmen, den Ausspruch „Die Maske ist unser wahres Selbst“. Trifft dies vor dem Hintergrund der behandelten Theorien zu oder nicht? Erläutern Sie, warum Sie zu Ihrem Ergebnis gekommen sind.**

2 Gesellschaft heute – wie leben wir zusammen?

Diese Methoden verwenden Sie:

- Think-Pair-Share
- Diskussion
- Diagramme/Schaubilder erstellen
- Internetrecherche
- Diagramme/Schaubilder analysieren
- Paar-Check
- Mindmap
- Fishbowl-Methode
- Kugellager

So vernetzen Sie Ihr Wissen:

Mit den Themen:

- Identität – wer bin ich? (→ Kap. 1)
- Die Zukunft der Arbeit (→ Kap. 4)
- Der Sozialstaat (→ Kap. 10)

Ein Leben ohne Gesellschaft ist kaum vorstellbar. In unserem Alltag leben wir mit anderen Menschen zusammen. Wir kommunizieren und interagieren mit ihnen in unserer Familie, im Freundeskreis, in der Schule, im Ausbildungsbetrieb und auf der Arbeit. Diese Instanzen erfüllen uns wichtige Bedürfnisse und sind gleichzeitig zentrale Orte der Vergesellschaftung.

Sie werden die Funktionen, die Familie und Schule für die Gesellschaft erfüllen, erarbeiten, und kritisch reflektieren und sich der Frage zuwenden, ob und wie „(un-)gleich" und „(un-)gerecht" unsere Gesellschaft ist. Um dies bewerten sowie Ihr gebildetes Urteil in Diskussionen vertreten zu können, werden Sie wissenschaftliche Theorien und Erkenntnisse bearbeiten und anwenden lernen.

Sie werden sich dabei mit wichtigen Themen, wie z. B. sozialer Ungleichheit und sozialer Gerechtigkeit beschäftigen und diese wissenschaftlich untersuchen. So werden Sie lernen, sich in Diskussionen mit Ihren Freunden, in der Schule oder auf der Arbeit zu gesellschaftlichen Problemlagen zu positionieren und falschen Vorstellungen zu begegnen. Am Ende des Kapitels werden Sie dies an einem Beispiel üben.

Diese Kompetenzen erwerben Sie:

- Sie können erläutern, was „Gesellschaft" ist und wie diese möglich ist.
- Sie können den Begriff „Familie" als wichtige Sozialisationsinstanz kritisch reflektieren.
- Sie können die gesellschaftlichen Funktionen der Sozialisationsinstanz „Schule" benennen und problematisieren.
- Sie können den Begriff der sozialen Ungleichheit erörtern.
- Sie können am Beispiel „Arbeit" sozialwissenschaftliche Definitionen und Messverfahren problematisieren.
- Sie können verschiedene Konzepte zur sozialen Gerechtigkeit erklären.

2.1 Was ist Gesellschaft?

Das folgende Bild bringt die zentrale Frage dieses Kapitels auf den Punkt: Wie ist der häufig formulierte Gegensatz von individuellen Vorstellungen, Lebensentwürfen und Träumen einerseits mit „einer" Gesellschaft andererseits vereinbar?

„Mensch und Gesellschaft" von Nikolay Krashchin, 2008

Eine Definition von Gesellschaft

[Gesellschaft] ist eine Sammelbezeichnung für unterschiedliche Formen zusammenlebender Gemeinschaften von Menschen, deren Verhältnis zueinander durch Normen, Konventionen und Gesetze bestimmt ist und die als solche eine G[esellschafts]-Struktur (G[esellschafts]-Gefüge) ergeben. Soziologisch wird zwischen Gesellschaft und Gemeinschaft unterschieden, wobei Letztere sich durch eine größere Nähe und Verbundenheit der Menschen und Erstere durch eine stärker rationale (zweck-, nutzenorientierte) Begründung des Zusammenlebens auszeichnet.

Quelle: Klaus Schubert, Martina Klein (2011): Das Politiklexikon

Jetzt sind Sie dran …

1. Überlegen Sie für sich alleine, inwieweit das Bild in seiner künstlerischen Darstellung der Definition von Gesellschaft entspricht.
2. Notieren Sie, was für Sie persönlich „Gesellschaft" bedeutet.
3. Schreiben Sie anschließend auf, was speziell die deutsche Gesellschaft aus Ihrer Sicht charakterisiert.
4. Vergleichen Sie Ihre Überlegungen im Klassenplenum, indem Sie sie schriftlich in Form einer ➲ Mindmap auf einem Plakat festhalten.
5. Diskutieren Sie im Klassenplenum, wie Menschen aus anderen Ländern Aufgabe 2 beantworten könnten. Würden sie die Gesellschaft, in der sie leben, ähnlich charakterisieren oder gäbe es Unterschiede? Ergänzen Sie das Tafelbild bzw. das Plakat um mögliche Gemeinsamkeiten und Unterschiede.

2.2 Familie heute

Vater, Mutter, Kinder – so könnte eine oft genannte Vorstellung davon, was Familie ist, lauten. Daneben gibt es aber auch andere Definitionen davon, was Familie ist. Was genau charakterisiert eine Familie und welche Funktionen erfüllen Familien für die Sozialisation von Menschen und das Zusammenleben in unserer Gesellschaft?

Jetzt sind Sie dran …

1. Nutzen Sie für die folgenden Aufgaben die Methode ➲ Think-Pair-Share:
   a) Welches Bild oder welche Bilder passen am besten zum Begriff „Familie“? Notieren Sie eine kurze Begründung für Ihre Wahl.
   b) Vergleichen Sie Ihre Überlegungen mit denen Ihres Sitznachbarn und versuchen Sie gemeinsam, eine Definition des Begriffs „Familie“ zu finden.
   c) Präsentieren Sie Ihr Ergebnis im Klassenplenum und diskutieren Sie, ob es möglich ist, eine einheitliche Definition für den Begriff „Familie“ zu finden.

Gesellschaft heute – wie leben wir zusammen?

Generation
hier: die Gesamtheit aller Menschen einer Altersstufe

konstituieren
für etwas grundlegend sein

Solidargemeinschaft
eine Gruppe von Menschen, die gemeinsame Ziele verfolgt und hierfür die Kosten trägt

Ideologie
hier: Weltanschauung

„Die Familie gibt es nicht."

In der letzten Aufgabe werden Sie im Klassenplenum gesehen haben, wie unterschiedlich die Vorstellungen darüber, was eine Familie charakterisiert, ausfallen können. Vielleicht konnten Sie eine einheitliche Definition finden, vielleicht haben Sie sich damit aber auch schwergetan.
Der Familiensoziologe Norbert F. Schneider beschreibt die Schwierigkeiten bei der Definition des komplexen Begriffs „Familie" so:

Im traditionellen Verständnis ist Familie ein Ehepaar, das zusammen mit seinen Kindern in einem Haushalt wohnt. Familie ist demnach durch fünf Merkmale bestimmt: das Vorhandensein von zwei Generationen und von zwei Geschlechtern, die Ehe des Elternpaars, verwandtschaftliche Beziehungen zwischen den Familienmitgliedern und eine Haushalts- und Wirtschaftsgemeinschaft. Dieses Familienverständnis ist immer noch weit verbreitet, stimmt aber mit der Lebenspraxis einer wachsenden Zahl von Menschen nicht mehr überein. [...]
In der aktuellen gesellschaftspolitischen Diskussion, was Familie ist oder sein soll, sind drei unterschiedliche Positionen erkennbar:

- Die erste Position ist sehr stark auf die Ehe zentriert: Familie ist nur dort, wo ein Ehepaar in einem Haushalt zusammenlebt. Ehe konstituiert Familie, Kinder sind aus dieser Perspektive für das Vorhandensein einer Familie nicht unbedingt erforderlich. So gilt eine kinderlose Ehe als Familie, eine nichteheliche Lebensgemeinschaft mit Kindern dagegen nicht.
- Die zweite Position rückt Elternschaft in den Mittelpunkt. Familie ist eine Verantwortungsgemeinschaft zwischen Eltern und Kindern bzw. zwischen Kindern und Eltern. Oder, prägnanter ausgedrückt: Familie ist überall dort, wo Kinder sind. Ehe und Haushaltsgemeinschaft sind für eine Familie demnach nicht länger konstitutiv. Damit konturiert sich ein neuer, weiter gefasster Familienbegriff, der einzig auf die Eltern-Kind-Beziehung abstellt.
- Die dritte Position ist noch offener gefasst und hebt auf gelebte Solidarbeziehungen ab. Familie ist demnach jede exklusive Solidargemeinschaft zwischen zwei oder mehr Personen, die auf relative Dauer ausgerichtet ist. Auf das Vorhandensein von Ehe und Kindern kommt es dabei nicht an. Diese Position ist in Deutschland noch wenig bedeutsam. In Schweden, Dänemark und Frankreich gibt es bereits entsprechend angelegte Rechtsinstitute. [...]

Für sozialwissenschaftliche Analysen ist der Begriff Familie wegen seiner historischen Wandelbarkeit und ideologischen Befrachtung nur sehr eingeschränkt brauchbar. Besser hierfür geeignet ist ein objektiver Begriff wie der der privaten Lebensform [...] Die Dreigenerationenfamilie ist ebenso eine Lebensform wie der Singlehaushalt oder die Fernbeziehung. Lebensformen repräsentieren also haushaltsübergreifend relativ stabile Beziehungsmuster im Privatbereich. Es handelt sich um einen allgemeinen und umfassenden Begriff.

Quelle: Norbert F. Schneider (2012): Was ist Familie? Eine Frage von hoher gesellschaftspolitischer Relevanz. www.bpb.de

Jetzt sind Sie dran ...

2. Begründen Sie schriftlich, warum der Soziologe Norbert F. Schneider für die Verwendung des Begriffs „private Lebensform" statt „Familie" eintritt.
3. Erforschen Sie, warum die Frage danach, was „Familie" ist, auch politisch wichtig ist. Führen Sie hierzu eine Internetrecherche durch: Welche Auffassung von „Familie" haben verschiedene politische Parteien? Fassen Sie Gemeinsamkeiten und Unterschiede in einer Liste zusammen.
4. Welcher der im Text genannten Positionen lassen sich die unterschiedlichen Parteien am ehesten zuordnen? Begründen Sie.

2.3 Gesellschaftliche Funktionen von Familien

Familien als soziale Gruppen geben ihren Mitgliedern Schutz und Fürsorge, was besonders bei Säuglingen und Kleinkindern deutlich wird, und sie dienen der Befriedigung des Bedürfnisses nach emotionaler Geborgenheit.
Aber es sind auch gesellschaftliche Aufgaben, die Familien erfüllen. Wie bereits in Kapitel 1 erarbeitet, spielen Familien in der Phase der primären Sozialisation eine große Rolle, indem sie ein „Spielplatz" für das Ausüben von sozialen Rollen sind. Hierdurch erfüllen Familien die Funktion der „sozialen Platzierung" von Menschen: Denn die Rollen und soziale Positionen innerhalb einer Gesellschaft werden nicht nur durch zum Beispiel schulische Leistungen festgelegt, sondern auch durch die Sozialisation innerhalb von Familien.

Autorentext nach Rosemarie Nave-Herz/Corinna Onnen-Isemann: Familie. In: Hans Joas (Hrsg.) (2007): Lehrbuch der Soziologie. S. 314 f.

Soziale Position
der „Platz" von Personen in Gruppen, Organisationen und der Gesellschaft

Die soziale Platzierungsfunktion von Familien wird auch kritisch betrachtet. Dass Familien „Startpositionen" für gesellschaftliche Rollen und Positionen festlegen, thematisiert der folgende Artikel:

„Blut ist nun einmal dicker als Wasser"
Gerts Familie, Familie I. aus einer Kleinstadt in Norddeutschland, ist keine klassische Familie, aber eine typische. Heute sind Familien vielfältiger und dynamischer als früher, sie sind Beziehungsgeflechte, die sich ständig verändern, in denen Verbindungen reißen und an anderer Stelle neue entstehen. Manche Politiker mögen angesichts steigender Trennungszahlen und sinkender Geburtenraten den Niedergang der Familie beklagen, Konservative wegen Patchworkfamilien und homosexueller Eltern vor dem Ende aller Tradition warnen. Die Realität aber sieht anders aus: Familie lebt. Und sie ist lebendiger denn je. [...]

Das hat weitreichende Folgen: Obwohl wir unsere Unabhängigkeit immer stärker beschwören, unsere Individualität, unsere Freiheiten, ist der Einfluss der Familie nach wie vor entscheidend. Zwar ist er subtiler als in Zeiten, da man selbstverständlich den Beruf der Eltern ergriff oder den Hof übernahm – aber nicht minder stark. Wie groß die Bildungschancen eines Menschen sind, welche politischen oder kulturellen Wertvorstellungen er hat oder wie zufrieden er mit seiner Beziehung ist – all das ist auch eine Frage seiner Herkunft, seiner Familie. Ob er glücklich wird, erfolgreich oder selbstbewusst. Jeder ist das Kind seiner Eltern, ist Teil einer Familie. Und damit unter Menschen aufgewachsen, gegenüber denen er sich positioniert, von denen er sich abgrenzt – und von denen er doch meist mehr übernimmt, als ihm lieb ist.

Je enger die Bindung ist, desto prägender wirkt die Sippe. Egal, ob sie friedlich war oder zerstritten, traditionell oder ausgeflippt, emotional oder sachlich, ernsthaft oder voller Leichtigkeit: Die Familie ist eine Schablone, die die Konturen des späteren Lebens vorgibt. Und wer daraus ausbrechen will, der muss sich dieser Vorgaben erst einmal bewusst werden.

Quelle: Andreas Gestrich, Jens-Uwe Krause, Michael Mitterauer (2003): Geschichte der Familie.

Jetzt sind Sie dran ...

1. Welche positiven und negativen Folgen der Funktion der sozialen Platzierung, die Familien erfüllen, nennt der Text? Formulieren Sie eine schriftliche Zusammenfassung in eigenen Worten.
2. „Es ist die Familie, die entscheidende Voraussetzungen für den Erfolg von Lern- und Bildungsprozessen der nachwachsenden Generation schafft." Führen Sie eine ➲ Fishbowl-Methode durch, in der Sie diese Feststellung des Wissenschaftlichen Beirats für Familienfragen aus dem Jahr 2005 problematisieren. Beziehen Sie sich dabei auf den oben stehenden Artikel.

2.4 Die Schule als „Gesellschaft im Kleinen"

Institution
hier: eine feste Einrichtung, die gesellschaftliche Aufgaben wahrnimmt

In Deutschland besteht Schulpflicht, was bedeutet, dass Kinder, Jugendliche und junge Erwachsene die Schule mindestens neun Jahre lang viele Stunden am Tag besuchen müssen. Dabei ist die Schule nicht nur ein Ort des Lernens, sondern auch zentraler Raum für die Vergesellschaftung von jungen Menschen. Hierdurch erfüllt Schule eine ähnliche Funktion wie die der sozialen Platzierung durch die Familie, die im letzten Kapitel besprochen wurde. Anders jedoch als die Familie ist Schule keine private Lebensform, sondern eine staatliche Institution, sie soll also ganz bestimmte Aufgaben für die Gesellschaft erfüllen. Welche Aufgaben aber sind dies genau? Eine Antwort hierauf werden Sie im Verlauf dieses Kapitels erarbeiten und kritisch bewerten.

Die Schule als „Rüttelsieb"
Der Soziologe Helmut Fend benennt drei Funktionen von Schule, die sie für die Schülerinnen und Schüler, vor allem aber für die Gesellschaft hat:

1. Qualifikationsfunktion

Schule soll bei Schülerinnen und Schülern verschiedene Kompetenzen aufbauen. Sie sollen Lesen, Schreiben und Rechnen lernen sowie sozialwissenschaftliche und naturwissenschaftliche Kenntnisse erlangen. Aber auch sogenannte funktionale Qualifikationen wie Fleiß, Pünktlichkeit und Ordentlichkeit stehen im Zentrum der Bildungsbemühungen.

2. Selektion- und Allokationsfunktion

Durch den Besuch unterschiedlicher Schulformen und den damit verbundenen, auf Schulnoten basierenden Abschlüssen erfolgt eine Selektion nach Bildungszertifikat. Da der Zugang zu vielen Berufen und Studiengängen an bestimmte Schulabschlüsse gebunden ist, werden Schulabsolventen gleichzeitig Berufsgruppen und Beschäftigungsebenen zugewiesen (Allokation). Schule funktioniert dadurch wie eine Art „Rüttelsieb" für berufliche und soziale Positionen.

3. Legitimations- und Integrationsfunktion

Schule trägt zur Stabilisierung des gesellschaftlichen und politischen Systems bei. Schülerinnen und Schüler sollen bestimmte gesellschaftlich akzeptierte Werte übernehmen und damit in die Gesellschaft integriert werden. Schulfächer wie Politik und Geschichte thematisieren dies auch im Unterricht.

Autorentext nach Peter Zimmermann (2006): Grundwissen Sozialisation. Einführung zur Sozialisation im Kindes- und Jugendalter. S. 120 ff.

Jetzt sind Sie dran …

1. Lesen Sie den Text „Die Schule als Rüttelsieb" und erklären Sie ihn Ihrem Sitznachbarn in eigenen Worten. Achten Sie als „Erklärer" darauf, das Gelesene ohne persönliche Wertung wiederzugeben. Kritik an den Funktionen von Schule folgt später.
2. Entwerfen Sie ein Schaubild (➲ Diagramme/Schaubilder erstellen), in dem Sie die Funktionen von Schule darstellen. Unterscheiden Sie in Ihrem Schaubild zwischen den drei Ebenen „Individuum" (Schüler/-innen), „Institution" (Schule) und „Gesellschaft" (Beschäftigungssystem, politisches System etc.) und ziehen Sie Verbindungslinien.

2.5 Legt Schule den sozialen Auf- und Abstieg fest?

Vielleicht haben Sie in der letzten Aufgabenstellung bereits einige kritische Gedanken zur Selektions- und Allokationsfunktion von Schule gehabt und sich gefragt, inwieweit Schule hierdurch soziale Auf- und Abstiege festlegt. Ihre bisherigen Überlegungen werden Sie im Folgenden wissenschaftlich überprüfen.
Wenn wir alltagssprachlich von „Auf- und Abstiegen" sprechen, ist hiermit das soziologische Konzept der „vertikalen sozialen Mobilität" gemeint.

soziale Mobilität
der Wechsel von Personen zwischen sozialen Positionen

> Die Bewegung eines Menschen von Status zu Status wird „vertikale soziale Mobilität" genannt, seien es ein sozialer Aufstieg oder ein Abstieg. [...] Von vertikaler sozialer Mobilität ist die horizontale Mobilität zu unterscheiden. Darunter versteht man Wohnortwechsel, Berufswechsel etc., die nicht notwendigerweise einen Auf- oder Abstieg mit sich bringen.
>
> Quelle: Stefan Hradil (1999): Soziale Ungleichheit in Deutschland. S. 30.

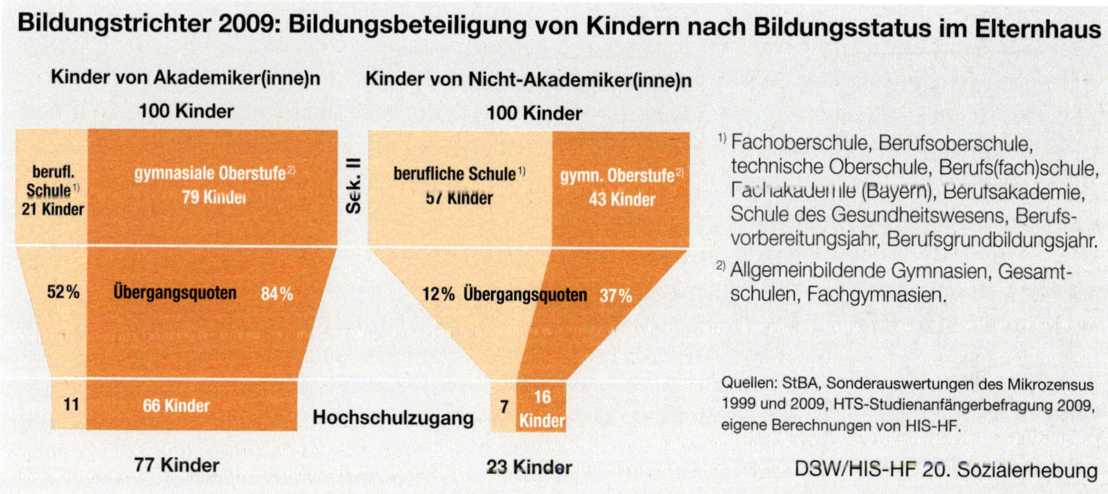

Jetzt sind Sie dran ...

1. Erklären Sie Ihrem Sitznachbarn die Begriffe „vertikale und horizontale Mobilität" und überprüfen Sie wechselseitig, ob Sie diese verstanden haben.
2. Analysieren Sie das Schaubild (➲ Diagramme/ Schaubilder analysieren) und fassen Sie dessen Kernaussagen schriftlich zusammen.
3. Deuten Sie im Klassenplenum das Bild (rechts) und diskutieren Sie dabei, wie sich der Titel von Kapitel 2.5 beantworten lässt. Nehmen Sie dabei auch Bezug zu dieser Aussage Stefan Hradils (1999): „Die erreichten Bildungsgrade finden ihre direkte Fortsetzung in ungleichen beruflichen und finanziellen Erfolgen."

2.6 Soziale Ungleichheit in Deutschland

Im letzten Kapitel haben Sie gelernt, dass Bildungslaufbahnen in Deutschland mit dem Elternhaus zusammenhängen, Bildungschancen also herkunftsbedingt ungleich sind. Hierdurch haben Sie eine erste Vorstellung vom wichtigen soziologischen Konzept der „sozialen Ungleichheit" bekommen. Denn neben die Frage, was uns in der Gesellschaft miteinander verbindet (Kapitel 2.1), muss auch die Frage treten, was uns in unserer Gesellschaft voneinander trennt, um ein Bild davon zu erhalten, was „Gesellschaft heute" ist.

Was ist „soziale Ungleichheit"?

Soziale Ungleichheiten sind ein gesellschaftlich und politisch bedeutsames Phänomen. Der soziologische Fachbegriff kann so erläutert werden:

hierarchisch
einer Rangfolge nach; gestuft

Soziale Ungleichheit ist ein zentrales, die Gesellschaft hierarchisch gliederndes Ordnungsprinzip. Sie tritt in zwei Zuständen auf: als ungleiche Verteilung von gesellschaftlich begehrten „Gütern" wie Geld und Ansehen und als ungleiche Beziehungen zwischen Menschen in Form von Abhängigkeits- und Machtverhältnissen. Der Begriff „soziale Ungleichheit" schließt also alles ein, was bewirkt, dass Menschen in einer Rangfolge von Positionen „oben" oder „unten" sozial eingeordnet werden.
Das „Einordnen" ist ein Vorgang der gesellschaftlichen Bewertung. Soziale Ungleichheit bildet sich also dort heraus, wo aus sozialer Ungleichartigkeit (etwa von Berufen) oder individueller Verschiedenheit (z.B. Hautfarbe) über einen gesellschaftlichen Bewertungsprozess soziale Ungleichwertigkeit entsteht. Erst dieser Bewertungsvorgang macht aus objektiven Unterschieden wie Hautfarbe, Geschlecht oder Beruf, dem alternativen „so oder so", soziale Unterscheidungen im Sinne von „besser" oder „schlechter". Solange z.B. die Hautfarbe keine Rolle spielt, ist es gleichgültig, ob jemand weiß, rot, gelb oder schwarz ist. Sobald jedoch Hautfarben eine bestimmte Wertigkeit auf der Skala hell-dunkel zugeschrieben wird, wird „Weißsein" im gesellschaftlichen Ungleichheitsgefüge zu einem „höherrangigen" Unterscheidungsmerkmal.
„Zugeschriebene" Wertigkeitsmerkmale sind solche, die – wie die Hautfarbe – ohne eigenes Zutun erlangt werden. Sozial bewertete Eigenschaften können aber auch erworben werden. Dazu zählen berufstypische Qualifikationen, die ein berufstypisches Einkommen und Ansehen (Prestige) verschaffen.

Quelle:
Mechthild Oechsle, Karl A. Otto, Karin Wetterau (2003): Gesellschaftsstrukturen und sozialer Wandel. S. 36 f.

Jetzt sind Sie dran …

1. Erstellen Sie eine ➲ Mindmap auf Basis des Textes.
2. Über welche dieser Bilder würde die Überschrift „Soziale Ungleichheit" nach Definition des Textes besser passen, über welche weniger gut? Diskutieren Sie Ihre Überlegungen im Klassenplenum.

2.7 Einkommensverteilung in Deutschland

Materieller Wohlstand, der zum Beispiel durch ein hohes Einkommen erzielt wird, ist neben Macht, Bildung oder dem bereits angesprochenen Prestige eine der wichtigsten Dimensionen sozialer Ungleichheit in Deutschland. Um sich im nächsten Kapitel mit den Folgen von Einkommensungleichheit beschäftigen zu können, werden Sie zunächst die Einkommensverteilung in Deutschland analysieren.

Dimension
hier: eine Kategorie zur Beschreibung

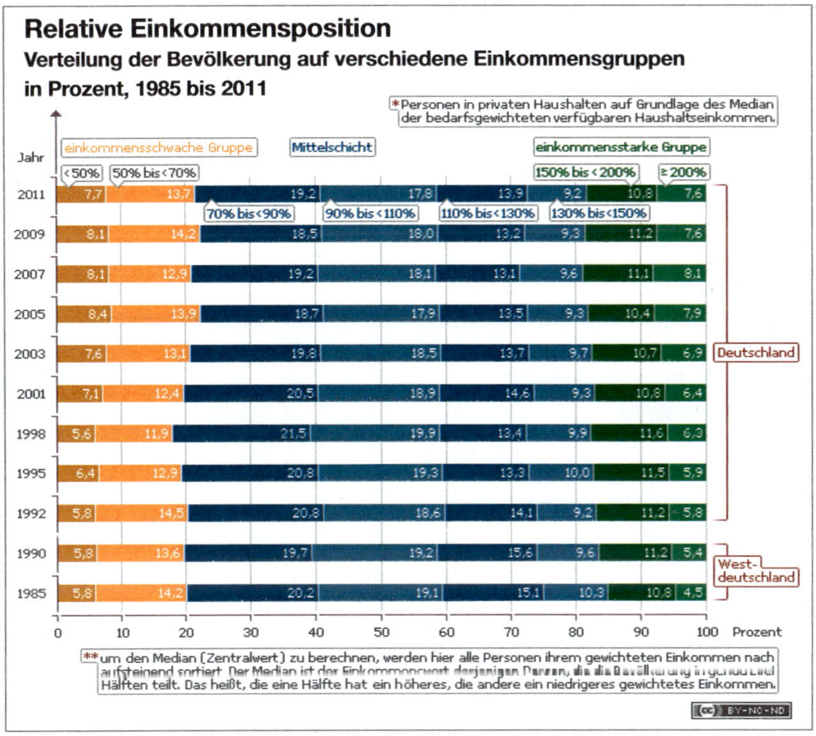

Quelle: SOEPv28, Personen in Privathaushalten

Bundeszentrale für politische Bildung, 2013

> [Einkommen] sind materielle Leistungen, die einer Person, einem Haushalt oder einer Organisation (z. B. Unternehmen) innerhalb eines bestimmten Zeitraumes (täglich, monatlich, jährlich) zufließen.
>
> Quelle: Klaus Schubert, Martina Klein (2011): Das Politiklexikon.

Durch die Betrachtung der Einkommensschichtung können Aussagen darüber gemacht werden, wie gleich oder ungleich die Einkommen in der Bevölkerung verteilt sind. Bei der Einkommensschichtung wird das Einkommen jeder einzelnen Person in Beziehung zum mittleren Einkommen (Median) gesetzt. Bei der Berechnung der einzelnen Einkommen werden die unterschiedlichen Haushaltsstrukturen und die Einspareffekte, die durch das Zusammenleben entstehen, berücksichtigt. Dieses gewichtete Einkommen wird auch als Äquivalenzeinkommen bezeichnet. Wenn das Einkommen einer Person bei 150 oder mehr Prozent des durchschnittlichen Äquivalenzeinkommens liegt, fällt diese Person in die einkommensstarke Gruppe und gehört damit zu den „Wohlhabenden". Zur einkommensschwachen Gruppe gehören nach der Kategorisierung des Deutschen Instituts für Wirtschaftsforschung (DIW Berlin) alle Personen, deren gewichtetes Einkommen bei weniger als 70 Prozent des Medianeinkommens liegt. Entsprechend werden alle Personen, die ein Einkommen zwischen 70 und unter 150 Prozent des Medianeinkommens haben, als Mittelschicht bezeichnet.

Quelle: Bundeszentrale für politische Bildung (2013): Zahlen und Fakten, die soziale Situation in Deutschland, relative Einkommensposition www.bpb.de

Jetzt sind Sie dran …

1. Betrachten Sie das Diagramm und lesen Sie die begleitenden Texte aufmerksam. Notieren Sie sich Fragen, falls Sie etwas nicht verstanden haben.
2. Analysieren Sie das Diagramm gemeinsam im Klassenplenum (➲ Diagramme/Schaubilder analysieren). Notieren Sie die Kernaussage in einem Satz und vergleichen Sie im Plenum.

2.8 Armut in Deutschland

Deutschland gehört neben anderen Ländern wie zum Beispiel den USA, Japan und Frankreich zu den Ländern mit durchschnittlich hohen Reallöhnen. Dennoch leben auch in Deutschland Menschen, die arm sind. Doch was ist überhaupt Armut und wann gelten Menschen als arm? Und wie viele Menschen sind in Deutschland tatsächlich von Armut bedroht?

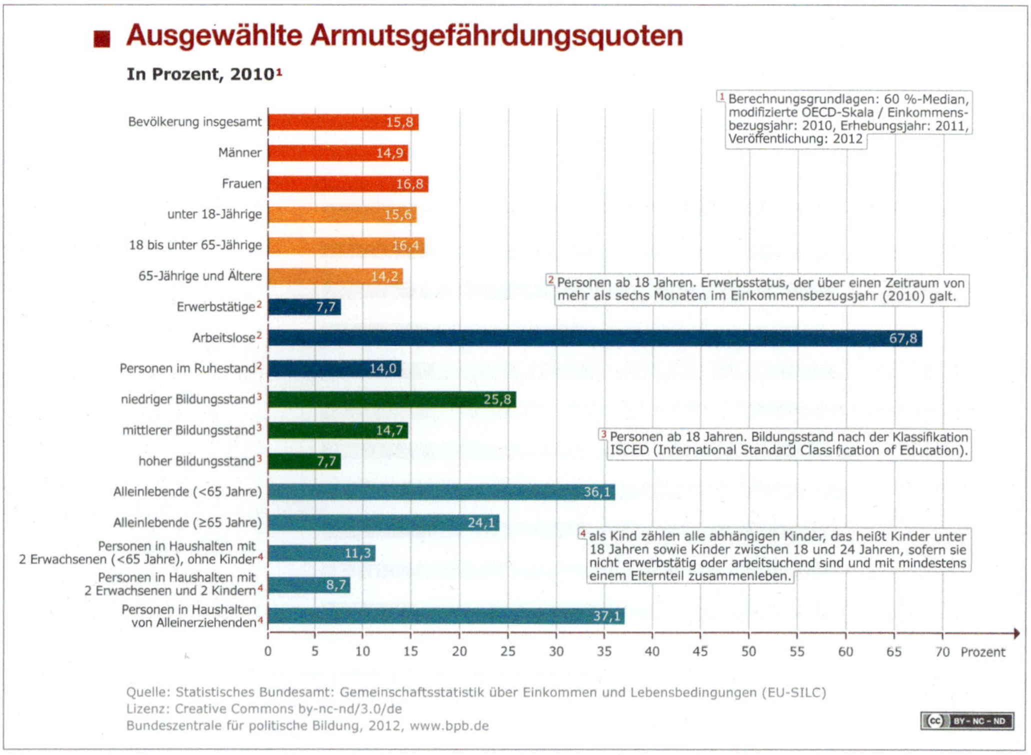

Armut ist ein Zustand sozialer Benachteiligung, der sich als mangelnde Befriedigung von Grundbedürfnissen (Nahrung, Gesundheit, Kleidung) ausdrückt. Wie das Diagramm zeigt, galten im Jahr 2010 15,8 % aller Deutschen als armutsgefährdet, hatten also weniger als 60 % des Durchschnittseinkommens zur Verfügung. Der Schwellenwert für Armutsgefährdung lag in Deutschland zu diesem Zeitpunkt für Alleinlebende bei 11.426 Euro Einkommen pro Jahr und für zwei Erwachsene mit zwei Kindern unter 14 Jahren bei insgesamt 23.994 Euro pro Jahr.
Armut wird hierbei als „relative Armut“ (Armut im Verhältnis zum Durchschnittseinkommen eines Landes; in anderen Ländern würden demnach andere Armutsgefährungsgrenzen gelten) und nicht als „absolute Armut“ (Armut an der Existenzgrenze; von der Weltbank 2012 mit der Verfügbarkeit von 1,25 Dollar und weniger beziffert) verstanden.

Autorentext nach Bundeszentrale für politische Bildung (2012): Ausgewählte Armutsgefährdungsquoten. www.bpb.de

Jetzt sind Sie dran …

1. Analysieren Sie das Diagramm und beschreiben Sie, welche Personengruppen besonders von Armut bedroht sind (➲ Diagramme/Schaubilder analysieren).

Armut: Das Problem der Definition

Warum liegt die Grenze für die Armutsgefährdungsquote in Deutschland bei 60 % des Durchschnittseinkommens? Hängt Armut nur davon ab, wie viel Geld Menschen zur Verfügung haben? Kann sich Armut nicht auch noch in anderen Formen zeigen? Diese berechtigten Fragen könnten Sie sich bei der Bearbeitung der letzten Aufgabe gestellt haben. Sie werden auf dieser Seite lernen, dass es auch noch andere Vorstellungen darüber gibt, wann Menschen als arm bezeichnet werden können.

Der Soziologe Stefan Hradil problematisiert eine eindimensionale Ressourcendefinition von Armut, die auch dem Diagramm auf der vorherigen Seite zugrunde liegt, und stellt eine alternative Lebenslagendefinition vor:

Die Ressourcendefinition geht davon aus, daß Armut dann vorliegt, wenn insbesondere zu geringe Geldmittel vorhanden sind. Für das Ressourcenkonzept spricht, daß in modernen, marktwirtschaftlich organisierten Gesellschaften nahezu alle Grundbedarfsgüter gegen Geld erworben werden können. Dennoch wirft diese Definitionsweise Probleme auf: So liegt im Sinne einer Ressourcendefinition Armut dann nicht vor, wenn zwar ausreichende Geldmittel vorhanden sind, diese aber z.B. weitgehend in Alkohol umgesetzt oder verspielt werden und daher rundum miserable Lebensumstände bestehen. Andererseits muß eine Ressourcendefinition angesichts der finanziellen Ausstattung vieler Studierender zum Ergebnis der „Armut" kommen, obgleich sich deren Lage durch Bildung, Kontaktmöglichkeiten, Zukunftsaussichten, Wohnmöglichkeiten, Gesundheitsbedingungen, geringe Ausgabenzwänge, Nebenverdienstmöglichkeiten etc. von der vieler Armer durchaus vorteilhaft abhebt.

Lebenslagendefinitionen lenken den Blick auf die Gesamtsituation der Versorgung und die hieraus resultierenden Handlungsmöglichkeiten von Menschen. Berücksichtigt werden Lebensbedingungen wie Ernährung, Bekleidung, Wohnung, Gesundheit, Bildung, Arbeitsplatz, Einkommen, Ansehen, Macht, Integration, Kommunikation, Freizeitchancen, Risiken, gesellschaftliche und politische Partizipation etc.

Quelle: Stefan Hradil (2001):
Soziale Ungleichheit in Deutschland. S. 243 f.

Jetzt sind Sie dran …

2. Beantworten Sie im Paar-Check folgende Fragen mithilfe des Textes von Stefan Hradil:
   a) Was wird im Text unter dem Begriff „Ressourcen" verstanden?
   b) Warum ist die Ressourcendefinition von Armut problematisch?
   c) Welche weiteren Beispiele, als die im Text genannten, fallen Ihnen ein, um die Problematik dieser Definition zu verdeutlichen?
   d) Was wird unter „Lebenslagendefinition" verstanden?
   e) Welche Probleme bei der Messung von Armut nach Lebenslagen könnten sich ergeben?
3. Bewerten Sie die Aussagekraft des Diagramms von Seite 34 gemeinsam im Klassenplenum kritisch.
4. Diskutieren Sie folgende Fragen im Kugellager:
   - Wann wäre Ihrer Ansicht nach ein Mensch arm?
   - Sind die Grenzen, ab wann in Deutschland eine Person als arm gilt, „natürlich gegeben"?
   - Kann das Diagramm darüber Auskunft geben, wie hoch das Einkommen der armutsgefährdeten Menschen tatsächlich ist? Warum ist dies für die Aussagekraft des Diagramms (un-)problematisch?

2.9 Soziale (Un-)Gerechtigkeit in Deutschland

Der bisherige Blick auf gesellschaftliche Phänomene war eher gesellschaftsanalytisch (deskriptiv). Sie haben also zunächst beschrieben und erklärt. Bei der Frage nach den Folgen sozialer Ungleichheit haben Sie jedoch bereits gesehen, dass die gefundenen Antworten unter Umständen als solche empfundene Problemlagen ansprechen. Damit enthalten sie auch einen gesellschaftspolitischen (normativen) Fokus. Vielleicht haben Sie die Folgen sozialer Ungleichheit als Missstand empfunden. So fasst auch der Soziologe Stefan Hradil für die Folgen materieller Ungleichheit zusammen:

illegitim
hier: unerlaubt, unrechtmäßig

Die Auswirkungen von Einkommens- und Vermögensungleichheiten sind kaum zu überschätzen. [...] Was die gesellschaftlichen und politischen Folgen betrifft, so müssen materielle Ungleichheiten als Kernbereich sozialer Ungleichheit gelten. Werden deren Veränderungen (z.B. eine Ausweitung der Spanne zwischen Armut und Reichtum, mehr Personen in Armut oder in Reichtum, verschärfte Wohlstandsdisparitäten [sprich: Ungleichheiten] zwischen Regionen, Ethnien oder Geschlechtern) nicht als gerecht angesehen, so schlägt sich dies unmittelbar in politisch relevanter Unzufriedenheit und sozialen Konflikten nieder. Es waren in der Geschichte immer wieder die als illegitim empfundenen Verschärfungen materieller Ungleichheit, die unter bestimmten Bedingungen zu Umstürzen und Revolutionen führten.

Quelle: Stefan Hradil (2001): Soziale Ungleichheit in Deutschland. S. 255.

Die Frage nach gesellschaftlicher Stabilität ist also eng mit unseren Vorstellungen davon verknüpft, ob bestimmte soziale Ungleichheiten als gerecht oder ungerecht empfunden werden. Diese Vorstellungen können jedoch individuell sehr unterschiedlich sein.

Jetzt sind Sie dran ...

1. Was bedeutet für Sie soziale Gerechtigkeit? Nutzen Sie den Fragebogen. Schreiben Sie hierzu Ihre Antworten in Ihr Heft (z.B.: 1 *A*: Gerecht ist, wenn es allen gleich gut geht). Diskutieren Sie Ihre Antworten anschließend in der Klasse.

1 Was ist soziale Gerechtigkeit?

A Gerecht ist, ...
- ❑ wenn es allen gleich gut geht
- ❑ wenn jeder machen kann, was er will
- ❑ wenn auf die Rücksicht genommen wird, denen es schlechter geht
- ❑ wenn die mehr bekommen, die mehr brauchen
- ❑ wenn die mehr bekommen, die mehr leisten
- ❑ wenn ...

B Wie sozial gerecht geht es Ihrer Meinung nach in Deutschland zu? Begründen Sie Ihre Einschätzung!
- ❑ sehr gerecht
- ❑ ziemlich gerecht
- ❑ nicht besonders gerecht
- ❑ sehr ungerecht

2 Was müsste getan werden, damit es in Deutschland gerechter zugeht?

Kreuzen Sie entsprechend an: + = dem stimme ich zu / – = das lehne ich ab

		+	–
A	Die Steuern für die reichen müssten erhöht werden. Dann hätte der Staat mehr Geld, das er den Armen geben könnte.	❑	❑
B	Die Steuern müssten gesenkt werden, damit sich Leistung wieder lohnt. Wer mehr arbeitet, soll auch mehr davon haben.	❑	❑
C	Der Staat muss jedem, der will, einen Arbeitsplatz beschaffen. So hat jeder die gleiche Möglichkeit, sich nach oben zu arbeiten.	❑	❑
D	Alle Erwerbsfähigen müssten zur Arbeit gezwungen werden. Nur wer am Wirtschaftsleben teilnimmt, kann Ansprüche stellen und gleichberechtigt sein.	❑	❑

3 Was spielt eigentlich für soziale Gerechtigkeit eine Rolle?

Kreuzen Sie entsprechend an: + = sehr wichtig / 0 = nicht so wichtig / – unwichtig

Einkommen	+ ❑	0 ❑	– ❑	Soziale Sicherheit	+ ❑	0 ❑	– ❑	Arbeitsplatz	+ ❑	0 ❑	– ❑
Steuerbelastung	+ ❑	0 ❑	– ❑	Bildung	+ ❑	0 ❑	– ❑	Gleichheit von Mann und Frau	+ ❑	0 ❑	– ❑
Gesundheitsvorsorge	+ ❑	0 ❑	– ❑	Glück	+ ❑	0 ❑	– ❑	Auslandsreisen	+ ❑	0 ❑	– ❑

Nach: Bundeszentrale für politische Bildung (2008).

Welche Arten sozialer Gerechtigkeit gibt es?

Sie werden in Kapitel 10.1 erarbeiten, welche Gerechtigkeitsvorstellungen Politikerinnen und Politiker unterschiedlicher Parteien haben. In diesem Kapitel werden Sie zunächst ausgewählte Arten sozialer Gerechtigkeit, die in politischen Diskussionen oftmals eine Rolle spielen, kennenlernen:

Chancengerechtigkeit

Alle Menschen in einer Gesellschaft sollten die gleichen Möglichkeiten zur Erlangung wertvoller Güter (wie Bildung, materieller Wohlstand, Gesundheit) haben. Ungleiche Verteilung ist nach dieser Vorstellung also nicht ungerecht, wenn sie sich als Ergebnis zeigt, die Chancen jedoch gleich sind.

Leistungsgerechtigkeit

Die Verteilung wertvoller Güter sollte sich nach den individuellen Leistungen von Menschen in einer Gesellschaft richten. Je größer der persönliche Beitrag (vor allem durch seine erbrachte Arbeitsleistung) eines Menschen, desto mehr solle er auch erhalten.

Bedarfsgerechtigkeit

„Objektive" Bedarfe (in dieser Vorstellung meist „Mindestbedarfe" oder „Grundbedürfnisse") von Menschen sollen unabhängig von ihren Leistungen, ihrem Einkommen oder ihrem sozialen Status gedeckt werden. Diese Gerechtigkeitskonzeption soll dem Umstand gerecht werden, dass z. B. Kinder und kranke oder alte Menschen meist nicht entsprechend dem Prinzip der Leistungsgerechtigkeit auch tatsächlich leistungsfähig sind.

Egalitäre Gerechtigkeit

Güter und Lasten sollten gleich verteilt werden. Obwohl sich dieser Ansatz auch als Forderung nach Ergebnisgleichheit ausdrücken kann („Alle sollten in jeder Hinsicht, unabhängig von den individuellen Leistungen, im Ergebnis das gleiche erhalten"), werden häufig in einer abgeschwächten Form Ungleichverteilungen von Gütern und Lasten innerhalb bestimmter Grenzen nicht als ungerecht definiert.

Autorentext nach Thomas Ebert (2010):
Soziale Gerechtigkeit. Ideen – Geschichte – Kontroversen. S. 47 ff.
Stefan Hradil (2012): Soziale Gerechtigkeit.

Jetzt sind Sie dran …

2. Fassen Sie in eigenen Worten schriftlich zusammen, welche Arten der sozialen Gerechtigkeit unterschieden werden können.
3. Erstellen Sie eine Tabelle, in der Sie aufschreiben, welche Vor- und welche Nachteile die unterschiedlichen Gerechtigkeitsansätze haben.
4. Analysieren Sie für sich alleine, welches Gerechtigkeitskonzept Ihren Antworten aus dem Fragebogen zugrunde liegt.
5. Welches Gerechtigkeitskonzept ist in Ihrer Klasse konsensfähig?

Arten sozialer Gerechtigkeit		
Es ist gerecht, wenn …	**Vorteil**	**Nachteile**
… Güter nach individuellen Leistungen verteilt sind.	• … • …	• Leistungsschwache bleiben unberücksichtig • …

2.10 Gesellschaft heute: Nutzen Sie Ihre Kompetenzen

Situation

An Ihrer Schule finden demnächst Projektwochen statt, an denen Sie mit Ihrem Politikkurs teilnehmen. Ihr Kurs wird eine politische Talkshow zum Thema „Die deutsche Gesellschaft: ungleich und ungerecht?" organisieren. Sie werden in der Talkshow die Rolle eines Soziologen einnehmen, der die Talkrunde im Verlauf der Sendung mit wichtigen Fakten und Hintergrundwissen zum Thema versorgen wird und wissenschaftlich falsche Äußerungen korrigieren soll.

Im Format „Talkshow" wird ein ausgewähltes Thema kontrovers diskutiert.
Als Methode für die Schule übernehmen ausgewählte Schüler fiktive oder real existierende Rollen (Politiker, Wissenschaftler, vom Thema Betroffene), die unterschiedliche Standpunkte zum Thema einnehmen.
Die Rolle des Moderators bzw. Talkmasters kann ebenfalls von einem Schüler übernommen werden Die weiteren Schüler sind das Publikum.

Die Rollen in Ihrer Talkshow sind so verteilt:

- Moderator
- Soziologe (Ihre Rolle)
- Politiker verschiedener Parteien
- Arbeitslosengeld-Empfänger
- Journalist einer überregionalen Tageszeitung

Der sprachliche Schlagabtausch zwischen den Teilnehmern bewirkt eine große Dynamik, in der schnell und präzise auf Äußerungen der Mitstreiter und Kontrahenten eingegangen werden muss. Hierfür sind die Fähigkeit der inhaltlich souveränen Gesprächsführung und damit verbunden eine umfangreiche Auseinandersetzung mit dem Thema unerlässlich.

Arbeitsaufträge

Um die Talkshow bestmöglich bestreiten zu können, erarbeiten sich „echte Profis" im Vorfeld nicht nur ihre eigenen Wortmeldungen, sondern überlegen sich auch, was die anderen Talkgäste sagen könnten und wie sie angemessen darauf reagieren würden. Dies wird nun Ihre Aufgabe sein. Bearbeiten Sie die nachfolgenden Schritte, um umfassend auf die Talkshow vorbereitet zu sein.

1. Schritt: Vorbereitung der Rolle
Der Moderator wird zu Beginn der Sendung das Thema kurz vorstellen, die Talkgäste begrüßen und sie bitten, ein kurzes Eingangsstatement (eine knappe Äußerung zu ihrem Standpunkt) zu geben. Bereiten Sie schriftlich Ihre Rolle vor („Guten Abend, mein Name ist ..., ich arbeite am Institut für .../ am Lehrstuhl ... der Universität ... und ich möchte in der Talkshow ...").

2. Schritt: Vorbereitung möglicher Antworten und Äußerungen
Überlegen Sie für sich, wie Sie auf Fragen, die Ihnen der Moderator oder die anderen Talkgäste stellen könnten, antworten werden und wie Sie auf bestimmte (richtige oder falsche) Äußerungen angemessen reagieren können. Bereiten Sie sich schriftlich auf Basis dieses Schulbuch-Kapitels darauf vor. Nachfolgende Beispiele sollen Ihnen dabei helfen.

- Moderator: „Der Titel der heutigen Talkshow lautet ‚Die deutsche Gesellschaft: ungleich und ungerecht?'. Sind „ungleich" und „ungerecht" nicht das Gleiche? Was sagen Sie als Soziologe dazu?"
- Zuschauer A: „Die ganze Zeit wird der Begriff ‚soziale Ungleichheit' verwendet. Heißt das jetzt nur, dass Menschen unterschiedlich sind? Oder habe ich da etwas falsch verstanden?"
- Politiker A: „In Deutschland kann jedes Kind später auf die Universität gehen. Dabei ist es völlig egal, ob die Eltern nun selbst einen Hochschulabschluss haben oder nicht, die Chancen sind gleich groß."
- Politiker B: „Hierzulande muss niemand am Hungertuch nagen! Damit will ich sagen, dass es so etwas wie echte Armut in Deutschland im Vergleich zu anderen Ländern doch eigentlich gar nicht gibt."
- Journalist: „Die Schere zwischen arm und reich geht in Deutschland immer weiter auseinander. Denn es ist ja nicht nur so, dass es viele Menschen gibt, die unterhalb der Armutsgrenze leben. Auch liegt der Großteil des deutschen Privatvermögens in Besitz von nur ein paar Prozent der Bevölkerung. Wie viel Prozent, weiß ich ‚aus dem Stand' nicht." (Tipp: Hier geht es um die Frage nach der „Vermögensverteilung". Um richtig antworten zu können, müssen Sie im Internet nach der aktuellen Statistik zur Vermögensverteilung suchen.)
- Zuschauer B: „Ich bin auf jeden Fall für Leistungsgerechtigkeit und sehe auch keine anderen sinnvollen Möglichkeiten der gerechten Verteilung!"
- Moderator: „Eine Frage an den Soziologen: Welche anderen Modelle der sozialen Gerechtigkeit gibt es denn noch?"
- ...

3. Schritt: Auf den neuesten Stand bringen
Es ist wichtig, momentane gesellschaftspolitische Entwicklungen zu überblicken, um auch seine persönliche Auffassung zu bestimmten Themen aktualisieren zu können. Stellen Sie zusammen, was Sie in Zeitungen, im Fernsehen und im Internet zum Thema „Soziale Ungleichheit und soziale Gerechtigkeit" finden können. Überprüfen Sie kritisch mit Ihren in diesem Kapitel erworbenen Kompetenzen, wie die Berichtserstattungen zu bewerten sind: Sind diese sachlich richtig? Spiegeln Sie alle wichtigen Perspektiven auf das Thema wider? Enthalten diese persönliche Stellungnahmen, zu denen es Gegenargumente gibt?

3 Migration

Diese Methoden verwenden Sie:
- Blitzlicht
- Placemat
- Podiumsdiskussion
- Paar-Check
- Mindmap
- Pro-Kontra-Debatte
- Internetrecherche
- Protokoll
- Fragenspeicher
- Plakat erstellen
- Clustern

So vernetzen Sie Ihr Wissen:
Mit den Themen:
- Identität – wer bin ich? (→Kap. 1)
- Der Sozialstaat (→Kap. 10)
- Globalisierung (→Kap. 14)
- Globale und regionale Sicherheit – Friedenspolitik in einer entgrenzten Welt (→Kap. 15)

In der Geschichte der Menschheit gibt es seit Anbeginn Wanderungsbewegungen. Bevor die Menschen sesshaft wurden, wanderten sie mit ihrem Stamm und ihrem Vieh von einem Weidegrund zum nächsten und legten dabei bemerkenswerte Strecken zurück. Mit den ersten Stadtgründungen und der Sesshaftwerdung vieler Menschen änderte sich das: Weideflächen und Ackerflächen wurden dauerhaft benutzt und kultiviert, die Dinge, die nicht vor Ort wuchsen, wurden erhandelt.

Auch in unserer Gegenwart gibt es noch Wanderungsbewegungen. In Europa wechseln die Menschen aufgrund ökonomischer Gründe ihren Wohnort. Weltweit gibt es neben diesem Grund Migrationsbewegungen wegen Menschenrechtsverletzungen, religiösen Verfolgungen und Kriegen. Viele Wissenschaftler gehen davon aus, dass in den nächsten Jahren zunehmend Migrationsbewegungen aufgrund von Umweltkatastrophen, hervorgerufen durch den Klimawandel, entstehen werden.

Dabei ist es nicht immer einfach, in einen Staat zu immigrieren, da es sehr viele verschiedene Aufnahmebedingungen gibt. Problematisch wird Migration zumeist bei der Integration der Zuwanderer in die bestehende Gesellschaft. Bei diesem Problem ist vor allem die Politik der betreffenden Staaten gefordert.

Diese Kompetenzen erwerben Sie:

- Sie können verschiedene wichtige historische Wanderungsbewegungen unterscheiden und Gründe für sie nennen.
- Sie können die Emigrationsbewegung der Deutschen in die USA im 19. Jahrhundert nachvollziehen.
- Sie wissen, dass die Bundesrepublik in ihren Anfangsjahren eine große Binnenmigration erlebte.
- Sie kennen die Gründe für die Anwerbung von Gastarbeitern in Deutschland und Sie können wesentliche Aspekte dieses Prozesses bewerten.
- Sie können die wesentlichen Aspekte des Zuwanderungsgesetzes kritisch bewerten.
- Sie wissen, dass Migrationsströme staatlich gesteuert werden und können diese Steuerung kritisch hinterfragen.
- Sie können die Situation und die Probleme von Asylsuchenden in Deutschland nachvollziehen und diese kritisch bewerten.

3.1 Menschen wandern schon immer – zwei Beispiele

Dass Menschen Bürger verschiedener Nationalstaaten sind, ist eine historisch gesehen recht junge Tatsache. Die europäischen Völker wurden zum großen Teil nach dem Ende des Römischen Reiches in der Zeit der Völkerwanderung neu sortiert.

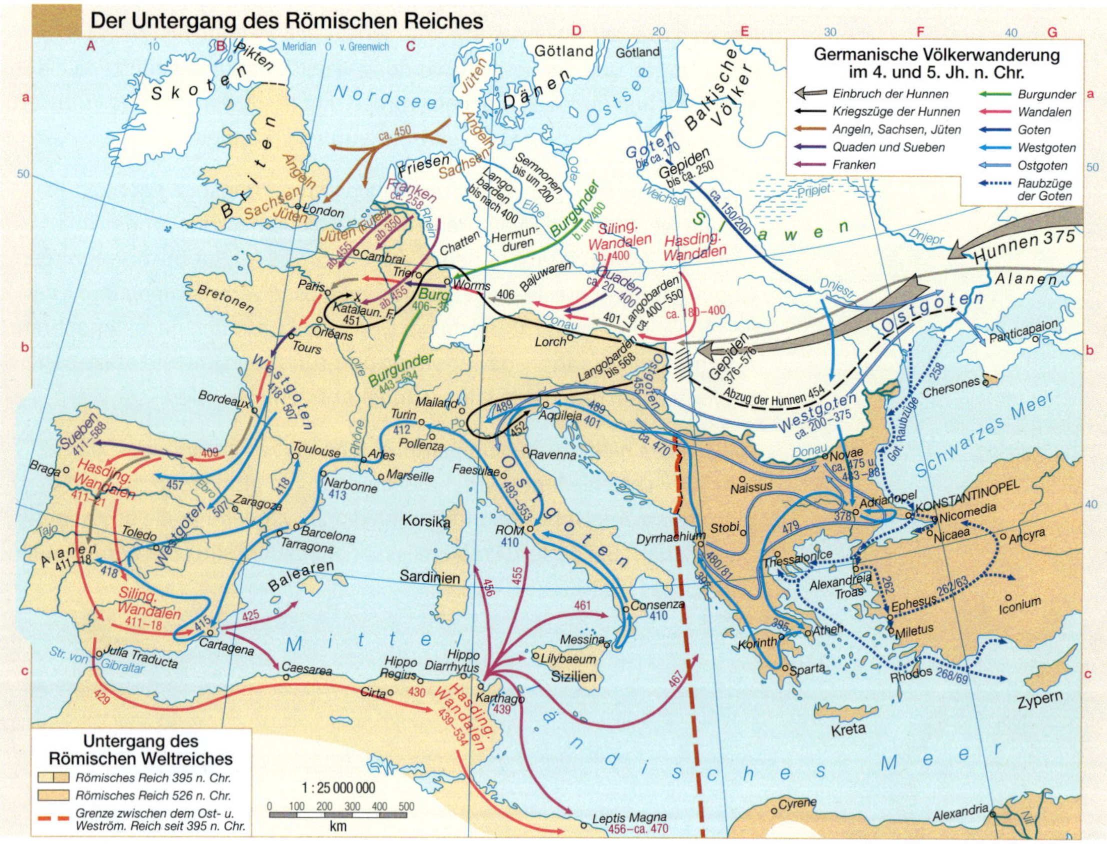

Jetzt sind Sie dran …

1. Führen Sie ein Blitzlicht durch. Was denken Sie: Inwieweit war der Zusammenbruch des Römischen Weltreichs für diese umfangreiche Völkerwanderung verantwortlich?
2. Betrachten Sie die Karte. Beschreiben Sie die dargestellten Wanderungsbewegungen und erläutern Sie sie Ihrem Sitznachbarn. Sie dürfen die heutigen Namen der Staaten verwenden.
3. Versuchen Sie mithilfe eines Placemats Gründe dafür zu finden, warum nach dem Zusammenbruch des Römischen Reiches solche umfangreichen Wanderungsbewegungen stattfanden.
4. „Die Völkerwanderung stürzte die europäische Welt ins Chaos." Begründen oder widerlegen Sie diese These schriftlich aufgrund Ihrer bisherigen Ergebnisse. Beziehen Sie das Sprichwort „Hausen wie die Vandalen" in Ihre Überlegungen ein.
5. Überlegen Sie in Partnerarbeit: Welche Ereignisse wären in Ihren Augen vorstellbar, die dazu führten, dass heute im abgebildeten geografischen Raum eine Völkerwanderung stattfindet? Präsentieren Sie Ihre Ergebnisse in der Klasse.

Eine weitere große Wanderungsbewegung fand ab dem 17. Jahrhundert vom europäischen Kontinent nach Nordamerika statt. Nachdem sich in Europa die Berichte über den ihnen noch neuen und weitgehend unbesiedelten Kontinent verbreiteten, sahen viele Menschen eine Möglichkeit, dort ein neues Leben anzufangen. Ein Grund dafür war, aus der Unfreiheit des in Europa weitverbreiteten Feudalsystems zu entfliehen. Aber auch die Flucht vor dem Militärdienst und vor allem vor religiöser Unterdrückung spielten eine bedeutende Rolle. Große Auswanderungswellen entstanden im 19. Jahrhundert durch Hungersnöte in einzelnen europäischen Ländern, so z. B. 1817 in Deutschland oder den 1840er Jahren in Irland.

Mitte des 19. Jahrhunderts fanden auch nach Südamerika Wanderbewegungen aus Europa statt. Blumenau im Süden Brasiliens ist ein Zentrum ehemaliger deutscher Kolonisten. Seit 1984 wird hier in Erinnerung an das Original aus München das Oktoberfest gefeiert.

Feudalismus
Bewohner eines Stück Landes sind dem Landesherren zu Diensten, Abgaben und Gehorsam verpflichtet

Zwei Auswandererschicksale

Heinrich Friedens, Bauernsohn: Überfahrt mit der Ehefrau von Bremen nach South Hampton. Großes Gedränge im Hafen. Weiterfahrt mit dem Dampfschiff Borussia nach New York. Während der Überfahrt große Langeweile, große Enge, ein heftiges Unwetter, bei dem das Schiff beschädigt wird. Dauer der Überfahrt: acht Tage. Ankunft in New York. Erste Beschäftigung in einer Fabrik. Weiterreise nach St. Louis, wo viele Deutsche wohnen. Viele Orte, an denen Halt gemacht wird, sind überfüllt mit Auswanderern. Ankunft in St. Louis, Kontakte mit der deutschen Gemeinde. Erwerb eines Stück Landes westlich von St. Louis. 30 Kühe und Hühner. Ernährung hauptsächlich von Eigenprodukten. Erwerb umfangreicher Weideflächen. Rückzahlung des Kredites an die Eltern in Deutschland. Nebenbei Erlernen der englischen Sprache, um geschäftlich erfolgreicher zu sein. Geburt der ersten Tochter. Bau eines neuen Hauses. An den Wochenende Besuch einer deutschsprachigen Kirchengemeinde in St. Louis.

Anton Saaler, Bauer: Flucht aus der Heimat Fürth nach Bremerhaven. Überfahrt nach New York. Das Schiff kentert bei Sturm, trotz vieler Toter Rettung und Weiterfahrt. Beschäftigung in einer Fabrik. Verdienst ist gemessen an den Lebenshaltungskosten hoch, aber zu gering, um ohne weitere Eigenmittel ein Stück Land zu erwerben. Der Männerüberschuss in der Stadt ist gewaltig, eine Ehefrau zu finden fast unmöglich. Überall fremde Sprachen, verwahrloste Menschen im Hafen, die keine Beschäftigung haben. Wohnstatt in einem kleinen Haus, in dem nur Deutsche leben. Schwierigkeiten mit der englischen Sprache. Dann Erkrankung, kein Vertrauen in die medizinische Versorgung, keine Familie, die sich kümmert. Rückfahrt nach Bremerhaven, das Ersparte deckt die Kosten.

Jetzt sind Sie dran …

6. Erstellen Sie gemeinsam mit Ihrem Banknachbarn eine Liste mit Gründen, warum Europäer im 19. Jahrhundert in die USA ausgewandert sein könnten.
7. Schreiben Sie anhand der Auswandererschicksale einen fiktiven Brief eines der beiden Auswanderer an seine Familie in Deutschland.
8. Betrachten Sie die Abbildung oben. Welche Aussage über deutsche Zuwanderer in Brasilien können Sie treffen? Recherchieren Sie im Internet weitere Einflüsse deutscher Kultur auf die Gesellschaft in Brasilien (➲ Internetrecherche).

3.2 Migration in die Bundesrepublik – Nachkriegszeit – Gastarbeiter

Eine der größten Migrationsbewegungen innerhalb Deutschlands fand in den Jahren unmittelbar nach dem Zweiten Weltkrieg statt. Die Gründe hierfür waren die Neuordnung der europäischen Grenzen, Kriegsgefangenschaft und Fluchtbewegungen.

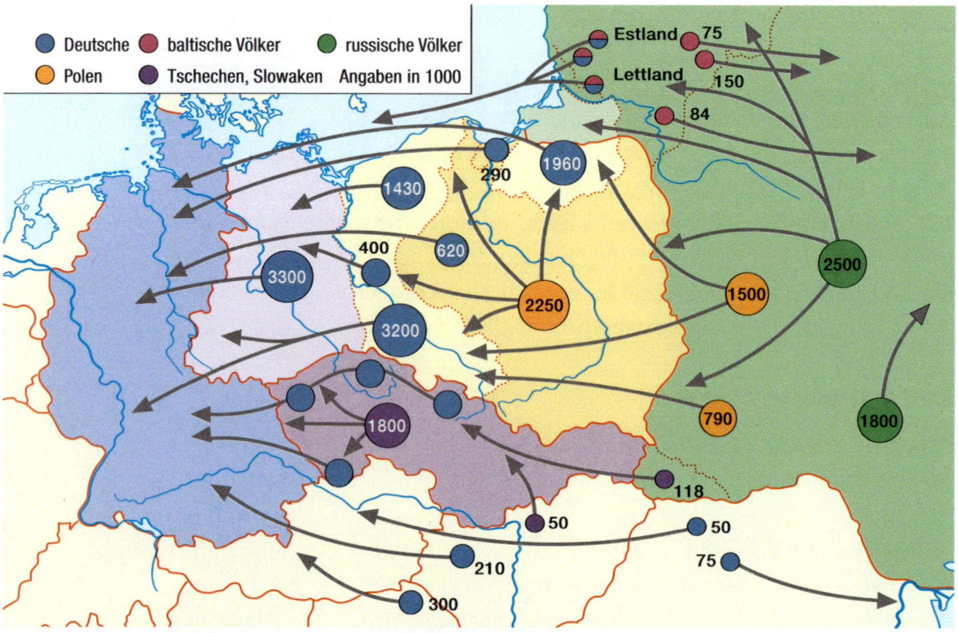

Mai 1964: Vertreibung der Deutschen aus der Tschechoslowakei

Jetzt sind Sie dran …

1. Analysieren Sie die Karte und betrachten Sie das Foto: Erarbeiten Sie in Vierergruppen mithilfe eines ➲ Placemats die Probleme, vor denen die Flüchtlinge und Vertriebenen einerseits und die vorher bereits ansässige Bevölkerung andererseits standen. Beziehen Sie Ihr Wissen über den Zustand Deutschlands nach Ende des Zweiten Weltkrieges in ihre Überlegungen mit ein.
2. Führen Sie eine Zeitzeugenbefragung durch: Wie erlebten die Zeitzeugen diese Zeit? Halten Sie Ihre Ergebnisse mithilfe von Ton- oder Videoaufnahmen fest, wenn die Befragten damit einverstanden sind, und präsentieren Sie diese in der Klasse.

In den 1950er Jahren gab es in Deutschland einen großen Arbeitskräftebedarf, der nicht aus der eigenen Bevölkerung gedeckt werden konnte. Um das sogenannte Wirtschaftswunder nicht zu gefährden, baten die Wirtschaftsverbände die Bundesregierung um die Anwerbung ausländischer Arbeitnehmer. Diese sollten zeitlich befristet in Deutschland arbeiten und anschließend in ihre Heimat zurückkehren. Die ersten Gastarbeiter kamen aus Italien, ab 1960 auch aus der Türkei, Portugal und Spanien. Von den Deutschen wurde diese Anwerbung von Arbeitern nicht nur positiv bewertet, viele bezeichneten sie als „Lohndrücker". Erschwert wurde die Akzeptanz dadurch, dass beide Seiten die Maßnahme nur als befristet verstanden. Bis 1973 waren auf diesem Wege insgesamt 14 Mio. ausländische Arbeitskräfte nach Deutschland gekommen, von denen jedoch 12 Mio. wieder in ihre Heimat zurückkehrten, obwohl die Begrenzung der Aufenthaltserlaubnis aufgehoben worden war. Im selben Jahr erließ die Bundesregierung aufgrund der Ölkrise einen Anwerbestopp. Allerdings stieg die Zahl der ausländischen Bevölkerung in Deutschland trotzdem an, da nicht erwerbstätigen Familienangehörige der Gastarbeiter auf Basis des Ausländergesetzes von 1965 der Zuzug nach Deutschland erlaubt wurde. Dieser sollte von einer verbesserten Eingliederungspolitik flankiert werden.

Regelung der Vermittlung türkischer Arbeitnehmer nach der Bundesrepublik Deutschland

[...]

4. Die Bundesanstalt übermittelt ferner der Türkischen Anstalt zur Unterrichtung der interessierten türkischen Arbeitnehmer eine zusammengefaßte Darstellung über die allgemeinen Arbeits- und Lebensbedingungen in der Bundesrepublik Deutschland sowie Lohnbeispiele für die hauptsächlich in Betracht kommenden Berufe. Die Zusammenstellung enthält auch Angaben über die Höhe der Abzüge vom Arbeitslohn an Steuern und Beiträgen zur Sozialversicherung und Arbeitslosenversicherung sowie über die wichtigsten Vorschriften und Leistungen auf dem Gebiet der sozialen Sicherheit. Diese Angaben werden, soweit erforderlich, nach dem jeweiligen Stand berichtigt.

5. Die Türkische Anstalt sorgt durch die ihr als geeignet erscheinenden Verfahren für die Sammlung der eingegangenen Bewerbungen, für eine Vorauswahl der Bewerber und übernimmt die Vorstellung der Bewerber bei der Verbindungsstelle. Bewerber, für die im Strafregister eine Freiheitsstrafe eingetragen ist, werden nicht vorgestellt. Das gleiche gilt für Bewerber, denen die zuständigen türkischen Stellen die Ausstellung eines Passes verweigern können. Die Verbindungsstelle stellt ihrerseits fest, ob die von der Türkischen Anstalt vorgestellten Bewerber die beruflichen und gesundheitlichen Voraussetzungen für die jeweils angebotene Beschäftigung und den Aufenthalt in der Bundesrepublik erfüllen.

[...]

12. Die Vereinbarung tritt rückwirkend am 1. September 1961 in Kraft. Sie für ein Jahr abgeschlossen und verlängert sich stillschweigend jeweils um ein weiteres Jahr, falls sie nicht von einer der beiden Regierungen spätestens drei Monate vor Ablauf ihrer Gültigkeit gekündigt wird.

Quelle:
Der Bundesminister für Arbeit und Sozialordnung (Hrsg.) (1962): Bundesarbeitsblatt Nr. 3, Bonn, 10.02.1962.

Jetzt sind Sie dran …

3. Stellen Sie sich vor, Sie seien im Jahre 1962 türkischer Staatsbürger und lesen dieses Abkommen.
   a) Erstellen Sie in Partnerarbeit eine Liste mit Gründen, warum Sie dieses Angebot annehmen sollten.
   b) Erstellen Sie eine zweite Liste mit den Aspekten, die Ihnen fehlen.
4. Erstellen Sie auf Basis dieser Listen eine Erörterung: „Soll ich dieses Angebot der Bundesrepublik annehmen oder nicht?"

3.3 50 Jahre deutsch-türkisches Anwerbeabkommen – Integration geglückt?

„Als Türke ist man hier immer noch fremd"
Interview: Anna-Mareike Krause; 30.10.2011

Am 28. Oktober 1961 stieg der damals elfjährige Baha Güngör in Istanbul in einen Zug – drei Tage später kam er in Aachen an. Er ist nun so lange in Deutschland, wie es das Anwerbeankommen mit der Türkei gibt. Über Einwanderer und Einwanderung damals und heute spricht tagesschau.de mit dem Journalisten.

tagesschau.de: Herr Güngör, wie war es, im Jahr 1961 türkischer Einwanderer in Deutschland zu sein?

Baha Güngör: Überall waren noch die zerbombten Häuser zu sehen, der Krieg war noch nicht lange her. Damals waren die Deutschen froh, dass überhaupt Menschen zu ihnen kamen und mit ihnen sprachen. Außerdem verbanden die Deutschen damals mit Türken eine historische, traditionelle Partnerschaft, sogar Freundschaft. Mein erster Schuldirektor in Aachen begrüßte mich sogar auf Türkisch. Da war ich baff, als er sagte, „Hosgeldin Efendim" – das heißt „Willkommen, mein Herr". Sofort hatte ich ein warmes Gefühl. Außerdem war es ja so, dass die Türken kamen, um den Deutschen zu helfen. Es war damals ganz normal, dass ich viele Einladungen in deutsche Familien bekam.

tagesschau.de: Wie ist das heute mit dem Gefühl, in Deutschland willkommen zu sein?

Güngör: Man muss sich heute immer rechtfertigen. Als Türke ist man in Deutschland immer noch fremd – obwohl hier mittlerweile drei Millionen Türken leben. Das liegt auch daran, dass die Deutschen lange dachten, dass die Türken irgendwann zurückgehen. Und auch die Türken haben sich nicht sonderlich um Integration bemüht, weil sie das gleiche geglaubt haben: Wir gehen ja weg, wir bleiben ja nur auf Zeit hier.
Als dann 1980 plötzlich die Zahl der Bausparverträge unter türkischen Namen die Hunderttausendermarke überschritten, da mussten beide Seiten erkennen: Sie sind ja doch hiergeblieben. Seitdem gibt es ein Aufwachen, allerdings zeigt das nur sehr langsam Konsequenzen.

tagesschau.de: Was muss Deutschland lernen im Umgang mit Einwanderern?

Güngör: Dass man sie auf Augenhöhe akzeptiert. Denn diese Augenhöhe stimmt oft nicht, weil es da auch politisch immer wieder Stürme gab. Wenn man eine EU-Mitgliedschaft der Türkei ablehnt wegen ihrer Religion und ihren kulturellen Wurzeln – und die deutsche Bundeskanzlerin ist eine wichtige Gegnerin eines EU-Beitritts der Türkei – [,] dann kann man nicht gleichzeitig von in Deutschland lebenden Türken verlangen: Integriert euch ohne [W]enn und [A]ber.
Deutschland muss lernen, dass es nicht mehr Gastgeber der Türken ist. Die sind mittlerweile hier geboren, das sind genauso Münchner, Berliner, Kölner oder Hamburger. Und ich beobachte, dass Türken in Deutschland sich oft an ihre Region anpassen, in der sie leben. Ein Türke in Köln wird Rheinländer, ein Türke in München tickt bayrisch.

tagesschau.de: Wie empfinden Sie die Debatten über Integration und Einwanderung, die hier geführt werden?

Güngör: Wissen Sie, Integration sieht man nicht. Die integrierten Türken fallen nicht auf, auch ich falle nicht auf. Man sieht immer nur die kleinen Gruppen tiefreligiöser Menschen oder die schwierigen Jugendlichen. Aber damit tut man den hier lebenden Türken Unrecht. Das wäre so, als würde man von den vielen verschiedenen Deutschen nur die Ballermann-Touristen wahrnehmen.

tagesschau.de: Aber nicht alle Türken haben alles richtig gemacht. Es gibt nachweislich Gruppen, die weniger integriert sind als Sie.

Güngör: Dass es Probleme mit gewissen Ausländer- →

gruppen gibt, ist auch ein Resultat aus den Fehlern der Siebzigerjahre, als man hier geglaubt hat, die würden ohnehin wieder nach Hause gehen. Und deshalb hat man in Deutschland auch vieles von dem ignoriert, was in irgendwelchen Hinterhöfen passiert ist.

tagesschau.de: Was hätte man tun sollen?

Güngör: Der deutsche Staat und die deutsche Politik hätten sich damals stärker einmischen müssen. Auch das hat übrigens mit Augenhöhe zu tun: dass man gegen Dinge, die man bei Deutschen nicht duldet, auch bei Türken vorgeht. Das ist aber nicht passiert. Stattdessen hat der Staat dabei zugesehen, dass Kinder noch vor der Schule zu Korankursen gehen und nach der Schule ihre Geschwister betreuen, statt Hausaufgaben zu machen. Den Preis dafür bezahlt man heute.

tagesschau.de: Heute ist es so, dass ausgerechnet junge, hochqualifizierte Einwanderer zurück in die Türkei gehen – also gerade diejenigen Kräfte, die Deutschland gerne halten würde. Woran liegt das?

Güngör: Es gibt hier immer noch eine Sperre in den Köpfen. Bewerber mit türkischen Namen werden eher abgelehnt – unabhängig von ihrer Qualifikation. In der Türkei hingegen gibt es einen deutlichen Bedarf. Etwa 4000 deutsche Unternehmen sind dort aktiv, gleichzeitig öffnen sich die türkischen Firmen sowohl in den Westen als auch nach China. Sie brauchen also gute Fachkräfte. Die türkischen Fachkräfte werden in der Türkei besser bezahlt als in Deutschland. Dazu kommt: In der Türkei müssen sie nicht permanent beweisen, dass sie ein guter Mensch mit hoher Integrationsbereitschaft sind, dass sie gerne in dem Land leben. Deshalb gehen sie in die Türkei – und ich kann das verstehen. Schade ist das vor allem für Deutschland, weil es Fachkräfte verliert.

tagesschau.de: Haben Sie selbst mit dem Gedanken gespielt, zurückzugehen?

Güngör: Ich habe 15 Jahre als Journalist für deutsche Medien in der Türkei gearbeitet, von 1984 bis 1999. Ich kann den Leuten nachfühlen, dass sie dort glücklicher sind als hier. Und ich habe immer wieder Gedanken, zurückzugehen.

tagesschau.de: Nach 50 Jahren – fühlen Sie sich eher als Deutscher oder als Türke? Oder ist diese Unterscheidung veraltet?

Güngör: Diese Unterscheidung ist von der Person abhängig. Ich habe seit 1978 den deutschen Pass, und seit 1982 bin ich kein türkischer Staatsbürger mehr. Dennoch bin ich Türke geblieben – aber mit Sicherheit einer, der sich in Deutschland sehr gut zurechtfindet, und der sich hier gut integriert hat. Ich habe sehr viele deutsche Freunde, ich bin ein Karnevalsjeck in Kölle am Rhein, ich bin ein sehr aktiver Fan des 1. FC Köln. Wenn im Fußball Deutschland gegen die Türkei spielt, dann bin ich für die Türkei – aber sonst immer für Deutschland. Ich bin hier zu Hause. Aber dass ich ein Türke geblieben bin[,] merke ich daran: Wenn ich mit anderen Türken zusammen bin, schiebt sich das Türkische in den Vordergrund.

tagesschau.de: Wie zeigt sich das?

Güngör: Wenn ich mit türkischen Freunden zusammen bin, dann kenne ich alle Lieder, die wir dann alle zusammen singen. Ich kenne die türkischen Witze und Geschichten, die erzählt werden, die geflügelten Worte. Da empfinde ich eine Vertrautheit, die ich mit deutscher Kultur nicht in dieser Dimension habe.

Quelle: tagesschau.de

Jetzt sind Sie dran …

1. Lesen Sie das Interview. Halten Sie die Ihnen wichtigsten Aspekte in einer ➲ Mindmap fest.
2. Bereiten Sie in Vierergruppen eine ➲ Podiumsdiskussion vor zum Thema „Man kann seiner Herkunft treu bleiben – aber trotzdem integriert sein". Nutzen Sie dazu neben Beispielen aus dem Text auch eigene Beispiele.
   Entsenden Sie ein Mitglied Ihrer Arbeitsgruppe in die Podiumsdiskussion und führen Sie diese durch.
3. Protokollieren Sie die Podiumsdiskussion (➲ Protokoll). Diskutieren Sie anschließend im Plenum die strittigsten Aspekte noch einmal.

3.4 Zuwanderung – gesetzlich geregelt

Am 1. Januar 2005 trat mit dem Zuwanderungsgesetz eine umfassende Reform sämtlicher Bestimmungen der Migrations- und Integrationspolitik sowie des Aufenthaltsrechts von Nichtdeutschen in Kraft. Mit diesem Gesetz versuchte die Politik, die Zuwanderung zu regeln und zu begrenzen und andererseits bestimmte Zuwanderer nach Deutschland zu locken. Im Jahr 2007 erfolgte eine Reform des Zuwanderungsgesetztes, mit dem unter anderem aufenthalts- und asylrechtliche Richtlinien der EU in nationales Recht umgesetzt werden sollten.

Aus dem Zuwanderungsgesetz

Aufenthaltstitel
Für längerfristige Aufenthalte wird nur noch zwischen der (befristeten) Aufenthaltserlaubnis und der (unbefristeten) Niederlassungserlaubnis unterschieden. Zur erstmaligen Einreise ist nach wie vor ein Visum für das Bundesgebiet (nationales Visum) erforderlich, das dann in Deutschland in eine Aufenthalts- bzw. eine Niederlassungserlaubnis umgewandelt wird. Eine Aufenthaltserlaubnis wird für die im Gesetz genannten möglichen Aufenthaltszwecke (Ausbildung, Erwerbstätigkeit, völkerrechtliche, humanitäre oder politische sowie familiäre Gründe) erteilt.

Aufenthalt zum Zwecke der Ausbildung
Ausländern kann zum Zwecke der Studienbewerbung und des Studiums an einer staatlichen oder staatlich anerkannten Hochschule oder vergleichbaren Ausbildungseinrichtung eine verlängerbare Aufenthaltserlaubnis erteilt werden. Sie kann auch nach dem Abschluss des Studiums für bis zu einem Jahr (ab 1. August 2012 für bis 18 Monate) zur Suche nach einem diesem Abschluss angemessenen Arbeitsplatz verlängert werden.

Arbeitsmigration
An die Stelle des früheren Systems der Aufenthaltsgenehmigung einerseits sowie der Arbeitsgenehmigung andererseits trat am 1. Januar 2005 eine Aufenthaltserlaubnis, die gleichzeitig den Zugang zum Arbeitsmarkt regelt.
Der generelle Anwerbestopp, das heißt die grundsätzliche Beschränkung der Zulassung zum Arbeitsmarkt, gilt fort.
Für Hochqualifizierte ist die Gewährung eines Daueraufenthalts von Anfang an vorgesehen, sie können nach der Einreise sofort eine Niederlassungserlaubnis erhalten. Mit- oder nachziehende Familienangehörige sind zur Ausübung einer Erwerbstätigkeit berechtigt. Selbständige können eine Aufenthaltserlaubnis erhalten, wenn an dem geplanten Geschäftsvorhaben ein besonderes wirtschaftliches Interesse oder ein besonderes regionales Bedürfnis besteht.

Familien- und Kindernachzug
Für den Familiennachzug zu einem Ausländer muss der Ausländer eine Niederlassungs- oder Aufenthaltserlaubnis oder eine „Blaue Karte EU" besitzen und über ausreichenden Wohnraum verfügen. [...]
Beim Ehegattennachzug wurde mit der Reform des Zuwanderungsrechts neu eingeführt, dass beide Ehegatten das 18. Lebensjahr vollendet haben müssen und der nachziehende Ehepartner sich grundsätzlich zumindest auf einfache Art in deutscher Sprache verständigen können muss. Beim Kindernachzug bleibt die Altersgrenze von 16 Jahren bestehen. Jugendlichen zwischen 16 und 18 Jahren kann im Härtefall oder bei einer günstigen Integrationsprognose ein Aufenthaltstitel erteilt werden. Beim Nachzug zum allein sorgeberechtigten Elternteil besteht für Kinder unter 16 Jahren ein Anspruch auf Erteilung des notwendigen Aufenthaltstitels.

Förderung der Integration
Integration ist ein langfristiger Prozess, der zum Ziel hat, alle Menschen, die dauerhaft und rechtmäßig in Deutschland leben, in die Gesellschaft einzubeziehen. Zuwanderern soll eine umfassende, möglichst gleichberechtigte Teilhabe in allen gesellschaftlichen Bereichen ermöglicht werden. Zuwanderer haben die Pflicht, die deutsche Sprache zu erlernen sowie die Verfassung und die Gesetze zu kennen, zu respektieren und zu befolgen. Gleichzeitig muss den

→

Zuwanderern ein gleichberechtigter Zugang möglichst zu allen gesellschaftlichen Bereichen ermöglicht werden.
Mit dem Nachweis eines erfolgreich abgeschlossenen Kurses besteht für den Migranten die Möglichkeit, die Wartezeit bis zur Erteilung einer Niederlassungserlaubnis bzw. – falls angestrebt – bis zum Erwerb der Staatsangehörigkeit zu verkürzen. Der Integrationskurs findet auf Deutsch statt.

Quelle: Auswärtiges Amt

Bewertungen des Zuwanderungsgesetzes

Durch das Zuwanderungsgesetz wurde die deutsche Migrationspolitik nicht rundum erneuert. [...] Dennoch führte die Reform an verschiedenen Stellen zu deutlichen Änderungen und Vereinfachungen gegenüber der alten Rechtslage. Die Anzahl der Aufenthaltstitel wurde verringert und die Verfahren wurden vereinfacht, wobei die Erteilung eines Aufenthaltstitels weiterhin an ähnlich hohe Voraussetzungen gebunden ist.
Einen deutlichen Fortschritt gab es im Bereich der Integration. Besonders bemerkenswert ist die erstmalige gesetzliche Verankerung eines umfassenden Konzepts zur sprachlichen Integration von Migrantinnen und Migranten. Damit ist ein rechtlicher Anspruch für Neuzuwanderer verbunden, einen Platz in einem Integrationskurs zu erhalten. In anderen Bereichen sind die Neuerungen indes weniger epochal ausgefallen: So ist es nach Ansicht zahlreicher Kritiker – insbesondere bei Kirchen und Wohlfahrtsverbänden – nicht ausreichend gelungen, den Status von Geduldeten zu verbessern. Auch der Problemkomplex der sog. illegalen Migration blieb ausgespart. Dagegen drückten die als Reaktion auf die terroristischen Anschläge des 11. September 2001 und des 11. März 2003 verankerten Abwehr- und Sicherheitsmaßnahmen zur Bekämpfung von Terrorismus und Kriminalität dem Gesetz einen deutlichen Stempel auf. Dies verhinderte, dass das Zuwanderungsgesetz als eine historische Zäsur auf dem Weg zu einem modernen, zukunftsfähigen Einwanderungsland betrachtet werden kann.

Quelle: Bundeszentrale für politische Bildung; www.bpb.de

Was macht die Europäische Union auf dem Gebiet der Migration?

Im Jahr 2009 verabschiedete die EU das „Stockholmer Programm", das unter anderem einen „Europäische Pakt zu Einwanderung und Asyl" beinhaltet. Er sieht Folgendes vor:

- Gestaltung der legalen Einwanderung unter Berücksichtigung der selbstbestimmten Prioritäten, Bedürfnisse und Aufnahmekapazitäten jedes Mitgliedstaates und Förderung der Integration.
- Bekämpfung der illegalen Einwanderung, indem insbesondere sichergestellt wird, dass illegal aufhaltende Ausländer in ihre Herkunftsländer zurückkehren oder sich in ein Transitland begeben.
- Stärkung der Wirksamkeit der Grenzkontrollen.
- Schaffung eines Gemeinsamen Europäischen Asylsystems.
- Aufbau einer umfassenden Partnerschaft mit den Herkunfts- und den Transitländern.

Jetzt sind Sie dran ...

1. Lesen Sie die wichtigsten Bestimmungen des Zuwanderungsgesetzes und kontrollieren Sie Ihr Wissen im Paar-Check.
2. Erstellen Sie eine Mindmap zum Thema Zuwanderungsgesetz.
3. Legen Sie einen Fragenspeicher zum Thema an und versuchen Sie, diese Fragen mittels Internetrecherche zu klären.
4. Lesen Sie die Bewertungen zum Zuwanderungsgesetz. Ermitteln Sie im Placemat-Verfahren Fortschritte und Probleme dieses Gesetzes und stellen Sie Ihre Ergebnisse in der Klasse vor.
5. Führen Sie eine Pro-Kontra-Debatte zum Thema „Das Zuwanderungsgesetz – ein Meilenstein der Integrationspolitik?" durch.
6. Recherchieren Sie, ob es ein ähnliches Gesetz auf EU-Ebene gibt. Fassen Sie Ihre Erkenntnisse in Stichworten zusammen.

3.5 Zuwanderung steuern

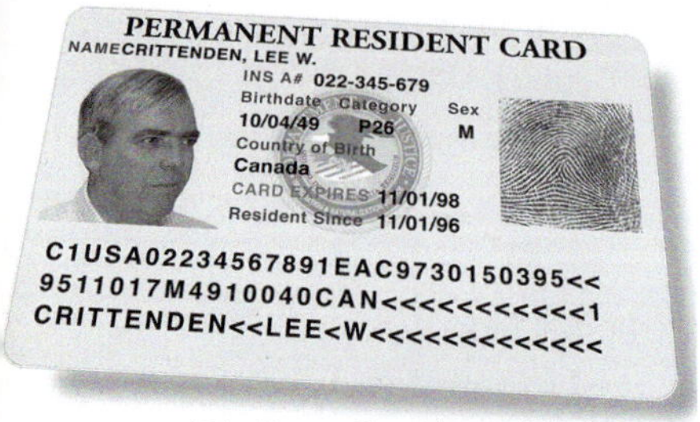

Die GreenCard berechtigt zum zeitlich unbeschränktem Aufenthalt mit Arbeitserlaubnis in den USA. Die offizielle Bezeichnung lautet:United States Permanent Resident Card.

Die meisten Staaten auf der Welt versuchen, die Zu- und Abwanderung in ihr Land zu steuern und zu kontrollieren. Sie schaffen für bestimmten Personengruppen Anreize, einzuwandern, oder schrecken andere Zuwanderer ab, sich in ihrem Land niederzulassen. Häufig werden klassische Einwanderungsländer wie die USA als Vorbild für eine Steuerung der Migration nach Deutschland genannt. Ein wichtiges Argument dabei ist immer wieder der Befund, dass die Zuwanderer in Staaten wie den USA, Kanada oder Australien wesentlich höher qualifiziert sind als in Deutschland.

Fazit einer Studie des Instituts für Arbeitsmarkt- und Berufsforschung (IAB)

„Die Untersuchungsergebnisse zeigen, dass die Qualifikationsstruktur der ausländischen Bevölkerung durch Einwanderungspolitik erheblich beeinflusst werden kann. Länder wie Australien, Kanada und die USA, die über eine lange Tradition in der Steuerung der Zuwanderung nach Humankapitalkriterien verfügen, erreichen eine deutlich höhere Qualifikation der ausländischen Bevölkerung als Länder, die darauf verzichten. Die Anwerbung von Gastarbeitern, wie sie bei uns in den 1960er und 1970er Jahren in großem Umfang praktiziert wurde, hat den gegenteiligen Effekt. Ähnliches dürfte für die gegenwärtigen Regelungen zur Saisonarbeit in Deutschland gelten, die den Arbeitsmarkt vor allem im Bereich gering qualifizierter Tätigkeiten öffnen. Ökonomische Faktoren beeinflussen ebenfalls die Bildungsselektion von Migranten, allerdings weit weniger als die Einwanderungspolitik. Die Untersuchungsergebnisse zeigen, dass eine günstige Qualifikationsstruktur der Zuwanderung auch aus Ländern mit einem niedrigen Pro-Kopf-Einkommen und einer ungleichen Verteilung der Einkommen erreicht werden kann. Die Selbstselektion der Migranten in Hinblick auf ihre Qualifikationsstruktur fällt umso günstiger aus, je geringer bei einem gegebenen Einkommensgefälle zwischen dem Ziel- und Herkunftsland das Pro-Kopf- Einkommen ist. Ein hohes Einkommensgefälle allerdings dämpft diesen Effekt.

Eine ungleichere Einkommensverteilung in den Zielländern führt zu einer etwas günstigeren Qualifikationsstruktur der Migration. Die Rolle dieses Faktors darf jedoch nicht überschätzt werden: Kanada erreicht die günstigste Qualifikationsstruktur der Migranten, obwohl die Einkommen dort ähnlich verteilt sind wie in Deutschland.

In Deutschland spiegelt die Qualifikationsstruktur der Bevölkerung mit Migrationshintergrund noch immer die Einwanderungspolitik seit der Gastarbeiteranwerbung. Die Steuerung der Zuwanderung nach Humankapitalkriterien steht erst am Anfang. Neu geschaffene Instrumente für die Zuwanderung von Hochqualifizierten werden bislang wegen (zu) hoher Einkommensschwellen kaum genutzt. Die bisherige Einwanderungspolitik hat die Arbeitsmigration weitgehend beschränkt, so dass die Familienzusammenführung zum wichtigsten Weg für den Zugang nach Deutschland geworden ist. Ihre Fortsetzung dürfte die vergleichsweise niedrige Qualifikation der ausländischen Bevölkerung festschreiben. Selbst eine deutlich verbesserte Förderung von Migranten und ihren Kindern durch

das Bildungs- und Ausbildungssystem in Deutschland dürfte die Qualifikationsstruktur der Bevölkerung mit Migrationshintergrund allenfalls langfristig verändern.
Für die Steuerung der Zuwanderung aus Drittstaaten – also aus Ländern außerhalb der EU und des EWR – stehen verschiedene Instrumente zur Verfügung. Die Zuwanderung könnte wie in Kanada, Australien und den USA nach einem Punktesystem gesteuert werden, das neben den Bildungsabschlüssen auch Berufserfahrung und das Lebensalter berücksichtigt. Diesen Weg schlagen in Europa gegenwärtig Großbritannien und Tschechien ein.

Quelle: Institut für Arbeitsmarkt- und Berufsforschung; 2008

In den meisten Staaten mit sogenannten Punktesystemen ist vorgesehen, dass nach Festlegung eines Kontingents besonders geeignete Zuwanderer einwandern dürfen, sofern sie bestimmte Kriterien erfüllen, für die Punkte vergeben werden. Dabei spielen unter anderem das Alter, die schulische und berufliche Qualifikation, Sprachkenntnisse und das Herkunftsland eine Rolle. In Deutschland gibt es seit 2012 die Blue Card für Akademiker aus Staaten außerhalb Europas. Sie müssen allerdings einen Arbeitsvertrag in Deutschland mit einem Gehalt von mindestens 47.600 Euro nachweisen. In Mangelberufen, wie bei Ärzten oder Ingenieuren, liegt die Gehaltsschwelle nur bei 37.128 Euro. Zudem dürfen Akademiker sechs Monate nach Deutschland kommen, um hier eine Arbeitsstelle zu suchen, wenn sie sich selbst finanzieren können.

Blue Card
Dokument für die Erteilung eines – zunächst auf vier Jahre befristeten – Aufenthaltstitels in Deutschland. Die offizielle Bezeichnung lautet „Blaue Karte EU". Diese Karte wurde nach EU-Richtlinie in allen Mitgliedsstaaten außer Dänemark, Großbritannien und Irland umgesetzt. Die Detailbestimmungen variieren von Land zu Land, z. B. das Mindestgehalt.

Infobox

Braindrain

1. Begriff: Emigration von Arbeitskräften, die dem Abwanderungsland Kenntnisse und Fertigkeiten, d.h. in den Menschen inkorporiertes Humankapital, entzieht. Bes. in Ländern der Dritten Welt wird der Braindrain als entwicklungsbeeinträchtigender Faktor angesehen (Kontereffekt).
2. Ursachen sind exogene Faktoren (z.B. bessere Arbeitsbedingungen und Entlohnung in den Industrieländern) und endogene Faktoren (z.B. den Opportunitätskosten nicht entsprechende Entlohnung, politische Instabilität, Diskriminierung und Unterdrückung bis hin zur Verfolgung Intellektueller).

Quelle: Gabler-Wirtschaftslexikon

Jetzt sind Sie dran …

1. Fassen Sie die wesentlichen Ergebnisse der Studie zum Thema Zuwanderung als Thesen zusammen.
2. Vergleichen Sie Ihre Thesen mit denen Ihres Sitznachbarn und kommen Sie zu einem gemeinsamen Ergebnis.
3. Untersuchen Sie mittels Internetrecherche, wie sich der „Braindrain" in unterschiedlichen Staaten auf der Welt auswirkt. Stellen Sie Ihre Ergebnisse in der Klasse vor.
4. Inszenieren Sie ein Streitgespräch zwischen vier Personen, die unterschiedliche Ziele bei der Steuerung von Zuwanderung verfolgen:
   - Politiker, der für eine Steuerung der Zuwanderung mittels Punkten wirbt
   - Politiker, der gegen zusätzliche Zuwanderung ist
   - Unternehmer auf der Suche nach Fachkräften
   - Vertreter einer Menschenrechtsorganisation, der gegen ein Punktesystem ist

3.6 Asyl in Deutschland

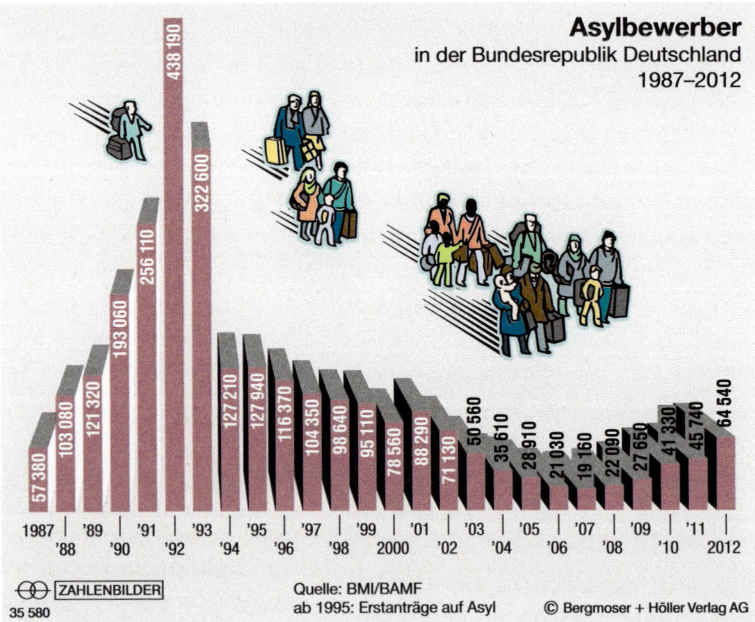

Das Asylrecht in Deutschland ist ein im Grundgesetz verankertes Grundrecht:
Nach einigen Jahren mit eher geringen Zahlen an Asylsuchenden in Deutschland geht das Bundesamt für Migration und Flüchtlinge für das Jahr 2013 von bundesweit 100.000 Asylsuchenden aus, was einen Anstieg um mehr als 50 Prozent bedeutet. Hinter diesen abstrakten Zahlen verbergen sich jedoch einzelne Menschen, deren Geschichte Gemeinsamkeiten aufweist, andererseits jedoch stets individuell ist.

Fallbeispiel

Bashar und Tarek Al Janadi

„Vor drei Tagen ist mein Bruder Bashar nach Deutschland gekommen. Er hat in Syrien Soldaten geholfen, sich von Assad loszulösen und zu den Rebellen überzutreten. Viele gute Freunde von Bashar wurden getötet. Irgendwie haben die Soldaten auch von Bashar gehört. Ein Offizier hat ihn gewarnt, er solle so schnell wie möglich das Land verlassen. Meine Eltern und eine Schwester leben schon in Jordanien, eine andere Schwester ist mit ihrem Mann nach Saudi-Arabien gezogen. Als Bashar Syrien verlassen wollte, war die Grenze zu Jordanien dicht, er musste also durch die Türkei und ist dann zu mir nach Berlin gekommen. Ich bin schon seit 2005 in Deutschland. Eigentlich wollte ich in Regensburg Humanmedizin studieren. Als die Revolution kam, konnte sich kaum ein syrischer Student noch auf sein Studium konzentrieren. Wir waren die ganze Zeit im Internet oder haben demonstriert. Es fühlte sich wie eine Verpflichtung gegenüber unseren Familien an, es war unser Weg zu zeigen: Wir haben euch nicht vergessen. Dann wurde ich exmatrikuliert und damit ausreisepflichtig. Vor einem Monat habe ich in Berlin einen Antrag auf Asyl gestellt. Ich helfe hier auch bei den Deutschkursen für arabischsprechende Asylbewerber. Am Dienstag haben wir erfahren, dass Bashar in ein anderes Heim soll, dabei hatten wir extra gebeten, zusamme[nb]leiben zu können. Natürlich ist er ein erwachsener Mann, aber er ist doch gerade erst in Deutschland angekommen. Unsere Heimatstadt Nawa wird seit einigen Tagen mit Flugzeugen bombadiert. Unsere Familie will die Stadt so schnell wie möglich [...] verlassen, aber ob das klappt, weiß nur Gott."

Fallbeispiel

Bashir Zakeriyav

„In Libyen arbeitete ich auf dem Bau, ich hatte ein gutes Leben mit meiner Frau und meinen zwei kleinen Kindern, ein Junge und ein Mädchen. Dann fanden wir uns mitten im Krieg wieder. Jeder trug eine Waffe bei sich, es gab so viele Bomben, dass wir nicht schlafen konnten. Die Soldaten von Gaddafi haben uns angegriffen und uns gezwungen, das Land zu verlassen. Meine Frau wurde in ein Lager nach Tunis in Tunesien geschickt. Ich fuhr mit einem Boot nach Italien. Mit einem Kompass sollten wir den Weg finden. 850 Menschen waren auf dem Boot, es gab kein Essen, kein Wasser. Schnell hatten wir die Orientierung verloren. Dann trafen wir Fi-

→

scher, die uns sagten, wir wären nur noch zwei Stunden von Lampedusa entfernt. Es schien so nah. Doch wir fuhren und fuhren, die Insel kam nicht. Viele weinten. Am Abend lief unser Boot auf eine Sandbank auf. Fischer fanden uns und riefen ein tunesisches Rettungsboot. Die Rettungsmitarbeiter warfen für uns Lebensmittel ins Meer. Daraufhin sind viele Menschen im Boot dorthin gerannt, es entstand ein riesiges Gedränge. Die Bewegungen waren so stark, dass das Boot kenterte. So viele Menschen starben.

Man brachte mich nach Tunis, kurze Zeit später wieder auf ein Boot. Diesmal erreichten wir Italien nach zwei Tagen! Ich blieb ein Jahr auf Sizilien. Zwar hatte ich Papiere, aber in Italien gibt es keine Arbeit, darum bin ich nach Deutschland gekommen, erst nach Frankfurt, Hamburg und jetzt nach Berlin. Aber auch hier kann ich nicht neu anfangen. Meine Papiere sind abgelaufen, mich nimmt keiner. Es geht vielen Menschen so und viele werden wahnsinnig, weil sie nicht arbeiten dürfen. Das ist eine langsame Art, die Leute umzubringen."

Fallbeispiel

Sharmila Hashimi
„Mein fünfjähriger Sohn Ahmad Belal und ich sind seit eineinhalb Monaten in einem Heim in Charlottenburg. Es ist ein guter Ort. Wir haben einen Raum für uns, wir bekommen zu essen, können unsere Wäsche waschen. Dreimal in der Woche gehe ich zu einem Deutschkurs. Aber wenn man in unserer Situation ist, gibt es eigentlich keinen guten Ort. Denn wir sind nicht vollständig. Mein Mann hat es noch nicht geschafft, nach Deutschland zu kommen. Am schlimmsten ist es für meinen Sohn. In Afghanistan konnte er zur Schule gehen. Hier ist er oft nur im Zimmer. Ich kann wenigstens noch auf Englisch mit den Menschen reden, aber er versteht niemanden außer mir. Zuhause waren wir wohlhabende Menschen, wir konnten uns alles leisten, jetzt versteht er nicht, dass ich ihm nicht seine Lieblingsgerichte kochen kann, dass ich ihm nicht Eis kaufen kann. Oft weine ich, nicht für mich, sondern für ihn. Er langweilt sich so oft. In Afghanistan kümmerte ich mich als Journalistin um die Meinungsfreiheit, Frauenrechte und die Förderung des journalistischen Nachwuchses. Meine Stadt lag an der Grenze zum Iran und weil ich von den USA Geld für meine Projekte bekam, machte ich mir schnell Gegner. Eines Nachts sind vier Männer in unser Haus gekommen, haben alle Arbeitsunterlagen, meinen Computer und mein Telefon mitgenommen. Meinen Mann haben sie geschlagen. Am nächsten Tag drohte mir jemand am Telefon, dass ich mit den Projekten aufhören soll. Dann sind wir zuerst gemeinsam nach Pakistan geflohen, von dort sind mein Sohn und ich nach Deutschland gekommen. Und jetzt kann ich nur warten, dass ich angehört werde, und dass mein Mann nachkommt."

Quelle: Berliner Zeitung; www.berliner-zeitung.de; von Katharina Kühn, 23.07.2013.

Jetzt sind Sie dran ...

1. Lesen Sie die Berichte der drei Asylsuchenden.
   a) Ermitteln Sie Gemeinsamkeiten und Unterschiede.
   b) Aus welchen Gründen haben die vorgestellten Menschen Asyl beantragt? Ergänzen Sie ggf. Ihre Tabelle.
   c) Vergleichen Sie Ihre Ergebnisse mit denen Ihres Nachbarn und stellen Sie sie in der Klasse vor.
2. Die vorgestellten Menschen kommen aus ganz unterschiedlichen Ländern. Bilden Sie Arbeitsgruppen und recherchieren Sie die aktuelle Situation in den einzelnen Staaten in Bezug auf die Menschenrechte.
3. Stellen Sie Ihre Arbeitsergebnisse auf Plakaten vor (➲ Plakat erstellen).
4. Recherchieren Sie die Regelungen zur Beantragung von Asyl in Deutschland auf der Website des Bundesamtes für Migration und Flüchtlinge (➲ Internetrecherche).
5. Betrachten Sie die Grafik. Versuchen Sie, gemeinsam im Plenum Erklärungen für den Verlauf der Kurve zu finden. Wie hat sich die Zahl der Asylsuchenden seitdem entwickelt? Recherchieren Sie Hintergründe.

3.7 Migration: Nutzen Sie Ihre Kompetenzen

Migration in der eigenen Klasse erforschen
Das Phänomen Migration spiegelt sich in den meisten Schulklassen in Deutschland in der Zusammensetzung ihrer Schülerinnen und Schüler wider – manchmal auf den ersten Blick, oft nur mit einem genaueren Blick über mehrere Generationen zurück.

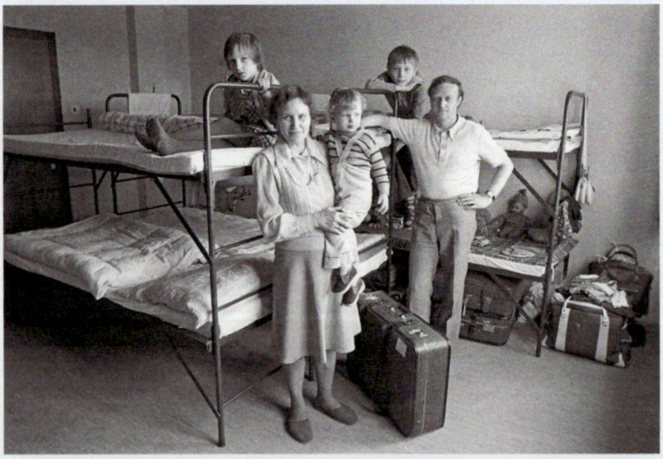

Schritt 1:
Führen Sie ein Klassengespräch durch. Wer in der Klasse hat ganz offensichtlich eine Migrationsgeschichte, wer ist sich nicht ganz sicher? Wer ist vielleicht nur innerhalb Deutschlands „gewandert"? Welche Unterschiede und Gemeinsamkeiten können Sie feststellen? Haben diese mit der Region, in der Sie leben, zu tun? Halten Sie diese an der Tafel mittels ➲ Clustern fest.

Schritt 2:
Stellen Sie in Ihrer Familie Nachforschungen an: Sprechen Sie mit Eltern und Großeltern, sammeln Sie Material wie Fotos, Dokumente, Briefe usw.
Entwerfen Sie einen Fragebogen.
Beispiel:
- Wo sind deine Eltern und Großeltern geboren?
- In welchen Ländern leben Verwandte von dir?
- Wie wird in deiner Familie über das Land der Eltern, Großeltern gesprochen?
- Warum sind deine Eltern oder Großeltern nach Deutschland gekommen?
- Welche Sprache(n) wird (werden) in deiner Familie gesprochen?
- Wie werden in der Familie Feste gefeiert bzw. welche Feste feiert ihr in der Familie?
- Meine Familie lebt schon seit ... Jahren in ...
- Meine Familie kommt zwar aus Deutschland, ist aber in ein anderes Bundesland/in eine andere Stadt gezogen:

Schritt 3:
Bilden Sie Arbeitsgruppen, die sich mit einzelnen Migrationsgeschichten näher beschäftigen und Material für eine Ausstellung einzelner Migrationsgeschichten vorbereiten.
Bilden Sie weitere Arbeitsgruppen, die eine Übersicht über die Migrationsgeschichte der Klasse vorbereitet. Nutzen Sie zum Beispiel eine Weltkarte, um die Herkunftsländer der Schülerinnen und Schüler darzustellen. Ergänzen Sie diese mit Länderportraits und historischem Hintergrundmaterial.
Je nach technischen Möglichkeiten können Sie auch eine Website erstellen, bei der man mittels Hyperlinks vom eigenen Klassenfoto zu den Migrationshintergründen der einzelnen Schülerinnen und Schüler (und auch Ihrer Lehrerin oder Ihres Lehrers) gelangen kann, das Sie mit dem gesammelten Material hinterlegen können.

Schritt 4:
Führen Sie eine Ausstellung zum Thema durch. Klären Sie, wo Sie stattfinden soll, für wen Sie konzipiert ist (Mitschüler, Eltern usw.) und welches Material wie veröffentlicht werden soll.

4 Die Zukunft der Arbeit

Diese Methoden verwenden Sie:

- Pro-Kontra-Debatte
- Podiumsdiskussion
- Mindmap
- Gruppenpuzzle
- Kugellager
- Paar-Check
- Placemat
- Fischgrät-Diagramm
- Interview
- Diagramme/Schaubilder analysieren
- One-Minute-Writing
- Szenariotechnik
- Plakate erstellen
- Leserbrief schreiben
- Concept-Map
- Reziprokes Lesen

So vernetzen Sie Ihr Wissen:

Mit dem Themen:

- Gesellschaft heute – wie leben wir zusammen? (→ Kap. 2)
- Regieren und regiert werden – Demokratie als Idee und Praxis (→ Kap. 7)
- Wie kann ich mitbestimmen in der Politik? (→ Kap. 9)

Haben Sie sich schon einmal gefragt, wie Ihre persönliche berufliche Zukunft jenseits der Berufswahl aussieht? Mit welchen grundsätzlichen Entwicklungen müssen Sie rechnen, und warum wird diesen Entwicklungen eine so hohe Bedeutung zugemessen?

Arbeit ist für die meisten Menschen ein zentraler Bereich ihres Lebens. Sie nimmt einen wesentlichen Teil unserer Zeit in Anspruch, von ihr wird unser Einkommen, unsere Stellung in der Gesellschaft und unser sozialer Status beeinflusst.

Arbeit hat daher einen zwiespältigen Charakter: Auf der einen Seite kann sie Möglichkeiten zur Selbstverwirklichung und soziale Anerkennung bieten. Auf der anderen Seite ist sie für physische und psychische Belastungen verantwortlich und Ursache vielfältiger Konflikte.

In den letzten Jahren haben grundlegende Änderungen stattgefunden – und es ist absehbar, dass die Geschwindigkeit der Veränderungen in Zukunft nicht abnehmen wird. Dabei gibt es Aspekte, die zu Ängsten und Befürchtungen Anlass geben – andere wiederum versprechen Chancen, die es so bisher nicht gab. Da ist die Rede von Flexibilität, Mobilität und ständiger Erreichbarkeit, die physische Anwesenheit verliert in manchen Branchen dagegen an Bedeutung. In den Medien finden wir Warnungen vor Prekarisierung durch Minijobs, Teilzeitarbeit und Leiharbeit.

In diesem Kapitel lernen Sie einige dieser Entwicklungen kennen und können von dieser Grundlage aus eine eigene Haltung zu diesem wichtigen Thema entwickeln.

Diese Kompetenzen erwerben Sie:

- Sie können die Zusammenhänge zwischen Beschäftigung, Erwerb und Wohlstandssicherung in der sozialen Marktwirtschaft erschließen.
- Sie können die Bedeutung von Arbeit für das Individuum und die Gesellschaft benennen.
- Sie können Formen von Arbeitslosigkeit erkennen und in ihren Folgen reflektieren.
- Sie können die gewonnenen Erkenntnisse für die Vorbereitung und Konkretisierung Ihrer eigenen Berufswünsche nutzen.

4.1 Was bedeutet Arbeit für mich ...

In der Betriebswirtschaftslehre ist Arbeit eine Komponente der Produkterzeugung, für die Volkswirtschaftslehre einer der Produktionsfaktoren. Die Philosophie umschreibt Arbeit als „bewusstes schöpferisches Handeln", eine allgemeine Definition von Arbeit ist die der „bezahlten Erwerbstätigkeit".

All diese Sichtweisen sind sicherlich richtig, doch für den Einzelnen und für die Gesellschaft ist Arbeit noch viel mehr als die Summe dieser unterschiedlichen Betrachtungsweisen.

Arbeit
„[Althochdeutsch: ar(a)beit ‚Mühe', ‚Plage']: bewusstes, zielgerichtetes Handeln des Menschen zum Zweck der Existenzsicherung sowie der Befriedigung von Einzelbedürfnissen; zugleich wesentl. Moment der Daseinserfüllung."

(Quelle: Der Brockhaus in fünfzehn Bänden; Leipzig/Mannheim 1997)

„Jeder Mensch hat das Recht auf Arbeit, auf freie Berufswahl, auf angemessene und befriedigende Arbeitsbedingungen sowie auf Schutz gegen Arbeitslosigkeit."

(Quelle: Erklärung der Menschenrechte der Vereinten Nationen vom 10.12.1948)

„Freude an der Arbeit lässt das Werk trefflich geraten." (Aristoteles)

„Wer nicht arbeiten will, soll auch nicht essen." (Paulus)

„Müßiggang ist Sünde wider Gottes Gebot, der hier Arbeit befohlen hat. Zum anderen sündigst du gegen deinen Nächsten." (Martin Luther)

„Eine seltsame Sucht beherrscht die Arbeiterklasse aller Länder, in denen die kapitalistische Zivilisation herrscht, eine Sucht, die das in der modernen Gesellschaft herrschende Einzel- und Massenelend zur Folge hat. Es ist die Liebe zur Arbeit, die rasende, bis zur Erschöpfung der Individuen gehende Arbeitssucht." (Paul Lafargue)

„Was uns bevorsteht, ist die Aussicht auf eine Arbeitsgesellschaft, der die Arbeit ausgegangen ist, also die einzige Tätigkeit, auf die sie sich noch versteht. Was könnte verhängnisvoller sein?" (Hannah Arendt)

„Faulheit: der Hang zur Ruhe ohne vorhergehende Arbeit." (Immanuel Kant)

Jetzt sind Sie dran ...

1. Bestimmen Sie die jeweilige Haltung gegenüber dem Individuum sowie der Gesellschaft, die hinter den einzelnen Zitaten steht. Formulieren Sie dazu Sätze wie „Aristoteles sieht Arbeit als ..."
2. Was ist für Sie Arbeit? Ergänzen Sie eigene Äußerungen an der Tafel.
3. Spekulieren Sie: Wovon hängt es ab, wie ein Mensch zur Arbeit steht? Sammeln Sie Faktoren, die eine bestimmte Haltung zur Arbeit begünstigen. Fertigen Sie eine ➲ Mindmap an.
4. Stellen Sie sich vor: Sie gewinnen eine große Summe in einer Lotterie und könnten auf Erwerbsarbeit verzichten. Was sind die guten Seiten einer solchen Situation, welches die schlechten? Fertigen Sie dazu eine Tabelle an.
5. Sie kennen alle das „Schlaraffenland". Wie sähe ein solches Schlaraffenland aus heutiger Sicht aus? Verfassen Sie eine Reportage aus Sicht eines Bewohners und stellen Sie sich Ihre Texte gegenseitig vor. Halten Sie Gemeinsamkeiten und Unterschiede fest.

... und für die Gesellschaft?

„Das bedingungslose Grundeinkommen macht nicht faul“

Von Max Neufeind, 30.12.2012

Was, wenn der Staat jedem Bürger genügend Geld zum Leben zahlte? Die Gesellschaft würde davon profitieren, sagen ein Arbeitspsychologe und ein Soziologe im Interview.

ZEIT ONLINE: Herr Wehner, Herr Liebermann, die Piraten-Partei und Teile der Linkspartei werben für das [b]edingungslose Grundeinkommen. Bürgerliche Parteien tun die Idee jedoch als Utopie ab.

Theo Wehner: Ich würde sagen, dass Vollbeschäftigung eine utopischere Vorstellung ist als die eines bedingungslosen Grundeinkommens. Die Gesellschaft wird nicht auf technische und soziale Innovationen verzichten, und sollte es auch nicht. Das bedeutet zwangsläufig auch Rationalisierung. Gleichzeitig gelingt es den entwickelten Arbeitsgesellschaften nicht, Rationalisierungsgewinne gerecht beziehungsweise zum Nutzen aller zu verteilen. Das Ergebnis sind Resttätigkeiten, Dequalifizierung und Arbeitslosigkeit für die Einen und Arbeitsverdichtung, Selbstausbeutung und Erschöpfung für die Anderen. [...]

ZEIT ONLINE: Auch Ökonomen argumentieren, dass keiner mehr arbeiten würde, wenn es ein bedingungsloses Grundeinkommen gäbe. Viele Menschen würden dem intuitiv zustimmen...

Wehner: Ein Grundeinkommen macht genauso wenig faul, wie Erwerbsarbeit grundsätzlich fleißig macht. Der Mensch ist ein tätiges Wesen.

Sascha Liebermann: Ohne bürgerschaftlich Engagierte gäbe es ebenfalls viele Leistungen nicht. An vielen Stellen treffen wir auf das Phänomen, dass Menschen auf der Basis eines inneren Antriebs, der sich lebensgeschichtlich gebildet hat, tätig sind. [...] Es würde also eher wohlstandsfördernd wirken.

ZEIT ONLINE: Ist es nicht eher so, dass man versuchen würde [,] einen Mitarbeiter, der über ein gesichertes Grundeinkommen verfügt, im Lohn zu drücken?

Liebermann: Mit einem [b]edingungslosen Grundeinkommen setzt sich das Einkommen, über das eine Person verfügt, anders zusammen als heute. Während der Lohn gegenwärtig sowohl die Existenzsicherung leisten als auch den Mitarbeiter würdigen soll, würde das durch das [b]edingungslose Grundeinkommen getrennt. Für die Existenzsicherung sorgt das [b]edingungslose Grundeinkommen, der Lohn drückt dann nur noch aus, welchen Anteil am Unternehmenserfolg ein Mitarbeiter erhält

ZEIT ONLINE: Wer soll das Grundeinkommen eigentlich bezahlen? Ist es überhaupt finanzierbar?

Liebermann: Die Frage klingt kompliziert, die Antwort ist einfach: nur das Gemeinwesen kann es „bezahlen“. Das geht nur, wenn die Bürger das Grundeinkommen auch zu tragen bereit sind. Das gilt für alle öffentlichen Leistungen heute gleichermaßen. Finanziert werden sollte es mittels eines Steuerwesens, das Leistungserstellung fordert und nicht hemmt. [...]

Quelle: ZEIT ONLINE; www.zeit.de

Jetzt sind Sie dran ...

6. Was halten Sie von der Idee eines bedingungslosen Grundeinkommens? Führen Sie eine ➲ Pro-Kontra-Debatte durch.
7. Erläutern Sie die Aussage: „Der Mensch ist ein tätiges Wesen“. Können Sie der Aussage zustimmen?
8. Befürworter des bedingungslosen Grundeinkommens argumentieren, dass mithilfe dieses Modells jeder Bürger in der Lage wäre, gesellschaftlich sinnvolle Dinge zu tun. Was würden Sie tun, wenn Sie durch ein bedingungsloses Grundeinkommen nicht arbeiten müssten? Entwickeln Sie in Gruppenarbeit Ideen dazu.
9. Halten Sie diese Ideen auf einem Plakat fest (➲ Plakat erstellen), machen Sie Werbung für Ihre Ideen und stellen Sie diese Ihren Mitschülern vor. Wählen Sie die besten Ideen per Abstimmung.

4.2 Arbeit früher – Arbeit heute

Die Arbeitswelt, in die Sie eintreten werden, unterscheidet sich grundlegend von der Ihrer Eltern und Großeltern. Lernen Sie in zwei Berichten kennen, was die Arbeitswelt früher und heute kennzeichnet.

Fallballspiel

Die Großmutter: Hedwig Schmitz (geb. 1948)

Nach der achtjährigen Volksschule hätte ich gerne einen höheren Schulabschluss gemacht – ich war die beste Schülerin in meiner Klasse und meine Lehrer hätten das auch gerne gesehen. Das war für meine Eltern allerdings nicht zu finanzieren, alleine das Fahrgeld war in unserem Familienbudget schon

ein zu großer Posten. Mein ältester Bruder war schon auf der Handelsschule in der Kreisstadt, da blieb für mich kein Geld mehr über. Ich habe dann als Näherin in einer Mützenfabrik angefangen, um etwas zum Familienunterhalt beizutragen. Meinen Mann lernte ich auf der Bank im Nachbarort kennen, wo er als Lehrling arbeitete. Kurz nach seiner Festanstellung in der gleichen Bank heirateten wir und ich konnte mit der anstrengenden Arbeit in der Fabrik aufhören.
Nach und nach wurde mein Mann Sachbearbeiter, Filialleiter und schließlich Geschäftsstellenleiter. Auf die Idee, die Arbeitsstelle zu wechseln, ist er eigentlich nie gekommen. Es gab mal ein Angebot einer Bank in der Kreisstadt, aber dafür hätte er ja jeden Tag 30 Kilometer fahren müssen.
Nach und nach haben wir das Haus, in dem wir auch jetzt noch leben, ausgebaut und unseren Bedürfnissen angepasst. Das Haus ist ein wichtiger Baustein unserer Alterssicherung, da es ja jetzt abbezahlt ist.

Fallballspiel

Die Mutter: Tanja Schmitz (geb. 1971)

Nach meinem Abitur habe ich mein Wunschfach Journalistik studiert und danach habe ich eine Zeit lang gebraucht, um eine Stelle zu finden. Erst als ich mich deutschlandweit umgesehen habe, fand ich dann schließlich in Augsburg eine Stelle, die für

mich passte. Meinen damaligen Freund konnte ich nur noch am Wochenende sehen. Das habe ich zwei Jahre ausgehalten, dann bin ich zu einem Unternehmen in der Nähe meines Heimatortes gewechselt. Hier musste ich mich dann allerdings in einen ganz anderen Bereich – das Firmenmarketing – hineinarbeiten. So konnten wir heiraten, zwei Kinder bekommen und ein Haus bauen.
Bei der Kinderbetreuung standen wir stetig vor der Frage, wer von uns beiden beruflich eine Zeit lang zurückstecken muss. Mein Mann konnte seinen Job nicht in Teilzeit machen, sodass ich beruflich Abstriche machen musste. Mittlerweile kann ich einen Teil meiner Arbeit als wiederum freie Journalistin von zu Hause aus erledigen. Das Haus, das wir eigentlich als Alterssicherung gekauft haben, konnten wir nach unserer Trennung allerdings nicht halten, und zusätzliche Möglichkeiten, etwas fürs Alter zurückzulegen, ergeben sich so auch nicht.

Jetzt sind Sie dran …

1. Lesen Sie die Texte und konzentrieren Sie sich auf die Bereiche, die durch die Arbeitswelt beeinflusst werden. Was wird über Arbeitsplatz, Wohnort, Familie usw. gesagt? Überlegen Sie, wie diese Bereiche zusammenhängen. Erstellen Sie eine ➲ Concept-Map mit dem Titel: „Berufswelt früher – heute" mit den Unterpunkten: Wahl des Berufs, Kriterien der Berufswahl, Ausbildung, Standort, geschlechtsspezifische Besonderheiten, Berufsbiografien.
2. Was sind die möglichen Ursachen für die Veränderung, die zwischen Großmutter und Tochter liegen? Erstellen Sie ein ➲ Fischgrät-Diagramm.
3. Werfen Sie einen Blick in die Zukunft: Auf welche Veränderungen werden sich wohl die Kinder von Tanja Schmitz einstellen müssen?

4.3 Wirtschaftsstruktur im Wandel

Die Lebensbedingungen der einzelnen Menschen in einem Staat werden auch von äußeren Faktoren beeinflusst und mitbestimmt. Die politischen Rahmenbedingungen in Deutschland haben sich in den letzten 100 Jahren schon vielfach geändert – vom Kaiserreich über die Weimarer Republik und die NS-Zeit bis hin zur doppelten Staatsgründung nach dem Krieg und schließlich zum wiedervereinigten Deutschland, in dem wir heute leben.

Auch die ökonomischen Rahmenbedingungen ändern sich stetig und beeinflussen das Leben der Menschen. Der Ökonom Nikolai Kondratieff (1892–1938) beschrieb erstmalig die in langen Wellen von 40–60 Jahren verlaufenden Schwankungen der Weltkonjunktur. Nach seiner Theorie stehen am Anfang eines jeden Zyklus neue technologische Errungenschaften, die zu Trägern eines lang anhaltenden Konjunkturaufschwungs werden. Diese sogenannten Basisinnovationen durchdringen nahezu alle Bereiche der Volkswirtschaft und lösen in der gesamten Wirtschaft neue Produktivitätsschübe aus. Seit der industriellen Revolution Ende des 18. Jahrhunderts bis heute werden fünf Zyklen unterschieden.

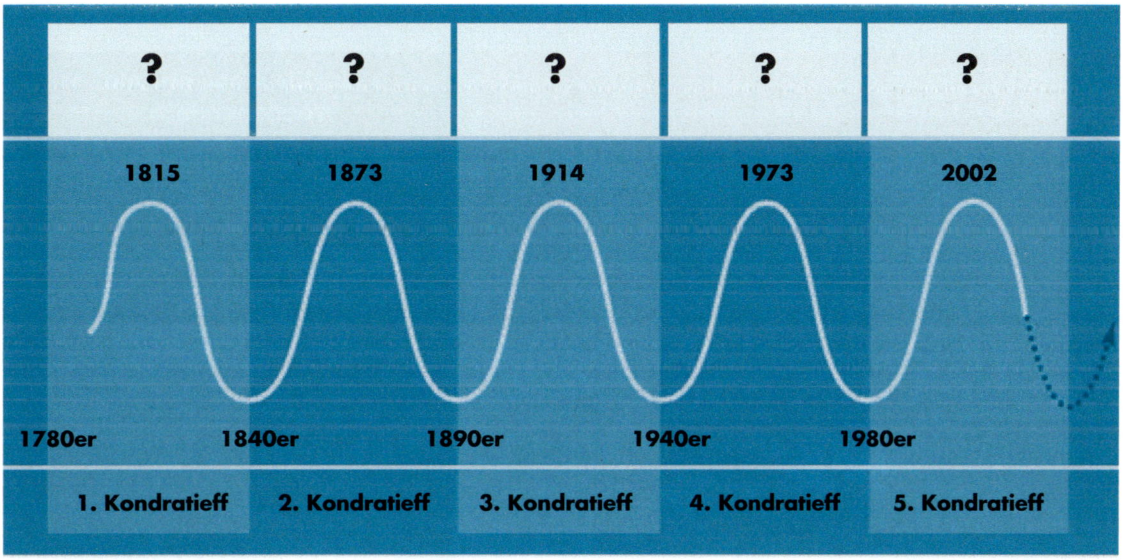

Jetzt sind Sie dran …

1. Ergänzen Sie die fehlenden Angaben in einer Tabelle.
2. Vergleichen Sie Ihre Ergebnisse mit Ihrem Sitznachbarn.
3. Tragen Sie Ihre gemeinsamen Ergebnisse in einem Tafelbild zusammen.
4. Obwohl sich Kondratieffs Vorstellungen statistisch nie nachweisen ließen, haben sie bis heute eine große Wirkung erzielt. Momentan spekuliert man über einen möglichen 6. Zyklus. In welchen Bereichen können Sie sich diesen vorstellen?

Seit den 1970er Jahren hat sich die Arbeitswelt stark verändert. Jahrhundertealte Muster wurden aufgelöst. Wie sieht Ihre Arbeitswelt in der Zukunft aus? Welche Trends könnten sich verstärken? Gibt es in Zukunft vielleicht ganz andere Vorstellungen von und Erwartungen an Arbeit?

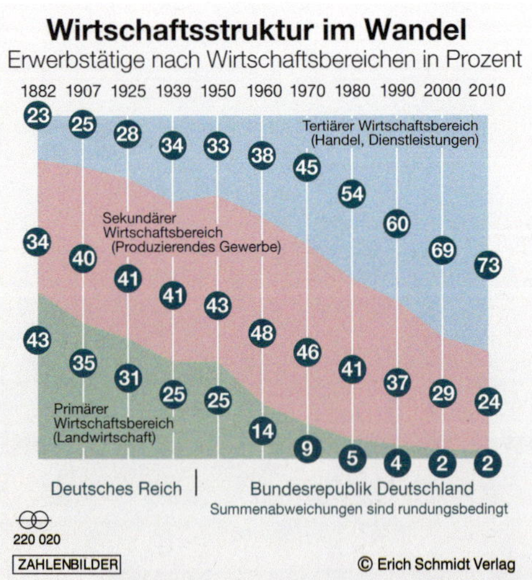

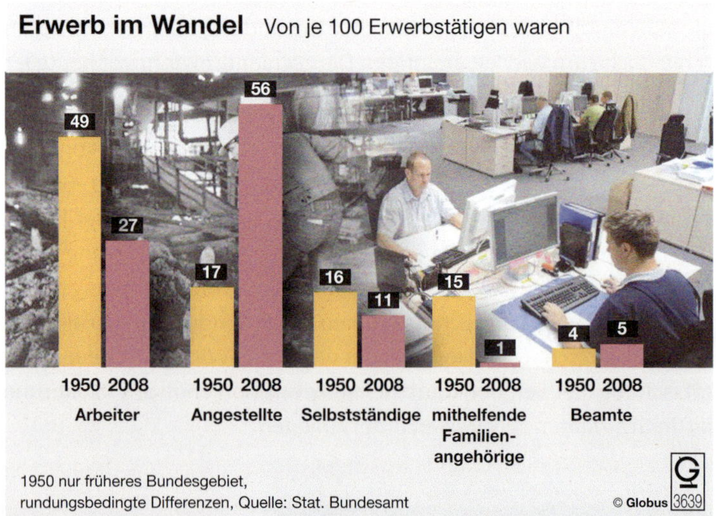

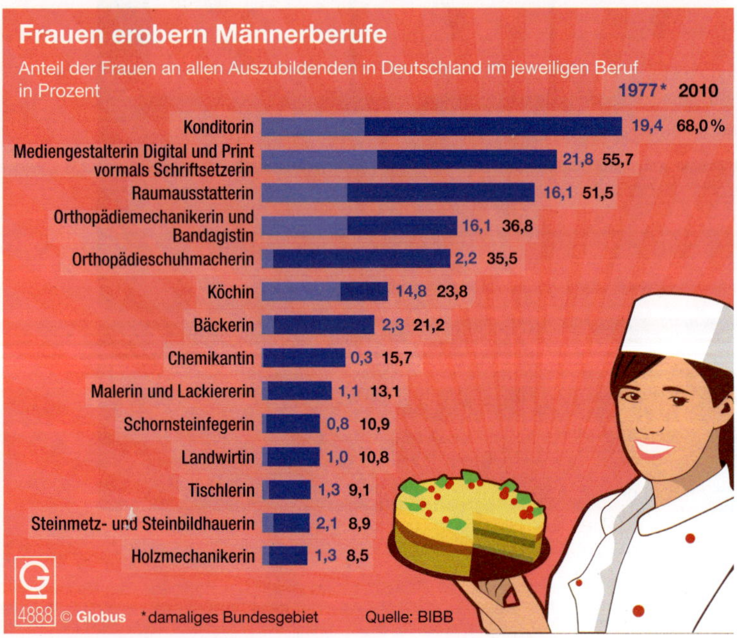

Jetzt sind Sie dran …

5. Bilden Sie Vierergruppen und analysieren Sie jeweils eine Grafik (➲ Diagramme/Schaubilder analysieren). Berichten Sie in einem ➲ Gruppenpuzzle über Ihre Ergebnisse. Prüfen Sie anschließend, welche Aussagen zur Zukunft der Arbeit sich aus den Grafiken ableiten lassen.
6. Halten Sie Ihre Prognosen an der Tafel fest.
7. Reisen Sie in die Zukunft und schreiben Sie aus der Sicht von Tanja Schmitz als 70-Jähriger einen Rückblick auf Ihr berufliches Leben.

4.4 Was bedeutet Arbeitslosigkeit?

Wenn man sich mit der Zukunft der Arbeit beschäftigt, kann man das Thema Arbeitslosigkeit nicht ausblenden. Arbeitslosigkeit ist natürlich ein volkswirtschaftliches Problem – es ist aber auch ein Schicksal, das die Lebensgestaltung der einzelnen Betroffenen stark prägen kann. Über die Bedeutung von Arbeit haben Sie am Anfang des Kapitels einiges erfahren – hier gehen Sie der Frage nach, was Arbeitslosigkeit bedeutet.

Fallbeispiele

Franziska B. (35 Jahre):
Frau B. hat kurz nach ihrer Ausbildung zur Reiseverkehrskauffrau geheiratet und drei Kinder bekommen. In dieser Zeit hat sie sich um den Haushalt gekümmert und die Kinder erzogen. Als sie sich von ihrem Mann trennte und das Sorgerecht für die Kinder übernahm, war ihr noch nicht klar, dass es in ihrer Branche schwierig werden würde, wieder einen Job zu bekommen. Die Arbeitszeiten passten nicht zu ihren Erziehungsaufgaben und irgendwann hieß es immer häufiger, dass sich in ihrem Beruf so viel geändert habe, dass sie fast als Ungelernte gelte. So wurde Frau B. zur Langzeitarbeitslosen.

Peter S. (56 Jahre):
Herr S. hat 30 Jahre für eine Werft in Rostock als Schlosser gearbeitet. Als die Werft durch die Werftenkrise in Schwierigkeiten geriet und mehrmals verkauft wurde, akzeptierte er irgendwann eine Abfindung und verließ die Firma, in der Hoffnung, bald einen neuen Job zu finden. Doch die Hoffnung trog – seine Fähigkeiten sind nicht mehr gefragt und für eine Umschulung fühlt er sich zu alt. So überbrückt er die Zeit bis zur Rente ohne Hoffnung auf eine erneute Anstellung.

Ute M. (32 Jahre):
Frau M. hat während ihres Studiums als Skilehrerin gearbeitet. Nachdem sie ihr Studium abgebrochen hatte, musste sie sich ganz auf den Job als Skilehrerin konzentrieren und im Sommer als Sportanimateurin arbeiten. Die Zeit dazwischen ist sie arbeitslos.

Kai M. (24 Jahre):
Herr M. hat nie eine Ausbildung gemacht. Er hangelt sich von Job zu Job, findet aber nie etwas Langfristiges. So ist er immer wieder ein paar Wochen arbeitslos.

Jetzt sind Sie dran …

1. Suchen Sie sich eine der vier Personen aus und schreiben Sie aus deren Sicht einen ➲ Leserbrief an eine Zeitung, die einen Artikel mit dem Titel „Viele Arbeitslose fügen sich einfach in ihr Schicksal" veröffentlicht hat.
2. Fertigen Sie eine Übersicht mit den Gemeinsamkeiten und Unterschieden zwischen den Personen an.
3. Stellen Sie sich vor, bei der Bundesagentur für Arbeit zu arbeiten und diese vier Personen als Klienten zu haben. Fertigen Sie in Kleingruppen zunächst Profile der Klienten an. Entwerfen Sie anschließend jeweils eine Strategie für jede Person, dauerhaft Arbeit zu bekommen, und stellen Sie diese in der Klasse vor.

4.5 Ursachen von Arbeitslosigkeit ...

Konjunkturelle Arbeitslosigkeit

Friktionelle Arbeitslosigkeit

Saisonale Arbeitslosigkeit

... entsteht durch den Wechsel von Arbeitsplätzen.

Strukturelle Arbeitslosigkeit

... entsteht durch Strukturänderungen in der Volkswirtschaft.

... ist eher kurzfristig.

... ist eher mittelfristig.

... entsteht durch jahreszeitliche Änderung der Nachfrage.

... entsteht durch zyklische Schwankungen der gesamtwirtschaftlichen Entwicklung.

... ist meist längerfristig.

... ist eher kurzfristig.

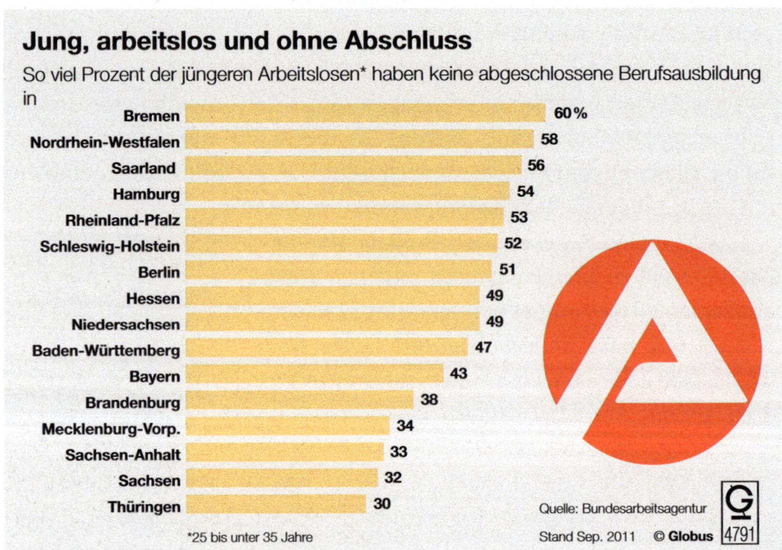

Jetzt sind Sie dran ...

1. Übertragen Sie die aufgeführten Ursachen von Arbeitslosigkeit in Form einer Mindmap in Ihr Heft und ordnen Sie jeweils die passenden Merkmale zu.
2. Überlegen Sie sich zu jeder Art von Arbeitslosigkeit ein Beispiel.
3. Stellen Sie Ihre Situationen in Form eines Kugellagers vor und lassen Sie von Ihrem Gegenüber bestimmen, um welche Art von Arbeitslosigkeit es sich jeweils handelt.
4. Klären Sie im Klassengespräch, welche Ursachen von Arbeitslosigkeit wohl am meisten zur Arbeitslosigkeit in der Bundesrepublik beitragen.
5. Analysieren Sie die Grafik (Diagramme/Schaubilder analysieren) und stellen Sie einen Zusammenhang zu den Ursachen von Arbeitslosigkeit her.
6. Lesen Sie den Text „Jugendarbeitslosigkeit in Europa, verdammt!“ mithilfe der Methode Reziprokes Lesen. Verfassen Sie einen Leserbrief, in dem Sie Ihre Haltung zu diesem Thema deutlich machen.

... und ihre Folgen

Jugendarbeitslosigkeit in Europa, verdammt!

Von Matthias Krupa; 07.06.2012

Fast ein Viertel aller Jugendlichen in der EU ist arbeitslos. Das ist nicht einfach ein Problem, es ist Wahnsinn.

Fünfeinhalb Millionen junge Menschen im Alter zwischen 14 und 25 Jahren waren in diesem März in der Europäischen Union arbeitslos, ganz genau: 5,516 Millionen. Das entspricht einer Quote von 22,6 Prozent. Jugendliche sind damit doppelt so hart von Arbeitslosigkeit betroffen wie Ältere (die Quote aller Altersklassen liegt bei 10,2 Prozent, ebenfalls ein Rekordwert). Es sind junge Menschen wie der Schulabbrecher Yassine aus der Pariser Banlieue, die Slowakin Nikoletta, die voller Hoffnung Kulturwissenschaften studiert hat, oder Jessica aus Rom, die noch immer bei den Eltern wohnt. Jeder von ihnen hat seine Hoffnungen und Handicaps. Alle haben sie den Wunsch, endlich anfangen zu können. Endlich ihr eigenes Leben zu beginnen.

Doch die enorme Zahl steht nicht nur für die Summe vieler persönlicher Geschichten. Die 5,516 Millionen verweisen auf eine fundamentale Ungerechtigkeit. Denn die Jungen, die heute keine Arbeit finden, zahlen doppelt und dreifach. Sie sind die Leidtragenden einer Krise, die sie nicht verschuldet haben; sie werden später, wenn sie Arbeit finden, für Schulden bezahlen, mit denen andere ihre Sorgen verdrängt haben; und sie werden immer weniger sein als die Alten, die immer älter werden. Jugendarbeitslosigkeit in einer alternden Gesellschaft ist nicht irgendein politisches Problem. Sie ist ein Wahnsinn.

In Deutschland ist dieser Wahnsinn nicht so spürbar wie im übrigen Europa. Die Jugendarbeitslosigkeit ist mit 7,9 Prozent die niedrigste aller EU-Länder. Um eine Vorstellung von dem Irrwitz um uns herum zu bekommen, muss man sich deshalb ein paar Zahlen genauer ansehen.

Mit den 5,516 Millionen sind nur jene Jugendlichen erfasst, die tatsächlich nach Arbeit suchen. Zieht man eine andere Größe heran, die sogenannten NEETs, wird das Bild noch dramatischer. Die Abkürzung steht für »not in employment, education or training« und bezeichnet alle 15- bis 24-Jährigen, die weder Arbeit haben noch einen Studien- oder Ausbildungsplatz. Diese Zahl ist schwieriger zu erfassen und wird nur einmal im Jahr erhoben. Der letzte Wert stammt von 2010. Bereits damals gab es 7,5 Millionen NEETs.

Junge Arbeitnehmer oder Arbeitssuchende haben es besonders schwer, weil Unternehmen in Krisenzeiten keine neuen Mitarbeiter einstellen und meist diejenigen zuerst entlassen, die erst kurz dabei sind: »Last in, first out.« Hart getroffen sind daher einmal mehr die Krisenstaaten; in Griechenland und Spanien bleibt jeder zweite unter 25, der Arbeit sucht, ohne Job. Das Muster jedoch zieht sich quer über den Kontinent. Selbst in so unterschiedlichen Ländern wie Schweden, Rumänien oder Luxemburg ist die Jugendarbeitslosigkeit mehr als drei Mal so hoch wie die allgemeine Arbeitslosigkeit. Es gibt nicht viele politische Felder, bei denen die EU ein so einheitliches Bild abgibt wie hier: bei den Vereinigten Arbeitslosen von Europa. Für eine ganze Generation steht plötzlich infrage, was lange selbstverständlich war: dass Europa seinen Bürgern persönliche Freiheit und Wohlstand garantiert. [...]

Unterschiedliche Ausbildungssysteme und Arbeitsgesetze, Missstände, die tief in den Strukturen der einzelnen Länder wurzeln: Die europäische Politik stößt bei der Bekämpfung der Jugendarbeitslosigkeit zwangsläufig an Grenzen. Kann sie überhaupt etwas tun? [...]

Die Betroffenen können ohnehin nicht warten. Manche packen ihre Sachen und gehen einfach. Sie wandern aus, wie ihre Ur- oder Ururgroßeltern.

Zum ersten Mal seit dem Zweiten Weltkrieg wächst eine Generation heran, die Europa trotz Reisefreiheit und Erasmus-Programmen nicht als Versprechen empfindet, sondern als Bedrohung, nicht als Erweiterung, sondern als Einschränkung ihrer Entfaltungsmöglichkeiten. Gelingt es nicht, diese Zahlen deutlich zu reduzieren, verspielt Europa nicht nur seinen Ruf, sondern möglicherweise auch seine Zukunft. Wer kommt dann für die Schulden auf?

Mitarbeit: Birgit Schönau;
Quelle:
ZEIT ONLINE; www.zeit.de

4.6 Zukunft der Arbeit – so ?

Sie haben schon gelernt, dass gegenüber dem „klassischen" Arbeitsverhältnis wie aus dem Beispiel von Großmutter Schmitz bzw. ihrem Mann (S. 60) andere, „unsichere", „unstetige", „atypische" oder auch „prekäre" Arbeitsverhältnisse an Raum gewinnen. Wie verläuft diese Entwicklung und wie sind diese unsicheren Beschäftigungsverhältnisse zu beurteilen?

Der prekäre Jobeinstieg wird Normalität
Von Tina Groll; 05.07.2012

Befristung oder Leiharbeit gehören für junge Arbeitnehmer zum Alltag. Vom Fachkräftemangel profitiert die Generation ab 35 Jahren, stellt eine IG-Metall-Studie fest.

Der Weg in den Beruf verläuft immer häufiger über prekäre Beschäftigung. Zu diesem Schluss kommt eine Studie der IG Metall, die die Beschäftigungslage der 14- bis 35-Jährigen untersucht hat. [...] Im Krisenjahr 2009 hatten demnach 28 Prozent der jungen Arbeitnehmer nur einen befristeten Job oder waren als Leiharbeiter angestellt. 2012 sind es bereits 32 Prozent. Für die dritte Jugendstudie der Gewerkschaft hatte TNS Infratest Politikforschung über 1.000 junge Leute befragt.

Als prekäre Arbeitsverhältnisse gelten alle Formen von atypischer Beschäftigung wie befristete Verträge, Teilzeit, Minijobs sowie Leih- und Zeitarbeit. Eine Erklärung für die Zunahme im Aufschwung könnte Unsicherheit sein. Für die Unternehmer war schwer abschätzbar, ob und wie lange die gute Auftragslage anhält. Sie haben deshalb zunächst vor allem Zeitarbeiter angestellt und neue Stellen nur befristet besetzt.

Die IG Metall sieht diese Entwicklung kritisch: Eine atypische Beschäftigung gehört mittlerweile fast wie selbstverständlich zum Anfang des Berufslebens dazu. Von den Brüchen zu Beginn des Berufslebens sind der Studie zufolge Menschen aller Qualifikationen betroffen. Selbst junge Ingenieure finden oft nur eine befristete Anstellung als Leiharbeiter oder mit einem Werkvertrag.

Zum ersten Mal hat die Gewerkschaft auch untersucht, wie sich solche Werksverträge auf die Jobsituation von jungen Arbeitnehmern auswirken.

Werkverträge als versteckte Leiharbeit

Der Studie zufolge entpuppen sich die Anstellungsverhältnisse als versteckte Leiharbeit. In der Krise hätten viele Firmen ganze Unternehmensteile an externe Dienstleister ausgegliedert. Über Werkverträge arbeiten dann Mitarbeiter der externen Dienstleister wieder in den Betrieben, oft zu einem geringeren Lohn und schlechteren Leistungen im Vergleich zur Stammbelegschaft.

Berufliche Brüche zu Beginn des Arbeitslebens könnten Langzeitfolgen für die Gesellschaft haben, warnt die IG Metall. Wer vorrangig damit beschäftigt sei, immer wieder neue Jobs zu finden und Unsicherheit als Normalzustand erfahre, der schiebe nicht nur die Familienplanung auf, sondern habe nur wenig Kraft für gesellschaftliches, politisches oder gewerkschaftliches Engagement.

Die allermeisten Befragten empfinden prekäre Arbeitsverhältnisse auch als psychisch belastend. Die Aussage korrespondiert mit neuen Studien zum Krankenstand: Demnach sind psychische Probleme bei jungen Beschäftigten einer der häufigsten Gründe für Fehlzeiten. Einige Befragte berichteten auch, sie hätten aufgrund ihres prekären Arbeitsverhältnisses Probleme, eine Wohnung zu finden.

20 Prozent der jungen Beschäftigten müssen noch nebenbei jobben, weil ihr Einkommen nicht zum Leben reicht. Der überwiegende Teil der Befragten hat ein Bruttomonatseinkommen von unter 1.000 bis unter 3.000 Euro. Dennoch hat Deutschland europaweit mit 7,9 Prozent die geringste Jugendarbeitslosigkeit.

Doch die Studie der IG Metall zeigt auch etwas Positives: Ab einem Alter von 35 Jahren sinkt der Anteil der Arbeitnehmer in prekären Beschäftigungsverhältnissen stark. Waren 2009 noch 16 Prozent der über 35-Jährigen in befristeten Arbeitsverhältnissen oder als Leiharbeiter angestellt, sind es 2012 nur noch 11 Prozent. Offenbar profitieren die Älteren stärker als die Jungen vom Aufschwung und vom einsetzenden Fachkräftemangel. [...]

Quelle: ZEIT ONLINE; www.zeit.de

Jetzt sind Sie dran …

1. Welche Arten von atypischer Beschäftigung werden im Text genannt? Versuchen Sie, diese zu definieren.
2 Was sind die möglichen Folgen für die Menschen, die über eine solche Art von Beschäftigung ins Berufsleben starten? Nutzen Sie ein ➲ Fischgrät-Diagramm.
3. Haben Sie Freunde oder Verwandte, die in einem atypischen Beschäftigungsverhältnis stehen oder standen? Führen Sie mit diesen ein ➲ Interview durch.
4. Analysieren Sie das Schaubild „Zeitarbeit & Co.“ (➲ Diagramme/Schaubilder analysieren).
5. Welche Erkenntnisse für den Umgang mit dem Thema Arbeitslosigkeit lassen sich heute durch die Studie gewinnen? Sammeln Sie Vorschläge mithilfe von ➲ Placemats und stellen Sie Ihre Arbeitsergebnisse vor.
6. Das unten abgebildete T-Shirt wird von einem Versand als „Girlie-Shirt“ angeboten. Führen Sie ein ➲ One-Minute-Writing zur Frage „Was verbinde ich mit dem Begriff Generation Praktikum?“ durch. Stellen Sie Ihre Texte in der Klasse vor.
7. Entwerfen Sie eigene T-Shirts, die das Lebensgefühl der Generation Praktikum zum Ausdruck bringen.

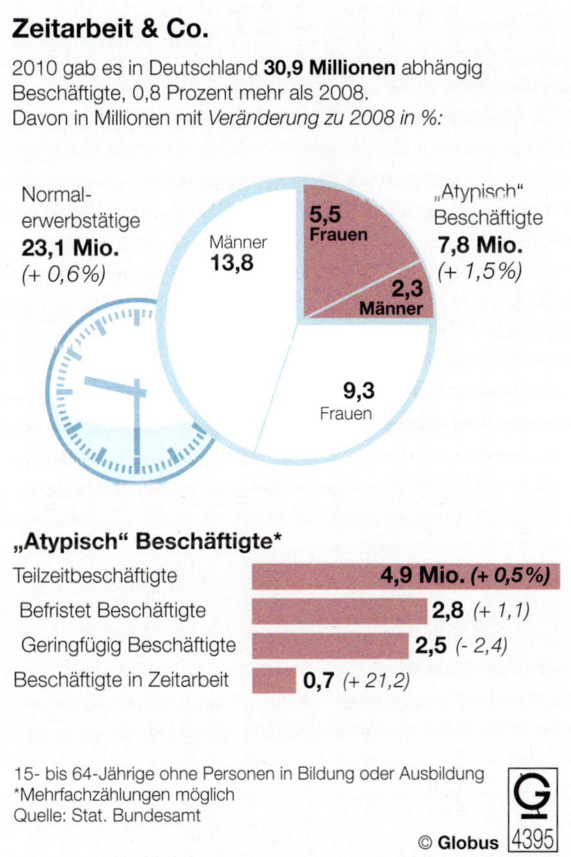

Infobox

Der Begriff „Generation Praktikum“ verbreitete sich seit den neunziger Jahren in Deutschland und wurde einem größeren Publikum durch einen „ZEIT“- Artikel von 2005 bekannt. Er beschreibt das Lebensgefühl einer Generation, die vermehrt Tätigkeiten in ungesicherten beruflichen Verhältnissen nachgehen müsse.

... oder so?

Die Zukunft der Arbeit – Arbeitnehmer, wappnet Euch

Von Klaus F. Zimmermann; 09.01.2011

Zehn Thesen

Nicht mehr die Knappheit an Kapital, sondern an personellen Ressourcen bestimmt mehr und mehr die Wachstumsperspektiven der Unternehmen. Bis zum Jahr 2025 geht das Potential der Erwerbsfähigen um 3,6 Millionen auf 41,1 Millionen Menschen zurück. Schon 2015 fehlen in Deutschland etwa drei Millionen Arbeitskräfte – nicht nur Hochqualifizierte wie Naturwissenschaftler oder Ingenieure, sondern ebenso Handwerker. [...]

Heute stammt jeder fünfte Einwohner hierzulande aus einer Migrantenfamilie. Der Arbeitsmarkt von morgen wird noch internationaler sein. Wenn sich Deutschland – endlich – für einen nach dem Bedarf gesteuerten Zuzug von Fachkräften entscheidet, lässt sich das Inlandsprodukt bis zum Jahre 2020 um bis zu 100 Milliarden Euro steigern. Schon heute stützen Zuwanderer in Deutschland die Sozialsysteme, indem sie mehr einzahlen, als sie zurückerhalten. [...]

Bis zu 2,4 Millionen Frauen könnten bei einer besseren Vereinbarkeit von Familie und Beruf zusätzlich für den Arbeitsmarkt gewonnen werden. Denn in Deutschland arbeiten überdurchschnittlich viele Frauen nur in Teilzeit. Wenn das Potential an weiblichen Arbeitskräften voll ausgeschöpft würde, so würde dies unser Bruttosozialprodukt um neun Prozent steigern. Unternehmen mit hohem Frauenanteil im Top-Management sind schon heute bei Produktivität und Motivation erfolgreicher.

Im amerikanischen Boston gibt es ein Familienunternehmen, das ausschließlich ehemalige Lehrerinnen, Ingenieure, Designer oder Kellnerinnen beschäftigt. Das Durchschnittsalter liegt dort bei 71 Jahren. Dank der Verlässlichkeit der Mitarbeiter stieg der Umsatz in den letzten Jahren um 20 Prozent. Es ist nicht nötig, Angst davor zu haben, dass die Belegschaften auch bei uns älter werden – wenn dieser Prozess gut gemanagt wird. Spätestens vom Jahr 2020 an, wenn die geburtenstarken Jahrgänge in den Ruhestand gehen, wird dieser Alterssprung enorm. [...]

Nicht nur global, sondern auch national wird sich zwischen den Regionen der Wettbewerb um Arbeitskräfte verschärfen – und damit um Konsumenten und Steuerzahler. In Deutschland bilden sich immer deutlicher bis zu zwei Dutzend Zukunftszentren heraus, die an Attraktivität gewinnen. Dazu gehören Hamburg, München, Stuttgart, Frankfurt, Bremen, Köln oder Düsseldorf und das entsprechende Wohnumland. Aber ebenso Kandidaten wie der Großraum Münster, Bonn, Aachen oder Dresden. Auch in der Hauptstadtregion um Berlin und Potsdam stieg schon in den letzten fünf Jahren die Erwerbstätigkeit dreimal so stark an wie im Rest der Republik. [...]

Im Schnitt werden schon im kommenden Jahr 40,4 Millionen Menschen in Deutschland arbeiten – so viele wie noch nie im vereinten Deutschland. Doch das Bild dahinter wird immer komplexer. Die Formen wie die Strukturen der Arbeit ändern sich. Nicht mehr Fabriken und Büros, nicht mehr feste Arbeitszeiten und Hierarchien bestimmen die Arbeit der Zukunft, sondern Information und Wissen, vernetztes Arbeiten, Denken und Handeln. Diese Fähigkeiten sind prinzipiell überall verfügbar. Dementsprechend werden die beruflichen Biographien vielfältiger, die Karrieren offener. Teamorientierte Projektarbeit ist auf dem Vormarsch, ebenso Arbeitsformen, die Beruf und Privatleben integrieren. Man organisiert sich lieber in Netzwerken wie Facebook als in den traditionellen Interessenvertretungen. [...]

Wir bekommen nicht weniger Arbeit, aber andere Arbeit. Schon heute ist kaum ein Drittel der Erwerbstätigen in Deutschland in klassischen Produktionsbetrieben tätig. Die Sorge ist berechtigt, dass Deutschland seinen industriellen Kern verlieren könnte. Gewinner sind die wissensbasierten Dienstleistungen. Auch die sozialen Dienste boomen: Pflege, Erziehung und Betreuung, Familien- und Nachbarschaftshilfe. Weitere Potentiale für wachsende Beschäftigung liegen in der Freizeit- und Gesundheitsindustrie, der Medizin- und Biotechnik. Verkehr, Logistik und Kommunikationstechnologie gehören gleichfalls zu den Jobtreibern. Die Seniorenwirtschaft, die Silver-Economy, eröffnet neue Marktchancen. Keine Sorge also: Die Arbeit geht uns auch im 21. Jahrhundert nicht aus!

Die Grenzen zwischen Arbeitnehmer und Unternehmer verschwimmen, selbständige Tätigkeiten nehmen zu: Alleinunternehmer, Solo-Anbieter formen den Typus des neuen Mittelstandes. Noch sind in Deutschland nur etwa elf Prozent aller Erwerbstätigen selbständig. Dies wird sich ändern. Vor allem Frauen haben Nachholbedarf; sie stellen derzeit weniger als ein Drittel aller Selbständigen. Der gesamte Mittelstand, der wichtigste Jobmotor auch in Zukunft, wird den demographischen Wandel massiv zu spüren bekommen.

Mit dem knapper werdenden Angebot an Fachkräften steigen die Löhne – je nach Branche und Region unterschiedlich stark. Vor allem leistungs- und ergebnisabhängige Erfolgsprämien und Einmalzahlungen werden damit zunehmen. Zugleich rücken neue Vergütungsmodelle nach vorn, die sich weniger am kurzfristigen Unternehmenserfolg ausrichten als vielmehr daran, qualifizierte Köpfe langfristig an den Betrieb zu binden. Programme zur Mitarbeiterkapitalbeteiligung bekommen neue Konjunktur.

Bildung ist die beste Investition in eine moderne Beschäftigungspolitik. Deutschland liegt im OECD-Vergleich mit seinen Bildungsausgaben nur auf Rang 23 unter den 27 wichtigsten Ländern. Die Folgekosten unzureichender Bildung und damit entgangenes Wirtschaftswachstum werden allein bis 2043 auf mehr als 311 Milliarden Euro (mehr als der heutige Bundeshaushalt) geschätzt.

Die Studienquote zum Beispiel reicht nicht aus, um den Bedarf an Hochqualifizierten zu decken. Auch sind die Übergangsphasen beim Berufseinstieg zu lang – und sie werden immer länger. Wie erreichen wir eine bessere Qualifizierung und Aktivierung jener, die bisher auf dem Arbeitsmarkt zu wenig Chancen haben? Den Sockel von derzeit mehr als 2,2 Millionen Langzeitarbeitslosen kann auch der demographische Wandel nicht einfach auflösen.

Quelle: Süddeutsche.de; www.sueddeutsche.de

Jetzt sind Sie dran …

7. Lesen Sie den Text mithilfe der Methode ➲ Reziprokes Lesen. Formulieren Sie zu jedem Textabschnitt eine „These zur Zukunft der Arbeit".
8. Vergleichen Sie Ihre Thesen in einer Vierergruppe und kommen Sie zu einer gemeinsamen Lösung (➲ Placemat).
9. Vergleichen Sie Ihre Ergebnisse in der Klasse.
10. Werfen Sie mithilfe der ➲ Szenariotechnik einen Blick auf die Zukunft der Arbeit. Erarbeiten
11. Erarbeiten Sie gemeinsam Faktoren, die eine Bewegung in die eine wie in die andere Richtung beeinflussen könnten.

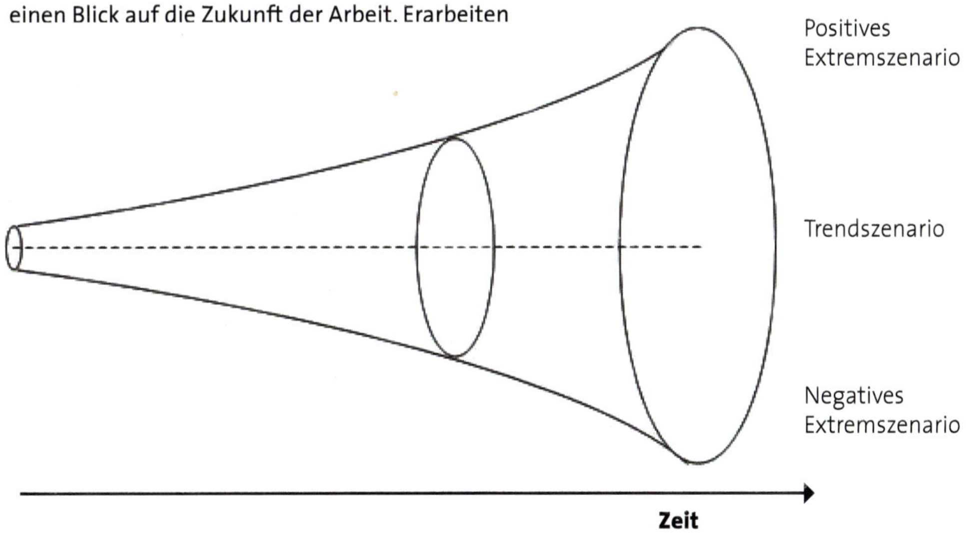

4.7 Die Zukunft der Arbeit: Nutzen Sie Ihre Kompetenzen

In einer Schulklasse der Höheren Handelsschule ergibt sich bei der Bearbeitung des Kapitels „Die Zukunft der Arbeit“ eine Diskussion zwischen zwei Schülerinnen um das Thema Mindestlohn:

Laura: „Ihr wisst ja, dass meine Mutter mich und meine Schwester alleine erzieht, und obwohl sie den ganzen Tag arbeitet, verdient sie nicht genug, dass es für uns drei ausreicht! Ihr Stundenlohn ist einfach zu gering.“

Katrin: „ Na ja, meine Eltern arbeiten ja auch den ganzen Tag für ihre Firma. Aber für viele Tätigkeiten kann man einfach nicht so hohe Löhne zahlen. Mein Vater sagt, dass er bei einem gesetzlichen Mindestlohn seine Firma zumachen müsste.“

Laura: „Aber wer liegt denn nun richtig mit seiner Meinung?“

Die beiden Schülerinnen recherchieren im Internet zum Thema und finden folgende Positionen:

Der Niedriglohnsektor ist in den letzten Jahren auf über 22 Prozentder Beschäftigten gewachsen. Gleichzeitig sind die Löhne gerade hier in den Keller gegangen. 40 Prozent der Niedrigverdiener haben nach unabhängigen Untersuchungen nur ein Einkommen unter der Armutslohngrenze (50 Prozent des Medianlohnes). 2,1 Millionen Menschen bekommen für ihre Arbeit pro Stunde weniger als sechs Euro, davon die Hälfte sogar weniger als 5 Euro. Von Niedriglöhnen sind keinesfalls nur Geringqualifizierte betroffen. 70 Prozent der Niedriglohnverdiener haben eine abgeschlossene Berufsausbildung, 7 Prozent sogar einen Hochschulabschluss.

Quelle: Annelie Buntenbach, DGB-Vorstandsmitglied (2011)

Wir erleben eine logische Weiterentwicklung innerhalb der sozialen Marktwirtschaft, denn die Frage ist in der Tat nicht, ob man eine Lohnuntergrenze braucht, sondern wie sie ausgestaltet ist, wie sie gefunden wird. [...]
Das Entscheidende ist, nicht durch die Politik darf die Lohnuntergrenze festgelegt werden, sie soll nicht politisiert sein, sondern sie muss von den Tarifparteien festgelegt werden. Gewerkschaften und Arbeitgeber, das sind die Experten in eigener Sache, die wissen in der Branche selber, was ist der richtige Punkt, dass keine Arbeitsplätze zerstört werden, aber ein fairer Lohn gezahlt wird. Und dieses Prinzip möchten wir gerne in eine Findung der Lohnuntergrenze festschreiben.

Quelle: Ursula von der Leyen, Bundesarbeitsministerin (2011)

Wir sind 60 Jahre lang sehr gut mit der sozialen Marktwirtschaft gefahren. Das zeigen nicht zuletzt unsere hervorragenden Arbeitsmarktdaten. Wir haben momentan die höchste Beschäftigungszahl in der Geschichte unseres Landes. Es gibt eine klare Aufgabenteilung in Deutschland, und die Aufgabe der Lohnfindung ist Sache der Tarifpartner. Das soll auch so bleiben. Deswegen wollen wir keinen flächendeckenden, einheitlichen gesetzlichen Mindestlohn.

Quelle: Phillip Rösler, Bundeswirtschaftsminister (2012)

Also, wenn eine allgemeine gesetzliche Lohnuntergrenze vereinbart werden soll auf Vorschlag einer Kommission, dann ist dies ein politischer gesetzlicher Mindestlohn. Und wenn dieser Vorschlag sich auch noch orientieren soll am niedrigsten Lohn einer Branche, beispielsweise der Zeitarbeit, dann ist das ein politischer, gesetzlicher Mindestlohn. Und den hat die CDU/CSU bisher aus, wie ich meine, guten Gründen abgelehnt. Für mich ist, wie gesagt, nicht nachvollziehbar, was die Gründe für die jetzigen Überlegungen sind. [...] Ich meine, damit werden in beträchtlichem Umfang Arbeitsplätze gefährdet und im Falle einer Einführung eines Mindestlohns sogar aufgegeben. Ich denke, gerade die Entwicklung der letzten eineinhalb Jahre zeigt, dass unsere Regelungen sehr günstig waren, es haben sehr viele Nicht- und Geringstqualifizierte und auch Langzeitarbeitslose jetzt wieder den Einstieg in Arbeit geschafft [...]. ❞

Quelle: Dieter Hundt,
Präsident der Bundesvereinigung
der Deutschen Arbeitgeberverbände (2011)

Die Schülerinnen überlegen nun, wie man weiter vorgehen könnte.
Laura: „Eigentlich müsste man die Vertreter der unterschiedlichen Positionen zu einer Diskussion einladen."
Katrin: „Genau. Dann müssten sie ihre Positionen auch mal erläutern."

Die Diskussion um den gesetzlichen Mindestlohn – eine Podiumsdiskussion
Die Einführung eines gesetzlichen Mindestlohns ist in Deutschland stark umstritten. Während die Gewerkschaften und die SPD die Einführung eines gesetzlichen Mindestlohns fordern, steht die CDU diesem ablehnend gegenüber. Der Großteil der CDU spricht sich für branchen- und ortsspezifische Maßnahmen aus, um gegen Lohndumping und sittenwidrige Lohne vorzugehen.

Lange Zeit galt in Deutschland die unterste tarifliche Lohngruppe als Mindestlohn einer Branche. Da jedoch immer weniger Unternehmen in Arbeitgeberverbänden organisiert sind, nimmt die Tarifbindung stetig ab. Dies hat zur Folge, dass immer mehr Beschäftigte – insbesondere in Ostdeutschland – nicht mehr nach Tarifvertrag entlohnt werden.

Die Aushandlung von Löhnen im Rahmen der Tarifautonomie ist Sache der Arbeitgeber und der Gewerkschaften. Durch die Einführung von gesetzlichen Mindestlöhnen müssten die Tarifparteien einen Teil ihrer Autonomie und ihres Einflusses an die Gesetzgeber abgeben.

Arbeitsauftrag
Führen Sie eine ➲ Podiumsdiskussion zum Thema „Einführung eines gesetzlichen Mindestlohns in Deutschland" durch. Bilden Sie dazu zunächst Arbeitsgruppen, die jeweils eine der folgenden Rollen vorbereiten:
- 1 Vertreter der Arbeitgeberseite
- 1 Vertreter der Gewerkschaften
- mehrere Vertreter der politischen Parteien (je nach Klassengröße)

5 Demokratie in der Arbeitswelt

So vernetzen Sie Ihr Wissen:

Mit den Themen:

- Gesellschaft heute – wie leben wir zusammen? (→ Kap. 2)
- Die Zukunft der Arbeit (→ Kap. 4)
- Die Wirtschaft und ich (→ Kap. 6)
- Regieren und regiert werden – Demokratie als Idee und Praxis (→ Kap. 7)
- Wie kann ich mitbestimmen in der Politik? (→ Kap. 9)

Diese Methoden verwenden Sie:

- Reziprokes Lesen
- Placemat
- Fischgrät-Diagramm
- Mindmap
- Paarcheck
- Erkundung
- Think-Paire-Share
- Pro-Kontra-Debatte
- Amerikanische Debatte
- Präsentieren/Visualisieren
- Leserbrief schreiben

In einer Denkschrift des „Centralverbands deutscher Industrieller" aus dem Jahre 1887 heißt es:
„Der Arbeiter ist nicht der gleichberechtigte Teilhaber des Arbeitgebers [...] er ist dessen Untergebener, dem er Gehorsam schuldig ist [...] die Zwischenschiebung einer regelmäßigen Instanz zwischen Arbeitgeber und Arbeiter ist unzulässig."
Heute erscheint uns diese Vorstellung vom Verhältnis zwischen Arbeitnehmer und Arbeitgeber nicht mehr angemessen.
Doch wie hat sich unser demokratisches Verständnis auf dieses Verhältnis ausgewirkt, welche Formen der Mitbestimmung gibt es und wie sieht die Zukunft der Mitbestimmung aus?
Darüber hinaus stellt sich die Frage nach dem grundsätzlichen Zusammenhang zwischen Wirtschaft und Demokratie. Diese wird im Moment am Beispiel Chinas heftig diskutiert: Kann China langfristig eine entwickelte Marktwirtschaft werden – ohne sich gleichzeitig auch demokratisch zu öffnen? Diese Fragen werden Sie im Laufe des Kapitels bearbeiten und kritisch diskutieren.

Diese Kompetenzen erwerben Sie:

- Sie können erläutern, was Mitbestimmung ist und wie diese sich entwickelt hat.
- Sie können den Zusammenhang zwischen Demokratie und Wirtschaft kritisch reflektieren.
- Sie können Ihre eigenen Möglichkeiten zur Mitgestaltung benennen und problematisieren.
- Sie können die Aufgaben verschiedener Interessengruppen der Arbeitswelt im demokratischen System erörtern.
- Sie können anhand verschiedener Beispiele Herausforderungen für die betriebliche Mitbestimmung erkennen und reflektieren.

5.1 Ausbildung früher ...

Lehrlings-Gesuch.
Für mein Manufaktum-, Weißwaaren- u. Wäsche-geschäft suche **sofort** oder **später** einen **Lehrling** mit guter Schulbildung. Kost und Logis im Hause. (5889
Louis Moses,
Geisa (Sachsen-Weimar).

„Lehrlings-Gesuch", 1896

Ein Lehrvertrag aus dem Jahre 1864

Eduard Groos in Grünberg einerseits und Phillipp Walther in Biedenkopf andererseits haben volgende Übereinkünft getroffen:

1. Groos nimmt den Sohn des Phillipp Walther mit dem Namen Georg auf vier Jahre, und zwar vom 15ten Oktober 1864 bis dahin 1868, in sein Geschäft auf.
2. Groos macht sich verbindlich, seinen Lehrling in Allen dem, was seinem Geschäft vorkommt, gewissenhaft zu unterrichten, ein wachsames Auge auf sein sittliches Betragen zu haben und ihm Kost und Logis in seinem Hause frei zu geben.
3. Groos gibt seinem Lehrling alle 14 Tage des Sonntags von 12 bis 5 Uhr frei; dabei ist es gestattet, daß er sich auch an dem Sonntag, wo er seinen Ausgangstag nicht hat, einmal den Gottesdienst besuchen kann.
4. Groos verzichtet auf ein Lehrgeld, hat aber die Lehrzeit auf vier Jahre ausgedehnt.
5. Walther hat während der Lehrzeit seines Sohnes denselben in anständiger Kleidung zu erhalten und für dessen Wäsche besorgt zu sein.
6. Walther hat für die Treue seines Sohnes einzustehen und allen Schaden, den derselbe durch bösen Willen, Unachtsamkeit und Nachlässigkeit seinem Lehrherrn verursachen sollte, ohne Einrede zu ersetzen.
7. Der junge Walther darf während der Dauer seiner Lehrzeit kein eigenes Geld führen, sondern die Ausgaben, welche nicht von seinem Vater direkt bestritten werden, gehen durch die Hände des Lehrherrn und der Lehrling hat solche zu verzeichnen.
8. Hat der junge Walther seine Kleidungsstücke und sonstige Effekten auf seinem Zimmer zu verschließen, aber so, daß sein Lehrherr davon Kenntnis hat und dieser solche von Zeit zu Zeit nachsehen kann, so oft es diesem gewahrt ist, um ihn gehörig zu überwachen.
9. Darf der Lehrling während seiner Lehrzeit kein Wirtshaus oder Tansbelustigung besuchen, er müßte denn ausdrücklich die Erlaubnis hierzu von seinem Vater oder Lehrherrn erhalten haben und dann besonders darf er auch nicht rauchen im Geschäft oder außer demselben, es bleibt ihm ganz untersagt.
10. Wenn der junge Walther das Geschäft der Groos verläßt, so darf dieser in kein Geschäft in Grünberg eintreten, ohne daß Groos seine Erlaubnis dazu gibt.
11. Zur Sicherstellung, daß beide Teile diese Übereinkunft treulich halten und erfüllen wollen, ist dieser Contract doppelt ausgefertigt. Jedem Exemplar eingehändigt und unterschrieben worden.

Grünberg und Biedenkopf, den 27. November 1864

Ausbildung heute

Die Rechte und Pflichten der Auszubildenden sind heute in mehreren Gesetzen festgelegt: Im Berufsbildungsgesetz (BBiG), dem Jugendarbeitsschutzgesetz, in der Ausbilder-Eignungsverordnung sowie in der Handwerksordnung (Gesetz zur Ordnung des Handwerks).

Teilnahmepflicht

Freistellung für Ausbildungsmaßnahmen

Bildung einer Jugend- und Auszubildendenvertretung

Einhalten der Betriebsordnung

angemessene Vergütung

Pflicht zur Verschwiegenheit

besondere Kündigungsmöglichkeit

Weisungen Folge leisten

Bewahrungspflichten

Lernpflicht

Krankheitsmeldung

kostenlose Ausbildungsmittel

Anspruch auf ein Zeugnis

Arbeiten nur für das Ausbildungsziel

Sorgfaltspflicht

Jetzt sind Sie dran …

1. Lesen Sie den Lehrvertrag von 1864 Nutzen Sie für die folgenden Aufgaben die Methode ➲ Think-Pair-Share.
   a) Welche Bedingungen oder Regeln könnten wohl heute nicht mehr in einem Ausbildungsvertrag stehen? Notieren Sie jeweils eine kurze Begründung für Ihre Wahl.
   b) Vergleichen Sie Ihre Überlegungen mit denen Ihres Sitznachbarn.
   c) Präsentieren Sie Ihr Ergebnis im Klassenplenum und diskutieren Sie, warum dieser Lehrvertrag heute nicht mehr möglich wäre.
2. Vergleichen Sie das Lehrlingsgesuch von 1896 mit einer heutigen Ausbildungsannonce. Erstellen Sie eine Liste mit Begriffen, die heute in keiner Ausbildungsannonce fehlen.
3. Fertigen Sie eine Tabelle mit dem Titel „Rechte und Pflichten von Auszubildenden“ an, indem Sie die oben genannten Begriffe dem Bereich „Rechte“ oder „Pflichten“ zuordnen.
4. Recherchieren Sie z. B. auf der Website des Bundesministeriums für Bildung und Forschung, was sich hinter den Rechten und Pflichten im Einzelnen verbirgt.

5.2 Mitbestimmung in Deutschland – vom 19. Jahrhundert bis heute

Dass Auszubildende heute mehr Rechte als früher haben, ist der Entwicklung der Mitbestimmung in Deutschland zu verdanken. Unter welchen Bedingungen sich diese Entwicklung vollzogen hat, erfahren Sie in diesem Unterkapitel.

Die beginnende Industrialisierung Mitte des 19.Jahrhunderts schaffte unmenschliche Arbeits- und Lebensbedingungen. Erst allmählich entwickelte sich aus dem Unmut der Arbeiternehmer das Bewusstsein, gemeinsam stärker zu sein als das stampfende Hämmern der Maschinen. Die Anfänge der Arbeiterbewegung entstanden infolge der

Jubelnde Revolutionäre nach Barrikadenkämpfe am 18. März 1848

Revolution 1848/49. Das Bürgertum versuchte damals, die Arbeiter in die Wirtschafts- und Gesellschaftsordnung einzubinden. Es dachte an eine Arbeiterselbstverwaltung im Betrieb unter der Oberaufsicht des Fabrikherrn. Der Spielraum dieser Selbstverwaltung beschränkte sich im Wesentlichen auf eine Mitgestaltung sozialer Arbeits- und Lebensbedingungen. Diese Ansätze blieben jedoch ohne nennenswerte Wirkung, denn – von wenigen Ausnahmen abgesehen – lehnten die Unternehmer derartige Einschränkungen ihrer Entscheidungsgewalt ab. Ein erster Schritt zu einer gesetzlichen Umsetzung der Arbeiterforderungen wurde in der verfassungsgebenden Nationalversammlung im Jahre 1848 versucht.

Zum ersten Mal kamen die Probleme der Arbeiterschaft auf parlamentarischer Ebene zur Sprache. In der Frankfurter Paulskirche wurde über den Entwurf einer Gewerbeordnung beraten, die unter anderem auch die Bildung von Fabrikausschüssen mit bestimmten Mitspracherechten für die Beschäftigten vorschreiben sollte. Diese Diskussion führte zu keinem greifbaren Ergebnis. [...]

Durch die Novelle zur Gewerbeordnung von 1891 wurde erstmals eine gesetzliche Grundlage für freiwillig gebildete Arbeiterausschüsse geschaffen. Auch die Novellen des Bayerischen (1900) und des Preußischen Berggesetzes (1905) waren insoweit Meilensteine, als in ihnen erstmals gesetzlich festgelegt wurde, dass in Bergbaubetrieben mit mehr als 20 bzw. 100 Arbeitnehmern Arbeiterausschüsse gebildet werden mussten. Danach standen den Arbeitnehmervertretungen Informations- und Anhörungsrechte in sozialen und personellen Fragen zu. Die Grenzen waren zwar noch eng gefasst, doch ein Anfang war gemacht. Allerdings muss festgehalten werden, dass die großen Arbeitskämpfe in den Jahren 1899 und 1905 viel zu dieser Entwicklung beigetragen haben. [...] Der Erste Weltkrieg hat nicht nur die politische Weltkarte verändert. Er hat auch den Umbruch gesellschaftlicher Strukturen mit verur-

Novemberrevolution 1918/19

sacht. 1919 erkannte die Weimarer Verfassung in Artikel 165 die Arbeiterräte an: „Die Arbeiter und Angestellten sind dazu berufen, gleichberechtigt in Gemeinschaft mit den Unternehmern an der Regelung der Lohn- und Arbeitsbedingungen sowie an der gesamten wirtschaftlichen Entwicklung der produktiven Kräfte mitzuwirken." Daraufhin wurden in rascher Folge jene Gesetze verabschiedet, die den Beschäftigten betriebliche und – in beschränktem Umfang – auch wirtschaftliche Mitbestimmungsrechte einräumten. Das Betriebsrätegesetz

vom 4. Februar 1920 brachte den Durchbruch zu einer Betriebsverfassung im heutigen Sinne. [...]
Diese ersten Ansätze von Mitbestimmung endeten kurz nach der Machtübernahme durch das nationalsozialistische Regime. Das „Führerprinzip" hielt auch in der Wirtschaft Einzug. Das Gesetz zur Ordnung der nationalen Arbeit aus dem Jahre 1934 unterbrach die demokratische Entwicklung und ersetzte sie durch eine totalitäre Regelung, die keine Betriebsräte und keine Arbeitnehmerbeteiligung in den Aufsichtsräten kannte. An die Stelle der Mitbestimmung trat wieder die Alleinherrschaft des Unternehmers. [...]
Mit dem Ende der Hitler-Diktatur und dem totalen Zusammenbruch von Wirtschaft und Gesellschaft kam die Stunde des Neuaufbaus der Wirtschaft. Die Alliierten waren sich darin einig, dass die bisherigen wirtschaftlichen Machtstrukturen zerschlagen und durch eine reformierte, demokratisch organisierte politische Ordnung und um eine gestaltete Wirtschaftsordnung ersetzt werden müssten. [...] Das Kontrollratsgesetz Nr. 22 vom 10. April 1946, das sich am Betriebsrätegesetz aus dem Jahre 1920 orientierte, setzte einheitliche Maßstäbe zur Bildung und Tätigkeit von Betriebsräten fest. [...]
Im Vorfeld der bundesdeutschen gesetzlichen Regelung der Mitbestimmung im Jahre 1951 kam es zu harten Auseinandersetzungen. Nachdem sich in Urabstimmungen über 90 Prozent der Arbeitnehmer in Montanbetrieben für einen Streik zur Durchsetzung der gewerkschaftlichen Forderungen aussprachen, wurden die Verhandlungen zwischen Gewerkschaften und Unternehmern neu aufgenommen, aber wiederholt unterbrochen. Als sich die Situation zuspitzte, schaltete sich der damalige Bundeskanzler in die Gespräche ein. Am 25. Januar 1951 kam die Einigung zustande. Am 10. April 1951 verabschiedete der Bundestag in dritter Lesung mit großer Mehrheit gegen die Stimmen von etwa 50 Abgeordneten das „Gesetz über die Mitbestimmung der Arbeitnehmer in den Aufsichtsräten und Vorständen der Unternehmen des Bergbaus und der Eisen- und Stahlerzeugenden Industrie". Dieses Gesetz (Montan-Mitbestimmungsgesetz) trat am 7. Juni 1951 in Kraft. Das Betriebsverfassungsgesetz vom 11. Oktober 1952 und das Bundespersonalvertretungsgesetz vom 5. August 1955 rundeten mit der Regelung der betrieblichen Mitbestimmung die Gesetzgebung zur Mitbestimmung der Arbeitnehmer in Betrieb und Unternehmen zunächst ab. [...]
Zwanzig Jahre nach Inkrafttreten des Betriebsverfassungsgesetzes von 1952 war eine gründliche Überarbeitung fällig. Es hatte sich zwar im Großen und Ganzen bewährt, entsprach aber zuletzt nicht mehr den veränderten wirtschaftlichen und sozialen Verhältnissen. Die Neufassung des Jahres 1972 brachte wesentliche Verbesserungen bei den Beteiligungsrechten des Betriebsrats in sozialen, personellen und wirtschaftlichen Angelegenheiten. Die Neuregelung stärkte die betriebliche Mitbestimmung. Die Regelungen über die Unternehmensmitbestimmung blieben unberührt und galten fort. [...]
Mit dem Gesetz zur Reform des Betriebsverfassungsgesetzes, welches am 28. Juli 2001 in Kraft getreten ist, wurde das seit fast dreißig Jahren nahezu unverändert gültige Betriebsverfassungsgesetz den veränderten Bedingungen in der Arbeits- und Wirtschaftswelt angepasst. Die Betriebsverfassung hat auch unmittelbare Auswirkungen auf die Unternehmensmitbestimmung. Betriebsverfassungsrechtliche Grundstrukturen wie z. B. Betriebsbegriff, Arbeitnehmerbegriff, Aufhebung des Gruppenprinzips (Arbeiter/Angestellte) gelten auch dort. [...]

Quelle: Bundesministerium für Arbeit und Soziales (Hrsg.) (2012): Broschüre „Mitbestimmung – eine gute Sache", Bonn, Stand Januar 2012, S. 13 ff.

Jetzt sind Sie dran ...

1. Lesen Sie den Text Abschnitt für Abschnitt in Vierergruppen (➲ Reziprokes Lesen).
2. Einigen Sie sich in Ihrer Gruppe für jeden Abschnitt auf eine passende Zwischenüberschrift.
3. Erstellen Sie ein ➲ Fischgrät-Diagramm: Schreiben Sie an die oberen Gräten die politisch-historischen Entwicklungsstufen des deutschen Nationalstaats bis hin zur späteren Bundesrepublik und verbinden Sie diese durch die unteren Gräten mit den in Aufgabe 2 gefundenen Zwischenüberschriften.

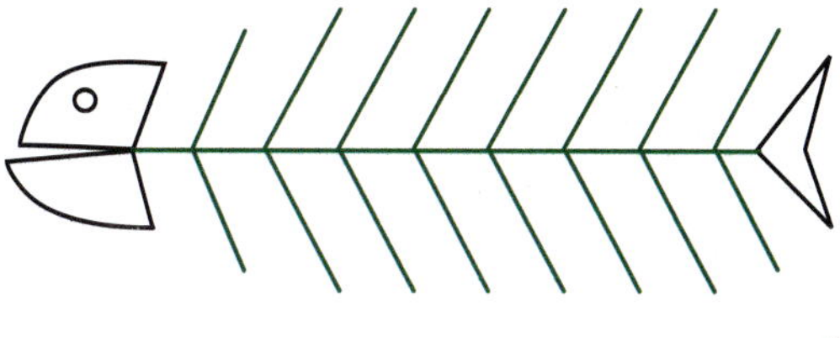

5.3 Mitbestimmung am Arbeitsplatz

Grundsätzlich lassen sich drei Ebenen der Mitbestimmung der Beschäftigten unterscheiden: erstens die überbetriebliche, zweitens die unternehmensbezogene und drittens die betriebliche Mitbestimmung. Die überbetriebliche Mitbestimmung findet sich in den Selbstverwaltungsorganen der Sozialversicherungen und der Agentur für Arbeit. Man kann jedoch auch die Tarifautonomie als Teil der überbetrieblichen Mitbestimmung sehen.

Tarifautonomie
das Recht der Gewerkschaften und Arbeitgeberverbände, eigenständig Regelungen zu Arbeits- und Wirtschaftsbedingungen auszuhandeln und in Tarifverträgen festzulegen

Die unternehmensbezogene Mitbestimmung findet in Aufsichtsräten statt und hat wirtschaftliche Planungen und Entscheidungen zum Ziel.
Mitbestimmung und Mitwirkung im Betrieb als organisatorischer Einheit werden vor allem durch den Betriebsrat gewährleistet, dessen zentrale Aufgabe in allen Fragen der Beschäftigten zu ihrem Arbeitsplatz die Vertretung der jeweiligen Arbeitnehmerinteressen ist.

Auszug aus dem Betriebsverfassungsgesetz

§ 1 Errichtung von Betriebsräten
In Betrieben mit in der Regel mindestens fünf ständigen wahlberechtigten Arbeitnehmern, von denen drei wählbar sind, werden Betriebsräte gewählt.
§ 7 Wahlberechtigung
Wahlberechtigt sind alle Arbeitnehmer des Betriebs, die das 18. Lebensjahr vollendet haben.
§ 8 Wählbarkeit
Wählbar sind alle Wahlberechtigten, die sechs Monate dem Betrieb angehören [...]
§ 87 Mitbestimmungsrechte
(1) Der Betriebsrat hat, soweit eine gesetzliche oder tarifliche Regelung nicht besteht, in folgenden Angelegenheiten mitzubestimmen:
1. Fragen der Ordnung des Betriebs und des Verhaltens der Arbeitnehmer im Betrieb;
2. Beginn und Ende der täglichen Arbeitszeit einschließlich der Pausen sowie Verteilung der Arbeitszeit auf die einzelnen Wochentage;
3. vorübergehende Verkürzung oder Verlängerung der betriebsüblichen Arbeitszeit;
4. Zeit, Ort und Art der Auszahlung der Arbeitsentgelte;
5. Aufstellung allgemeiner Urlaubsgrundsätze und des Urlaubsplans sowie die Festsetzung der zeitlichen Lage des Urlaubs für einzelne Arbeitnehmer, wenn zwischen dem Arbeitgeber und den beteiligten Arbeitnehmern kein Einverständnis erzielt wird;
6. Einführung und Anwendung von technischen Einrichtungen, die dazu bestimmt sind, das Verhalten oder die Leistung der Arbeitnehmer zu überwachen;
7. Regelungen über die Verhütung von Arbeitsunfällen und Berufskrankheiten sowie über den Gesundheitsschutz im Rahmen der gesetzlichen Vorschriften oder der Unfallverhütungsvorschriften;
8. Form, Ausgestaltung und Verwaltung von Sozialeinrichtungen, deren Wirkungsbereich auf den Betrieb, das Unternehmen oder den Konzern beschränkt ist;
9. Zuweisung und Kündigung von Wohnräumen, die den Arbeitnehmern mit Rücksicht auf das Bestehen eines Arbeitsverhältnisses vermietet werden, sowie die allgemeine Festlegung der Nutzungsbedingungen;
10. Fragen der betrieblichen Lohngestaltung, insbesondere die Aufstellung von Entlohnungsgrundsätzen und die Einführung und Anwendung von neuen Entlohnungsmethoden sowie deren Änderung;
11. Festsetzung der Akkord- und Prämiensätze und vergleichbarer leistungsbezogener Entgelte, einschließlich der Geldfaktoren;
12. Grundsätze über das betriebliche Vorschlagswesen;
13. Grundsätze über die Durchführung von Gruppenarbeit; Gruppenarbeit im Sinne dieser Vorschrift liegt vor, wenn im Rahmen des betrieblichen Arbeitsablaufs eine Gruppe von Arbeitnehmern eine ihr übertragene Gesamtaufgabe im Wesentlichen eigenverantwortlich erledigt.
§ 95 Auswahlrichtlinien

Richtlinien über die personelle Auswahl bei Einstellungen, Versetzungen, Umgruppierungen und Kündigungen bedürfen der Zustimmung des Betriebsrats.

§ 102 Mitbestimmung bei Kündigungen

Der Betriebsrat ist vor jeder Kündigung zu hören. Der Arbeitgeber hat ihm die Gründe für die Kündigung mitzuteilen. Eine ohne Anhörung des Betriebsrats ausgesprochene Kündigung ist unwirksam.

Pro Kontra

Meinungen zur betrieblichen Mitbestimmung

- Die betriebliche Mitbestimmung behindert den Strukturwandel in der Wirtschaft nicht, sondern unterstützt ihn in vielen Fällen.
- Betriebliche Mitbestimmung ist kein Auslaufmodell, sondern ein Zukunftsmodell einer demokratischen Gesellschaft.
- Mitarbeiter, die sich kritisch in ein Unternehmen einmischen, stärken dieses.
- Neue Themen für eine Mitbestimmung sind vor allem: Beschäftigungssicherung, Qualifizierung, Flexibilisierung der Arbeitszeit.
- Mehr Entscheidungsspielraum des Einzelnen am Arbeitsplatz verlangt mehr Mitsprache.
- Betriebe funktionieren nur als Mannschaftsspiel, deshalb müssen auch alle Möglichkeiten der Mitbestimmung haben.
- Mitbestimmung stärkt das Betriebsklima und den Betriebsfrieden.
- Mitbestimmung erhöht die Identifikation der Arbeitnehmer mit dem Unternehmen und fördert so die Motivation der Beschäftigten.

- Mitbestimmung ist in einer modernen Wirtschaft nicht mehr zeitgemäß.
- Mitbestimmung verursacht nur zusätzliche Kosten für die Unternehmen.
- Mitbestimmung verunsichert ausländische Investoren.
- Mitbestimmung ist bürokratisch und behindert unternehmerisches Handeln gerade in Kleinbetrieben und im Handwerk.
- In Zeiten der Arbeitsplatzsicherung und der internationalen Konkurrenz ist betriebliche Mitbestimmung eher ein Hindernis als eine Unterstützung für unternehmerisches Handeln.
- In der Praxis ist Mitbestimmung Gewerkschaftsmacht. Gewerkschaftlich organisiert ist aber nur eine Minderheit der Beschäftigten.
- Zur Motivation und Beteiligung der Beschäftigten ist die Unternehmensmitbestimmung überflüssig geworden.

Quelle: Bundeszentrale für politische Bildung; www.bpb.de

Jetzt sind Sie dran …

1. Setzen Sie sich zu viert zusammen und zeichnen Sie ein ➲ Placemat auf ein Arbeitsblatt. Notieren Sie in die vier äußeren Felder, welche der aufgelisteten Mitbestimmungsrechte des Betriebsrates Sie für die wichtigsten halten.
2. Einigen Sie sich dann auf ein Gruppenergebnis und tragen Sie das Ergebnis im zentralen Feld ein.
3. Sammeln Sie Ihre Ergebnisse im Klassenplenum. Halten Sie Gemeinsamkeiten und Unterschiede fest.
4. Beurteilen Sie die folgenden betrieblichen Situationen hinsichtlich der Mitbestimmungsrechte des Betriebsrates:
   a) Nach einigen Diebstählen soll der Eingangsbereich des Unternehmens videoüberwacht werden.
   b) Lohnerhöhung eines Mitarbeiters
   c) Der Arbeitsbeginn soll um eine Stunde vorverlegt werden.
   d) Viele Mitarbeiter finden die Urlaubsregelung des Unternehmens schlecht.
5. Lesen Sie die Meinungen zur betrieblichen Mitbestimmung und stellen Sie eine Rangliste der fünf Meinungen auf, die Sie am meisten überzeugen. Vergleichen Sie die Ergebnisse mit Ihrem Nachbarn und entwickeln Sie eine gemeinsame Liste.
6. Stellen Sie Ihre Ergebnisse in der Klasse vor und überlegen Sie gemeinsam, wer diese Meinungen vertreten könnte.
7. Manche Unternehmensverbände sind der Meinung, dass die betriebliche Mitbestimmung in Deutschland zu sehr in die Rechte des Unternehmers eingreife. Führe Sie eine ➲ Pro-Kontra-Debatte durch.

5.4 Unternehmensbezogene Mitbestimmung

Die unternehmensbezogene Mitbestimmung findet in Kapitalgesellschaften (AG, GmbH usw.) durch eine gewählte Arbeitnehmervertretung in den Aufsichtsräten statt. Dadurch ist die Belegschaft an der Kontrolle des Vorstandes, der für die eigentliche Unternehmensführung verantwortlich ist, beteiligt. Diese Beteiligung funktioniert, je nach Art des Betriebs, nach drei Modellen, bei denen die Frage der Stimmrechte unterschiedlich umgesetzt wird. Die Stimmrechte der Arbeitnehmer im Aufsichtsrat sind ein immer wieder diskutiertes Thema. Kritische Meinungen dazu kommen aus dem Arbeitgeberlager. Dort wird gefordert, dass die Rechte der Arbeitnehmervertreter im Aufsichtsrat verringert werden müssten, da sie in einer globalisierten Wirtschaft nicht mehr zeitgemäß seien. Gewerkschaftsvertreter verweisen hingegen auf die Vorteile der Mitbestimmung in Deutschland, die ein konsensorientiertes Miteinander fördere.

Infobox

Politische Auseinandersetzung
Einen vorläufigen Höhepunkt erreichte die Debatte um die Mitbestimmung im Oktober 2004, als der damalige BDI-Präsident Michael Rogowski die Mitbestimmung im Aufsichtsrat in einem Interview als „Irrtum der Geschichte“ bezeichnete. Wenig später legten BDI und BDA einen gemeinsamen Bericht vor, der das deutsche Mitbestimmungssystem angesichts der Internationalisierung der Wirtschaft als nicht mehr zeitgemäß beschrieb und verschiedene Reformen vorschlug. Der DGB bezeichnete die Vorschläge als „Abschaffung der paritätischen Mitbestimmung im Aufsichtsrat durch die Hintertür“ und verwies auf die wirtschaftswissenschaftlichen Argumente für die Mitbestimmung. [...] Auf parteipolitischer Ebene gibt es in Deutschland einen breiten Konsens zu Gunsten der Mitbestimmung. Lediglich die FDP und einzelne Vertreter des Wirtschaftsflügels der CDU befürworten eine Beschränkung der Aufsichtsratssitze auf ein Drittel.

Wissenschaftlicher Streit
Im wissenschaftlichen Streit über die Wirkung der Mitbestimmung konkurrieren zwei Denkschulen: die so genannte Property-Rights-Theorie (Theorie der Verfügungsrechte) und die Partizipationstheorie. Vertreter der Property-Rights-Theorie argumentieren, dass Mitbestimmung im Unternehmen die Entscheidungsrechte der Anteilseigner schmälere. Wichtige unternehmerische Entscheidungen würden durch die gegensätzlichen Interessen der Beschäftigten behindert – zulasten der Wirtschaftlichkeit. Anhänger der Partizipationstheorie sehen in der Mitbestimmung einen ökonomischen Vorteil. Im Wandel von der Arbeits- zur industriellen Wissensgesellschaft steigt den Vertretern dieses Ansatzes zufolge die Notwendigkeit von Kooperation und vertrauensvoller Zusammenarbeit.

Quelle:
Hans Böckler Stiftung,
www.boeckler.de

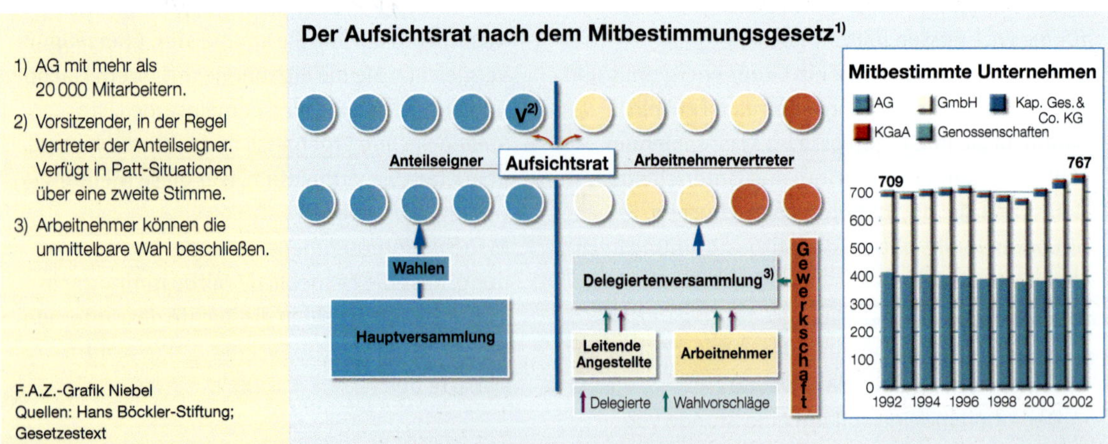

Statements zur Mitbestimmung

Mitbestimmung modernisieren

Mitbestimmung im Aufsichtsrat und im Betrieb kann dem Wohl des Unternehmens und seiner Beschäftigten dienen. Mitbestimmung darf Entscheidungen nicht verzögern oder lähmen.

Die Praxis der betrieblichen Mitbestimmung ist zumeist von vertrauensvoller Zusammenarbeit geprägt. Das Betriebsverfassungsgesetz kann jedoch ausgenutzt werden, um diese vertrauensvolle Zusammenarbeit zu stören. Das Betriebsverfassungsgesetz muss deshalb modernisiert und entbürokratisiert werden; Mitbestimmungsverfahren müssen beschleunigt werden.[...]

Montanmitbestimmungsgesetz, Mitbestimmungsgesetz und Drittelbeteiligungsgesetz regeln die Beteiligung von Arbeitnehmervertretern im Aufsichtsrat von Kapitalgesellschaften. Je nach Unternehmensgröße wird ein Drittel bis zur Hälfte der Aufsichtsratsmitglieder von den Arbeitnehmern bestimmt. Europäische Regelungen zur Mitbestimmung stellen diesen Regelungen ein Verhandlungsmodell gegenüber: In der Europäischen Aktiengesellschaft kann z.B. von den Arbeitnehmern und den Unternehmen ein passgenaues Mitbestimmungsmodell ausgehandelt werden. Die Akzeptanz der Mitbestimmung auch bei ausländischen Investoren könnte durch ein solches Verhandlungsmodell gesteigert werden. Die Sonderstellung Deutschlands, die von keinem anderen Staat akzeptiert oder nachgeahmt worden ist, könnte so im europäischen Kontext fortentwickelt werden. [...]

Quelle: Bundesvereinigung der Deutschen Arbeitgeberverbände; www.bda-online.de

Für eine Weiterentwicklung der betrieblichen Mitbestimmung

Bundespräsident Joachim Gauck hat Anfang Mai bei der Gedenkveranstaltung zur Zerschlagung der Gewerkschaften 1933 darauf aufmerksam gemacht, dass Deutschland weiterhin „eine mit Leben erfüllte Interessenvertretung der Arbeitnehmer" brauche. Deutschland benötige nach Ansicht des Staatsoberhauptes „Mitbestimmung in seinen Unternehmen" und „gelebte Demokratie im Arbeitsalltag".

Eine lebendige betriebliche Demokratie verlangt aus gewerkschaftlicher Sicht, die Mitbestimmungsgesetze regelmäßig an aktuelle Herausforderungen und neue Entwicklungen anzupassen. [...]

Zu Recht wird [...] darauf hingewiesen, dass die betriebliche Mitbestimmung in der Praxis durch den Missbrauch von Leiharbeit oder die Zunahme von Werkverträgen vor große Herausforderungen gestellt wird. Es wird Zeit, dass der Gesetzgeber dieser Form von modernem Lohn- und Arbeitsrechtsdumping entschieden entgegentritt.

Der DGB Bundesvorstand fordert, das Betriebsverfassungsgesetz zu ergänzen. Den Interessenvertretungen müssen stärkere Mitsprache- und Überwachungsrechte beim Drittpersonaleinsatz eingeräumt werden. Der Betriebsrat muss das Recht haben, die Zustimmung zum Einsatz von Fremdfirmen im Einzelfall zu verweigern, wenn die Besorgnis besteht, dass durch die Vergabe ein Arbeitsplatzabbau droht oder die Beschäftigten andere Nachteile erleiden.

Quelle: Deutscher Gewerkschaftsbund; www.dgb.de

Jetzt sind Sie dran …

1. Schreiben Sie auf Grundlage der Grafik einen Lexikoneintrag zum Begriff „Mitbestimmung im Aufsichtsrat".
2. Erstellen Sie eine Tabelle, in der Sie Argumente für oder gegen die gegenwärtige Form der Mitbestimmung im Aufsichtsrat zusammenstellen.
3. Vergleichen Sie Ihre Ergebnisse mit denen Ihres Sitznachbarn und stellen Sie Ihre Ergebnisse in der Klasse vor.
4. Führen Sie eine ➲ Amerikanische Debatte zum Thema „Weiterentwicklung der betrieblichen Mitbestimmung" durch.

5.5 Überbetriebliche Mitbestimmung

Überbetriebliche Mitbestimmung meint die Beteiligung der Arbeitnehmer (-vertreter) an Wirtschaftsgesetzgebung, -verwaltung und -politik. Sie findet in den Selbstverwaltungsorganen der Sozialversicherungen und der Agentur für Arbeit statt. Man kann jedoch auch die Tarifautonomie als Teil der überbetrieblichen Mitbestimmung ansehen. Die im Grundgesetz geregelte Tarifautonomie bedeutet, dass beide Tarifpartner – die Gewerkschaften und die Arbeitgeber – den Tarifvertrag autonom, das heißt ohne dass irgendjemand auf die Verhandlungen Einfluss nehmen darf, verhandeln und abschließen. Im Folgenden werden die wirtschaftlichen und politischen Auswirkungen von Tarifverträgen über die Verhandlungspartner hinaus diskutiert.

Artikel 9 (Grundgesetz)
(1) Alle Deutschen haben das Recht, Vereine und Gesellschaften zu bilden.
(2) Vereinigungen, deren Zwecke oder deren Tätigkeit den Strafgesetzen zuwiderlaufen oder die sich gegen die verfassungsmäßige Ordnung oder gegen den Gedanken der Völkerverständigung richten, sind verboten.
(3) Das Recht, zur Wahrung und Förderung der Arbeits- und Wirtschaftsbedingungen Vereinigungen zu bilden, ist für jedermann und für alle Berufe gewährleistet. Abreden, die dieses Recht einschränken oder zu behindern suchen, sind nichtig, hierauf gerichtete Maßnahmen sind rechtswidrig. Maßnahmen nach den Artikeln 12a, 35 Abs. 2 und 3, Artikel 87a Abs. 4 und Artikel 91 dürfen sich nicht gegen Arbeitskämpfe richten, die zur Wahrung und Förderung der Arbeits- und Wirtschaftsbedingungen von Vereinigungen im Sinne des Satzes 1 geführt werden.

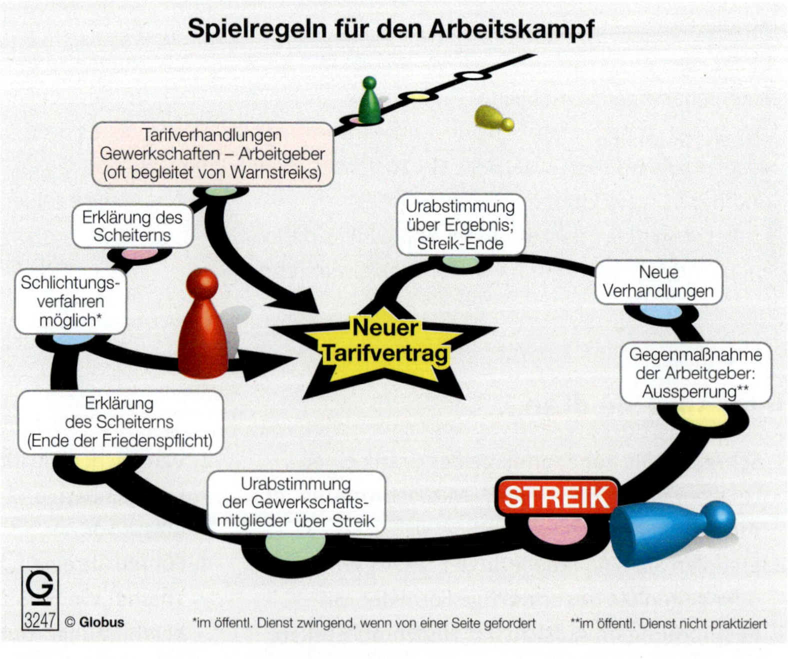

Aus dem Tarifvertragsgesetz
§ 2 Tarifvertragsparteien

(1) Tarifvertragsparteien sind Gewerkschaften, einzelne Arbeitgeber sowie Vereinigungen von Arbeitgebern.

(2) Zusammenschlüsse von Gewerkschaften und von Vereinigungen von Arbeitgebern (Spitzenorganisationen) können im Namen der ihnen angeschlossenen Verbände Tarifverträge abschließen, wenn sie eine entsprechende Vollmacht haben.

(3) Spitzenorganisationen können selbst Parteien eines Tarifvertrags sein, wenn der Abschluß von Tarifverträgen zu ihren satzungsgemäßen Aufgaben gehört.

(4) In den Fällen der Absätze 2 und 3 haften sowohl die Spitzenorganisationen wie die ihnen angeschlossenen Verbände für die Erfüllung der gegenseitigen Verpflichtungen der Tarifvertragsparteien.

Respektlos, rabiat – und kurzsichtig
Von Gunhild Lütge, 16.05.2013

Amazon und Karstadt sagen Nein zu Tarifverträgen. Denkwürdige Premiere: Zu Beginn der Woche wurde bei Amazon erstmals gestreikt. Fast ging darüber unter: Auch bei Karstadt herrscht helle Aufregung. Der deutsche Konzern steigt aus der Tarifbindung aus. Der amerikanische Rivale will erst gar nicht hinein. Damit verschärft sich ein zweifelhafter Wettbewerb – zulasten der Beschäftigten.
Amazon mag es gnadenlos flexibel: Der Onlinehändler setzt auf Leiharbeiter, agiert mit befristeten Arbeitsverträgen und täglichen Kündigungsfristen, was für Angst und Schrecken in der Belegschaft sorgt. Bei Karstadt verwundert, wie Firmenchef Andrew Jennings seine Mitarbeiter neuerdings vergrätzt, indem er die Entwicklung der Tariflöhne in den nächsten zwei Jahren ignorieren will. Damit düpiert er auch die Gewerkschaft ver.di, die bei der Sanierung des Konzerns bislang vor allem positiv aufgefallen ist.
Ohne Not schert Jennings aus der Tarifgemeinschaft allerdings wohl nicht aus. Dem Unternehmen geht es nicht besonders gut. Der Schritt hilft nun, die Kosten zu stabilisieren, beschädigt aber zugleich das Image des als Gutmensch gefeierten Karstadt-Retters Nicolas Berggruen.
Die beiden Konzerne werfen ein Schlaglicht auf die gesamte Branche. Seit Jahren wird im Handel um eine Regelung zum Mindestlohn gerungen. Doch das Arbeitgeberlager ist zerstritten, eine Einigung mit ver.di in weiter Ferne. Zudem kündigte der Handelsverband HDE vor einiger Zeit auch noch fast alle tariflichen Vereinbarungen und goss damit Öl ins Feuer: Jetzt stehen nicht nur die Gehälter zur Debatte, sondern unter anderem auch Vereinbarungen über Zuschläge, Arbeitszeiten und Urlaub.
Ver.di fürchtet, dass die Händler generell das Schutz- und Gehaltsniveau absenken möchten. Die Verbandsfunktionäre behaupten, man wolle lediglich den Staub aus den veralteten Tarifwerken wischen. Sie täten gut daran, dieses Argument nicht nur vorzuschieben. Denn der Handel hat schon heute einen schlechten Ruf als Arbeitgeber. Immer wenn es um Niedriglöhne geht, bleibt die Branche nicht unerwähnt.
Karstadt, Amazon und alle anderen Händler schaden sich selbst, wenn sie ihre Mitarbeiter zu Kostenträgern degradieren. Die Händler sollten gerade im rabiaten Konkurrenzkampf nicht vergessen, dass zufriedene Mitarbeiter wie Kundenmagneten wirken. Sie sind ein Vorteil im Wettbewerb – Respektlosigkeit und Dumpinglöhne machen das zunichte.

Quelle: ZEIT ONLINE; www.zeit.de

Jetzt sind Sie dran …

1. Schreiben Sie einen Text, der den typischen Ablauf von Tarifverhandlungen darstellt.
2. Recherchieren Sie in Arbeitsgruppen jeweils einen größeren Tarifkonflikt der letzten Jahre. Stellen Sie den Ablauf des Konflikts anhand des angefertigten Flussdiagramms auf einem Plakat dar.
3. Vergleichen Sie die Arbeitsergebnisse Ihrer Gruppen, indem Sie Gemeinsamkeiten und Unterschiede im Ablauf der ausgesuchten Konflikte herausarbeiten.
4. Lesen Sie den Zeitungsartikel und klären Sie, was der Autor an den genannten Unternehmen kritisiert.
5. Können Sie die Kritik nachvollziehen? Verfassen Sie einen ➲ Leserbrief.

5.6 Wirtschaft und Demokratie

Wie Sie in den vorangegangenen Kapiteln gesehen haben, ist die Entwicklung der Mitbestimmung eng mit der demokratischen Entwicklung in Deutschland verflochten. Letztlich hat sich die Erkenntnis durchgesetzt, dass betriebliche Mitbestimmung nicht nur motivierte Mitarbeiter schafft und damit die Leistungsfähigkeit von Unternehmen erhöht , sondern ein zentrales Element einer demokratischen Gesellschaftsordnung darstellt. Wie sieht dieser Zusammenhang jedoch genau aus und gehören Demokratie und Wirtschaft – so wie wir sie verstehen – wirklich untrennbar zusammen?

Gründe für Mitbestimmung im wirtschaftlichen Bereich

Demokratie in der Wirtschaft

- Das demokratische Prinzip soll auch in Betrieben und Unternehmen angewendet werden, um Konflikte nicht durch Zwang, sondern durch Dialog und Mitentscheidung beizulegen.

Gleichberechtigung von Kapital und Arbeit

- Dahinter verbirgt sich der rechtliche Anspruch, dass unternehmerische Entscheidungen nicht nur der Kapitalgeberseite vorbehalten bleiben, sondern unter Beteiligung der Beschäftigten getroffen werden.

Sozialer Fortschritt

- Durch die bessere Berücksichtigung der Arbeitnehmerinteressen bei betrieblichen und unternehmerischen Entscheidungen trägt Mitbestimmung auch zur Verbesserung der Lebens- und Arbeitsbedingungen der arbeitenden Menschen bei.

Kontrolle wirtschaftlicher Macht

- Wo sich wirtschaftliche Macht zusammenballt, ist Kontrolle ein wichtiges Instrument, um Missbrauch zu verhindern. Ob es um die Mitwirkung bei unternehmerischen Entscheidungen oder um Mitsprache in betrieblichen Angelegenheiten geht, in den Betriebs- und Aufsichtsräten müssen die Beschäftigten ebenso wie die Arbeitgeber die langfristige Entwicklung des Unternehmens im Auge behalten.

Macht Demokratie reich?

Von Frederic Spohr; 27.06.2010

Nicht erst seit dem schier unaufhaltsamen ökonomischen Aufstieg Chinas zerbrechen sich Wirtschaftswissenschaftler über den Zusammenhang zwischen der Demokratie und der wirtschaftlichen Entwicklung eines Landes den Kopf. Auf den ersten Blick liegt die Antwort auf der Hand: Reiche Staaten sind meist demokratisch regiert. Doch über Ursache und Wirkung sagt das nichts aus. Schließlich ist auch denkbar, dass sich nur Staaten mit hohem Wohlstand eine Demokratie leisten können.

Tatsächlich zeigen neue Studien: Das Wechselspiel zwischen Regierungsform und Wirtschaftsentwicklung ist weit komplexer als bislang gedacht. Wohlstand stabilisiert Demokratien, führt aber nicht automatisch zu demokratischen Strukturen. Demokratische Staaten sind autoritären zwar ökonomisch überlegen. Doch der Effekt ist nicht überall gleich stark ausgeprägt – und er ist kein Selbstläufer.

So stellte der MIT-Ökonom Daron Acemoglu fest: Wenn man nicht die Wechselwirkungen zwischen Demokratie und Wohlstand in unterschiedlichen Ländern, sondern innerhalb eines Staates im Zeitablauf vergleicht, verschwindet der positive Effekt von Wohlstand auf Demokratie: Reichtum und politische Freiheit treten gemeinsam auf – wahrscheinlich, weil sie von den gleichen Faktoren beeinflusst werden.

Dass sich die Demokratie positiv auf den Wohlstand auswirkt, will Acemoglu dennoch nicht ausschließen. Trotz der Erfolge einiger autoritärer Regime ist er – wie die meisten seiner Kollegen – überzeugt: Ein demokratisches System ist unter dem Strich besser für die Wirtschaft, weil es mehr Rechtssicherheit bietet, Eigentumsrechte besser schützt und mit weniger Korruption verbunden ist.

Elias Papaioannou (Darthmouth College) und Gregorios Siourounis (University of Peloponnes) konnten diesen Effekt empirisch nachweisen: Wandelt sich ein autokratisches Land in eine Demokratie, ist das Wachstum danach im Schnitt um knapp einen Prozentpunkt höher. Allerdings betonen die Autoren: „Demokratie ist kein Wundermittel." Denn sie kurbelt nicht in allen Staaten das Wachstum an, sondern bremst es in einigen sogar. Auch das zeigen die Daten der Forscher. [...]

Zudem sind viele Länder weder richtig demokratisch noch komplett totalitär. So listet die Denkfabrik Freedom House 58 Länder auf, die „teilweise frei" sind. 47 Länder gelten als „nicht frei", nur 89 als demokratisch. Der Grad der Demokratie hat einen wichtigen Einfluss auf das Wachstum, stellte Libman fest. Er hat die Entwicklung russischer Provinzen verglichen, in denen demokratische Strukturen unterschiedlich stark ausgeprägt sind.

Regionen, die sehr demokratisch sind, schneiden besser ab. Das Gleiche gilt aber auch für solche, die am anderen Ende des Spektrums stehen. Überdurchschnittlich schlecht geht es dagegen Provinzen, die ein mittleres Demokratie-Niveau erreichen. „Ein aufgeklärter Diktator, der eine marktwirtschaftliche Wirtschaftspolitik betreibt, dient der Wirtschaft mehr als eine schwache Demokratie", sagt Libman.

Ob mehr Freiheitsrechte der Wirtschaft nutzen, hängt zudem davon ab, ob die anderen Rahmenbedingungen dazu passen. „Wir können nicht sagen: ‚Nur weil die Leute wählen gehen dürfen, wird die Wirtschaft angekurbelt'", sagt Uwe Sunde von der Universität St. Gallen. Ein wichtiger Faktor ist die Einkommensverteilung. Sunde stellte fest: Demokratien wirken sich nur dann positiv auf Rahmenbedingungen wie Rechtsstaatlichkeit aus, wenn die Einkommen möglichst gleich verteilt sind: „Bei großer Ungleichheit ist der Umverteilungsdruck sehr groß und die damit verbundenen Verzerrungen können das Wachstum abwürgen." Einem Land von außen politische Freiheit aufzuzwingen, hält Sunde daher für falsch: „Das führt über kurz oder lang zum Desaster."

Quelle:
Handelsblatt online;
www.handelsblatt.com

Die Rangliste der Staaten mit dem größten Bruttoinlandsprodukt (BIP) sah 2012 wie folgt aus:
1. USA, 2. China, 3. Japan, 4. Deutschland, 5. Frankreich, 6. Großbritannien, 7. Brasilien, 8. Russland, 9. Italien 10. Indien.

Jetzt sind Sie dran ...

1. Untersuchen Sie, in welchen Bereichen die „Gründe für Mitbestimmung im wirtschaftlichen Bereich" angesiedelt sind. Fertigen Sie dazu eine ➲ Mindmap an.
2. Bearbeiten Sie den Zeitungsartikel „Macht Demokratie reich?" kooperativ mit einem Arbeitspartner. Beantworten Sie sich gegenseitig im ➲ Paarcheck folgende Fragen:
   a) Welche Ergebnisse zeigen die Studien zum Zusammenhang von Demokratie und Wohlstand?
   b) Welche Gründe sehen die Forscher für die Überlegenheit der Demokratie?
   c) Welche Rolle spielen andere politische und gesellschaftliche Rahmenbedingungen?
3. Recherchieren Sie, wie es in den größten Wirtschaftsnationen um die Demokratie bestellt ist: Wie sähe eine Rangliste der zehn Staaten aus, wenn es um den Faktor Demokratie ginge? Recherchieren Sie hierzu z. B. die „Map of Freedom" der Nichtregierungsorganisation (NGO) „Freedom House", die „Rangliste der Pressefreiheit" der NGO „Reporter ohne Grenzen" und die „Verbreitung demokratischer Staaten" auf der Seite der Bundeszentrale für politische Bildung im Internet.

5.7 Demokratie in der Arbeitswelt: Nutzen Sie Ihre Kompetenzen

Im Kapitel 5 haben Sie einiges über die Rolle von Arbeitnehmern innerhalb unseres Wirtschaftssystems erfahren. Sie als zukünftige Arbeitnehmer interessiert aber vielleicht darüber hinaus, dass es auch eine betriebliche Jugend- und Auszubildendenvertretung in Betrieben gibt. Führen Sie hierzu eine Erkundung durch, indem Sie in Kleingruppen jeweils mit der Jugend- und Auszubildendenvertretung eines von Ihnen gewählten Betriebes in Kontakt treten und deren Arbeit kennenlernen. Wie sieht deren Arbeit aus? Welche Erfolge haben sie und vor welchen Problemen stehen sie? Lohnt sich das Mitmachen?

Auszug aus dem Betriebsverfassungsgesetz (BetrVG)

§ 60 Errichtung und Aufgabe

(1) In Betrieben mit in der Regel mindestens fünf Arbeitnehmern, die das 18. Lebensjahr noch nicht vollendet haben (jugendliche Arbeitnehmer) oder die zu ihrer Berufsausbildung beschäftigt sind und das 25. Lebensjahr noch nicht vollendet haben, werden Jugend- und Auszubildendenvertretungen gewählt.

§ 61 Wahlberechtigung und Wählbarkeit

(1) Wahlberechtigt sind alle in § 60 Abs. 1 genannten Arbeitnehmer des Betriebs.

(2) Wählbar sind alle Arbeitnehmern des Betriebs, die das 25. Lebensjahr noch nicht vollendet haben; § 8 Abs. 1 Satz 3 findet Anwendung. Mitglieder des Betriebsrats können nicht zur Jugend- und Auszubildendenvertretern gewählt werden.

§ 69 Sprechstunden

In Betrieben, die in der Regel mehr als fünfzig der in § 60 Abs. 1 genannten Arbeitnehmer beschäftigen, kann die Jugend- und Auszubildendenvertretung Sprechstunden während der Arbeitszeit einrichten. Zeit und Ort sind durch Betriebsrat und Arbeitgeber zu vereinbaren. (...)
An den Sprechstunden der Jugend- und Auszubildendenvertretung kann der Betriebsratsvorsitzende oder ein beauftragtes Betriebsratsmitglied beratend teilnehmen.

Planung der Betriebserkundung

Zeit	Ablauf	Fragen	Wer ist verantwortlich?
	Anreise	Welches Verkehrsmittel? Welche Kosten entstehen?	
	Beginn	Treffpunkt?	
	Vorstellung	Wer stellt vor?	
	Darstellung der Erkundung	Einführung? Welches Ziel?	
	Erkundung	Welche Abteilungen? Welche Gesprächspartner?	
	Interviews	Wer interviewt wen? Interviewfragen? Technik?	
	Dokumentation	Protokoll/ Film/ sonstige Aufzeichnung?	
	Abschluss	Feedback/ Materialien/ Kontakt?	
	Verabschiedung/ Dank	Wer? In welcher Form?	
	Rückreise	Welches Verkehrsmittel? Welche Kosten entstehen?	

1. Bilden Sie Kleingruppen und einigen Sie sich jeweils auf einen größeren Betrieb, den Sie erkunden wollen.
2. Stellen Sie Kontakt zu dem Betrieb her und fragen Sie an, ob Sie für eine Erkundung den Betrieb besuchen und mit den Arbeitnehmervertretern Kontakt aufnehmen dürfen. Erkundigen Sie sich auch nach der Jugend- und Auszubildendenvertretung und vereinbaren Sie einen Termin.
3. Bereiten Sie den Termin vor: Mit wem wollen Sie sprechen? Was interessiert Sie? Was wollen Sie fragen? Wie könne Sie die Ergebnisse Ihres Besuchs Ihren Mitschülern weitergeben? Weitere wichtige Fragen für die Vorbereitung finden Sie außerdem im Muster oben, „Planung der Betriebserkundung“.
4. Führen Sie Ihre Erkundung durch.
5. Stellen Sie die Ergebnisse Ihrer Erkundung Ihren Mitschülern vor. Nutzen Sie dazu verschiedene Medien (➲ Präsentieren/Visualisieren).

6 Die Wirtschaft und ich

Diese Methoden verwenden Sie:

- Pro-Kontra-Debatte
- Placemat
- Flyer entwerfen
- Quiz
- Internetrecherche
- Umfrage
- Diagramme/Schaubilder analysieren
- Concept-Map
- Präsentieren/Visualisieren

So vernetzen Sie Ihr Wissen:

Mit den Themen:

- Gesellschaft heute – wie leben wir zusammen? (→ Kap. 2)
- Die Zukunft der Arbeit (→ Kap. 4)
- Demokratie in der Arbeitswelt (→ Kap. 5)
- Globalisierung (→ Kap. 14)

Besitzen Sie ein Smartphone? Rund die Hälfte der Bundesbürger besitzt (ebenfalls) eines. Aber brauchen sie es auch tatsächlich?

Smartphones sind ein Produkt, das es vor wenigen Jahren überhaupt noch nicht gab, das dann ein absolutes Luxusprodukt war, zum Statussymbol wurde und heute einen Massenmarkt bedient.

Es ist notwendiges Arbeitsmittel, wenn wir es beruflich nutzen – zum Beispiel, um als Schüler mit dem Arbeitgeber vom Nebenjob Termine zu vereinbaren.

Es dient der Befriedigung von Bedürfnissen – denken Sie an die Bedeutung bestimmter Objekte als Statussymbol.

Grundsätzlich ist es ein typisches Produkt eines globalisierten Marktes, in dem über den Aufstieg und Niedergang großer Unternehmen entschieden wird. In diesem Kapitel lernen Sie anhand des Beispiels „Smartphone" ein Produkt in seinen gesamtwirtschaftlichen Zusammenhängen und Verknüpfungen kennen.

Diese Zusammenhänge zu verstehen ist deswegen so wichtig, weil letztlich Sie als Konsument mit jedem Kauf – oder eben Nicht-Kauf – eines Produkts über verschiedene ökonomische, ökologische und gesellschaftliche Entwicklungen mitentscheiden.

Diese Kompetenzen erwerben Sie:

- Sie erschließen die Zusammenhänge zwischen individuellem Konsum und gesamtwirtschaftlicher Bedeutung.
- Sie reflektieren dabei Ihre persönliche Position als Teilnehmer am Wirtschaftsgeschehen kritisch.
- Sie können Wirtschaftsgüter in ihren Funktionen erkennen.
- Sie können Markt- und Preismechanismen erklären.

6.1 Warum wir wirtschaften

Die „Knappheit der Güter" ist ein wirtschaftliches Grundproblem und macht wirtschaftliches Handeln des Menschen notwendig. Die meisten Güter – diejenigen, die nicht zu den „freien Gütern" gehören, wie z. B. Sonne oder Licht –, sind begrenzt, während der Wunsch der Menschen nach ihnen unbegrenzt ist. Ein Smartphone ist ein Beispiel für ein solches begrenztes Wirtschaftsgut.

Die grundsätzliche Begrenztheit der Mittel gilt den meisten Ökonomen als Ursache des Wirtschaftens. Denn ohne Knappheit gäbe es keine wirtschaftlichen Probleme, keine Preise, Löhne, Zinsen, Mieten und nicht einmal Geld. Es gäbe weder Armut noch Reichtum, sondern die immerwährende Befriedigung und Sattheit.

A freie Güter
B Wirtschaftsgüter
C Sachgüter
D Dienstleistungen
E Konsumgüter
F Produktionsgüter
G Gebrauchsgüter
H Verbrauchsgüter
I komplementäre Güter
J Substitutionsgüter

1 Güter, die nur einmal genutzt werden können
2 Güter, deren Vorrat unerschöpflich ist
3 Güter, die sich gegenseitig ersetzen können
4 Güter, die sich ergänzen; sie werden zusammen nachgefragt und zur gemeinsamen Nutzung hergestellt
5 immaterielle Güter
6 Güter, die unmittelbar unsere Bedürfnisse befriedigen
7 Güter, die mehrmals genutzt werden können
8 materielle Güter
9 Güter, die der Produktion weiterer Güter und Dienstleistungen dienen
10 Güter, die nur in geringen Mengen vorhanden sind (knappe Güter)

Jetzt sind Sie dran …

1. Ordnen Sie in Partnerarbeit die Begriffe den entsprechenden Definitionen zu, indem Sie die Buchstaben den Ziffern zuordnen.
2. Fertigen Sie eine Tabelle an, in der Sie neben den Definitionen für jede Güterart ein Beispiel eintragen.
3. Ein Gut kann zu verschiedenen Güterarten gleichzeitig gehören. Welchen Güterarten lässt sich ein Smartphone zuordnen?
4. Stellen Sie die Güterarten in einer ➲ Concept-Map dar.

Unsere tendenziell unbegrenzten Bedürfnisse stehen der Knappheit der Güter gegenüber. Wie verhalten sich Menschen angesichts dieses Problems?

Homo oeconomicus
Modellvorstellung der Wirtschaftstheorie eines idealen, ausschließlich nach wirtschaftlichen Gesichtspunkten denkenden und handelnden Menschen. Der Homo oeconomicus kennt nur ökonomische Ziele und ist besonders durch Eigenschaften wie rationales Verhalten, das Streben nach größtmöglichem Nutzen (Nutzenmaximierung), die vollständige Kenntnis seiner wirtschaftlichen Entscheidungsmöglichkeiten und deren Folgen sowie die vollkommene Information über alle Märkte und Eigenschaften sämtlicher Güter (vollständige Markttransparenz) charakterisiert. Das Ideal des Homo oeconomicus dient dazu, elementare wirtschaftliche Zusammenhänge in der Theorie durchsichtig und ohne praktische Unzulänglichkeiten beschreiben zu können.

Ökonomisches Prinzip
Grundsatz der Wirtschaftstheorie, nach dem vernünftiges wirtschaftliches Handeln unter den Bedingungen knapper Mittel zur Erreichung wirtschaftlicher Ziele (z.B. Nutzenmaximierung beim privaten Haushalt, Gewinnmaximierung beim Unternehmen) erfolgen sollte. Entweder gilt es, mit gegebenen Mitteln einen möglichst großen Erfolg zu erzielen, oder es gilt, ein vorgegebenes Ziel mit möglichst geringem Aufwand zu erreichen. Die erste Handlungsweise wird auch als Maximalprinzip, die zweite als Minimalprinzip bezeichnet. Eine dritte Möglichkeit besteht darin, das Verhältnis von Erfolg und Mitteleinsatz möglichst optimal zu gestalten.

Quelle: Bibliographisches Institut (2009): Duden Wirtschaft von A bis Z: Grundlagenwissen für Schule und Studium, Beruf und Alltag. 4. Aufl. Mannheim.

Eine große Tageszeitung schrieb zu diesem Thema:

Homo oeconomicus – oder Homer Simpson?
von Tobias Kaiser; 16.10.2011

Populärer ist es, Homer Simpson als den Prototyp des Menschen zu betrachten: Der vertrottelte, gelbhäutige Familienvater aus der Zeichentrickserie „Die Simpsons" ist das genaue Gegenteil des Homo oeconomicus, er weiß wenig, widerspricht sich ständig und lässt sich ganz generell eher von seinem Bierdurst als von seinem Verstand leiten.

Quelle: Die Welt; www.welt.de

Jetzt sind Sie dran …

5. Die Vorstellung vom Homo oeconomicus ist eine Modellvorstellung. Entspricht diese auch der Realität? Suchen Sie Beispiele, in denen sich Menschen in wirtschaftlichen Dingen nicht rational verhalten. Welche Gründe gibt es dafür?
6. Zeichnen Sie ein ➲ Placemat auf ein DIN-A4-Blatt. Notieren Sie jeweils die Ihrer Meinung nach wichtigsten Gründe für nichtrationales Verhalten in eines der äußeren Felder. Einigen Sie sich auf ein Gruppenergebnis und tragen Sie das Ergebnis im zentralen Feld des Placemats ein.
7. Welches Prinzip (Maximal- oder Minimalprinzip) liegt bei den folgenden Beispielen vor?
   a) Daniel will für 300 € das bestmögliche Smartphone kaufen.
   b) Laura will unbedingt das neue „SmartOne" und versucht es im Internet so günstig wie möglich zu kaufen.
8. Suchen Sie weitere Beispiele und veranstalten Sie mit Ihrem Nachbarn ein ➲ Quiz.

6.2 Bedürfnisse

Konsumiert wurde schon immer – aber erst als es möglich wurde, mehr zu erwerben, als für die Deckung der unmittelbaren Grundbedürfnisse nötig war, konnte sich unsere Konsumgesellschaft entwickeln.

Der Psychologe A. H. Maslow (1908–1970) unterscheidet fünf Bedürfnisebenen des Menschen. Er entwickelte die links stehende Bedürfnispyramide.

Heute werden die Bedeutung der „Konsumbereitschaft" für die wirtschaftliche Entwicklung eines Landes sowie die Bedeutung des weltweiten Konsums für den Klimawandel diskutiert.

„Konsum" ist eine volkswirtschaftliche Kategorie und Ansatzpunkt für unterschiedliche Strategien, Wirtschaftspolitik zu betreiben. Dabei geht es um die Frage nach dem Wirtschaftswachstum, das häufig noch immer als der entscheidende Indikator für den Wohlstand einer Volkswirtschaft angesehen wird.

Diese Annahme ist jedoch in den letzten Jahren zunehmend diskutiert und häufig kritisiert worden. So forderte der Club of Rome schon in den siebziger Jahren mit seinem Bericht „Die Grenzen des Wachstums" einen nachhaltigen Umgang mit unseren knappen Ressourcen. Heute machen sich Wissenschaftler wie der Nobelpreisträger Joseph Stiglitz Gedanken über das Thema. In einem Bericht für die französische Regierung kommt er zu dem Schluss, dass man neben dem materiellen Lebensstandard auch die Verteilung von Vermögen, Gesundheit und Bildung sowie die Verwirklichungschancen der einzelnen Mitglieder einer Gesellschaft berücksichtigen müsse.

Club of Rome
1968 gegründete Non-Profit-Organisation, deren Mitglieder z. B. Wissenschaftler und Industrielle mit unterschiedlichen kulturellen, wissenschaftlichen und ideologischen Hintergründen sind. Sie alle verfolgen die Leitidee der „nachhaltigen Entwicklung".

Hauskauf

Kauf einer Flasche Wasser

Kauf eines Burgers im Schnellrestaurant

Kauf eines neuen T-Shirts eines gerade angesagten Modelabels

Buchung einer Reise durch die USA

Kauf eines Taschenrechners für die Schule

Kauf eines Bio-Apfels

Abschluss einer Lebensversicherung

Kauf eines Smartphones

Jetzt sind Sie dran …

1. Ordnen Sie die oben genannten Kaufentscheidungen den Ebenen der Bedürfnispyramide zu, indem Sie eine entsprechende Tabelle anfertigen.
2. Welche Kaufentscheidungen haben Sie in letzter Zeit getroffen? Ordnen Sie auch diese der Tabelle zu.
3. Nicht immer lassen sich Kaufentscheidungen eindeutig einer Ebene zuordnen. Stellen Sie Vermutungen an, woran dies liegen könnte, und halten Sie diese in einer Liste fest.

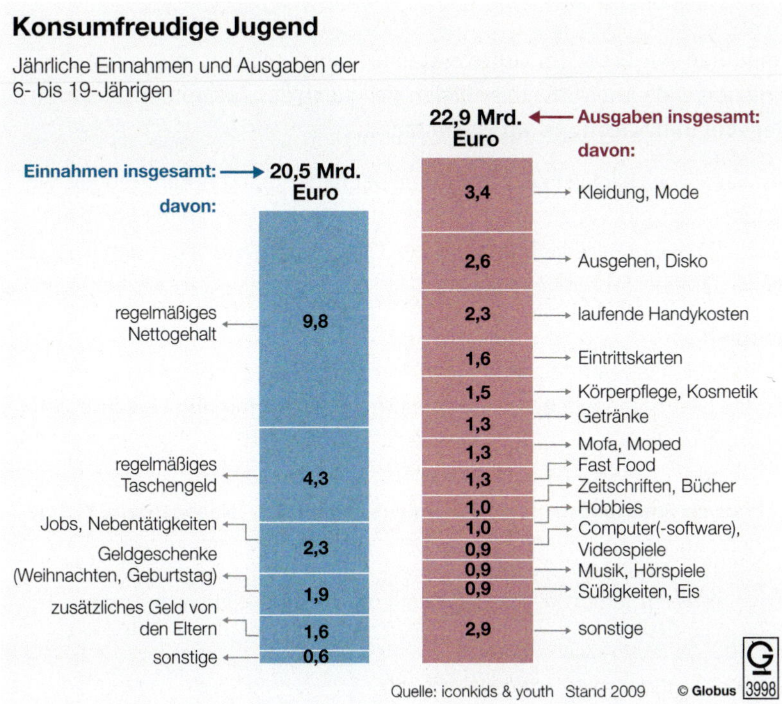

Die Kaufkraft der Jugendlichen hat in den letzten Jahren immer weiter zugenommen, sodass diese Gruppe auch für Werbung und Marketing immer interessanter geworden ist. Neben der bloßen Kaufkraft gibt es jedoch noch einen weiteren Grund, warum Jugendliche als Konsumenten in den Fokus gerückt sind. Wissenschaftler bezeichnen das Kaufverhalten von Jugendlichen häufig als „demonstratives Kaufverhalten". Image und angesagte Marken sind in dieser Altersgruppe wichtige Kaufmotive.

Daneben können Jugendliche einen großen Teil ihrer Ausgaben in Konsumgüter stecken, da sie häufig nur geringe Fixkosten haben, die bei der Ausgabenstruktur der meisten Erwachsenen dagegen einen sehr großen Anteil einnehmen. Zu diesen Fixkosten gehören u.a. Miete, Nebenkosten und Versicherungsbeiträge.

Jetzt sind Sie dran …

4. Analysieren Sie das Diagramm „Konsumfreudige Jugend" (➲ Diagramme/Schaubilder analysieren).
5. Wofür geben Sie Ihr Geld aus? Erstellen Sie eine Übersicht nach folgendem Muster:

Platz	Ausgabe	Preis
1. Platz	…	…
2. Platz	…	…
…	…	…
10. Platz	…	…

6. Vergleichen Sie Ihre Ergebnisse in der Klasse und werten Sie aus, wofür Sie in Ihrer Klasse am meisten Geld ausgeben.
7. Wo lassen sich diese Ausgaben auf der Bedürfnispyramide von Maslow verorten?
8. Wofür geben Ihre Eltern ihr Geld aus? Erkundigen Sie sich nach den zehn größten Ausgabeposten. Verorten Sie diese ebenfalls in der Bedürfnispyramide. Halten Sie Gemeinsamkeiten und Unterschiede zwischen Ihnen und Ihren Eltern schriftlich fest.

6.3 Preisbildung

Fragt man, wie Preise für Güter zustande kommen, erhält man meist die einleuchtende Antwort: Preise bilden sich durch das Zusammenspiel von Angebot und Nachfrage auf einem Markt.

Als klassisches Beispiel wird hier gerne der Aktienmarkt herangezogen, wo sich der Preis einer Aktie durch den aktuellen Aktienkurs an der Börse abbildet. Wie sieht es jedoch mit anderen Gütern aus? Wie bildet sich beispielsweise der Preis für ein Smartphone?

Beispiel:
Auf einer Online-Versteigerungsplattform findet eine Handyauktion statt, in der die unterschiedlichen Preisvorstellungen der Käufer und Verkäufer aufeinandertreffen:

Preis für Smartphone	Angebotene Menge	Nachgefragte Menge
50	10	70
100	20	60
150	30	50
200	40	40
250	50	30
300	60	20
350	70	10

Jetzt sind Sie dran …

1. Fertigen Sie ein Preis-Mengen-Diagramm nach folgendem Muster an:

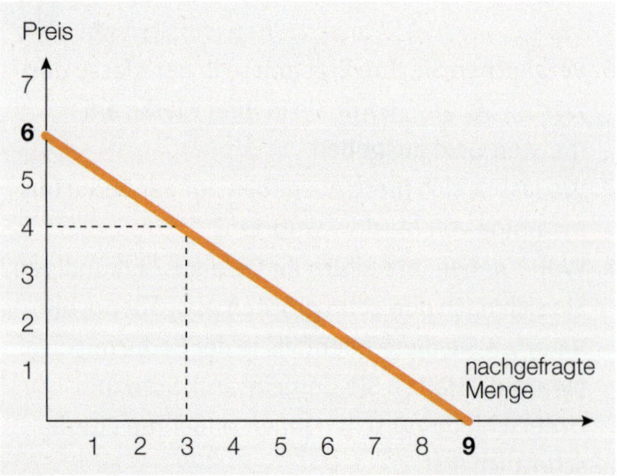

2. An welchem Punkt sind angebotene und nachgefragte Menge gleich groß?
3. Wie wirken sich folgende Ereignisse auf den Preis des Smartphones „SmartOne“ aus?
   a) Der Nachfolger für das „SmartOne“ kommt auf den Markt.
   b) Bei einem Test in einer großen Zeitschrift gewinnt das „SmartOne“.
   c) Eine Wirtschaftskrise verringert die Konsumausgaben der Bevölkerung drastisch.
   d) Die Telekommunikationsunternehmen senken die Preise für mobiles Internet.

   Halten Sie Ihre Ergebnisse mithilfe weiterer Preis-Mengen-Diagramme fest.

Der Preismechanismus geht als Modell von der Annahme eines „vollkommenen Marktes“ aus: Dabei wird zunächst vorausgesetzt, dass alle Anbieter und Nachfrager stets nach ökonomischen Grundsätzen handeln (vgl. die Modellvorstellung des „Homo oeconomicus“ auf Seite 91). Daneben müssen verschiedene weitere Bedingungen erfüllt sein.

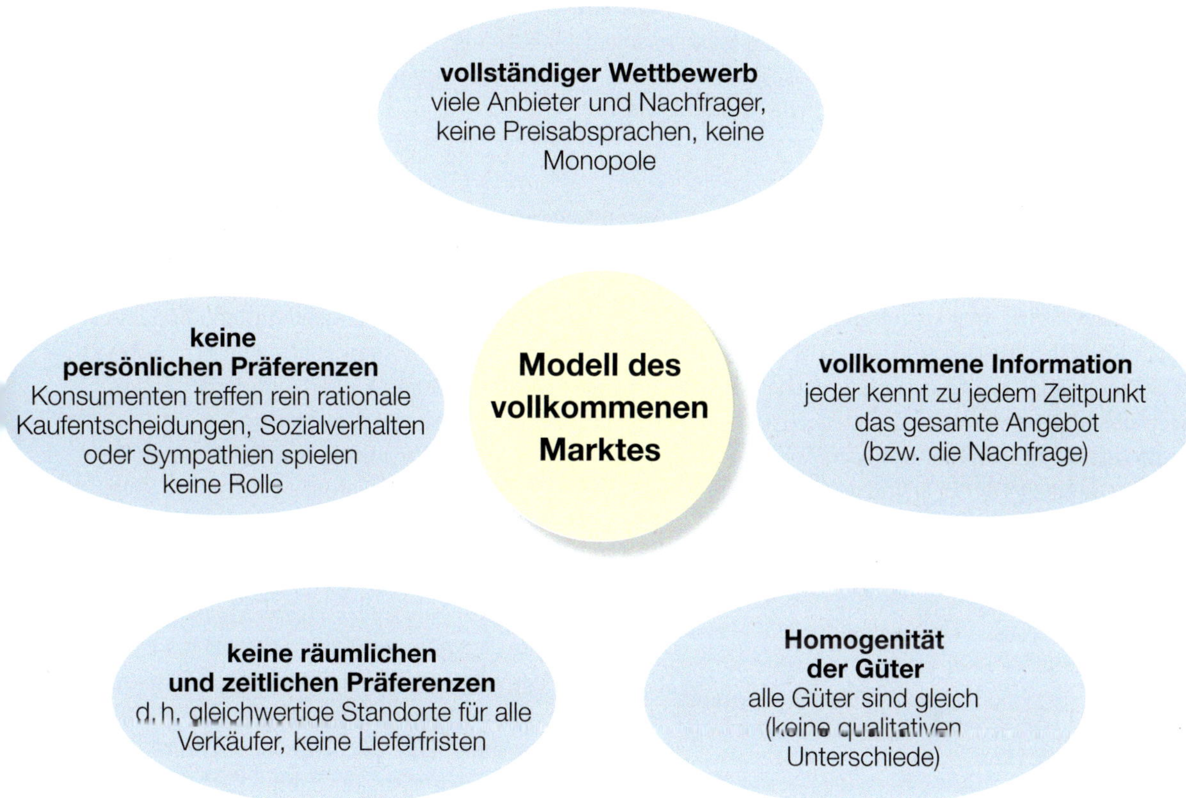

Jetzt sind Sie dran …

4. Trifft die Annahme eines vollkommenen Marktes auf den Handymarkt zu? Fertigen Sie dazu eine Tabelle nach folgendem Muster an:

Kriterium	trifft zu/ trifft nicht zu	Grund/ Beispiel
Vollständiger Wettbewerb	...	...
Vollkommene Information	...	...
Homogenität der Güter	...	...
Keine räumlichen und zeitlichen Präferenzen	...	...
Keine persönlichen Präferenzen	...	...

5. Vergleichen Sie Ihre Ergebnisse mit denen Ihres Sitznachbarn. Welche Kriterien treffen nicht zu? Was könnten Gründe dafür sein?

6.4 Die Rolle des Staates

Ordnungspolitik
staatliche Maßnahmen zur Regelung und Aufrechterhaltung der Ordnung von Wirtschaft und Gesellschaft, z. B. Regelungen zum Umweltschutz oder die Einführung der Mitbestimmung durch Arbeitnehmer

Im letzten Kapitel wurde deutlich, dass die Preisbildung auf den Märkten nicht immer so funktioniert, wie die Theorie nahelegt. Hier ist der Staat gefragt, der in einer sozialen Marktwirtschaft mehr ordnungspolitische Aufgaben hat als das bloße Schaffen von Rahmenbedingungen für das Funktionieren der Marktwirtschaft.
Insbesondere Marktversagen, Marktmängel oder unerwünschte Marktergebnisse können Gründe für einen staatlichen Eingriff in die marktwirtschaftliche Ordnung sein.

Soziale Marktwirtschaft

[Soziale Marktwirtschaft] bezeichnet eine Wirtschaftsordnung, die auf der Basis kapitalistischen Wettbewerbs dem Staat die Aufgabe zuweist, sozialpolitische Korrekturen vorzunehmen und auf sozialen Ausgleich hinzuwirken. Das wirtschaftspolitische Modell der [sozialen Marktwirtschaft] wurde nach dem Zweiten Weltkrieg v.a. von L[udwig] Erhardt und A[lfred] Müller-Armack entwickelt und gilt als Grundlage der dt. Wirtschafts- und Sozialordnung. Der Aufbau eines Sozialstaates als Korrektiv kapitalistischen Wirtschaftens ist aus Sicht der [sozialen Marktwirtschaft] notwendig, weil die sozialen Verwerfungen des ungehemmten Kapitalismus wesentlich mit zu den politischen Erschütterungen und den beiden Weltkriegen in der ersten Hälfte des 20. Jahrhunderts beitrugen.

Quelle: Schubert, Klaus/Martina Klein (2011): Das Politiklexikon. 5., aktual. Aufl. Bonn: Dietz.

Hardware mit Verfallsdatum

Von Daniel Wolff; 02.01.2013

Kaum zu glauben: Viele technische Geräte sind so konstruiert, dass sie kurz nach Ablauf der Garantie kaputtgehen. Der Skandal: Das ist durchaus so gewollt.
So ein Pech: Ausgerechnet zwei Wochen nach der Garantiefrist quittiert der Notebook-Akku seinen Dienst. Viel zu früh geht manches Handy den Weg alles Irdischen, und auch der Tintenstrahldrucker will partout nicht drucken, obwohl die Patronen fast neu sind. Szenarien wie diese spielen sich in Deutschland (und auch sonst überall auf der Welt) millionenfach ab.
[...] Die vielen Defekte, derentwegen man die Geräte nicht mehr benutzen kann, machen stutzig: Man hat das Gefühl, dass das alles kein Zufall gewesen sein kann [...] Ist es auch nicht. Denn die ganze Entwicklung hat mehr Methode, als man zunächst glauben möchte – und ein historisches Vorbild: Vor fast 90 Jahren, zu Weihnachten des Jahres 1924, trafen sich in einem Genfer Nobelhotel alle namhaften Wirtschaftslenker aus der damals florierenden Leuchtmittelindustrie. Doch ihre Motive waren weniger strahlend: Unter dem Namen „Phoebus" gründeten Osram, Philips, General Electrics und Co. ein Geheimkartell. Das Ziel: Mehr Umsatz durch schnelllebigere Produkte. Obwohl man bereits in der Lage war, Glühbirnen mit circa 2500 Stunden Brenndauer zu produzieren, wiesen die Chefs ihre Ingenieure an, die durchschnittliche Brenndauer in den nächsten Jahren systematisch und global auf 1000 Stunden abzusenken. Die Firmen kontrollierten die gewollte Kurzlebigkeit sogar bei den Glühbirnen der Konkurrenz – wenn sie zu lange brannten, musste der „sündige" Hersteller an die anderen Kartellmitglieder Strafe zahlen. Der perfide Plan ging auf: Glühbirnen gingen von da ab weltweit wieder schneller kaputt und der Glühbirnenabsatz konnte dramatisch erhöht werden – auf Jahrzehnte. Erst 1942 kam die US-Regierung „Phoebus" auf die Schliche: Man fand sauber aufgelistete Beweise in Form von notierten Absprachen und Belegen für Strafzahlungen. Der folgende Mammutprozess zog sich anschließend bis in die Fünfzigerjahre hin – und endete mit einem großen Erfolg für die Kartellmitglieder: Das Urteil verbot zwar offiziell die Kartellabsprachen und die künstliche Glühbirnenverschlechterung; milliardenschwere Strafen wurden aber nicht ausgesprochen. [...]

Quelle: Focus ONLINE, www.focus.de

Axel Mayer; Geschäftsführer BUND:
Ein Ansatz, gegen die geplante Obsoleszenz anzugehen, ist die massive Verlängerung von Garantien und Gewährleistungszeiten. Das Ministerium für Verbraucherschutz sollte in regelmäßigen Abständen für jedes Produkt die „durchschnittliche Lebensdauer" ermitteln und eine ein Drittel darüber liegende Mindestgarantiezeit festlegen. Dies würde den technischen Fortschritt nachhaltig beschleunigen.
Werbung und Werbeanzeigen ohne die Angabe von Garantiezeiten darf es nicht mehr geben.
Das Papier, auf dem die Garantie aufgedruckt ist, muss eine längere Lebensdauer als das Produkt haben.

Lucia Reisch; Wirtschaftsprofessorin:
Eingebaute Obsoleszenz ist bei elektronischen Gütern absolut geplant und in gewissem Sinne auch notwendig: Die hohen Investitionskosten für die Entwicklung der Produkte müssen über neuen Konsum wieder hereingeholt werden.

Interview „Das Fass ist übergelaufen"
Von Daniel Wolff; 02.01.2013

Der neue Blog „Murks? Nein Danke" will Obsoleszenz öffentlich anprangern. Stefan Schridde ist Diplom Betriebswirt (FH) in Berlin und Gründer der Bürgerbewegung „Murks? Nein Danke!".

Herr Schridde, was hat Sie bewogen, etwas gegen Produkte mit geplanter Obsoleszenz zu unternehmen?
Bei mir ist einfach irgendwann mal das Fass übergelaufen. Als ich die Arte-Dokumentation „Kaufen für die Müllhalde" gesehen habe – inklusive der Folgen, die unser Handeln für die Dritte Welt hat – wusste ich, dass endlich was getan werden muss.
Wie wollen Sie Herstellern von Produkten mit geplanter Obsoleszenz ganz konkret zu Leibe rücken?
Einfach durch öffentliches Bekanntmachen. Viele Bürger schämen sich für ihre Wegwerfmentalität, dabei sind es die Konzerne, die mit nur wenigen Cent Mehraufwand Produkte bauen könnten, die wesentlich länger halten. Wenn sie wollten ...
Aber sind – abseits von moralischen Vorstellungen – Produkte mit geplanter Obsoleszenz überhaupt verboten?
Zunächst nicht. Jeder Hersteller kann anbieten, was er will. Aber es sollte Informationspflicht herrschen: Wenn etwa der Akku fest verbaut und das Gerät dadurch nur begrenzt einsetzbar ist, muss der Anbieter das auf die Verpackung schreiben!
Haben Sie nicht Angst vor Abmahnungen durch Firmenanwälte?
Nicht im Geringsten – ich würde mich sogar freuen. Das wäre auf jeden Fall sehr schnell eine öffentliche Angelegenheit ...
Was fordern Sie infolgedessen von der deutschen Politik?
Der Gesetzgeber sollte die Prinzipien Nachhaltigkeit und Ressourceneffizienz endlich in wirksame Gesetze umsetzen. Und Quasi-Monopole bei der Ersatzteilbeschaffung gehören ganz einfach abgeschafft!

Quelle: Focus ONLINE, www.focus.de

Jetzt sind Sie dran ...

1. Haben Sie selbst schon einmal Erfahrungen mit „geplanter Obsoleszenz" bei technischen Geräten gemacht? Berichten Sie in der Klasse.
2. Was halten Sie von der Forderung, dass der Staat sich um die Haltbarkeit von technischen Produkten kümmern müsse? Führen Sie eine ➲ Pro-Kontra-Debatte durch.

6.5 Verbraucherrechte

Auch der Verbraucherschutz gehört zu den ordnungspolitischen Aufgaben eines Staates. Ziel aller Verbraucherpolitik ist es, die Marktposition der privaten Endabnehmer und Konsumenten gegenüber den Produzenten, Händlern und Dienstleistungsanbietern zu stärken.
Dies geschieht einerseits durch gesetzliche Grundlagen, wie beispielsweise durch das Gesetz gegen den unlauteren Wettbewerb (UWG). Andererseits gibt es die – teilweise staatlich finanzierten – Verbraucherverbände in den Bundesländern sowie den bundesweiten Dachverband. Diese vertreten Verbraucherinteressen, informieren und verfolgen Rechtsverstöße.

Vorsicht vor Abo-Fallen!

Bei Apps: Vorsicht vor Abo-Fallen!

App-gebrüht: Die Abofallen-Apps

Inkasso auf Fingertipp

Tückische Abofallen in iPhone- und Android-Apps

> Apps gehören zu den Hauptattraktionen von Smartphones wie dem iPhone oder Handys mit Android-Betriebssystem. Die kleinen Programme erweitern den Funktionsumfang moderner Handys und sorgen für allerlei Zeitvertreib. Doch sie ermöglichen auch eine neue Abzockmasche.
> Manche Gratis-Apps finanzieren sich durch Werbung. Es gibt unseriöse Anbieter, die dieses an sich legitime Geschäftsmodell missbrauchen. Tippt ein Nutzer versehentlich oder aus Neugier auf das Werbebanner eines solchen Anbieters, behandelt der das einfach als den Abschluss eines Abovertrags. Anders als bei ähnlichen Abofallen im Internet schicken die App-Abzocker ihren Opfern nicht selbst eine Rechnung, sondern rechnen über den Mobilfunkanbieter ab. Der treibt die unberechtigte Forderung dann per Handyrechnung ein.
>
> Quelle: Stiftung Warentest; www.test.de

Aus dem Gesetz gegen den unlauteren Wettbewerb (UWG)

§ 3 Verbot unlauterer geschäftlicher Handlungen
(1) Unlautere geschäftliche Handlungen sind unzulässig, wenn sie geeignet sind, die Interessen von Mitbewerbern, Verbrauchern oder sonstigen Marktteilnehmern spürbar zu beeinträchtigen.
(2) Geschäftliche Handlungen gegenüber Verbrauchern sind jedenfalls dann unzulässig, wenn sie nicht der für den Unternehmer geltenden fachlichen Sorgfalt entsprechen und dazu geeignet sind, die Fähigkeit des Verbrauchers, sich auf Grund von Informationen zu entscheiden, spürbar zu beeinträchtigen und ihn damit zu einer geschäftlichen Entscheidung zu veranlassen, die er andernfalls nicht getroffen hätte. Dabei ist auf den durchschnittlichen Verbraucher oder, wenn sich die geschäftliche Handlung an eine bestimmte Gruppe von Verbrauchern wendet, auf ein durchschnittliches Mitglied dieser Gruppe abzustellen. [...]

§ 4 Beispiele unlauterer geschäftlicher Handlungen
Unlauter handelt insbesondere, wer
1. geschäftliche Handlungen vornimmt, die geeignet sind, die Entscheidungsfreiheit der Verbraucher oder sonstiger Marktteilnehmer durch Ausübung von Druck, in menschenverachtender Weise oder durch sonstigen unangemessenen unsachlichen Einfluss zu beeinträchtigen;
2. geschäftliche Handlungen vornimmt, die geeignet sind, geistige oder körperliche Gebrechen, das Alter, die geschäftliche Unerfahrenheit, die Leichtgläubigkeit, die Angst oder die Zwangslage von Verbrauchern auszunutzen;
3. den Werbecharakter von geschäftlichen Handlungen verschleiert;
4. bei Verkaufsförderungsmaßnahmen wie Preisnachlässen, Zugaben oder Geschenken die Bedingungen für ihre Inanspruchnahme nicht klar und eindeutig angibt;
5. bei Preisausschreiben oder Gewinnspielen mit Werbecharakter die Teilnahmebedingungen nicht klar und eindeutig angibt;
6. die Teilnahme von Verbrauchern an einem Preisausschreiben oder Gewinnspiel von dem Erwerb einer Ware oder der Inanspruchnahme einer Dienstleistung abhängig macht, es sei denn, das Preisausschreiben oder Gewinnspiel ist naturgemäß mit der Ware oder der Dienstleistung verbunden;

[...]

Jetzt sind Sie dran ...

1. Haben Sie selbst schon einmal Erfahrungen mit Abo-Fallen gemacht? Stellen Sie den Fall im Zusammenhang dar und sammeln Sie in der Klasse Gemeinsamkeiten solcher Abo-Fallen.
2. Entwerfen Sie in Partnerarbeit einen schriftlichen Widerspruch gegen für eine Abo-Falle eingezogene Gebühren. Recherchieren Sie dazu im Internet (➲ Internetrecherche) und nutzen Sie die Formulierungen des UWG.
3. Gestalten Sie in Gruppenarbeit einen Flyer (➲ Flyer entwerfen), der sich an Jugendliche richtet, mit dem Titel: „Vorsicht vor Abo-Fallen bei Handy-Apps!“

6.6 Verbraucherpflichten

Dass es Verbraucherrechte gibt, haben Sie bereits im letzten Kapitel erfahren. Aber haben Verbraucher nicht auch die Pflicht, sich mit den Bedingungen, unter denen ihre Produkte hergestellt werden, auseinanderzusetzen?

Gar nicht cool

Von Andrea Böhm; 28.09.2012

Für 'n Appel und 'n Ei schinden sich Arbeiter für Apple und Co. Die Ausbeutung können nur Konsumenten verhindern.

Ist doch ein verdammt gutes Gefühl, die ganze Welt in der Hand zu haben. Oder auf dem Schoß. Durch Smartphone und Laptop ist jeder vernetzt mit dem hintersten Winkel dieser Erde, verfügt jeder über ein mobiles Superhirn. Und wer ein iPhone oder MacBook kauft, bekommt von Apple gratis das Attribut der progressiven Coolness dazu. Hip, kreativ, alternativ. Verändere die Welt mit einem Klick oder einem Touch!

Gut, fangen wir mit dem Vernetzen an, begeben wir uns auf eine virtuelle Reise – nicht zur coolen Fassade der Apple-Stores, sondern zur Schattenwelt dahinter: Smartphone anschalten (Nicht-Apple-Benutzer dürfen auch mitmachen), Maps anklicken, »Foxconn, Shenzhen, China« eingeben. Schon stehen Sie mittendrin im Reich des weltweit größten Elektronikproduzenten, auch iPod-City genannt: Werkshallen, Wachschutz, Schlaftürme, Kantinen für mehrere Hunderttausend Wanderarbeiter, die Smartphones und Computer für Apple, Nokia oder Dell montieren. Sinnbild für Chinas Wirtschaftsboom und Apples sagenhafte Gewinne – und für den Preis, den Menschen dafür zahlen: Niedriglöhne um die 200 Euro im Monat, Zwölf-Stunden-Schichten bei Sprechverbot, Vorwürfe der Kinderarbeit, eine Selbstmordserie unter Arbeitern vor zwei Jahren, jetzt eine Massenschlägerei mit der Polizei in einem anderen Werk, die Schlagzeilen macht, weil sich womöglich die Auslieferung des neuen iPhones verzögert.

Hauptsache, keine Gewerkschaft stört den Betrieb

Ein paar Klicks – und schon sind wir im pakistanischen Karachi, Stadtteil Baldia Town, einem riesigen Gürtel von Textilfabriken. Hub Road, Plot 67, dort starben am 11. September bei einem Feuer 289 Arbeiter von Ali Enterprises, einer Firma, die Jeans für die Billigkette KiK hergestellt hat. So ziemlich jede Brand-

Textilfabrik in Bangladesch

schutzvorschrift war missachtet worden, die Fenster waren vergittert, die Notausgänge verriegelt.

Weiter Richtung Westen über den Atlantik an die mexikanisch-amerikanische Grenze. Hier befinden sich immer noch viele maquiladoras, Fabrikbetriebe auf dem Territorium eigens geschaffener Freihandelszonen mit den üblichen Standortvorteilen: kein Arbeitsschutz, kein Umweltschutz, keine Gewerkschaften. Das Problem: Die Konkurrenz aus China oder Pakistan ist immer erdrückender geworden. Hier schließt sich der Kreis mit Shenzhen und Baldia Town.

Ende der Reise. Ausloggen, ausschalten. Und jetzt? Wie hieß einst ein populärer Werbeslogan von Apple? Think different!

Keiner will sich mehr als dummer Konsument verspotten lassen, der alles kauft, was schön verpackt ist. Bioprodukte sind in, genmanipulierte Nahrungsmittel provozieren einen Aufschrei des Protestes, und der Kaffee am Frühstückstisch darf ruhig ein Fair-Trade-Siegel haben. Aber bei der Frage, unter welchen Bedingungen unsere neuen Kleider, Handys oder Computer hergestellt worden sind, funktioniert das vernetzte Denken nicht so gut. Da herrscht noch reaktionäre Bequemlichkeit im Kopf: Nicht schön, was da in Karachi, Mexicali oder Shenzhen passiert, Kinderarbeit, Hungerlöhne, Rechtlosigkeit – aber mussten da nicht auch die industrialisierten Länder irgendwann einmal durch? Mussten sie. Und deshalb wissen die Bürger in diesen Ländern genau, dass an Ausbeutung und unmenschlichen Arbeitsbedingungen nichts, absolut nichts »Naturwüchsiges« ist. Solche Zustände gedeihen, weil Regierungen und internationale Investoren sie ungestraft schaffen und ausnutzen können.

Nicht, dass sich in den vergangenen Jahren gar nichts getan hätte. Nach den ersten Enthüllungen über Arbeitsbedingungen in iPod-City wuchs der Druck auf Apple und auf Foxconn, dessen Leitung höhere Löhne und kürzere Arbeitszeiten versprach. Konzerne reagieren empfindlich auf Imageschäden, inzwischen veröffentlichen sie »Nachhaltigkeitsberichte«, schmücken sich mit dem Beitritt zu unverbindlichen Vereinbarungen zum Arbeitsschutz. Hauptsache, keine Gewerkschaft stört den Betrieb. [...]

Schalten Sie Ihr Smartphone noch einmal an, geben Sie »Ashulia, Bangla Desh« ein. Ein Industriebezirk am Rande der Hauptstadt Dhaka, in dem über eine halbe Million Menschen in stickigen Fabriken Hosen und Hemden für Gap, Tommy Hilfiger, Walmart nähen. Amerikanische Gewerkschaften helfen hier, einheimische Gewerkschafter auszubilden. Ihren Erfolg kann man, so bitter es klingt, an zweierlei messen: an höheren Löhnen und brutalerer Repression. Der Mindestlohn wurde inzwischen von 20 auf 37 Dollar im Monat hinaufgesetzt. Vor wenigen Monaten fand man die Leiche eines prominenten Gewerkschafters mit zertrümmerten Knien und Füßen.

Diese Kämpfe können Gewerkschafter und Arbeiter allein nicht gewinnen. Sie brauchen international verbindliche Gesetze und Standards, die sie vor Gerichten im In- und Ausland einklagen können. Sie brauchen eine kritische Masse von Konsumenten, die ein »Fair produziert«-Siegel fordert, und, wenn es sein muss, auch mal einen Warenboykott organisiert.

Konsumenten also, die nicht nur bei Apple-Produkten die Apple-Masche durchschauen. Eine Nacht lang für das neue iPhone anzustehen ist nicht cool, sondern idiotisch. Aber ein paar Wochen lang vor Apple-Stores eine »Fair Pay for China«-Kampagne zu veranstalten – das wäre originell.

Quelle: ZEIT ONLINE; www.zeit.de

Jetzt sind Sie dran ...

1. Vollziehen Sie die „Reise" im Text nach. Welche Kritikpunkte nennt die Autorin? Notieren Sie die Kritikpunkte stichwortartig.
2. Im Text werden zwei Möglichkeiten genannt, um die Situation zu verbessern. Welche halten Sie für die bessere Möglichkeit? Verfassen Sie ein Statement.
3. Wären Sie bereit, für ein Smartphone mehr zu bezahlen, wenn es unter fairen Bedingungen hergestellt wäre? Führen Sie eine ➲ Pro-Kontra-Debatte durch.

6.7 Die Wirtschaft und ich: Nutzen Sie Ihre Kompetenzen

Es ist nichts Neues, dass bei der Produktion von technischen Geräten ökologische und soziale Probleme entstehen. Den Aspekt der sozialen Probleme haben Sie im Kapitel bereits bearbeitet. Als ökologisches Problem ist in der letzten Zeit insbesondere der Abbau seltener Metalle, vor allem in Afrika, in den Fokus geraten.

Hier setzt eine niederländische Initiative an, die versucht ein „Fairphone" am Markt zu etablieren. Das Fairphone kann schon bestellt werden – aber kann es auch ein Erfolg werden? Das wollen Sie mithilfe einer Umfrage an Ihrer Schule herausfinden.

Fairphone – das Smartphone fürs gute Gewissen

Von Christoph Fröhlich; 08.07.2013

Ein moralisch unbedenklich hergestelltes Smartphone – gibt es das überhaupt? Ein Niederländer bietet das erste Fairphone an. Doch was taugt es?

Kinder, die in dunklen Minen mit bloßen Händen Edelmetalle aus den Steinen kratzen. Milizen, die mit den Rohstoffen Geld für ihre blutigen Bürgerkriege verdienen. Arbeiter, die zu Hungerlöhnen Handys zusammenschrauben. Bis ein Smartphone fertig verpackt im Regal der Händler liegt, ist das oft eine unrühmliche Geschichte. Das möchte der Niederländer Bas van Abel ändern: Gemeinsam mit der Non-Profit-Organisation Waag Society will er mit dem Fairphone beweisen, dass Smartphones auch ohne umstrittene Rohstoffe aus Krisenregionen unter moralisch unbedenklichen Produktionsbedingungen hergestellt werden können. [...]

Um sein Ziel zu erreichen, benötigte er die Hilfe von 5000 Freiwilligen. So viele Vorbestellungen braucht van Abel, um das Fairphone bauen zu können. Er hat es geschafft: Auf einer eigens eingerichteten Homepage haben fast 11.000 interessierte Käufer das Fairphone vorbestellt. Kostenpunkt: 325 Euro.

„Durch den Kauf dieses Handys nehmen Sie an einer Bewegung teil, welche die Art, wie Dinge hergestellt werden, ändert", erklärt Firmengründer van Abel. Ihm ginge es in erster Linie nicht um den Profit, schreibt er auf der Homepage. Stattdessen wolle die Organisation ein Zeichen setzen und größere Hersteller dazu bewegen, ihre Smartphones ebenfalls unter besseren Bedingungen produzieren zu lassen als bisher.

Doch was bekommt man für sein Geld? Und vor allem: Wie fair ist das Fairphone wirklich? [...]

Auf den ersten Blick wirkt das Fairphone wie ein beliebiges Mittelklasse-Smartphone: Es wiegt 170 Gramm und ist damit alles andere als ein Leichtgewicht. Zum Vergleich: Das Galaxy S4 bringt 130 Gramm auf die Waage. Das Handy hat einen 1,2 Gigahertz schnellen Vierkernprozessor, ein Gigabyte Arbeitsspeicher, eine Acht-Megapixel-Kamera und 16 Gigabyte Speicherplatz, der via MicroSD-Karte um bis zu 32 Gigabyte erweitert werden kann. Als Betriebssystem kommt die modernste Android-Version 4.2 zum Einsatz. Das Touchscreen-Display misst 4,3 Zoll und hat eine Auflösung von 960 x 540 Bildpunkten. Dank Dual-SIM-Steckplatz lassen sich zwei SIM-Karten betreiben. Vor allem Bewohner in Entwicklungsländern profitieren davon, da es dort häufig kein flächendeckendes Netz gibt und deshalb mit mehreren Sim-Karten telefoniert wird.

Ein paar Gramm zu viel auf den Plastikhüften, ein grob auflösendes Display, das ultraschnelle mobile Internet LTE wird nicht unterstützt – technologisch bleibt das Fairphone eher blass. Einzigartig ist hingegen der Herstellungsprozess: Die Rohstoffe Zinn und Tantal, ein selten vorkommendes Metall, das vorwiegend in Kondensatoren eingesetzt wird, stammen aus Minen im Kongo, die laut OECD-Richtlinie als konfliktfrei gelten. Für Gold, was beispielsweise für die SIM-Kontakte benötigt wird, arbeiten die Amsterdamer mit der Initiative Fairgold zusammen, die die Herkunft und Arbeitsbedingungen des Edelmetalls unter die Lupe nimmt. Da in jedem Smartphone rund 30 verschiedene Stoffe zum Einsatz kommen, ist es unwahrscheinlich, dass jedes Element aus Nicht-Krisenregionen stammt. Um dennoch möglichst transparent zu sein, soll im Internet eine Liste aller Material-Lieferanten veröffentlicht werden.

Zusammengebaut wird das Fairphone wie viele andere High-Tech-Gadgets in China – allerdings unter wesentlich besseren Bedingungen, versprechen die Macher. „Für die Produktion in Europa hätten wir eine komplette Produktionsstrecke von China hierher umziehen müssen", heißt es in einem Blogbeitrag des Fairphone-Teams. Viele Bestandteile des Handys kämen aus Asien und würden bei einer europäischen Produktion das Ökosystem aufgrund der längeren Lieferkette stärker belasten. Die chinesische Firma A'Hong, die das Fair-Trade-Handy zusammenschraubt, wird den Niederländern zufolge regelmäßig von unabhängigen Gutachtern kontrolliert. [...]

Auch einen weiteren Kritikpunkt wollen die Fairphone-Macher ausräumen: Viele moderne Smartphones lassen sich nur noch mit viel Aufwand reparieren, oft ist selbst der Akku fest verklebt. Beim Fairphone sollen sich alle Einzelteile problemlos austauschen lassen, sodass Käufer selbst bei größeren Defekten nicht gleich ein neues Gerät kaufen müssen und so die Umwelt schonen.

Das Fairphone soll mit diesen Gewissensbissen nun Schluss machen. Aus einer 2010 in den Niederlanden gegründeten Initiative gegen Bürgerkriegs-Coltan in Mobiltelefonen entstand die Idee, selbst ein faires Handy herzustellen. Gestützt von der gemeinnützigen Amsterdamer Waag Society wurde mit acht Mitarbeitern ein Startup aufgebaut. Das Ziel: Ein Smartphone, das technisch und preislich auf Augenhöhe mit den etablierten Anbietern ist, aber ohne problematische Ressourcen und schlechte Arbeitsbedingungen auskommt.

Heute, rund drei Jahre später, startet die Produktion von 20.000 Fairphones. Rund 8500 Käufer haben sich für das 320 Euro teure Gerät bereits gefunden, das Auslieferungsdatum ist voraussichtlich im Oktober.

Quelle: stern.de

Arbeitsauftrag:
Finden Sie in Kleingruppen heraus, ob es für dieses „Fairphone" einen Markt gibt. Insbesondere Schüler und Auszubildende scheinen zunächst eine schwierige Konsumentengruppe zu sein, weil oft Design und aktuelle Trends ein wichtiges Kaufargument sind. Aber ist das wahr oder sind auch bessere Arbeitsbedingungen und Umweltschutz starke Kaufargumente? Was darf ein solches Smartphone kosten? Wie muss es aussehen? Welche Features muss es auf jeden Fall haben, um für Sie als Konsumenten attraktiv zu sein?

Diese und weitere Fragen sollen Sie mihilfe einer ➲ Umfrage an Ihrer Schule beantworten. Eine gute Möglichkeit, eine solche Umfrage im Anschluss auszuwerten, stellt das Programm GrafStat dar.

Kostenlos erhältlich ist es z. B. über den Link

www.bpb.de/lernen/unterrichten/grafstat

Dort finden Sie außerdem umfangreiches Material zur Durchführung von Umfragen sowie eine Einführung in GrafStat.

Weitere Hinweise zur Planung und Durchführung einer Umfrage finden Sie auf den Seiten 182/183.

Bereiten Sie Ihre Umfrageergebnisse in einer Präsentation auf (➲ Präsentieren/Visualisieren). Welches Fazit können Sie für den Erfolg des Fairphones an Ihrer Schule ziehen?

7 Regieren und regiert werden: Demokratie als Idee und Praxis

Diese Methoden verwenden Sie:
- Amerikanische Debatte
- Gruppenpuzzle
- Paar-Check
- Internetrecherche
- Präsentieren/Visualisieren
- Karikaturanalyse
- Literaturrecherche
- Think-Pair-Share
- Rollenspiel

So vernetzen Sie Ihr Wissen:
Mit den Themen:
- Gesellschaft heute – Wie leben wir zusammen? (→ Kap. 2)
- So funktioniert unser politisches System (→ Kap. 8)
- Wie kann ich mitbestimmen in der Poltik? (→ Kap. 9)

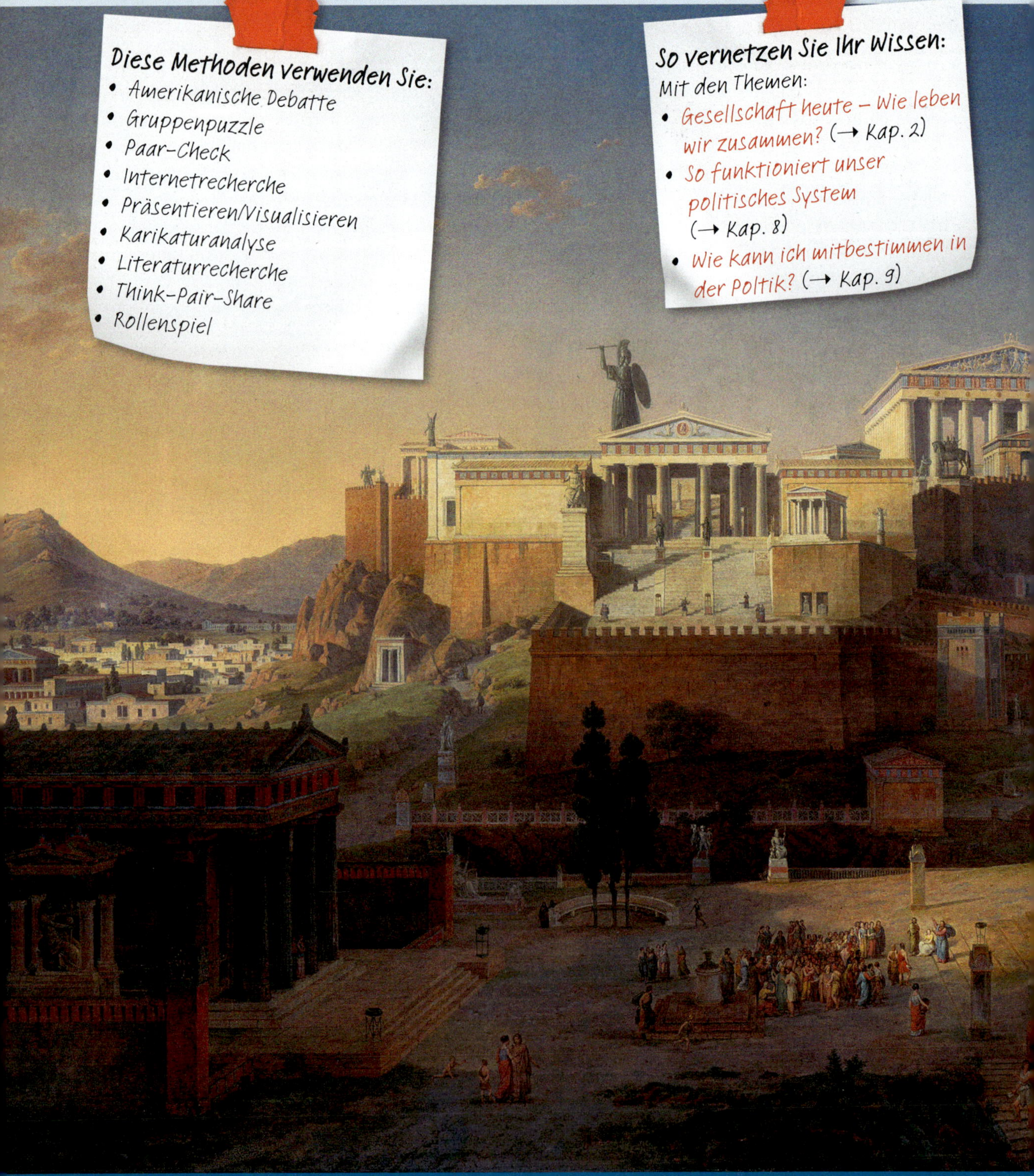

Die Demokratie als Idee und als Praxis der Selbstregierung der freien und gleichen Menschen gibt es schon seit mehr als zweitausend Jahren. Doch haben nicht zu allen Zeiten Menschen die politische Ordnung der Demokratie gewählt, wenn es darum ging, das Zusammenleben und das Zustandekommen der gemeinsamen Entscheidungen zu regeln.
Erst mit der Moderne und mit der Gründung der Vereinigten Staaten von Amerika (nach der Unabhängigkeitserklärung 1776) und mit der Französischen Revolution (1789) breitete sich die Idee in ganz Europa aus, dass politische Führung nicht mehr von einem von Gott bestimmten König ausgeübt wird. Die Menschen selbst sollten darüber bestimmen können, wer sie regiert und wie sie regiert werden: Die demokratische Idee ging von der Gleichheit aller aus, so dass die politischen Privilegien des Adels nicht mehr begründet werden konnten.
Wie können aber demokratische Regierungsformen begründet werden? Diese Frage hat auch in der Theorie der Politik eine besondere Rolle gespielt, denn das demokratische Regieren stellt eine besondere Herausforderung dar: Die Entscheidungen, die in einer Gesellschaft getroffen und umgesetzt werden, sollen von möglichst vielen Menschen getragen werden. Demokratische Entscheidungen werden daher häufig nach dem Mehrheitsprinzip gefällt. Vor allem aus diesem Grund müssen sie immer nach möglichst fairen Entscheidungsregeln getroffen werden, damit die Verlierer der Entscheidungsprozesse (Minderheiten) auch bereit sind, die einmal getroffenen Regelungen auch zu akzeptieren. Aus diesem Grunde spielen gute Begründungen der demokratischen Regierungsform auch eine Rolle für die alltägliche Praxis der Demokratie und das friedliche Zusammenleben in einer Gesellschaft.
In Deutschland haben die Idee und die Praxis der Demokratie vergleichsweise spät Fuß gefasst: Das letzte deutsche Staatsoberhaupt, das sich auf das Gottesgnadentum berief, war der Kaiser Wilhelm II (Abdankung 1918). Sein Wahlspruch lautete: „Gott mit uns." Erst seit der Wiedervereinigung der beiden deutschen Staaten im Jahr 1990 ist in ganz Deutschland die Demokratie als Regierungsform fest etabliert.

Diese Kompetenzen erwerben Sie:

- Sie können politische Grundsatzentscheidungen in einer Dorfgründung erproben.
- Sie können Ihre eigene politische Position entwickeln und mit Hilfe eines politischen Kompasses benennen und einordnen.
- Sie können die antike Demokratie als Versammlungsdemokratie beschreiben und theoretisch und praktisch erklären, warum die moderne Demokratie zumeist als repräsentative Demokratie organisiert ist.
- Sie können kontroverse Debatten führen und eine eigene Position zum Thema Demokratie argumentativ untermauern.

7.1 Sich selbst regieren und selbst entscheiden: Die Dorfgründung in Südfrankreich

Stellen Sie sich vor, Sie haben sich entschieden auszuwandern: Sie können mit einer Gruppe gleich gesinnter Jugendlicher in das südfranzösische Dorf Marignac ziehen, das von seinen Bewohnern während einer Wirtschaftskrise vor dreißig Jahren verlassen wurde. Das Dorf wird Ihnen gemeinsam von der französischen Regionalregierung für einen symbolischen Euro im Monat komplett vermietet.

In Marignac sind die wichtigsten Einrichtungen und ein sehr schönes, aber auch mehrere sehr schäbige Wohnhäuser erhalten (siehe Abbildung unten). Sie nehmen in dieses Dorf nichts mit. Allerdings haben Ihnen Ihre Familien einen monatlichen Unterhalt für die ersten sechs Monate zugesagt:
Die Hälfte der Neubewohner erhält jeweils 500 € im Monat, und jeweils ein Viertel der Bewohner erhält entweder 1000 € oder 200 €. Zu welcher dieser drei Gruppen Sie gehören, ist zufällig.

Am Abend Ihrer Ankunft in Marignac treffen Sie sich gemeinsam auf dem zentralen Dorfplatz, denn Sie müssen nun rasch über die Verteilung des Wohnraumes entscheiden. Die Sonne geht unter und Sie sind alle sehr müde. Sie haben nur zwanzig Minuten Zeit, um über die Aufteilung der Häuser zu entscheiden.

Dorf Marignac

Andreas Petrik (2013): Regiebuch zum Lehrstück Dorfgründung.

Politischer Kompass

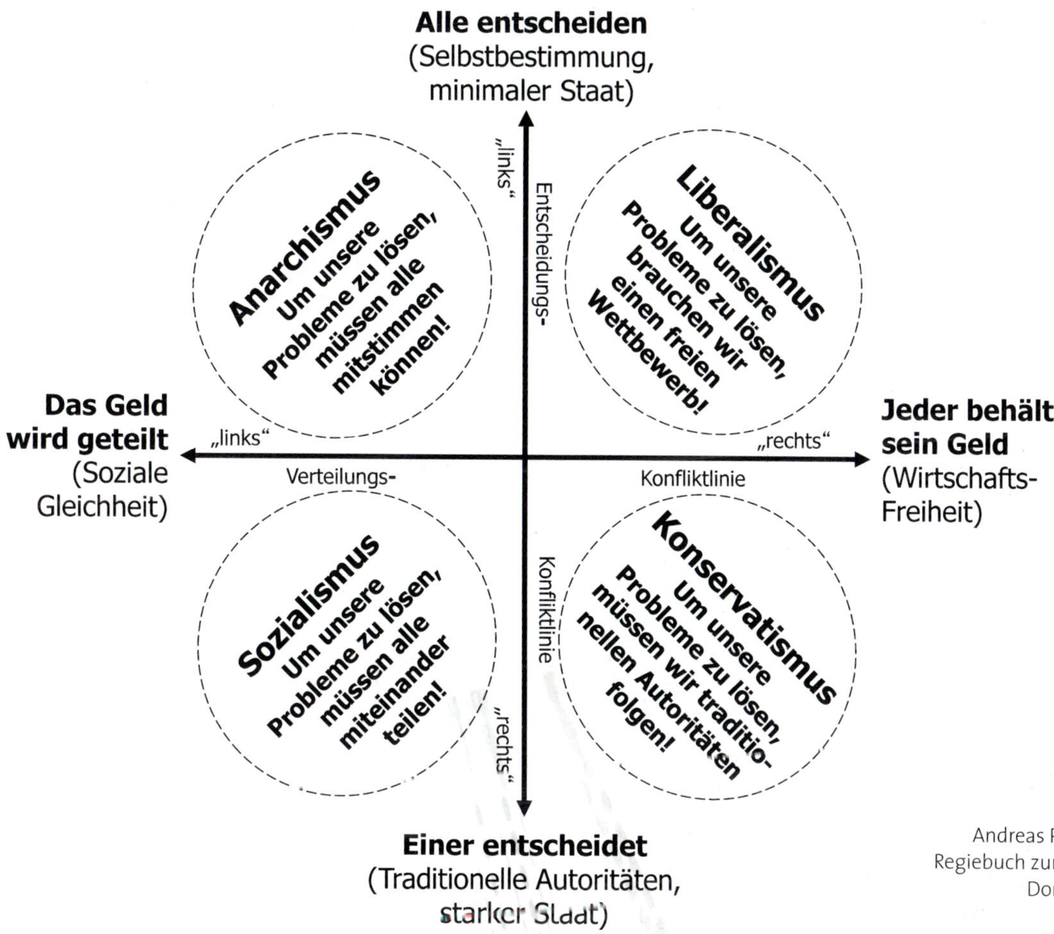

Quelle:
Andreas Petrik (2013):
Regiebuch zum Lehrstück
Dorfgründung.

Jetzt sind Sie dran …

1. Erstellen Sie einen Dorfplan am Beispiel der Abbildung „Dorf Marignac“.
2. Losen Sie zunächst aus, zu welcher der drei Einkommensgruppen Sie gehören.
3. Bilden Sie nun die Dorfgemeinschaft: Setzen Sie sich in einen Stuhlkreis und diskutieren Sie, wie Sie den Wohnraum in Marignac untereinander aufteilen. Teilen Sie die gefundene Lösung nach exakt zwanzig Minuten mit und halten Sie sie auf dem Dorfplan fest.
4. Werten Sie das gefundene Ergebnis aus.
5. Reflektieren Sie nun Ihre eigene Position: Wie soll die Zukunft der Dorfgemeinschaft aussehen? Wie sollen die Entscheidungen getroffen und wie soll das Eigentum im Dorf verwaltet werden? Notieren Sie Ihre Sichtweise und vergleichen Sie Ihre Position mit dem „politischen Kompass“: Wo kann Ihre Sichtweise eingeordnet werden?

7.2 Politik und die Frage der Legitimität von Entscheidungen

Wie die Neubewohner von Marignac haben sich Menschen zu anderen Zeiten und an anderen Orten gestritten, wenn es darum ging, zu begründen: „Wer bekommt was, wann und wie?"

„Who gets what when and how?" (Buchtitel von Harold Lasswell 1932)

Für den US-amerikanischen Politikwissenschaftler Harold Lasswell ist dies die grundlegende Frage der Politik.

Entscheidungsproduktion: **Legislative** (Parlamente)

Politik soll dann ermöglichen, dass Entscheidungen produziert werden können, die von allen anerkannt werden und für jedermann gültig sind (häufig als Gesetze).

Ausführung und Durchsetzung von Entscheidungen: **Exekutive** (Regierung, Verwaltung, Polizei)

Schließlich sollen diese Entscheidungen gegenüber jedermann gleich durchgesetzt werden: Daher wird eine Form der Herrschaft von der Regierung ausgeübt, notfalls auch Zwang.

Korrektur und Strafe bei Nichteinhaltung: **Judikative** (Gerichte)

Und es muss sichergestellt sein, dass all jene, die sich nicht an diese Entscheidungen halten, korrigiert und bestraft werden können.

Viele dieser Entscheidungen und ihre Durchsetzung erscheinen als harte Zumutungen für den Einzelnen: Er verliert privates Eigentum, indem er es dem Staat als Steuern zahlt, er riskiert Leib und Leben im Kriegsfall, zahlreiche Regeln schränken seine persönlichen Freiheiten und Entfaltungsmöglichkeiten ein. Andererseits haben diese Entscheidungen auch einen Nutzen: Sie garantieren dem Einzelnen persönlichen Schutz und die Ordnung des Zusammenlebens in der politischen Gemeinschaft. Sie sorgen für einen fairen Interessenausgleich und für den Zusammenhalt und die Zukunft der politischen Gemeinschaft.

Legitimation

Deshalb hat es Menschen zu allen Zeiten beschäftigt, darüber nachzudenken, ob eine Herrschaft überhaupt berechtigt (legitim) ist. Dabei geht es vor allem um die folgenden Fragen:

Input-Legitimation

Wie kommen eine politische Ordnung und eine Regierung zustande, die ich unterstütze und deren Herrschaftsausübung ich auch dann akzeptieren kann, wenn sie meinen eigenen Wünschen widerspricht?

Output-Legitimation

Wie sollen die Entscheidungen beschaffen sein, damit ich sie akzeptieren kann und auch die Nachteile, die für mich entstehen, in Kauf nehme?

Diese Fragen nach der Begründung von politischer Ordnung und von Regierungshandeln nennt man Legitimationsfragen.

Das Easton-Modell des politischen Systems

Der US-amerikanische Politikwissenschaftler David Easton hat sich besonders für die Stabilität von politischen Ordnungen interessiert. Dabei spielte die Legitimität der Politik eine besondere Rolle: Er ging davon aus, dass der Glaube der Bürger an das Funktionieren der Ordnung und ihrer Institutionen am wichtigsten für die Stabilität der Herrschaft und das Überleben eines Systems ist. So modellierte er das politische System als einen Kreislauf mit einem Input und einem Output.

Die Systemunterstützung auf der **Input-Seite**	Die Systemunterstützung auf der **Output-Seite**
Frage nach der Berechtigung der Politiker, für den Bürger zu entscheiden	Frage nach dem Nutzen der Entscheidungen für die Bürger
Dorfbeispiel: Das Dorf Marignac soll einen Bürgermeister bekommen: Die Bürger können sich nicht darauf einigen, wie sie ihren Bürgermeister bestimmen. Am Ende losen sie eine Person aus, die dieses Amt übernehmen soll.	Dorfbeispiel: Der Bürgermeister entscheidet über die Wasserversorgung des Dorfes: Zu Haus 1 und zu den Ställen wird eine eigene Leitung gelegt. Alle anderen müssen sich weiter am Brunnen versorgen.

Politisches System nach Easton

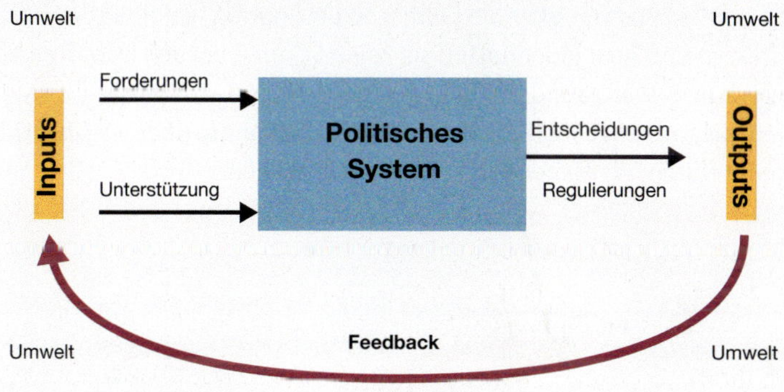

Nach: David Easton (1965): A Systems Analysis of Political Life. New York u.a., S. 32.

Jetzt sind Sie dran …

1. Diskutieren Sie die Politikdefinition Lasswells anhand Ihrer Erfahrung mit der Dorfgründung. Warum ist Politik nicht mit Demokratie gleichzusetzen?
2. Wodurch zeichnet sich eine demokratisch legitimierte Entscheidung aus? Nutzen Sie Beispiele aus Ihrer Erfahrung mit der Dorfgründung.
3. Diskutieren Sie den Unterschied zwischen Input- und Outputlegitimation anhand des Dorfbeispiels (siehe Tabelle oben).
4. Gibt es einen Zusammenhang zwischen der Input- und Outputlegitimation? Wie könnte dieser im Beispiel des Bürgermeisters und der Entscheidung über die Wasserleitung aussehen? Erproben Sie diese Situation in einem kleinen ➲ Rollenspiel.
5. Übertragen Sie das Modell auf eine typische Situation in Ihrer Klasse: Stellen Sie sich vor, Sie müssen als Gruppe gemeinsam eine Entscheidung über ein Ziel für eine Klassenfahrt herstellen (Output), an der alle fair beteiligt werden (InputLegitimation). Wie können beiden Dimensionen verbunden werden? Welche Probleme entstehen?
6. Reflektieren Sie den Nutzen eines theoretischen Modells für die Erklärung von Politik und von politischen Entscheidungen mithilfe der Methode ➲ Think-Pair-Share.

7.3 Demokratische Selbstregierung in der antiken Versammlungsdemokratie

Die Vorstellung, die Entscheidungsgewalt nicht aus der Hand geben zu müssen, sondern in einer direkten Demokratie selbst über die eigenen Angelegenheiten zu bestimmen, finden nicht nur die Einwohner von Marignac attraktiv.
In der antiken Versammlungsdemokratie wurde diese Idee zuerst politisch verwirklicht. Sie ging von einer vollkommenen Übereinstimmung von Regierenden und Regierten aus. Die Versammlungsdemokratie gilt als ein Vorläufer der heutigen Demokratie; allerdings gibt es eine Reihe großer Unterschiede.

attisch
zur griechischen Halbinsel Attika gehörend

Demokratie
(von griech. *Démos* = Volk und *kratein* = herrschen) Herrschaft der Vielen, Volksherrschaft. Die moderne Demokratie beruht auf dem Prinzip der Volkssouveränität, das ist das Recht eines Volkes auf Selbstregierung

Tyrannei
die nicht-legitime Herrschaft eines Einzelnen (nach Aristoteles)

Die antike Versammlungsdemokratie
Als wichtigstes Vorbild für die Versammlungsdemokratie gilt die attische Demokratie des Kleisthenes aus dem 5. Jahrhundert v. Chr. An ihrem Anfang stand die im Jahr 506/507 v. Chr. eingeführte Isonomie, die politische Gleichheit aller Bürger, denn die Athener hatten zuvor unter der Tyrannei des Adels sehr gelitten. Die Gleichheit galt indes nur für die männlichen Athener ab 18. Deren Zahl war hoch, jedoch nahmen von den 35 000 Athenern stets nur etwa 6000 an den gemeinsamen Volksversammlungen (Ekklesia) teil. Die Frauen waren zwar frei, aber die politische Betätigung war ihnen verboten. Wie Sklaven und Ausländer hatten sie keine Stimme bei den Debatten auf der Agora, dem Platz, auf dem die Versammlungen stattfanden.
Die neu zusammengestellte Volksversammlung konnte über alles beschließen, jeder Bürger war berechtigt, Anträge zu stellen.

Agora im antiken Athen

In der Realität wurden vor allem außenpolitische Entscheidungen getroffen und Ehrungen vollzogen. Dabei zählte die Stimmenmehrheit der Anwesenden. Finanzielle Entscheidungen standen kaum an, weil Politik von den Bürgern aus Verpflichtung und Bürgerstolz ehrenamtlich ausgeübt wurde. Die Gesetze der Ekklesia wurden im Rat der 500, einem Beamtenstab, vorbereitet, der aus Vertretern aller Teile Attikas bestand. Die meisten Beamten wurden in ihr Amt gelost, sie widmeten sich immer nur eine festgelegte Zeit dem politischen Geschäft und kehrten später wieder in ihre Dörfer zurück. Andere Bürger übernahmen dann ihre Aufgaben.
Für Aristoteles war die antike Versammlungsdemokratie eine Regierungsform, in der Eigennutz und Chaos herrschen: „Wo der Herr fehlt, sind alle gleich, ... jeder tut, was ihm gefällt."
Die Versammlungsdemokratie litt in der Tat an zahlreichen Schwächen: Einzelne Redner waren in der Lage, die Meinungen auf der Agora zu lenken und so vielfach zu ändern. Schließlich war nur ein Teil der Bevölkerung überhaupt berechtigt, an der Ekklesia teilzunehmen. Und nicht alle Athener Bürger konnten häufig an der Ekklesia teilnehmen, denn die Halbinsel Attika ist groß und die Reise nach Athen war lang. Und auch die Wohlhabendsten unter den engagierten Bürgern der antiken Polis hatten Arbeiten neben der Politik zu erledigen.

Die demokratische Selbstregierung heute

Jetzt sind Sie dran ...

1. Bearbeiten Sie den Text kooperativ mit Ihrem Arbeitspartner. Beantworten Sie sich gegenseitig im ➲ Paar-Check die folgenden Fragen:
   - Wer ist als Bürger Teil der Ekklesia?
   - Wie entscheidet die Ekklesia?
   - Wer setzt die Entscheidungen der Ekklesia um und wer kontrolliert die Einhaltung der Entscheidungen?
   - Wie bewerten Sie die Auslosung der Beamten?
2. **Phantasiereise:** Stellen Sie sich vor, Kleisthenes käme in diesem Jahr zu Besuch nach Deutschland und Sie dienten ihm als Reiseführer. Wie würden Sie die heutige Demokratie in der Bundesrepublik Deutschland erläutern? Welche Unterschiede zur Versammlungsdemokratie würden Sie herausstellen und wie würden Sie diese begründen? Sammeln Sie Ihre Argumente und halten Sie sie schriftlich für die Klasse oder in Ihren Unterlagen fest.
3. Welche Probleme der Versammlungsdemokratie sah Aristoteles? Ergänzen Sie Ihre Ergebnisse von Aufgabe 2 mit Ihren Überlegungen und erstellen Sie eine Tabelle, in der Sie mögliche Lösungen entwickeln.
4. Auch in der heutigen Zeit gibt es noch Formen der Versammlungsdemokratie, zum Beispiel in einigen Schweizer Kantonen. Informieren Sie sich über diese Formen der identitären Demokratie (➲ Internetrecherche) und erstellen Sie ein Referat und/oder einen kleinen Animationsfilm zum Thema (➲ Präsentiere/Visualisieren).
5. Analysieren Sie die Karikatur (➲ Karikaturanalyse): Was wird hier dargestellt? Wie sieht der Karikaturist die Selbstregierung?

7.4 Volkssouveränität und Repräsentation

Volkssouveränität
die Staatsgewalt geht vom Volk aus (Art. 20(2) Grundgesetz)

Die Versammlungsdemokratie beruhte auf der Identität von Volk und Regierung. Aber bereits auf Attika war die Identität von Regierenden und Regierten ein unerreichbares Ideal. Seither ist jedoch die Zahl der Herrschenden im Verhältnis zu den Beherrschten ein wichtiger Maßstab für die Bewertung von politischen Ordnungen.

Erster Schritt: Der Mensch im Naturzustand

Stellen Sie sich einmal vor, die Neubewohner Marignacs würden dauerhaft in dem Zustand des Tages leben, an dem sie in Marignac ankamen: Eine Gruppe von Menschen, die sehr verschieden sind und die sehr verschiedene finanzielle Möglichkeiten haben. Wie würde sich das Zusammenleben entwickeln?

Dieses Gedankenspiel spielten auch die Denker der frühen Neuzeit. Die demokratische Selbstregierung war für sie ein Ideal, aber sie bot keine praktische Lösung für das Problem der politischen Ordnung. Die sogenannten Vertragstheorien ermöglichten es den Denkern, in der Theorie eine Ordnung zu konstruieren, die von den Menschen ausging. Denn es ging ihnen auch darum, den herrschenden Glauben an die Gottgegebenheit der Herrschaft (Gottesgnadentum) zu ersetzen.

Gottesgnadentum (lat. *dei gratia*): Vorstellung, dass die staatliche Gewalt dem Monarchen (König) von Gott verliehen ist

Der Naturzustand bei Hobbes und Locke

Thomas Hobbes:

Die Menschen sind von Natur aus gleich, sowohl in ihren körperlichen als auch in ihren geistigen Anlagen [...] Man nehme nur die Körperstärke: selbst der Schwächste ist stark genug, auch den Stärksten zu vernichten; er braucht sich nur einer List zu bedienen [...] Dieser Gleichheit entspringen die gleichen Hoffnungen, ein Ziel zu erreichen. Das Zusammenleben ist den Menschen also kein Vergnügen, sondern schafft ihnen im Gegenteil viel Kummer, solange es keine übergeordnete Macht gibt, die sie alle im Zaume hält ... So sehen wir drei Hauptursachen des Streits in der menschlichen Natur begründet: Wettstreben, Argwohn und Ruhmsucht [...].
Und hieraus folgt, dass Krieg herrscht, solange die Menschen miteinander leben ohne eine oberste Gewalt, die in der Lage ist, die Ordnung zu bewahren. Und es ist ein Krieg, den jeder Einzelne gegen jeden Einzelnen führt ... In einem solchen Zustand gibt es keinen Fleiß, denn seine Früchte werden ungewiss sein, keine Bebauung des Bodens, keine Schifffahrt, keinerlei Einfuhr von überseeischen Gütern, kein behagliches Heim [...] Statt dessen: ständige Furcht und die drohende Gefahr eines gewaltsamen Todes [...]

Quelle: Thomas Hobbes, Leviathan, Kapitel 13

John Locke:

Um politische Gewalt richtig zu verstehen und sie von ihrem Ursprung herzuleiten, müssen wir sehen, in welchem Zustand sich die Menschen von Natur aus befinden. Es ist ein Zustand vollkommener Freiheit, innerhalb der Grenzen des Naturgesetzes seine Handlungen zu lenken und über seinen Besitz und seine Person zu verfügen, wie es einem am besten scheint – ohne jemandes Erlaubnis einzuholen und ohne von dem Willen eines anderen abhängig zu sein ...
Es ist überdies ein Zustand der Gleichheit, in dem alle Macht und Rechtsprechung wechselseitig sind, da niemand mehr besitzt als ein anderer: Ist doch nichts offensichtlicher, als dass Lebewesen von gleicher Art und gleichem Rang, die unterschiedslos zum Genuss derselben Vorteile der Natur und zum Gebrauch der gleichen Fähigkeiten geboren sind, auch gleich gestellt leben sollen, ohne Unterordnung oder Unterwerfung.

Quelle: John Locke (1974): Über die Regierung. Reclam, Stuttgart, S. 4 ff.

Zweiter Schritt: Die Bindung des Einzelnen durch einen Gesellschaftsvertrag
Es wird angenommen, dass sich Menschen aufgrund ihrer angeborenen Interessen aus freiem Willen zusammenschließen, um eine legitime staatliche Ordnung zu begründen. Wie im Dorf Marignac ergeben sich daraus gegenseitige Beziehungen zwischen den Einzelnen sowie eine Selbstverpflichtung, die gemeinsam beschlossene Ordnung auch einzuhalten. In der Theorie nennt man diese Verpflichtung „Vertrag“. Durch die Idee des Vertrages wird versucht, den Herrschaftsanspruch der Regierenden erstmals in der Geschichte auf die Zustimmung der Regierten zurückzuführen – und nicht auf Gott. Dazu müssen sich die Einzelnen aber erst einmal in einer Gesellschaft aneinander binden. Deshalb wird dieser Vertrag auch „Gesellschaftsvertrag“ genannt.

Dritter Schritt: Verpflichtung der Regierung durch den Herrschaftsvertrag
Mit dem Herrschaftsvertrag werden in der Demokratie die Regierenden an die Regierten gebunden: Sie sollen Freiheit und Sicherheit zwischen den Menschen garantieren. So können die Bürger ihren Geschäften nachgehen und ihr Zusammenleben friedlich regeln. Durch Wahl werden die Repräsentanten des Volkes (Volksvertreter = Politiker) mit der Gesetzgebung und Regierung beauftragt. Sie sollen gemeinsam für ihren Auftraggeber, das Volk, handeln. In Wahlen treten die Politiker in einen Wettbewerb um den Auftrag der Bürger, Gesetze zu erlassen und die Regierung zu bilden und zu kontrollieren. Wenn die Volksvertreter ihre Aufgabe nicht zufriedenstellend wahrnehmen, wird das Volk die Volksvertreter durch Abwahl bestrafen.

Die Idee der Vertragstheorie ist ein Gedankenexperiment, das sich in einen Dreischritt gliedert: Naturzustand – Gesellschaftsvertrag – Herrschaftsvertrag.

Die berühmteste moderne Definition der Demokratie ist die Gettysburg-Formel von Abraham Lincoln aus dem Jahr 1863. Sie lautet:

> Demokratie ist Regierung des Volkes, durch das Volk, für das Volk („Government of the people, by the people, for the people“).

Artikel 20 (Grundgesetz)
(1) Die Bundesrepublik Deutschland ist ein demokratischer und sozialer Bundesstaat.
(2) Alle Staatsgewalt geht vom Volke aus. Sie wird vom Volke in Wahlen und Abstimmungen und durch besondere Organe der Gesetzgebung, der vollziehenden Gewalt und der Rechtsprechung ausgeübt.
(3) Die Gesetzgebung ist an die verfassungsmäßige Ordnung, die vollziehende Gewalt und die Rechtsprechung sind an Gesetz und Recht gebunden.
(4) Gegen jeden, der es unternimmt, diese Ordnung zu beseitigen, haben alle Deutschen das Recht zum Widerstand, wenn andere Abhilfe nicht möglich ist.

Absolute Herrschaft durch den Leviathan bei Th. Hobbes

Demokratische Herrschaft der Legislative bei Locke

Der Grund, aus dem die Menschen in die Gesellschaft eintreten, ist die Erhaltung ihres Eigentums, und das Ziel, um dessentwillen sie eine Legislative wählen und ihr Autorität verleihen, ist, dass Gesetze und Vorschriften geschaffen werden, um über das Eigentum aller Glieder der Gesellschaft zu wachen und es zu schützen und so die Macht und die Herrschaft jedes Teiles oder Gliedes der Gesellschaft zu beschränken und zu mäßigen. [...] Wann immer deshalb die Gesetzgeber danach trachten, dem Volk sein Eigentum zu nehmen oder zu zerstören oder es als Sklaven in ihre willkürliche Gewalt zu bringen, versetzen sie sich dem Volk gegenüber in den Kriegszustand. Dadurch ist es jeden weiteren Gehorsams entbunden und der gemeinsamen Zuflucht überlassen, die Gott für alle Menschen gegen Macht und Gewalt vorgesehen hat. Wann immer daher die Legislative dieses grundlegende Gesetz der Gesellschaft überschreiten und aus Ehrsucht, Furcht, Torheit oder Verderbtheit den Versuch unternehmen sollte, entweder selbst absolute Gewalt über Leben, Freiheit und Besitz des Volkes an sich zu reißen oder sie in die Hände eines anderen zu legen, verwirkt sie durch einen solchen Vertrauensbruch jene Macht, die das Volk mit weit anderen Zielen in ihre Hände gegeben hatte, und die Macht fällt zurück an das Volk, das dann ein Recht hat, zu seiner ursprünglichen Freiheit zurückzukehren und durch die Errichtung einer neuen Legislative (wie sie ihm selbst am geeignetsten erscheint) für seine eigene Sicherheit und seinen Schutz zu sorgen – denn zu diesem Ziel befinden sie sich in der Gesellschaft.

Quelle: John Locke (1974): Über die Regierung. Stuttgart, S.166–170.

Jetzt sind Sie dran ...

1. Führen Sie gemeinsam ein Gedankenexperiment zum Beispiel Marignac durch: Was wäre geschehen, wenn die Gruppe sich dauerhaft keine Regeln des Zusammenlebens gegeben hätte?
2. Recherchieren Sie das Leben der beiden Philosophen John Locke und Thomas Hobbes (➲ Literaturrecherche) und stellen Sie die beiden Personen in einem Impulsreferat vor.
3. Wie sehen Locke und Hobbes den Naturzustand des Menschen? Lesen Sie die Originaltexte, finden Sie die zentralen Unterschiede und stellen Sie sie in einer Tabelle gegenüber.
4. Betrachten Sie die Darstellung des Leviathan. Wie sieht Thomas Hobbes die Herrschaft? Schreiben Sie in Einzelarbeit Ihre Deutung des Bildes auf. Vergleichen Sie Ihre Interpretation mit der Ihrer Mitschüler.
5. Lesen Sie die „Demokratische Herrschaft der Legislative bei Locke", Artikel 20 (GG) sowie die „Gettysburg-Formel": Wie kann die Volkssouveränität in der Demokratie mit der Herrschaftsausübung verbunden werden?
6. Diskutieren Sie im Plenum, in welchen Situationen Sie Ihr Widerstandsrecht nach Art. 20(4) des Grundgesetzes in Anspruch nehmen würden. Beachten Sie dabei die Grenzen, die in diesem Absatz für das Widerstandsrecht ausformuliert sind.

7.5 Die Idee der demokratischen Repräsentation in der deutschen Geschichte

Das Hambacher Fest

In der deutschen Geschichte ist die Bindung der Regierenden an den Willen der Regierten eine relativ neue Idee: Die erste echte deutsche Demokratie wurde erst im letzten Jahrhundert durch die Verfassung der Weimarer Republik (1919–1933) begründet.
Aber auch zuvor hatte es schon demokratische Bewegungen auf deutschem Gebiet (das heißt in den Einzelstaaten des Deutschen Bundes) gegeben. In der Zeit nach der Französischen Revolution (1789) hatte sich in ganz Europa die Idee von der Demokratie ausgebreitet. Auch in den Gebieten des Deutschen Bundes schlossen sich immer mehr Menschen den demokratischen Bewegungen an. Allerdings traten hier auch die deutschen Fürstenhäuser nach den Napoleonischen Kriegen und dem Wiener Kongress gegen die Demokratie auf mit dem Ziel, das monarchische Prinzip zu bewahren (Restauration 1815–1830).

Nationalversammlung in der Frankfurter Paulskirche

Die deutschen „Demokraten" der Märzrevolution 1848 wehrten sich gegen die Restauration und kämpften für demokratische Gleichheit und Volkssouveränität. Sie stellten das monarchische Prinzip infrage und forderten eine Regierung, die vom Volk ausgehen sollte. Nach dieser Vorstellung sollte der Volkswille im Parlament der Ausgangspunkt für Gesetzgebung und Regierung sein. Der deutsche Bund mit seinen Einzelstaaten sollte zu einem Deutschland in einem Einheitsstaat vereint werden. Um diese Beschlüsse durchzusetzen, wurde in der Frankfurter Paulskirche eine Nationalversammlung einberufen. Nach der schnellen Beendigung dieser deutschen Revolution wurden jedoch viele Märzforderungen (siehe Infobox) zurückgenommen. Dennoch blieb eine parlamentarische Tradition erhalten, an die immer wieder erinnert wird.

Infobox

Die Märzforderungen der Revolution von 1848

Die Forderungen, die während der Märzrevolution 1848 überall im Deutschen Bund gestellt wurden, waren durch die Französische Februarrevolution von 1848 beeinflusst und vereinten Demokraten und Liberale. Die Kernforderungen waren:

- Einführung der staatsbürgerlichen Gleichheit
- Einführung der Ministerverantwortlichkeit
- Pressefreiheit
- Einführung von Schwurgerichten
- sofortige Herstellung eines deutschen Parlaments
- Einhaltung der Menschen- und Bürgerrechte
- Schaffung eines deutschen Nationalstaats
- Verabschiedung einer Verfassung
- Vereins- und Versammlungsrecht
- Amnestie für politische Gefangene
- Volksbewaffnung mit freier Wahl der Offiziere (anstelle des bisherigen „stehenden Heeres")

Der Führerstaat: Unbeschränkte Machtausübung einer Person

NSDAP
Nationalsozialistische Deutsche Arbeiterpartei

Die erste demokratische Verfassung in Deutschland, die Weimarer Reichsverfassung, konnte die deutsche Demokratie in der Zeit politischer Krisen nicht stabilisieren: Adolf Hitler wurde am 30. Januar 1933 in schwerer Wirtschaftskrise Reichskanzler. Er war zunächst nicht gewählt worden, sondern er war als Führer der größten Partei (der NSDAP) von Reichspräsident Paul von Hindenburg zum Reichskanzler ernannt worden.

So wurde es möglich, in kurzer Zeit die parlamentarische Demokratie abzuschaffen. Hitler nutzte dazu das Notverordnungsrecht der Weimarer Reichsverfassung (Art. 48). Den Anfang bildete die Aufhebung der Grundrechte durch eine Notverordnung nach dem Reichstagsbrand Ende Februar 1933. Durch das sogenannte Ermächtigungsgesetz vom März 1933 erhielt die Regierung vom Reichstag das Recht, ohne das Parlament Gesetze zu erlassen.

Damit waren die Gewaltenteilung und der Parlamentarismus beseitigt. Das Deutsche Reich war eine Diktatur. Den Abschluss der Zerstörung der Demokratie bildete die Gleichschaltung des gesellschaftlichen und politischen Lebens, d.h. alle anderen Parteien, die Vereine und Organisationen – vom Sportverein bis zu den Gewerkschaften – wurden in nationalsozialistische Organisationen überführt oder lösten sich auf. Die Jugendverbände wurden in der Hitlerjugend zusammengefasst.

Majorität
= Mehrheit

Zum Führertum

Die junge Bewegung ist in ihrem Wesen und ihrer inneren Organisation nach antiparlamentarisch, d.h. sie lehnt im allgemeinen wie in ihrem eigenen inneren Aufbau ein Prinzip der Majoritätsbestimmung ab, in dem der Führer nur zum Vollstrecker des Willens und der Meinung anderer degradiert wird. Die Bewegung vertritt im kleinsten wie im größten den Grundsatz der unbedingten Führerautorität, gepaart mit höchster Verantwortung.

[...] Immer wird der Führer von oben eingesetzt und gleichzeitig mit unbeschränkter Vollmacht und Autorität bekleidet. Nur der Führer der Gesamtpartei wird aus vereinsgesetzlichen Gründen in der Generalmitgliederversammlung gewählt. Er ist aber der ausschließliche Führer der Bewegung. Sämtliche Ausschüsse unterstehen ihm und nicht er den Ausschüssen. Er bestimmt und trägt damit aber auch auf seinen Schultern die Verantwortung.

Quelle: Adolf Hitler (1942): Mein Kampf. München, [d] S. 378.

Hitler bei einer Rede

Hitlerjugend

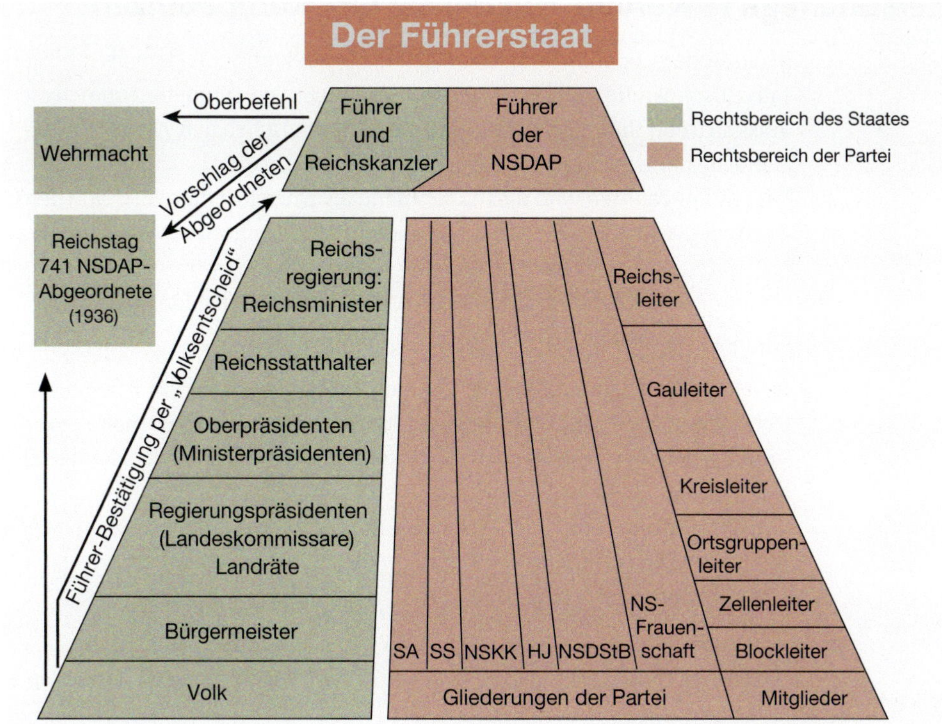

Jetzt sind Sie dran …

1. Erstellen Sie aus dem Text auf Seite 115 einen Zeitstrahl und erklären Sie, warum die Märzrevolution von 1848 als der Ursprung der demokratischen Idee in Deutschland gesehen wird.
2. Beschreiben und vergleichen Sie die Darstellungen des Hambacher Festes und der Versammlung in der Frankfurter Paulskirche auf Seite 115: Wie kommt die demokratische Repräsentation zum Tragen?
3. Lesen Sie die Infobox „Die Märzforderungen der Revolution von 1848“ und erarbeiten Sie in Partnerarbeit die vier wichtigsten demokratischen Forderungen. Stellen Sie die Arbeitsergebnisse im Klassenplenum vor.
4. Lesen Sie den Quellentext aus Adolf Hitlers Buch „Mein Kampf“. Informieren Sie sich über die Bedeutung dieses Buches während der Zeit des Nationalsozialismus.
5. Erklären Sie das Führerprinzip und grenzen Sie es von dem Prinzip der demokratischen Repräsentation ab.
6. Häufig wird diese Form der Herrschaft als identitäre Herrschaft bezeichnet, in der Führer und Volk als Einheit betrachtet werden. Was sind die Funktionsbedingungen dieser Herrschaft? Betrachten Sie die Fotos auf Seite 116 und spekulieren Sie über die Vorgehensweise der Nationalsozialisten.
7. Wie wird das Führerprinzip organisatorisch umgesetzt? Beschreiben Sie den Aufbau des Führerstaates mithilfe des Schaubildes und der Information aus dem Autorentext.
8. Recherchieren Sie die Ziele und das Vorgehen von Widerstandskämpfern in der Zeit des Nationalsozialismus (➲ Internetrecherche).

7.6 Regieren und regiert werden: Nutzen Sie Ihre Kompetenzen

In der Bundesrepublik Deutschland ist die Demokratie vor allem als repräsentative Demokratie gestaltet (vgl. auch Kapitel 8). Die Bürger bestimmen die Volksvertreter durch Wahlen und beobachten zwischen den Wahlen deren Handeln, ohne in dieser Zeit noch direkt mitentscheiden zu können. In den letzten Jahrzehnten wird dies zunehmend als eine einseitige Form von demokratischer Partizipation gesehen. Gruppen wie die Initiative „Mehr Demokratie" setzen sich dafür ein, dass die Bürger öfter die Möglichkeit erhalten, in den sie unmittelbar betreffenden Fragen direkt mitzuentscheiden und sich so – ähnlich den Bürgern von Marignac – selbst zu regieren.

Arbeitsauftrag: Führen Sie eine ➲ Amerikanische Debatte zum Thema „Mehr Demokratie durch Volksentscheide in Deutschland?" durch. Erarbeiten Sie die Argumente zu den verschiedenen Positionen anhand des hier präsentierten Materials und ergänzen Sie die Argumente durch eigene Recherchen und durch das in diesem Kapitel erworbene Wissen zur Beziehung zwischen Regierenden und Regierten, zur Legitimität politischen Handelns und zum Repräsentationsprinzip.

Initiative „Pro Volksentscheid"
Die Demokratie auf zwei Beine stellen

„Alle Staatsgewalt geht vom Volke aus. Sie wird vom Volke in Wahlen und Abstimmungen [...] ausgeübt" (Grundgesetz, Artikel 20). Die Demokratie steht laut Grundgesetz auf zwei Beinen: auf dem Recht zu wählen und auf dem Recht abzustimmen. Wir können zwar den Bundestag wählen, bundesweit abstimmen dürfen wir jedoch nicht. Um unsere Demokratie tragfähig zu gestalten, müssen wir sie auch in der Praxis auf zwei Beine stellen und Volksabstimmungen auf Bundesebene endlich zulassen. Einmal alle vier Jahre wählen reicht nicht aus. [...] Wir haben zwar die Möglichkeit, durch Demonstrationen, Petitionen und Gespräche Einfluss auf die Entscheidungen des Bundestages zu nehmen. Dabei bleiben wir aber immer Bittsteller. Denn am Ende entscheiden Politiker, nicht wir. [...] Bundesweite Volksabstimmungen sollten auch in den Haushalt eingreifen dürfen. Wissenschaftlich ist vielfach bewiesen, dass Bürgerinnen und Bürger verantwortungsbewusst mit Steuergeldern umgehen [...] Laut Bundesrechnungshof waren von 2004 bis 2006 jährlich zwischen 88 und 106 externe Mitarbeiter in den Ministerien beschäftigt, die häufig von großen Unternehmen und Wirtschaftsverbänden bezahlt wurden. Über 60 Prozent dieser Wirtschaftsvertreter wirkten an der Außenvertretung der Bundesregierung mit, über 20 Prozent waren an der Erarbeitung von Gesetzes- und Verordnungsentwürfen beteiligt und in Einzelfällen wurden durch sie sogar Führungspositionen in den Ministerien bekleidet. Direkte Demokratie kann helfen, den Einfluss von Lobbys zurückzudrängen. [...] Bei der Volksabstimmung entscheidet die Mehrheit. Es wird öffentlich diskutiert und dann gemeinsam abgestimmt. Die gesellschaftliche Willensbildung – inklusive harter Debatten und demokratischem Streit – kann gegenseitiges Verständnis fördern. [...] Direkte Demokratie kann helfen, Reformstau aufzulösen. [...] Das Ergebnis einer Volksabstimmung ist demokratisch stärker legitimiert, als eine Entscheidung von Politikern, da der Souverän direkt entscheidet. Und auch die Stabilität der vom Volk getroffenen Entscheidungen ist höher, da vor einer Abstimmung lange öffentlich diskutiert wird und am Ende die Mehrheit entscheidet. Das Ergebnis ist breiter akzeptiert und wird deshalb auch nicht so schnell wieder angezweifelt. [...] Bei Wahlen müssen sich Bürger zwischen ganzen Parteiprogrammen entscheiden. Diese Programme sind wesentlich komplexer und umfangreicher als einzelne Sachfragen, über die im Volksentscheid abgestimmt wird. Eine Wahlentscheidung ist schwieriger als eine direktdemokratische Entscheidung. Wenn es uns aber zugetraut wird, zu wählen, sollten wir auch abstimmen dürfen.

Quelle: www.volksentscheid.de/pro-volksentscheide.html

Angst siegt über Argumente
von Parvin Sadigh; 30.11.2009

Volksabstimmungen sind zwar urdemokratisch. Aber welche Regeln könnten sicherstellen, dass eine emotional aufgeladene Masse nicht über Minderheiten hinwegtrampelt?

[...] Eine Volksabstimmung zeigt [...] vor allem, in welchem emotionalen Zustand sich große Teile der Bevölkerung gerade befinden. Die Entscheidung gegen die Minarette an den Moscheen [in der Schweiz] lässt vermuten, dass viele Schweizer Angst vor dem Fremden haben. Sie haben offenbar gegen den Islam abgestimmt, und weniger gegen den Bau einiger schlanker Türme. [...] Diese Herrschaft der Emotionen ist der Grund, der die direkte Demokratie oft anfällig und unzuverlässig macht. Im Schweizer Fall verstößt der Wille des abstimmenden Volkes sogar gegen ein Menschenrecht, das Recht auf Religionsfreiheit, und gegen für die Schweiz bindende internationale Verträge.
Oft ist es Angst, die die Bürger zum Volksentscheid treibt. Verlustangst, Angst um den Besitz, den Status, die eigene Zukunft oder die der Kinder. Angst vor dem Neuen, Fremden, vor der Infragestellung der eigenen Identität, den eigenen Werten. Natürlich ist es absurd zu glauben, man könne Politik nur auf der Sachebene machen. Allerdings ist Angst ein mächtiges Gefühl und ängstliche Menschen sind für Argumente nicht unbedingt aufgeschlossen. Besonders gefährlich wird es, wenn Populisten zur Stelle sind, die die Stimmung anheizen
In der Schweiz stellen die Rechtspopulisten mit der Volkspartei (SVP) die stärkste Kraft im Parlament. Daran sieht man zwar, dass auch bei Wahlen nicht nur Sachargumente entscheiden. Aber der Wähler stimmt hier nicht nur über eine emotional beladene Einzelfrage ab, sondern muss sich für ein Programm entscheiden. Außerdem weiß jeder, dass Parteien, sobald sie gewählt sind, Kompromisse machen und von allzu Populistischem abrücken müssen, wenn sie Einfluss gewinnen wollen. Beispielsweise müssen sie sich mit einem Koalitionspartner einigen. Radikale Ideen werden so nur sehr selten umgesetzt. Zudem verpflichten sich Parteien in demokratischen Staaten, sich auch für das Wohl von Minderheiten verantwortlich zu fühlen – und nicht nur für die Interessen des eigenen Klientels. Und wenn sie sich doch nur um Letzteres kümmern, werden sie zu Recht scharf kritisiert.
Zu einer Volksabstimmung gehen viele Bürger aber mit ganz anderen Motiven. Entweder sind sie von starken Eigeninteressen getrieben oder im Gegenteil gerade gar nicht betroffen und deshalb gleichgültig. Wiederum andere sind zwar betroffen, haben aber ganz andere Sorgen und wenig Geduld, um sich mit Argumenten auseinanderzusetzen.
In Hamburg engagieren sich beispielsweise vor allem gebildete Leute für eine Volksabstimmung gegen eine Schulreform, die eine Primarschule bis zur sechsten Klasse einführen will. Viele von ihnen fürchten, ihre eigenen Kinder würden in Zukunft nicht ausreichend gefördert und eine attraktive Karriere könnte ihnen verbaut werden. Sie haben beides: Argumente und Angst. Hier engagieren sich keine dumpfen Ausländerfeinde. Die Hamburger Bildungsbürger haben nur nicht mehr im Blick, dass es andere Kinder gibt, die nicht so privilegiert sind wie ihre eigenen. Wählten dieselben Leute eine Partei mit einem vorher demokratisch ausgehandelten Programm, könnte ihre Entscheidung ganz anders ausfallen. Ob sich nun auch die Eltern aus weniger gebildeten Schichten, deren Kinder vor allem von der Reform profitieren könnten, im gleichen Maß in der Volksabstimmung engagieren werden, ist dagegen fraglich.
Wollen wir also wirklich, dass in wichtigen, über die Kommune hinaus reichenden Fragen eine verängstigte oder zumindest sehr emotionale Masse entscheidet? Was würde das bedeuten für Minderheiten, die die Emotionen der Massen nicht mobilisieren können? Manche Behinderte zum Beispiel. Oder Leute, die selbst gar nicht wählen dürfen, Ausländer oder Kinder. Politiker und Parteien sind verpflichtet, auch für sie zu denken, Einzelpersonen nicht. Westliche Staaten haben in der indirekten Demokratie dafür gesorgt, dass die Mehrheit dem Individuum und kleinen Gruppierungen keinen Schaden zufügen darf.
Nun kann man argumentieren, in Deutschland würde man Regeln finden, die sicherstellen, dass in einer Volksbefragung nicht über verfassungswidrige Dinge entschieden werden darf. Aber können wir verbieten, dass die Leute allzu ängstlich sind, während sie abstimmen? ”

Quelle: ZEIT ONLINE; www.zeit.de

8 So funktioniert unser politisches System

Diese Methoden verwenden Sie:

- Think-Pair-Share
- Paar-Check
- Karikaturanalyse
- Präsentieren/Visualisieren
- Plakat erstellen
- Rollenspiel
- Internetrecherche
- Diagramme/Schaubilder analysieren
- Diskussion
- Diagramme/Schaubilder erstellen

So vernetzen Sie Ihr Wissen:

Mit den Themen:

- Regieren und regiert werden: Demokratie als Idee und Praxis (→ Kap. 7)
- Wie kann ich mitbestimmen in der Politik? (→ Kap. 9)
- Die Europäische Union – mehr als ein Wirtschaftsraum (→ Kap. 13)

Die Entstehung der Bundesrepublik Deutschland ist geprägt von den Erfahrungen der Weimarer Republik, dem Nationalsozialismus und dem Zweiten Weltkrieg. Zugleich ist die deutsche Geschichte nach 1945 eine dauerhafte Auseinandersetzung mit dem Kommunismus. Die Teilung Deutschlands wurde erst 1989 nach 40 Jahren überwunden.

Die Weimarer Republik war die erste Demokratie auf deutschem Boden. Sie wurde nach der Kaiserzeit 1919 eingeführt. Es gab zum ersten Mal freie und faire Wahlen für alle Bürger. Das Regieren im Parlament, dem Deutschen Reichstag, erwies sich jedoch häufig als schwierig: Denn dort war eine Vielzahl von Parteien vertreten, die sich nicht auf stabile Bündnisse einigen konnten, die die Regierung unterstützten. Die Weimarer Demokratie war dadurch von zahlreichen teils gewaltsamen Auseinandersetzungen zwischen extremen linken und rechten Gruppierungen geprägt. 1932 wurden die Nationalsozialisten stärkste Kraft im Parlament, im Januar 1933 wurde Adolf Hitler zum Reichkanzler ernannt. Damit endete die Demokratie und Hitler baute seinen totalitären Staat auf (siehe Kapitel 7.5).

Am 1. September 1939 marschierte Hitler in Polen ein, woraufhin Frankreich und Großbritannien Deutschland den Krieg erklärten. Damit begann der Zweite Weltkrieg. Die Schauplätze dehnten sich auf ganz Europa sowie Teile Afrikas und Asiens aus. 1945 kapitulierte Japan, nachdem die USA die Städte Hiroshima und Nagasaki mit einer Atombombe angriffen. In Europa besiegten die Verbündeten Großbritannien, USA und Sowjetunion den Hauptkriegstreiber Deutschland. Die Siegermächte besetzten das deutsche Gebiet und teilten es in Zonen auf, woraus die Bundesrepublik Deutschland und die Deutsche Demokratische Republik hervorgingen.

In diesem Kapitel erfahren Sie mehr über die Entstehungsgeschichte der Bundesrepublik und der DDR sowie über die Grundprinzipien, die hinter den beiden deutschen Systemen steckten. Zudem lernen Sie, von welchen Auseinandersetzungen das politische System heute geprägt ist und wie Politik funktioniert.

Diese Kompetenzen erwerben Sie:

- Sie können erklären, wie die Bundesrepublik Deutschland entstanden ist und was ihre Grundprinzipien sind.
- Sie können Inhalte und Geschichte der DDR beschreiben und kritisch bewerten.
- Sie können das deutsche Regierungssystem in seiner Funktionslogik darstellen.
- Sie können die Kontrollmechanismen in der deutschen Politik aufzeigen.

8.1 Deutschland nach 1945 – Besatzungszeit

Am 8./9. Mai 1945 unterzeichnet das deutsche Oberkommando die bedingungslose Kapitulation. Adolf Hitler hat wenige Tage zuvor Selbstmord begangen. Fast 60 Millionen Menschen sind durch die nationalsozialistische Herrschaft und durch die Folgen des Krieges gestorben. Deutschland ist am Ende des Krieges fast vollständig zerstört. Das Land wird von den Siegermächten Großbritannien, USA und der Sowjetunion besetzt. Vom 17. Juli bis zum 2. August 1945 treffen sich Repräsentanten dieser Staaten, um über die Neuordnung Europas und die Zukunft Deutschlands zu beraten. Am Ende einigten sie sich auf das sogenannte Potsdamer Abkommen. Frankreich tritt diesem wenig später ebenfalls bei.

Churchill, Truman und Stalin auf der Dreimächtekonferenz

Mitteilung über die Dreimächtekonferenz von Berlin („Postdamer Abkommen") vom 2. August 1945

III. Deutschland

Alliierte Armeen führen die Besetzung von ganz Deutschland durch, und das deutsche Volk fängt an, die furchtbaren Verbrechen zu büßen, die unter der Leitung derer, welche es zur Zeit ihrer Erfolge offen gebilligt hat und denen es blind gehorcht hat, begangen worden. [...] Der deutsche Militarismus und Nazismus werden ausgerottet, und die Alliierten treffen nach gegenseitiger Vereinbarung in der Gegenwart und in der Zukunft auch andere Maßnahmen, die notwendig sind, damit Deutschland niemals mehr seine Nachbarn oder die Erhaltung des Friedens in der ganzen Welt bedrohen kann.

Es ist nicht die Absicht der Alliierten, das deutsche Volk zu vernichten oder zu versklaven. Die Alliierten wollen dem deutschen Volk die Möglichkeit geben, sich darauf vorzubereiten, sein Leben auf einer demokratischen und friedlichen Grundlage von neuem wiederaufzubauen. Wenn die eigenen Anstrengungen des deutschen Volkes unablässig auf die Erreichung dieses Zieles gerichtet sein werden, wird es ihm möglich sein, zu gegebener Zeit seinen Platz unter den freien und friedlichen Völkern der Welt einzunehmen.

Quelle: documentarchiv.de

US-Soldat in den Ruinen von Köln 1945

Jetzt sind Sie dran ...

1. Auf der Auftaktseite finden Sie drei Karten, die die Geschichte Deutschlands zeigen. Tragen Sie in Partnerarbeit zunächst die Veränderungen zusammen, die Sie von Karte zu Karte finden können. Überlegen sie nun, was die jeweiligen historischen Ereignisse waren, die zu diesen Grenzverschiebungen geführt haben. Tauschen Sie sich anschließend im Plenum aus.
2. Lesen Sie den Auszug aus dem Postdamer Abkommen. Sammeln Sie die hier aufgeführten Gründe für die Besatzung. Tauschen Sie Ihre Ergebnisse in der Gruppe aus und überlegen Sie, ob Ihnen noch weitere Punkte einfallen (Think-Pair-Share).
3. Im Postdamer Abkommen nennen die Alliierten Ziele für die Zukunft von Deutschland. Diskutieren Sie in Ihrer Gruppe, ob diese Ziele erfüllt wurden.

Besatzung
In einem bevölkerten Gebiet wird die bisher vorhandene Staatsgewalt durch externe Machthaber, meist andere Staaten, ersetzt.

Besatzungsstatut, 10.4.1949

I. Während des Zeitraumes, in dem die Besatzung noch fortdauern muß, wünschen und beabsichtigen die Regierungen Frankreichs, der Vereinigten Staaten und des Vereinigten Königreichs, daß dem deutschen Volk Selbstregierung in dem höchstmöglichen Maße [...] zu Teil werden soll. Der Bundesstaat und die an ihm beteiligten Länder sollen, lediglich durch die Bestimmungen dieses Statuts beschränkt, die volle gesetzgebende, vollziehende und rechtsprechende Gewalt gemäß dem Grundgesetz bzw. ihren Verfassungen haben.

II. Sonderbefugnisse [der Besatzungsmächte ...]: a) Abrüstung und Entmilitarisierung [...], b) Kontrollmaßnahmen hinsichtlich der Ruhr, Rückerstattungen, Reparationen [...], c) auswärtige Angelegenheiten [...], g) Kontrolle über Außenhandel und Devisenwirtschaft [...]

V. Jede Änderung des Grundgesetzes bedarf vor Inkrafttreten der ausdrücklichen Genehmigung der Besatzungsbehörden. [...]

Quelle: Münch, I. v (Hrsg) (1976): Die staatliche Neuordnung. In: Dokumente des geteilten Deutschland. Stuttgart: Kröner..

Die unterschiedlichen Weltanschauungen der Staaten führten aber immer mehr zu Auseinandersetzungen: Während die westlichen Mächte USA, Großbritannien und Frankreich in Deutschland eine Demokratie mit Marktwirtschaft einführen wollten, beharrte die Sowjetunion auf einem sozialistischen System mit Planwirtschaft. So kam es zur Teilung Deutschlands in die Trizone der drei Westmächte, aus der die Bunderepublik hervorging, und die Sowjetzone, die zur DDR, der Deutschen Demokratischen Republik, wurde.

Heute – Morgen? (1946)

Jetzt sind Sie dran ...

4. Lesen Sie das Besatzungsstatut. Arbeiten Sie zunächst heraus, welche Rechte die einzelnen Bundesländer hatten und in welchen Bereichen sie eingeschränkt waren. Überlegen Sie dann in Partnerarbeit, welche Konsequenzen das für die Politik in den Ländern und das Leben der Bürger hatte.
5. Stellen Sie sich vor, das Besatzungsstatut würde heute gelten. Wie wäre die Politik in ihrem Handeln eingeschränkt? Tauschen Sie sich zunächst mit Ihrem Arbeitspartner aus und diskutieren Sie anschließend im Plenum (Diskussion).
6. Interpretieren Sie die Karikatur (Karikaturanalyse) und überlegen Sie, welche Problematik der Zeichner anspricht.
7. Die Karikatur ist 1946 entstanden. Hat der Karikaturist mit seiner Überlegung für die Zukunft recht behalten oder ist die deutsche Geschichte anders verlaufen? Der Zeitstrahl gibt Ihnen eine Hilfestellung.

1945
Ende des Zweiten Weltkriegs
Kapitulation und Aufteilung Deutschlands in 4 Besatzungszonen

1949
Gründung der DDR
Gründung der BRD
Entstehung des Grundgesetzes

1961
Mauerbau

Ab 1970
Ostverträge

1989
Fall der Mauer

1990
Wiedervereinigung

1945 1950 1955 1960 1965 1970 1975 1980 1985 1990

8.2 Die DDR

Sowjetunion
Sie wurde 1922 gegründet und 1991 aufgelöst, ihre Nachfolge trat die Russische Föderation, kurz Russland, an. Das Territorium der Sowjetunion (amtliche Bezeichnung: Union der Sozialistischen Sowjetrepubliken, kurz UdSSR) erstreckte sich von Osteuropa über den Kaukasus bis nach Nord- und Zentralasien.

Entstehung und Mauerbau

Nach Ende des Zweiten Weltkrieges scheiterten alle Versuche, einen gemeinsamen deutschen Staat zu gründen. In der sowjetischen Besatzungszone (SBZ) wurde 1949 die Deutsche Demokratische Republik (DDR) gegründet.

Da immer mehr Menschen die Sowjetzone verließen, wurde 1961 die Mauer gebaut, die das Gebiet abriegelte. Ein Besuch in der Bundesrepublik war nun kaum mehr möglich.

[Ab 1950] wurde die Umgestaltung der politischen und wirtschaftlichen Ordnung der DDR nach dem Vorbild der Sowjetunion zum Programm. Schon im Februar [...] wurde ein Ministerium für Staatssicherheit etabliert, das sich seitdem als „Schwert und Schild der Partei" im Dienste der Überwachung aller DDR-Bürger und insbesondere die Unterdrückung jeglicher oppositioneller Regungen immer mehr ausdehnte. Auf der 2. Parteikonferenz der SED im Juli 1952 wurde der „Aufbau des Sozialismus" auch offiziell verkündet. Der Anteil des „volkseigenen" Sektors an Produktion und Handel wuchs, die Schwerindustrie wurde bevorzugt gefördert und die Kollektivierung der Landwirtschaft eingeleitet. Die Staatsorganisation wurde nach den Maximen der Volksdemokratie und des demokratischen Zentralismus zu einem gefügigen Instrument der politischen Herrschaft und planwirtschaftlichen Lenkung der Einheitspartei umgeformt: Einheitslisten zu den ersten Volkskammerwahlen (15.10.1950), Säuberungen und Anpassung in den bürgerlichen Parteien, Einsatz der Strafjustiz als Mittel politischer Abschreckung, Ausschaltung und Beseitigung der Selbstverwaltung durch Auflösung der fünf Länder [...].

Quelle: Bundeszentrale für Politische Bildung; www.bpb.de

Jetzt sind Sie dran ...

1. Lesen Sie den oben stehenden Text und fassen Sie zunächst die wichtigsten Merkmale des Staatsaufbaus der DDR zusammen.
2. Vergleichen Sie nun die Merkmale des DDR-Staates mit denen der Bundesrepublik Deutschland, wie Sie sie heute kennen. Welche Unterschiede können Sie feststellen? Erstellen Sie in Partnerarbeit eine Liste mit fünf Punkten. Diskutieren Sie Ihre Ergebnisse.
3. 1961 wurde die Mauer gebaut. Den Verlauf können Sie auf der Karte auf der Auftaktseite dieses Kapitels sehen. Besonders prägnant war die Mauer in Berlin, wo sie die Stadt teilte. Überlegen Sie, welche Konsequenzen sich durch den Bau der Mauer für die Menschen in der DDR und der BRD ergeben haben. Tauschen Sie sich mit Ihrem Sitznachbarn aus und diskutieren Sie anschließend im Plenum.
4. Überlegen Sie, ob es auf der Welt andere Staaten gibt, die ihr Gebiet durch eine Mauer abriegeln. Dazu können Sie eine ➲ Internetrecherche durchführen. Suchen Sie Informationen dazu, warum es diese Mauern heute gibt, und vergleichen Sie mit der deutschen Mauergeschichte.

Niedergang und Wiedervereinigung

Ende der 1980er-Jahre wuchs die Unzufriedenheit der DDR-Bevölkerung mit ihrem Staat. Am 9. November 1989 fiel nach friedlichen Protesten die Mauer in Berlin, danach wurde eine Wiedervereinigung angestrebt. Hierfür gab es jedoch unterschiedliche Konzepte. Am 18. März 1990 fanden die ersten gesamtdeutschen Wahlen statt. Das 10-Punkte-Programm von Bundeskanzler Helmut Kohl, das eine stufenweise Vereinigung, beginnend mit Soforthilfen für die DDR und einer Vertragsgemeinschaft vorsah, ging als Favorit daraus hervor. Danach wurde ein Vertrag mit den vier Besatzungsmächten, am 1. Juli 1990 der Staatsvertrag zur Wiedervereinigung und am 31. August der Einigungsvertrag geschlossen.

Die wichtigsten Inhalte aus dem Staatsvertrag zwischen der Bundesrepublik Deutschland und der Deutschen Demokratischen Republik

Währungsunion	Wirtschaftsunion	Sozialunion	
• DM einzige Währung • Deutsche Bundesbank einzige Zentralbank • Umtauschkurse Mark der DDR : DM 1:1 für Löhne und Gehälter, Renten, Mieten, Pachten, Stipendien 1:1 für Guthaben von natürlichen Personen bis zu bestimmten Höchstgrenzen 2:1 für alle übrigen Forderungen und Verbindlichkeiten	*Die DDR schafft die Voraussetzungen für die soziale Marktwirtschaft:* • Privateigentum • Freie Preisbildung • Wettbewerb • Gewerbefreiheit • Freier Verkehr von Waren, Kapital, Arbeit • ein mit der Marktwirtschaft verträgliches Steuer-, Finanz- und Haushaltswesen • Einfügung der DDR-Landwirtschaft in das EG-Agrarsystem	*Die DDR schafft Einrichtungen entsprechend denen in der BR Deutschland* • Rentenversicherung • Krankenversicherung • Arbeitslosenversicherung • Unfallversicherung • Sozialhilfe	*Die DDR schafft und gewährleistet nach dem Vorbild der BR Deutschland:* • Tarifautonomie • Koalitionsfreiheit • Streikrecht • Mitbestimmung • Betriebsverfassung • Kündigungsschutz

Für Anschubfinanzierung der Sozialsysteme werden Mittel aus dem Bundeshaushalt bereitgestellt. Für den Haushaltsausgleich der DDR-Finanzzuweisungen werden Mittel aus dem „Sonderfonds Deutsche Einheit" in Höhe von 115 Mrd. DK bereitgestellt.
Erstellt in Anlehnung an Globus 8317.

Die Opfer leiden noch immer noch
von Claus Peter Müller; 14.06.2006

[...] Der SED-Staat brach [...] zusammen, aber das Unrecht, das im Namen der Partei begangen wurde, ist immer noch nicht geheilt. Monat für Monat gehen bei der Thüringer Rehabilitierungsbehörde etwa 70 neue Anträge von Stasi-Opfern auf [...] Rehabilitierung „zur Bereinigung von SED-Unrecht" ein. [...]
Etwa 11 000 Opfer, die in der DDR aus politischen Gründen strafrechtlich verfolgt worden waren, wurden in Thüringen bisher von der Justiz rehabilitiert. Gründe für die Verfolgung waren etwa ein tatsächlicher oder angeblicher Fluchtversuch, aber auch das Verschweigen der Fluchtabsicht eines Freundes. Aus einem Treffen mit westdeutschen Besuchern konstruierte der SED-Staat den Vorwurf der Konspiration mit dem Klassenfeind, aus dem Brand einer Scheune den Vorwurf der Sabotage.
Etwa 13 000 Thüringer wurden bisher beruflich rehabilitiert. Darunter sind etwa Lehrer, die noch bis in die achtziger Jahre hinein einen Ausreiseantrag gestellt hatten. Sie hatten [...] „Schikane" der Behörden zu erdulden oder wurden mit einem Berufsverbot belegt. Junge Menschen wurden nicht zum Studium zugelassen, oder Abteilungsleiter in einem Betrieb wurden des Postens enthoben, wenn sie Ausreisewillige unterstützt hatten. [...]
Manche Opfer leiden noch immer an posttraumatischen Belastungsstörungen, Schlafstörungen, schrecken aus Angstträumen auf, schaffen es nicht, vor einer Gruppe von Menschen zu sprechen, leiden an Angst vor weiten Plätzen oder engen Räumen. Die Opfer [...] sind vielfach gezeichnet. Sie sind voller Mißtrauen gegenüber Behörden, beschimpfen Mitarbeiter in Amtsstuben mit der Frage: „Wer weiß, was Sie früher gemacht haben?"

Quelle: FAZ.NET; www.faz.net.

Jetzt sind Sie dran ...

5. Analysieren Sie die Grafik zum Staatsvertrag. Arbeiten Sie zunächst zu zweit die wichtigsten Inhalte heraus. Überlegen Sie anschließend, wie diese sich auf den Alltag der DDR-Bürger auswirkten. Diskutieren Sie Ihre Ergebnisse im Plenum.
6. Vergleichen Sie die Lebenswelt eines DDR-Bürgers mit der eines Bürgers der Bunderrepublik. Welche Unterschiede können Sie feststellen? Arbeiten Sie in Partnerarbeit zentrale Punkte heraus. Erstellen Sie ein Plakat mit den wichtigsten Unterschieden und präsentieren Sie es im Plenum (➲ Plakat erstellen; ➲ Präsentieren/Visualisieren).
7. Befragen Sie Zeitzeugen zum unterschiedlichen Leben in der Bundesrepubklik und der DDR. So können Sie die gesammelten Ergebnisse aus Aufgabe 7 noch ergänzen.
8. Lesen Sie den Zeitungsartikel. Sammeln Sie die Gründe, warum diese Menschen in der DDR verfolgt wurden, und erstellen Sie eine Liste.
9. Welche Wünsche hatten diese Verfolgten wohl bei der Wiedervereinigung an die Bundesrepublik Deutschland? Was sollte sich ändern? Schreiben Sie einen Brief eines Verfolgten an die damalige Bundesregierung.

8.3 Prinzipien der Demokratie in Deutschland: Das Grundgesetz

Am 1. September 1948 trat in Bonn der Parlamentarische Rat zusammen, der aus 65 Abgeordneten aller Parteien bestand. Diese waren von den Landtagen der westdeutschen Länder gewählt worden, um das Grundgesetz für die drei westlichen Besatzungszonen zu schreiben. Die Mitglieder mussten die richtigen Lehren aus der Vergangenheit ziehen. Knapp ein Jahr später, am 23. Mai 1949, trat das Grundgesetz in Kraft.

Die Bezeichnung Grundgesetz wurde gewählt, da man vom Begriff der Verfassung Abstand nehmen wollte. Gründe waren:
- Durch die Besatzung hatte das deutsche Volk keine völlige Handlungsfreiheit.
- Die Bundesrepublik war räumlich und zeitlich ein Provisorium.
- Die neue Ordnung sollte daher nur auf das Notwendigste beschränkt werden.

Der Parlamentarische Rat

Seit seinem Bestehen wurde das Grundgesetz mehr als 200-mal geändert. Hierzu gehört auch die Präambel:

Infobox

Präambel 1949:
„Im Bewußtsein seiner Verantwortung vor Gott und den Menschen, [...], hat das Deutsche Volk [...] um dem staatlichen Leben für eine Übergangszeit eine neue Ordnung zu geben, [...] dieses Grundgesetz der Bundesrepublik Deutschland beschlossen. Es hat auch für jene Deutschen gehandelt, denen mitzuwirken versagt war. Das gesamte Deutsche Volk bleibt aufgefordert, in freier Selbstbestimmung die Einheit und Freiheit Deutschlands zu vollenden."

Präambel 1990:
„Im Bewußtsein seiner Verantwortung vor Gott und den Menschen, [...] hat sich das Deutsche Volk kraft seiner verfassungsgebenden Gewalt dieses Grundgesetz gegeben.
Die Deutschen [...] haben in freier Selbstbestimmung die Einheit und Freiheit Deutschlands vollendet. Damit gilt dieses Grundgesetz für das gesamte Deutsche Volk."

Jetzt sind Sie dran ...

1. Das Grundgesetz sollte verhindern, dass sich so etwas wie der Nationalsozialismus wiederholen könnte. Arbeiten Sie zunächst in Partnerarbeit Merkmale der Diktatur Hitlers heraus. Informationen dazu finden Sie im Kapitel 7 auf S. 116/117. Überlegen Sie anschließend, wie das Grundgesetz diese Merkmale verhindern kann. Sammeln Sie Ihre Ergebnisse im Plenum.
2. Recherchieren Sie im Internet (➲ Internetrecherche) Grundgesetzänderungen und versuchen Sie, mögliche Gründe für diese herauszufinden. Tauschen Sie sich in der Klasse aus.
3. Lesen Sie die beiden Präambeln des Grundgesetzes und vergleichen Sie den Wortlaut miteinander. Suchen Sie nach dem Anlass für die Umgestaltung. Nutzen Sie hierfür auch Kapitel 8.2.

Die Verfassungen der zwei deutschen Staaten – ein Vergleich

Die Grundprinzipien der Demokratie in der Bundesrepublik sind seit 1949 im Grundgesetz festgelegt. Dazu zählt, dass

- Deutschland ein demokratischer und sozialer Bundesstaat ist (Art. 20,1),
- Meinungsfreiheit (Art. 5) herrscht,
- das gesamte Volk seine Vertreter wählt (Art. 20,2),
- alle Menschen vor dem Gesetz gleich sind (Art. 3,1),
- Vereine (Art. 9) und Parteien (Art. 21) frei gegründet werden dürfen,
- alle Parteien an der Willensbildung des Volkes mitwirken (Art. 21),
- jeder Eigentum (Art. 14) besitzen darf,
- jeder seinen Beruf und Arbeitsplatz frei wählen kann (Art. 12).

Jetzt sind Sie dran …

4. Lesen Sie die Auszüge aus der Verfassung der DDR. Vergleichen Sie die Grundsätze mit den Prinzipien, die im Grundgesetz verankert sind, und erstellen sie eine Tabelle mit den Unterschieden.
5. Machen Sie nun den ➲ Paar-Check und erklären Sie sich gegenseitig die wichtigsten Prinzipien der Bundesrepublik im Vergleich zur DDR-Verfassung.

6. Stellen Sie sich vor, Sie würden nach den Grundsätzen der DDR-Verfassung leben. Könnten Sie sich Unterschiede zu Ihren jetzigen Rechten, Ihrem Leben und Ihrem Alltag vorstellen? Überlegen Sie zunächst in Zweiergruppen und tauschen Sie sich anschließend in der Klasse aus.

Auszüge aus der Verfassung der DDR von 1974

Artikel 1:

Die Deutsche Demokratische Republik ist ein sozialistischer Staat der Arbeiter und Bauern. Sie ist die politische Organisation der Werktätigen in Stadt und Land unter der Führung der Arbeiterklasse und ihrer marxistisch-leninistischen Partei. […]

Artikel 2:

(1) Alle politische Macht in der Deutschen Demokratischen Republik wird von den Werktätigen in Stadt und Land ausgeübt. Der Mensch steht im Mittelpunkt aller Bemühungen der sozialistischen Gesellschaft und ihres Staates. Die weitere Erhöhung des materiellen und kulturellen Lebensniveaus des Volkes auf der Grundlage eines hohen Entwicklungstempos der sozialistischen Produktion, der Erhöhung der Effektivität, des wissenschaftlich-technischen Fortschritts und des Wachstums der Arbeitsproduktivität ist die entscheidende Aufgabe der entwickelten sozialistischen Gesellschaft.

(2) Das feste Bündnis der Arbeiterklasse mit der Klasse der Genossenschaftsbauern, den Angehörigen der Intelligenz und den anderen Schichten des Volkes, das sozialistische Eigentum an Produktionsmitteln, die Leitung und Planung der gesellschaftlichen Entwicklung nach den fortgeschrittensten Erkenntnissen der Wissenschaft bilden unantastbare Grundlagen der sozialistischen Gesellschaftsordnung.

(3) Die Ausbeutung des Menschen durch den Menschen ist für immer beseitigt. Was des Volkes Hände schaffen, ist des Volkes Eigen. Das sozialistische Prinzip „Jeder nach seinen Fähigkeiten, jedem nach seiner Leistung" wird verwirklicht.

Artikel 3:

(1) Das Bündnis aller Kräfte des Volkes findet in der Nationalen Front der Deutschen Demokratischen Republik seinen organisierten Ausdruck.

(2) In der Nationalen Front der Deutschen Demokratischen Republik vereinigen die Parteien und Massenorganisationen alle Kräfte des Volkes zum gemeinsamen Handeln für die Entwicklung der sozialistischen Gesellschaft. Dadurch verwirklichen sie das Zusammenleben aller Bürger in der sozialistischen Gemeinschaft nach dem Grundsatz, daß jeder Verantwortung für das Ganze trägt.

Quelle: www.documentarchiv.de

8.4 Das Regierungssystem in Deutschland – ein Vergleich mit Großbritannien

Nachdem Sie nun die Entstehungsgeschichte der Bundesrepublik und einige Merkmale unserer Demokratie kennengelernt haben, werden Sie auf den folgenden Seiten mehr über die Funktionslogik des politischen Systems erfahren. Um zunächst eine Übersicht darüber zu erhalten, welche Art von Demokratie in Deutschland vorhanden ist und wie genau das System aufgebaut ist, lohnt sich ein Vergleich mit einem anderen Staat: dem Vereinigten Königreich Großbritannien.

Die politischen Systeme von Deutschland und Großbritannien werden beide als parlamentarische Regierungssysteme klassifiziert, da die Regierung vom Parlament abberufen werden kann. Das heißt, das Parlament kann der Regierung das Misstrauen aussprechen und diese mitten in der Legislaturperiode abwählen. So kann das Parlament die Regierung kontrollieren. Dennoch sind die Systeme sehr unterschiedlich aufgebaut.

Sitzung im Bundestag

Das britische Parlament besteht aus zwei Kammern: dem Unterhaus und dem Oberhaus. Dem Unterhaus gehören 650 nach dem Prinzip der Mehrheitswahl gewählte Abgeordnete an. Hier werden alle politischen Entscheidungen getroffen. Im Oberhaus sitzen 550 ernannte Mitglieder, die Kammer hat hauptsächlich beratende Funktion.

Sitzung im britischen Unterhaus

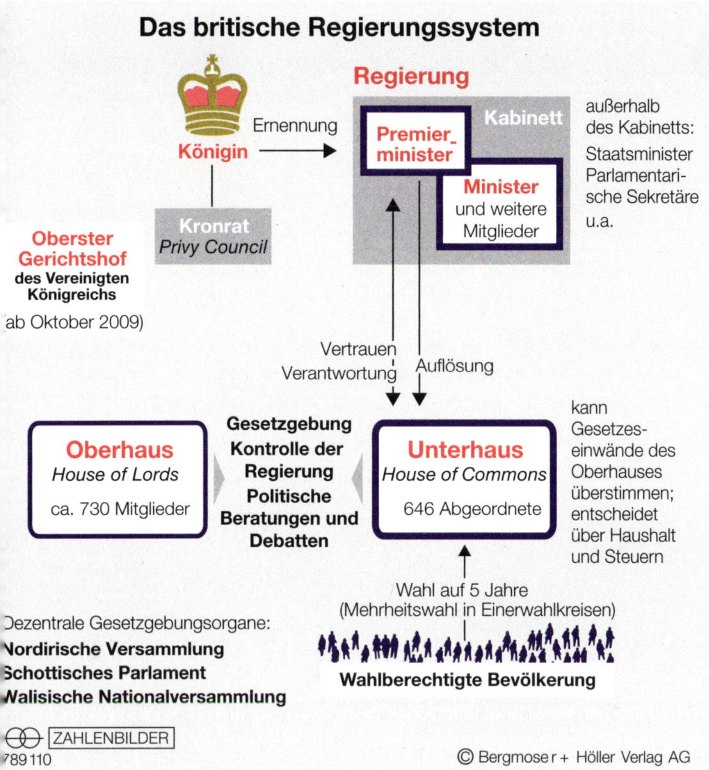

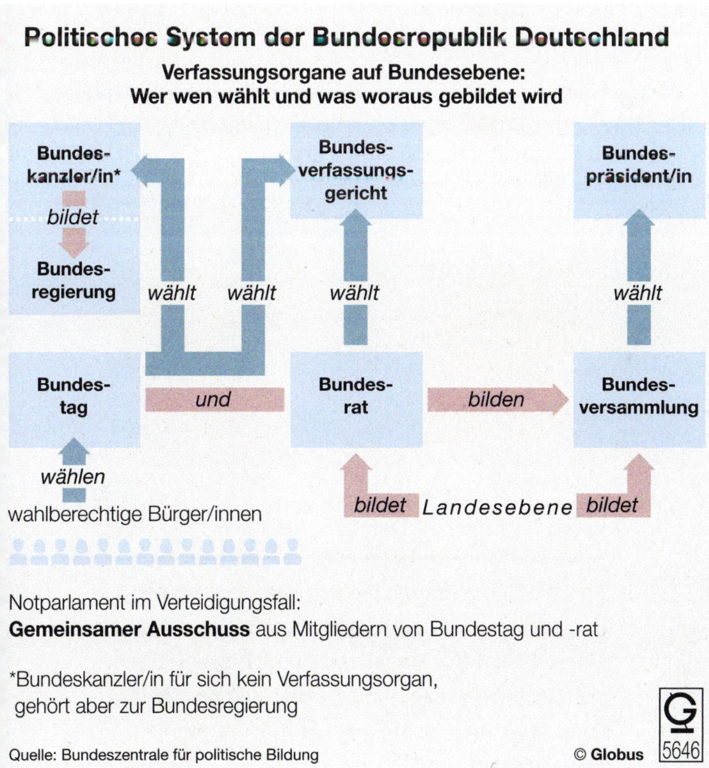

Jetzt sind Sie dran …

1. Betrachten Sie zunächst die beiden Fotos, die das britische Unterhaus, die zentrale Entscheidungskammer in Großbritannien, und den Deutschen Bundestag zeigen. Arbeiten Sie in Zweiergruppem heraus, wie sich die unterschiedliche Architektur und die Sitzordnung auf die Arbeitsweise der jeweiligen Parlamente auswirken könnten. Zur besseren Anschauung können Sie sich auch im Internet Parlamentsdebatten ansehen. Stellen Sie anschließend Ihre Ergebnisse im Plenum vor.
2. Analysieren Sie nun in Partnerarbeit die beiden Schaubilder über die Regierungssysteme (Diagramme/Schaubilder analysieren). Suchen Sie zunächst nach Gemeinsamkeiten. Finden Sie anschließend heraus, welche Unterschiede es im Hinblick auf das Parlament und die Staatsoberhäupter bzw. Regierungschefs gibt.
3. Paar-Check: Erklären Sie sich gegenseitig die Unterschiede und Gemeinsamkeiten der Regierungssysteme.
4. Stellen Sie sich nun vor, das englische System würde in Deutschland herrschen – was wäre dann anders? Diskutieren Sie in der Klasse (Diskussion).
5. Machen Sie mit Ihrem Arbeitspartner ein Rollenspiel: Ein deutscher und ein britischer Bürger treffen sich und tauschen sich über ihren Alltag und die Politik aus.
6. Das Gegenteil des parlamentarischen Regierungssystems ist die präsidentielle Demokratie. Zu diesem Systemtyp zählen die USA. Der größte Unterschied ist, dass das Parlament den Präsidenten nicht absetzen kann. Überlegen Sie, welche Konsequenzen daraus folgen. Um das US-amerikanische System besser zu verstehen, können Sie im Internet bei der Bundeszentrale für politische Bildung unter dem Stichwort „politisches System USA" mehr erfahren.

8.5 Wie Politik gemacht wird

Auf den vorangegangenen Seiten haben Sie gesehen, wie das politische System Deutschlands aufgebaut ist. Doch wie funktioniert dieses System nun? Wie kann die Politik auf gesellschaftliche Probleme reagieren und wie kommen anschließend Entscheidungen zustande? Um diese Realität nachvollziehen zu können, sind Modelle und Theorien hilfreich. Sie erklären uns ganz allgemein, wie etwas funktioniert. Der Politikzyklus z. B. erklärt in fünf Schritten, wie Politik gemacht wird:

1. Am Anfang stehen die Problemwahrnehmung und Problemdefinition: Welches Problem existiert für die Gesellschaft und inwieweit besteht ein Bedarf an einer Lösung?

2. Dann wird nach Lösungsmöglichkeiten gesucht: An welchen Rahmen müssen sich Lösungsvorschläge halten? Welche Lösungen sind populär, aber wenig hilfreich?

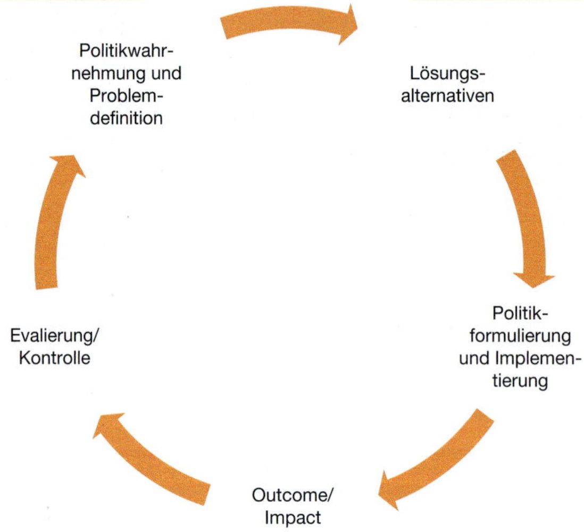

3. Nun folgen die Politikformulierung und Implementierung: Problemlösungsansätze werden in Form von Gesetzen formuliert. Dabei wird der Kompromiss aus den Interessen der verschiedensten Akteure sichtbar. Diese werden schließlich umgesetzt (implementiert).

4. Danach wird der Outcome/Impact (das Ergebnis) untersucht: Hier werden die beabsichtigten und auch nicht beabsichtigten Auswirkungen des Lösungsversuchs gemessen. Ist das Problem gelöst? Gibt es Nebenwirkungen? Was hat sich verändert?

5. Abschließend folgt die Evaluierung/Kontrolle: Muss die Maßnahme abgeändert werden, vielleicht sogar durch richterliche Überprüfung?

Jetzt sind Sie dran …

1. Machen Sie sich zunächst mit dem Politikzyklus vertraut. Lesen Sie den Text „Bundestag stimmt für Führerschein mit 17". Arbeiten Sie nun in Zweiergruppen und wenden Sie das Modell des Politikzyklus auf die Einführung des Führerscheins mit 17 an. Gehen Sie dabei auch auf die Inhalte sowie die Institutionen und Akteure ein, die im jeweiligen Schritt daran beteiligt waren.
2. Abschließend können Sie den Politikzyklus mit den entsprechenden Inhalten darstellen, z. B. auf einem Plakat (→ Plakat erstellen). Präsentieren Sie anschließend Ihr Plakat und tauschen sie Ihre Ergebnisse im Plenum aus (→ Präsentieren/Visualisieren).

Bundestag stimmt für Führerschein mit 17

17.06.2005

In Niedersachsen, Bremen und Hamburg wird es bereits praktiziert: Jugendliche dürfen mit 17 Jahren ihren Führerschein erwerben und in Begleitung fahren. Jetzt hat der Bundestag einer bundesweit einheitlichen Regelung zugestimmt.

Berlin – Nach dem Willen des Bundestags dürfen Jugendliche unter bestimmten Voraussetzungen künftig schon mit 17 Jahren den Führerschein machen. Allerdings ist ihnen das Fahren nur in Begleitung eines „namentlich benannten" Erwachsenen erlaubt. Einen entsprechenden Koalitionsentwurf verabschiedete das Parlament am Freitag mit den Stimmen von Rot-Grün und der Unions-Fraktion.

Das Bundesverkehrsministerium kann danach per Verordnung einheitliche Vorgaben zum „Begleiteten Fahren ab 17" erlassen, während es den Ländern überlassen sein soll, ob sie von der Möglichkeit Gebrauch machen, eine Fahrerlaubnis schon ab Vollendung des 17. Lebensjahrs zu erteilen. Das Gesetz bedarf der Zustimmung des Bundesrats. Die Unions-dominierte Länderkammer wird sich voraussichtlich am 8. Juli mit der Vorlage befassen.

Der Gesetzgeber erhofft sich mit der Initiative eine Senkung des Unfallrisikos bei jungen Fahranfängern. Im Jahr 2003 seien an mehr als einem Fünftel aller Unfälle mit Personenschäden 18- bis 24-Jährige als Fahrer beteiligt gewesen. Dabei habe die Gruppe der Fahranfänger überdurchschnittlich häufig die Hauptschuld am Unfall getragen. Erfahrungen in Österreich und Studien gaben dem Gesetzgeber Anlass zu der Erwartung, dass es bei Fahrten in Begleitung zu weniger Unfällen kommt als bei Fahrten ohne Begleitung. Bei einer entsprechenden Fahrpraxis könne daher davon ausgegangen werden, dass Fahranfänger nach der Begleitphase bessere Fahrer werden.

Als erstes Bundesland hatte Niedersachsen den Modellversuch im April 2004 in einigen Regionen eingeführt und seit März auf das ganze Land ausgedehnt. Hier dürfen nur Erziehungsberechtigte die jugendlichen Fahrer begleiten. Nachdem im Februar ein Gesetzesvorschlag im Verkehrsausschuss des Bundestags gescheitert war, haben sich auch Hamburg und Bremen für die Einführung von Modellversuchen ab 1. Juni entschlossen. Hamburg erlaubt dabei auch, dass Dritte unter bestimmten Bedingungen auf dem Beifahrersitz die Aufsicht haben.

Quelle: SPIEGEL ONLINE; www.spiegel.de

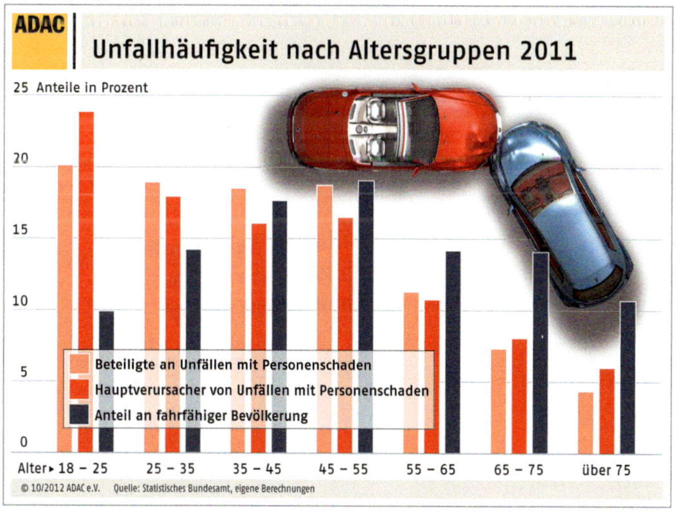

Jetzt sind Sie dran …

3. Welches Problem ist momentan für Sie relevant und sollte von der Politik angepackt werden? Entscheiden Sie sich in Zweiergruppen für ein Thema.
4. Gehen Sie den Politikzyklus durch und denken Sie auch hier an die Institutionen und Akteure, die eingebunden sind. Sie können hierzu wieder ein Plakat erstellen und dieses anschließend der Klasse präsentieren (➲ Plakat erstellen; ➲ Präsentieren/Visualisieren).

8.6 Staatliche Macht braucht Kontrolle

Staatliche Macht braucht Kontrolle, damit sie nicht missbraucht wird. In Deutschland ist die Macht daher aufgeteilt durch die sogenannte Gewaltenteilung in Exekutive (ausführende Gewalt), Legislative (gesetzgebende Gewalt) und Judikative (richtende Gewalt). Sie sollen sich gegenseitig beschränken. Diese Grundlagen sowie die Institutionen und Aufgaben unseres Staates sind im Grundgesetz festgeschrieben. Im Bundestag und Bundesrat wurden der Opposition vielfältige Instrumente eingeräumt, um die Regierungsarbeit zu überprüfen. Die politische Macht wird aber auch von der Zivilgesellschaft in Form von Organisationen, Verbänden und Vereinen, die am politischen Entscheidungsprozess teilhaben, kontrolliert. Ebenso üben die Medien durch freie Berichterstattung eine kontrollierende Wirkung aus. Des Weiteren ist die politische Macht auch zeitlich begrenzt durch die Legislaturperioden von vier Jahren. Dann muss neu gewählt werden. In Deutschland ist die Macht auch durch den föderalen Staat geteilt. So haben die Länder eigene Kompetenzen, in die der Bund nicht eingreifen darf, und die Länder müssen bei bestimmten Gesetzen, die der Bundestag verabschiedet, zustimmen.

Bundesverfassungsgericht stellt fest, dass die Gleichstellung von Mann und Frau auch beim Gehalt gewährleistet werden müsse, und fordert die Regierungsparteien und die Gesetzgeber auf, dies zu ändern.

Das Grundgesetz schränkt militärische Aktionen Deutschlands ein.

Wähler erteilen den Regierungsparteien eine deutliche Quittung

Opposition beantragt Einrichtung eines Untersuchungsausschusses

Gewerkschaften fordern vom Bundesarbeitsminister eine Gleichstellung des Lohnniveaus in alten und neuen Bundesländern.

Journalisten decken Schmiergeldaffäre in Politikerkreisen auf

Bürgerinitiative macht auf Umweltsünden des Ölgiganten aufmerksam

Fehlinvestitionen bei öffentlichen Gebäuden werden vom Bundesrechnungshof gerügt

Heftiger Wiederstand Bayerns, dem Gesetz zum Mindestlohn zuzustimmen

Jetzt sind Sie dran …

1. Lesen Sie den Einführungstext. Fertigen Sie zunächst eine Liste an, welche Institutionen und Akteure die politische Macht in Deutschland beschränken.
2. Ordnen Sie nun die Schlagzeilen den Institutionen und Akteuren in Ihrem Schaubild zu.
3. Fallen Ihnen zu den jeweiligen Kategorien noch mehr Beispiele ein? Ergänzen Sie diese auf Ihrer Liste.
4. Nun können Sie im Plenum Ihre Ergebnisse zusammentragen. So erhalten Sie eine gute Übersicht über die Möglichkeiten der Machtkontrolle in Deutschland.

Beispiel: Kontrolle im Bundestag

Die Arbeit im Bundestag ist geprägt durch den Gegensatz zwischen den Parteien, die zusammen eine Koalition und somit die Regierung bilden, und den oppositionellen Fraktionen, die nicht an der Regierung beteiligt sind. Auch wenn die Opposition nicht aktiv die Regierungsarbeit mitgestalten kann, so hat sie doch mehrere Möglichkeiten, diese zu kontrollieren. Eine Möglichkeit ist, einen Untersuchungsausschuss zu beantragen:

Opposition
Mehrheitsfraktion sind diejenigen Parteien, die zusammen die Mehrheit im Parlament besitzen und die Regierungsarbeit tragen. Opposition sind alle anderen Mitglieder des Parlaments.

> Nach Artikel 44 des Grundgesetzes kann und muss der Deutsche Bundestag auf Antrag eines Viertels seiner Mitglieder einen Untersuchungsausschuss einsetzen. Dieser prüft hauptsächlich mögliche Missstände in Regierung und Verwaltung und mögliches Fehlverhalten von Politikern. Untersuchungsausschüsse können Zeugen und Sachverständige vernehmen und sonstige Ermittlungen durch Gerichte und Verwaltungsbehörden vornehmen lassen. Das Ergebnis fasst der Untersuchungsausschuss in einem Bericht an das Plenum zusammen.
>
> Quelle: Deutscher Bundestag; www.bundestag.de

Angela Merkel im Untersuchungsausschuss zum Atommüllendlager Gorleben

> **Merkel vor Untersuchungsausschuss: Störfall Gorleben**
>
> *Von Anna Reimann; 27.09.2012*
>
> Gorleben, immer wieder Gorleben. Das kleine Nest im äußersten Osten Niedersachsens ist seit Jahrzehnten ein Synonym für die verhärteten Fronten in Deutschlands Atompolitik. Während konservative Politiker im Verbund mit der Energiewirtschaft in den Salzstollen unterhalb des kleinen Ortes Deutschlands atomares Endlager einrichten wollen, kämpfen SPD und Grüne seit Langem im Verbund mit der Anti-Atom-Szene gegen diesen Standort. Gleichwohl: Irgendwo muss der Müll ja hin.
>
> Woran sich heute kaum noch jemand wirklich erinnert: Für einige Jahre ihres Politikerlebens war auch Angela Merkel für Gorleben zuständig – als Bundesumweltministerin in der Regierung von Helmut Kohl. Diese Vergangenheit holt die heutige Kanzlerin nun ein: Mit großem Tamtam will die Opposition sie im Gorleben-Untersuchungsausschuss befragen.
>
> Der Ausschuss wurde 2010 von der Opposition ins Leben gerufen. Mehr als zwei Jahre lang wurden Tausende von Akten aus mehr als drei Jahrzehnten ausgewertet, Zeugen befragt. Herausgekommen ist bislang wenig – außer der Erkenntnis, dass die Suche nach einem Endlager wohl transparenter ablaufen muss. Merkels Auftritt ist gleichsam als Höhepunkt des Unternehmens gedacht.
>
> Quelle: SPIEGEL ONLINE; www.spiegel.de

Jetzt sind Sie dran ...

5. Lesen Sie den Text über den Untersuchungsausschuss Gorleben. Informieren Sie sich durch ➲ Internetrecherche über die Hintergründe. Warum hat die Opposition diesen Ausschuss beantragt, wie ist der Ausschuss zusammengesetzt und wie erfolgreich war dieser? Tragen Sie die Ergebnisse im Plenum zusammen.
6. Diskutieren Sie in der Klasse: Ist ein Untersuchungsausschuss ein wirkungsvolles Instrument der Machtkontrolle (➲ Diskussion)?
7. Informieren Sie sich auf der Seite des Bundestages und der Landtage unter dem Stichwort Untersuchungsausschuss: Welche aktuellen Untersuchungsausschüsse gibt es auf Bundes- und auf Ihrer Landesebene? Sie können sich hierzu aufteilen. Eine Gruppe übernimmt ein Bundesland und eine den Bund. Stellen Sie Ihre Rechercheergebnisse anschließend der Klasse vor.

8.7 So funktioniert unser politisches System: Nutzen Sie Ihre Kompetenzen

Stellen Sie sich vor, es ist das Jahr 1980. Deutschland ist noch geteilt in West- und Ostdeutschland. Nun trifft ein Schüler aus der Bundesrepublik auf einen aus der DDR und beide tauschen sich aus über ihr Leben und die politische Situation in ihren jeweiligen Ländern. Arbeiten Sie an den Aufgaben in Partnerarbeit, wobei jeder von Ihnen jeweils eine Rolle übernimmt. Führen Sie abwechselnd Teile des Gesprächs vor der Klasse als ➲ Rollenspiel vor.

1. Unten sehen Sie das Lied der SED, der Sozialistischen Einheitspartei der DDR. Der Schüler aus der DDR kennt es, es wird bei offiziellen Feiern gesungen. Nun muss der Schüler aus der Bundesrepublik überlegen, ob es in seinem Land etwas Ähnliches gibt.
2. Lesen Sie nun den Text des Liedes. Gibt es Unterschiede in den Auffassungen der SED, die Sie in diesem Lied finden, und denen des westdeutschen Parteiensystems?
3. Tauschen Sie sich über Ihren Alltag aus: Gibt es Einschränkungen in Ihrem Leben? Gibt es Dinge, die einer von Ihnen tun darf und der andere nicht?
4. In Kapitel 8.6 haben Sie die Kontrollmechanismen im politischen System Deutschlands kennengelernt. Schauen Sie sich noch einmal die Doppelseite mit den verschiedenen Beispielen an. Nun ist vor allem der Schüler aus der DDR gefragt: Gibt es diese auch in der DDR?
5. In Kapitel 7 haben Sie Einiges über die antike Demokratie gelernt. Stellen Sie sich vor, ein antiker Philosoph wie Kleisthenes würde in das Deutschland von 1980 reisen: Versuchen Sie nun, Kleisthenes ihr jeweiliges politisches System zu erklären.
6. Die DDR bezeichnet sich als demokratisch. Tauschen Sie sich darüber aus, was am System der DDR als demokratisch eingestuft werden kann und was nicht. Dabei kann der Schüler aus der Bundesrepublik als Erstes demokratische Merkmale aus seinem Staat aufzählen (siehe z.B. Kapitel 8.3 und 8.6). Dann überlegt der Schüler aus der DDR, ob es diese Elemente auch dort gibt.
7. Stellen Sie sich vor, Sie würden in Ihrem zukünftigen Beruf in den 1980er Jahren arbeiten, einer von Ihnen in der Bundesrepublik, der andere in der DDR. Welche Unterschiede und Gemeinsamkeiten können Sie sich vorstellen? Denken Sie an Ihren Berufsalltag, wer Ihr Arbeitgeber sein könnte, welche Anstellungsmöglichkeiten, Aufstiegschancen und Rechte Sie als Arbeitnehmer hätten.
8. Im Kapitel 8.4 haben Sie den Politikzyklus kennengelernt. Überlegen Sie, wie dieser in der DDR funktionieren würde. Dazu kann der Schüler aus der Bundesrepublik zunächst den Zyklus wiederholen und der Schüler aus der DDR versucht diesen dann für sein System anzuwenden. Gibt es Unterschiede?
9. Rechts sehen Sie Grafiken von zwei Wahlperioden der Volkskammer der DDR und des Deutschen Bundestags in den

Das Lied der Partei

Sie hat uns alles gegeben.
Sonne und Wind und sie geizte nie.
Wo sie war, war das Leben.
Was wir sind, sind wir durch sie.
Sie hat uns niemals verlassen.
Fror auch die Welt, uns war warm.
Uns schützt die Mutter der Massen.
Uns trägt ihr mächtiger Arm.

Die Partei, die Partei, die hat immer Recht!
Und, Genossen, es bleibe dabei;
Denn wer kämpft für das Recht,
Der hat immer recht.
Gegen Lüge und Ausbeuterei.
Wer das Leben beleidigt,
Ist dumm oder schlecht.
Wer die Menschheit verteidigt,
Hat immer recht.
So, aus Leninschem Geist,
Wächst, von Stalin geschweißt,
Die Partei – die Partei – die Partei.

...

(Text und Musik: Louis Fürnberg, 1950)

1980er Jahren. Vergleichen und analysieren Sie diese Ergebnisse in Ihren beiden Staaten miteinander. Welche Unterschiede und Gemeinsamkeiten können Sie feststellen?

10. Interpretieren Sie die Karikatur (➲ Karikaturanalyse): Auf welches Klischee will der Zeichner hinweisen? Anschließend können Sie aus Ihrer jeweiligen Rolle heraus diskutieren, ob Sie diese Vorurteile für zutreffend halten.

Sitze der Parteien im 10. Deutschen Bundestag 1980
Stand bei der Wahl (einschl. der Abgeordneten von Berlin-West)

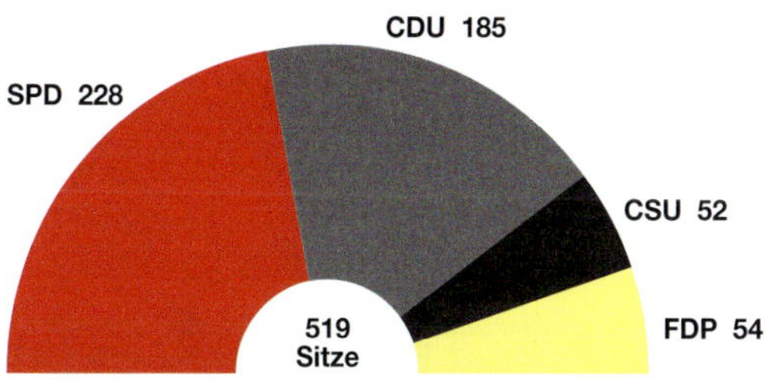

Sitze der Parteien im 10. Deutschen Bundestag 1980
Stand bei der Wahl (einschl. der Abgeordneten von Berlin-West)

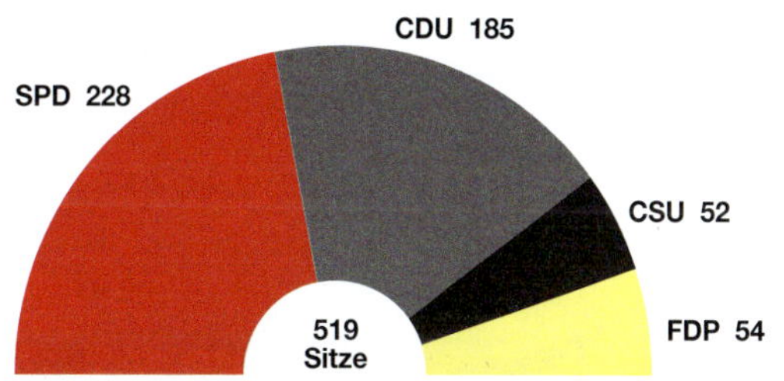

Die Volkskammer bestand aus 500 Sitzen.

In der **8. Wahlperiode** von 1981 bis 1986 bestand folgender Schlüssel für die Zusammensetzung der Volkskammer:

Partei	Massenorganisation	Mandate
SED	Sozialistische Einheitspartei Deutschlands	127
CDU	Christlich Demokratische Union Deutschlands	52
LDPD	Liberal-Demokratische Partei Deutschlands	52
DBD	Demokratische Bauernpartei Deutschlands	52
NDPD	Nationaldemokratische Partei Deutschlands	52
FDGB	Freier Deutscher Gewerkschaftsbund	68
FDJ	Freie Deutsche Jugend	40
DFD	Demokratischer Frauenbund Deutschlands	35
KB	Kulturbund der DDR	22

Zum Vergleich: In der **9. Wahlperiode** von 1986 bis 1990 sah der Schlüssel für die Zusammensetzung der Volkskammer so aus:

Partei	Massenorganisation	Mandate
SED	Sozialistische Einheitspartei Deutschlands	127
CDU	Christlich-Demokratische Union Deutschlands	52
LDPD	Liberal-Demokratische Partei Deutschlands	52
DBD	Demokratische Bauernpartei Deutschlands	52
NDPD	Nationaldemokratische Partei Deutschlands	52
FDGB	Freier Deutscher Gewerkschaftsbund	68
FDJ	Freie Deutsche Jugend	40
DFD	Demokratischer Frauenbund Deutschlands	35
KB	Kulturbund der DDR	22
VdgB	Vereinigung der gegenseitigen Bauernhilfe	14

11. Um das Leben in der DDR besser kennenzulernen, können Sie sich Filme wie „Good bye, Lenin“, „Sonnenallee“, „Der Tunnel“ oder „Das Leben der Anderen“ anschauen.

9 Wie kann ich mitbestimmen in der Politik?

Diese Methoden verwenden Sie:

- Pro-Kontra-Debatte
- Umfrage
- Präsentieren/Visualisieren
- Kugellager
- Mindmap
- Diagramme/Schaubilder analysieren
- Podiumsdiskussion
- Kommentar
- Diskussion
- Leserbrief schreiben
- Plädoyer
- Plakat erstellen
- Karikaturanalyse
- Protokoll führen
- Internetrecherche
- Amerikanische Debatte
- Clustern
- Fishbowl-Methode

So vernetzen Sie Ihr Wissen:

Mit den Themen:
- Gesellschaft heute – wie leben wir zusammen? (→ Kap. 2)
- Demokratie in der Arbeitswelt (→ Kap. 5)
- Regieren und regiert werden: Demokratie als Idee und Praxis (→ Kap. 7)
- So funktioniert unser politisches System (→ Kap. 8)
- Die Europäische Union – mehr als ein Wirtschaftsraum (→ Kap. 13)

Eine Demokratie lebt davon, dass sich ihre Bürger engagieren und beteiligen. Was für uns heute selbstverständlich wirkt, hat eine lange Geschichte. Denn erst mit der Erklärung der Menschenrechte 1776 in den USA und 1789 in Frankreich sind allen Menschen Rechte zugeordnet worden. Zuvor hatten nur der Adel und der Klerus sowie die Ratsherren und Bürgermeister wichtiger Städte politische Teilhaberechte. Die meisten „Normalbürger", also die Bauern, waren unfrei und hatten als Leibeigene keinerlei politische Rechte; ganz im Gegenteil: Sie waren Objekte der politischen Auseinandersetzungen und mussten sowohl durch Arbeitsdienste und Abgaben als auch durch Kriegsdienste die politische Macht ihrer Herren sichern.

Erst im 19. Jahrhundert wurde es durch die zunehmende Demokratisierung und die Erlangung des Wahlrechts immer breiterer Bevölkerungsschichten für immer mehr Menschen möglich, sich zu engagieren und somit die Politik eines Landes zu beeinflussen. Dabei darf man sich heute aber keinerlei Illusionen hingeben: Zumeist waren es immer noch die Adligen und Großindustriellen, welche die Macht kontrollierten. Das lag zum Großteil daran, dass es schon immer auch eine Frage des Geldes war, sich politisch engagieren zu können. Erst 1906 wurde in Deutschland eine Abgeordnetenentschädigung eingeführt. Bis dahin war politische Arbeit ein Ehrenamt und dadurch nur den reicheren Staatsbürgern zugänglich.

Nach 1945 wurde in Deutschland versucht, möglichst vielen Bürgern demokratische Partizipationsformen nahezubringen und sie somit zu einem lebendigen Teil der Demokratie zu machen. Bekannte Partizipationsformen sind z. B. die Teilnahme an Wahlen und die Mitbestimmung in Betrieben und Schulen. Mit der Weiterentwicklung der Technik und durch neue Herausforderungen an Politik und Gesellschaft sind neben den konventionellen viele neue Möglichkeiten der Partizipation entstanden.

Diese Kompetenzen erwerben Sie:

- Sie können verschieden Formen der Partizipation erklären.
- Sie können Wahlen in Deutschland kritisch bewerten.
- Sie können die Rolle von Parteien und Verbänden im politischen System aufzeigen.
- Sie können alternative Partizipationsformen wie Bürgerinitiativen, Flashmobs und Liquid Democracy beschreiben.
- Sie können den wehrhaften Charakter unserer Demokratie aufzeigen.

9.1 Was ist Partizipation?

Partizipation bedeutet Teilhabe. Politische Partizipation meint die aktive Mitgestaltung von politischen Prozessen und Entscheidungen durch die Bürger. Dabei kann politische Partizipation ganz unterschiedliche Formen haben:

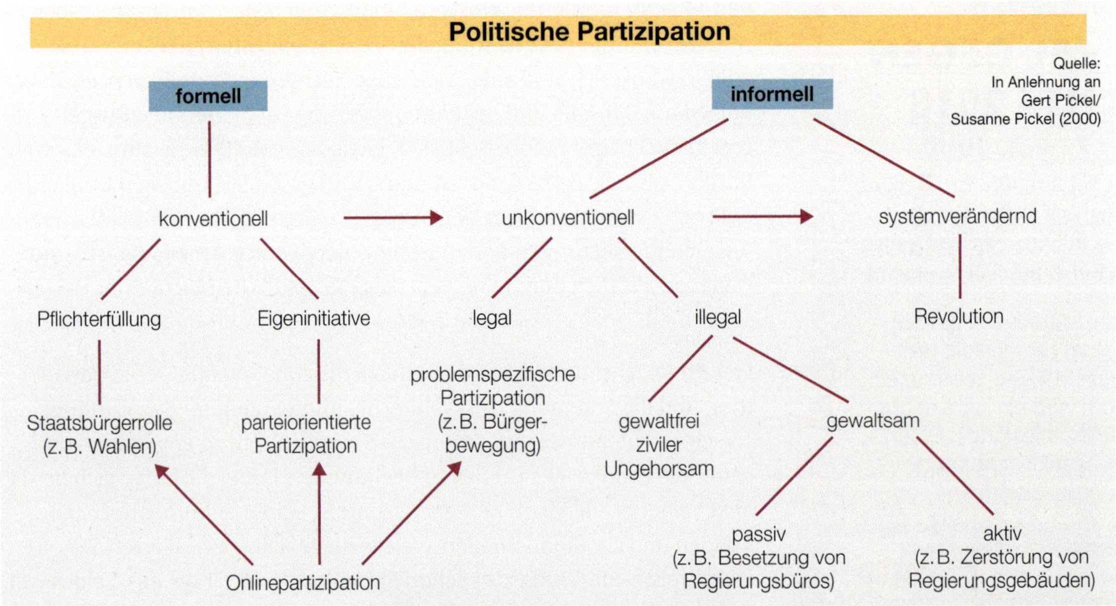

Hausbesetzung

Abstimmung auf Parteitag

Krawalle um Neonazi Demo

Jetzt sind Sie dran …

1. Ordnen Sie die Bilder auf dieser Seite sowie von den Seiten 136/137 den jeweiligen Arten der Partizipation im Schaubild zu.
2. Führen Sie eine kurze ➲ Umfrage in der Klasse durch: Wer hat schon einmal an welcher Form der Partizipation teilgenommen?
3. Überlegen und notieren Sie, welche Art der Partizipation Bürger in Deutschland wohl am häufigsten ausüben und welche am wenigsten. Überlegen Sie anschließend, was die Gründe dafür sein könnten.

9.2 Wahlen in Deutschland

Wahlen sind ein Prozess der direkten Beteiligung der Bürger am politischen Geschehen und ein Kernelement jeder Demokratie. Durch Stimmabgabe bestimmt das Volk seine Vertreter. Dabei variiert die Wahlbeteiligung in Deutschland stark:

Wahlbeteiligung erreicht historischen Tiefstand

Von M. Hollstein und P. Kuhn; 27.09.2009

Trotz des schönen Wetters ist die Wahlbeteiligung bei der diesjährigen Bundestagswahl massiv gesunken. [...] das ist die niedrigste Wahlbeteiligung seit Kriegsende. [...]
Dabei waren die Nichtwähler so heftig umworben worden wie nie zuvor bei einer Bundestagswahl. Demokratie-Busse wurden losgeschickt, um auf der Straße Überzeugungsarbeit zu leisten, TV-Spots mit Wahlaufrufen gedreht und übers Internet „Wahldates“ arrangiert. [...] Der beginnende Bundestagswahlkampf hatte offenbar eher abgeschreckt als zu mobilisieren. Schon wurde von einer „Partei der Nichtwähler“ gesprochen und in den politischen Feuilletons die Frage diskutiert, ob Nichtwählen undemokratisch sei. [...] Keineswegs sind sie generell der Demokratie überdrüssig. Nur 16 Prozent der Befragten, die sich zuvor als potenzielle Nichtwähler geoutet hatten, gaben an, sie hielten Wahlen grundsätzlich für überflüssig. Lediglich ein Drittel bekannte, kein Interesse an Politik zu haben. Die meisten treibt vielmehr das Gefühl um, politisch keine Heimat mehr zu haben. So sagten knapp zwei Drittel, dass ihnen keine der zur Wahl antretenden Parteien mehr gefällt.
Die Geschichte zeigt, dass vor allem polarisierende Themen zur Teilnahme animieren. So wurde die höchste Wahlbeteiligung bei einer Bundestagswahl 1972 verzeichnet: 91,1 Prozent der Wahlberechtigten stimmten damals ab.

Quelle: www.welt.de

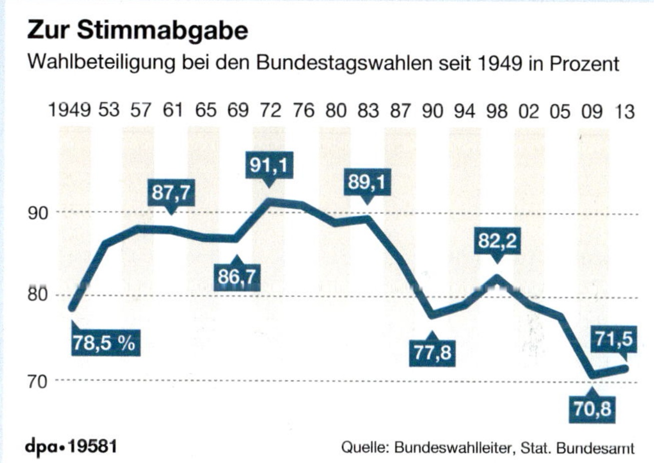

Jetzt sind Sie dran ...

1. Führen Sie eine kleine ➲ Umfrage in Ihrer Klasse durch: Wie oft waren Sie schon wählen?
2. Sammeln Sie Statements, warum Sie wählen gehen bzw. warum Sie dies nicht tun, und halten Sie diese auf Karteikarten fest. ➲ Clustern und bewerten Sie die Aussagen anschließend.
3. In Europa gibt es Staaten, die eine Wahlplicht haben. Dazu zählen u. a. Belgien, Griechenland, Luxemburg und Zypern. Bei der Nichteinhaltung der Wahlpflicht wird meist eine Geldstrafe verhängt. Diskutieren Sie im Klassenplenum die Vor- und Nachteile einer Wahlpflicht mithilfe der ➲ Fishbowl-Methode. Führen Sie anschließend in der Klasse eine Abstimmung durch.
4. Lesen Sie den Zeitungsartikel und analysieren Sie die zugehörige Grafik (➲ Diagramme/Schaubilder analysieren): Notieren Sie, welche Faktoren sich auf das Verhalten der Wähler auswirken.
5. Erarbeiten Sie in Arbeitsgruppen Möglichkeiten, um eine höhere Wahlbeteiligung zu erreichen.
6. Präsentieren Sie Ihre Ideen im Plenum und diskutieren Sie, welche Ideen geeignet sind und welche nicht (➲ Diskussion). Stimmen Sie nach jedem Aspekt per Handzeichen ab.

9.3 Parteien

Art. 21 (Grundgesetz)
(1) Die Parteien wirken bei der politischen Willensbildung des Volkes mit. Ihre Gründung ist frei. Ihre innere Ordnung muss demokratischen Grundsätzen entsprechen. [...]

Wichtige politische Akteure in der Bundesrepublik Deutschland sind die Parteien. Ihre Existenz ist für das politische System unerlässlich, da sie eine bedeutende Verbindung zwischen Volk und Politik darstellen. Parteien spielen eine zentrale Rolle im Willensbildungs- und Entscheidungsprozess, sie rekrutieren und stellen das politische Personal. Die Parteien vertreten dabei die verschiedenen Interessen der Bürger in ihren Programmen. Deswegen ist unsere Demokratie davon geprägt, dass die Parteien in ständigem Wettbewerb miteinander stehen und versuchen, Wähler zu gewinnen und in möglichst vielen Bereichen Einfluss zu nehmen.

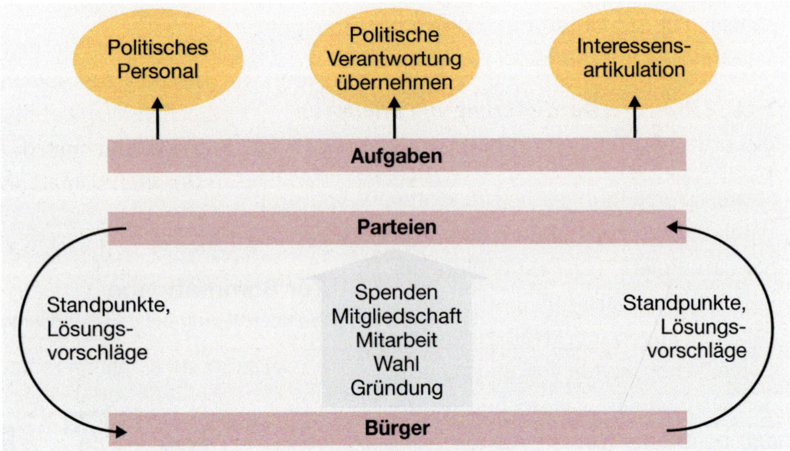

Parteienverdrossenheit

Seit Anfang der 1990er Jahre verlieren die etablierten Parteien sowohl Wähler als auch Mitglieder. Regelmäßig werden neue Tiefstände der Wahlbeteiligung gemeldet. Die „Parteienverdrossenheit" hat viele Ursachen und Symptome. [...] Zum einen haben alle sechs Bundestagsparteien, vor allem die Großparteien CDU und SPD, in den vergangenen Jahren und teilweise schon seit 1990 einen stetigen Mitgliederverlust zu verzeichnen. Zum anderen ist die Wahlbeteiligung bei Bundestags- und Europawahlen seit den 1980er Jahren rückläufig. In dem gleichen Zeitraum stieg hingegen die Zahl der so genannten Protestwähler.
Hinzu kommt, dass die Parteimitglieder durchschnittlich immer älter werden, da zu wenig junge Mitglieder nachrücken. Auch bei Wahlen enthalten sich insbesondere junge Wahlberechtigte. Parallel dazu steigt die Zahl der Wechselwähler, die in ihrer Wahlentscheidung nicht mehr für längere Zeit auf eine Partei festzulegen sind.
Aus diesen Trends lässt sich schließen, dass die Bindungs- und Mobilisierungskraft der Parteien sinkt. Dies lässt sich zurückzuführen auf einen Vertrauensverlust der Bevölkerung in die etablierten politischen Parteien und ihre Fähigkeit, Probleme zu lösen.
Die Parteien erscheinen also als zunehmend von ihren früheren Wählerschaft und Mitgliedern abgekoppelt. Ihre Funktion als Scharnier zwischen Gesellschaft und Staat büßt an Kraft ein.

Quelle: Bundeszentrale für politische Bildung; www.bpb.de

Jetzt sind Sie dran ...

1. Lesen Sie den Text und sammeln Sie in Einzelarbeit Aspekte der Parteienverdrossenheit.
2. Überlegen Sie anschließend in Partnerarbeit, was die Parteien tun könnten, um aus ihrem Tief herauszukommen. Fertigen Sie dazu eine kleine Präsentation an, die Parteien helfen soll, mehr Bürger zu erreichen (➲ Präsentieren/Visualisieren).

9.4 Interessengruppen

Menschen haben unterschiedliche Interessen. In Deutschland können sich Bürger mit gleichen Interessen zu Interessengruppen zusammenschließen. Diese haben verschiedenste Formen: der Kegelverein, die Bürgerinitiative für den neuen Fußgängertunnel, der Verband gegen Tierversuche in der Kosmetik, die Organisation für Umweltschutz, die Gewerkschaft der Metallberufe oder der Dachverband der Architekten. Diese unterschiedlichsten Interessen kann man in fünf Handlungsfelder aufteilen:

- Bereich Wirtschaft und Arbeitswelt
- sozialer und karitativer Bereich
- Bereich Freizeit, Sport und Erholung
- Bereich Religion, Kultur und Wissenschaft
- gesellschaftlicher und politischer Bereich

Ein **Verein** erbringt vor allem für seine Mitglieder Leistungen. Ein **Verband** versucht hingegen, nach außen zu wirken und die Interessen seiner Mitglieder in den politischen Prozess einzubringen. In einem **Dachverband** sind mehrere Verbände zusammengeschlossen.

Eine **Bürgerinitiative** entsteht aufgrund eines bestimmten Bedürfnisses aus der Bevölkerung heraus.

Art. 9 (Grundgesetz)
(1) Alle Deutschen haben das Recht, Vereine und Gesellschaften zu bilden.

Organisation und Durchsetzung von Interessen

Allerdings sind manche Interessen besser organisiert als andere. Dies sieht man z. B. an der großen Anzahl von Gewerkschaften und Unternehmerverbänden. Der Grund ist, dass diese Interessengruppen viele Mitglieder und die finanziellen Kapazitäten haben, um ihre Ziele zu verfolgen. Hier zeigt sich auch die sogenannte Konfliktfähigkeit von Interessen. Wenn die Angestellten der Bahn streiken, wird der Nahverkehr lahmgelegt und ihr Anliegen muss schnell behandelt werden. Andere Interessen sind schwerer zu vertreten, wie z. B. von Kindern oder Tieren. Diese Gruppen können auch nicht durch Streiks Druck auf Politik und Gesellschaft ausüben, um ihre Ziele durchzusetzen.

Interessengruppen im politischen Prozess/Lobbyarbeit

Im politischen Entscheidungsprozess übernehmen Interessengruppen eine wichtige Rolle. Politiker brauchen ihr Fachwissen und gleichzeitig müssen die unterschiedlichen Standpunkte eingeholt werden, damit ein Kompromiss entstehen kann, mit dem alle zufrieden sind. Außerdem versuchen Interessengruppen, selbst Druck auf die Politik auszuüben, damit Entscheidungen zu ihren Gunsten gefällt werden. Druckmittel können dabei der Entzug der Wählerstimmen oder der Unterstützung einer bestimmten Partei sein.

Jetzt sind Sie dran …

1. Suchen Sie für jedes der fünf Interessengebiete ein Beispiel, am besten per ➲ Internetrecherche. Sammeln Sie anschließend in der Klasse Ihre Ergebnisse auf einem Poster oder an der Tafel. So haben Sie einen guten Überblick über die unterschiedlichen Gruppierungen, die es gibt.
2. Die meisten Berufsgruppen sind in einem Verband oder in einer Gewerkschaft vertreten. Informieren Sie sich doch einmal, in welcher Interessensgruppe Ihr Wunschberuf ist.
3. Was würden Sie sich von Ihrer zukünftigen beruflichen Interessenvertretung wünschen? Für was sollte sie sich engagieren? Verfassen Sie ein kurzes Schreiben mit Ihren Vorstellungen.
4. Überlegen Sie sich in Partnerarbeit jeweils fünf weitere Beispiele für Interessen, die Druck auf die Politik ausüben bzw. diesen nicht ausüben können. Erarbeiten Sie anschließend die jeweiligen Gründe dafür und stellen Sie Ihre Ergebnisse in der Klasse vor (➲ Präsentieren/Visualisieren).

9.5 Deutschland – eine wehrhafte Demokratie

Deutschland ist eine pluralistische Gesellschaft. Das heißt, es gibt eine Vielzahl von Meinungen und Weltanschauungen, die man durch unterschiedliche Arten der Partizipation zum Ausdruck bringen kann. Dafür wurde im Grundgesetz die Meinungs-, Presse- und Organisationsfreiheit festgehalten. Aber es gibt auch Grenzen dieser Freiheit. Unser Staat ist eine wehrhafte Demokratie. Deutschland kann z. B. Parteien (Art. 21) und Vereine (Art. 9) verbieten lassen, wenn sie gegen die freiheitlich-demokratische Grundordnung verstoßen. Das sind die Prinzipien unserer Demokratie, wie sie das Bundesverfassungsgericht festgelegt hat:

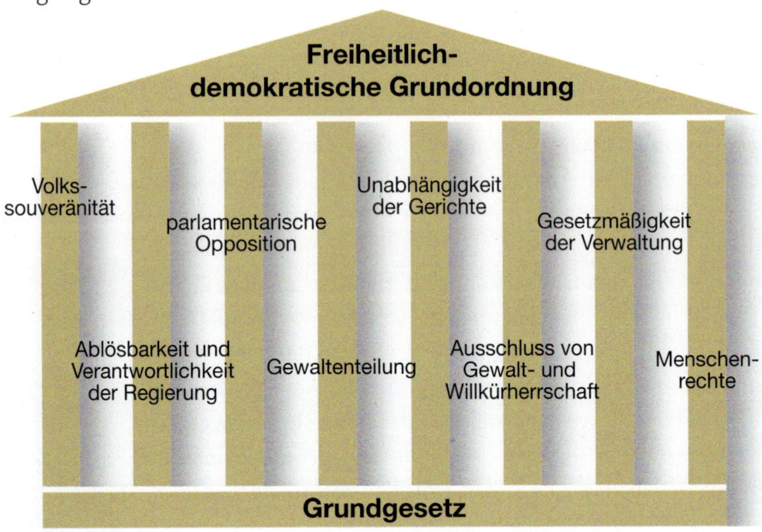

Art. 2 (Grundgesetz)
Jeder hat das Recht auf die freie Entfaltung seiner Persönlichkeit, soweit er nicht die Rechte anderer verletzt und nicht gegen die verfassungsmäßige Ordnung [...] verstößt.

Art. 9 (Grundgesetz)
(2) Vereinigungen, deren Zwecke oder deren Tätigkeit den Strafgesetzen zuwiderlaufen oder die sich gegen die verfassungsmäßige Ordnung oder gegen den Gedanken der Völkerverständigung richten, sind verboten.

Art. 21 (Grundgesetz)
(2) Parteien, die nach ihren Zielen oder nach dem Verhalten ihrer Anhänger darauf ausgehen, die freiheitliche demokratische Grundordnung zu beeinträchtigen oder zu beseitigen oder den Bestand der Bundesrepublik Deutschland zu gefährden, sind verfassungswidrig. [...]

Jetzt sind Sie dran ...

1. Teilen Sie sich in acht Gruppen auf. Jede Gruppe überlegt sich, was passieren würde, wenn einer der Grundpfeiler der freiheitlich-demokratischen Grundordnung nicht mehr geschützt bzw. sich ins Gegenteil umkehren würde. Fertigen Sie dazu ein gemeinsames Plakat in der Klasse an (➲ Plakat erstellen).
2. Nicht jede Demokratie ist wehrhaft ausgestattet. In den USA können z. B. keine Parteien oder Vereine aufgrund ihrer Verfassungsfeindlichkeit verboten werden. Fertigen Sie in Gruppenarbeit eine Pro-Kontra-Liste mit jeweils drei Argumenten zu Parteienverboten an.
3. Führen Sie eine ➲ Amerikanische Debatte zu diesem Thema.

9.6 Parteienverbot – das Beispiel NPD

Seit Jahren gibt es Forderungen nach einem Verbot der rechtsextremen Nationalen Partei Deutschlands. Die Befürworter eines solchen Verbotes berufen sich auf Artikel 21 des Grundgesetzes.

Pro

Von Katarina Miklis; 17.11.2011

[...] Natürlich braucht es keine NPD, um die Springerstiefel zu schnüren. Es braucht aber ein Verbot, um ein Zeichen zu setzen: Es gibt keine Unterstützung vom Staat für rechtsradikales Gedankengut. Keine Rechtfertigung von Gräueltaten durch die Ideologie einer legalen Partei mit ausländerfeindlicher und nationalistischer Propaganda. Rassistischen Kameradschaften darf nicht auch noch der Rücken gestärkt werden. [...]
Natürlich gilt es nicht, den Rechtsextremismus mit einem NPD-Verbot blind in den Untergrund zu verbannen. Zu glauben, man würde den braunen Terror im Bann halten, so lange die NPD als legale Partei geführt wird, ist jedoch ein Trugschluss. [...] Die Verbannung der NPD wäre auch ein Signal. Eine Frage des Anstands.
Denn ganz abgesehen davon, dass es nicht sein darf, dass die menschenverachtenden Aktivitäten der NPD mit Steuergeldern bezahlt werden, kommt es auch auf die moralische Verantwortung eines Landes an: Wie will man einerseits die Allgemeinheit für Engagement gegen den Rechtsextremismus motivieren, wie dagegen ankämpfen, dass junge Menschen in die rechte Szene abdriften, wenn gleichzeitig eine Parolen schwingende Partei aus der Staatskasse unterstützt und mit Steuergeldern finanziert wird? Und das, während die Mittel im Kampf gegen Rechts gekürzt werden. Wie will man Kindern erklären, dass die Verfassungsfeindlichkeit der NPD legal ist?

Kontra

Von Niels Kruse; 17.11.2011

Natürlich hetzt die Partei gegen Ausländer und Minderheiten und bestellt so den Acker des Hasses mit. Doch um ein echter Neonazi zu werden, braucht es keine NPD. So unangenehm sie auch sein mag, so irrelevant ist sie zum Glück für den größten Teil der Deutschen.
[...] Was genau soll ein Verbot bringen? Nur weil eine Partei nicht mehr existiert, verschwindet damit noch lange nicht ihre Ideologie. So traurig es klingt, aber ein freies Land wie Deutschland muss sich wohl oder übel damit abfinden, dass es Nazis gibt - alte wie neue. Um ihre Zahl so klein wie möglich zu halten, wäre es angebrachter nicht ausgerechnet jenen den Geldhahn zuzudrehen, die die Drecksarbeit vor Ort machen. Also den Hilfs- und Aussteigerprogrammen, die den Rechten die Hand entgegenstrecken, damit die sich aus dem braunen Sumpf befreien können. [...]
Was blüht den Geheimdienstlern und Deutschland erst, wenn der rechte Untergrund im Falle eines NPD-Verbots von deren ehemaligen Parteigängern geflutet wird? [...]
Denn die NPD ist eine, aber nicht *die* [...] Ursache für Neonazis, Fremdenhass, Mord und Totschlag, sondern allen voran nur ihr unansehnliches Gesicht.

Quelle: www.stern.de

Jetzt sind Sie dran ...

1. Analysieren Sie die Karikatur (➲ Karikaturanalyse).
2. Stellen Sie sich vor, Sie wären Richter am Bundesverfassungsgericht und sollten darüber entscheiden, ob die NPD verboten werden soll.
   a) Fassen Sie Ihre Argumente in einer Pro-Kontra-Liste zusammen.
   b) Tauschen Sie sich mit Ihrem Sitznachbarn aus und ergänzen Sie gemeinsam Argumente.
3. Verfassen Sie ein ➲ Plädoyer: Darum sollte die NPD verboten werden/nicht verboten werden.
4. Diskutieren Sie das Verbot der NPD: Lassen Sie hierzu zunächst je zwei Schüler ihr Plädoyer für oder gegen ein NPD-Verbot verlesen. Anschließend ergänzen die anderen abwechselnd ihre Beiträge. Führen Sie Protokoll. (➲ Protokoll führen).
5. Schreiben Sie ein persönliches Fazit in Form eines Leserbriefs oder Internetkommentars (➲ Leserbrief schreiben).

9.7 Plebiszitäre Elemente und Bürgerinitiativen

Die meisten Bürger beginnen erst dann politisch tätig zu werden, wenn ein Ereignis unmittelbar bevorsteht. Ein Problem dabei ist, dass die Entscheidungen für ein bestimmtes Projekt, z.B. den Bau von Gebäuden, zumeist schon lange vor den Bauarbeiten gefallen sind. Es gilt also, sich möglichst frühzeitig zu engagieren, damit alle Wege der politischen Partizipation begangen werden können, um etwas zu verhindern oder, im Gegenteil, etwas zu befördern bzw. zu beschleunigen.

Mitwirkung konkret

Die Entscheidungen der Politik sind für die Bürgerinnen und Bürger nicht immer nachvollziehbar, und natürlich sind viele mit einzelnen Entscheidungen auch nicht immer einverstanden. In den letzten Jahren hat sich vor allem bei Großbauprojekten wie dem neuen Bahnhof in Stuttgart („Stuttgart 21") bürgerlicher Widerstand quer durch alle gesellschaftlichen Schichten gebildet. Die Wortschöpfung „Wutbürger" bildet diese neue Protestform ab. Die Frage bei solchen Protestformen ist: Wie weit darf Protest gehen, ohne dass er strafrechtlich problematisch wird? Die klassische Form des Protests ist die Demonstration. Das Recht zu demonstrieren („Versammlungsfreiheit") wird durch Artikel 8 Grundgesetz garantiert (siehe nächste Seite).
Eine andere Möglichkeit, bereits getroffene Entscheidungen rückgängig zu machen, sind im kommunalen Bereich die Bürgerbegehren. Dabei können getroffene Ratsentscheidungen kassiert werden. Die Voraussetzungen hierfür sind von Bundesland zu Bundesland verschieden. Einheitlich ist jedoch zum einen, dass manche Themen wie z.B. Finanzfragen von Bürgerbegehren ausgenommen sind, und zum anderen, dass zunächst eine Unterschriftensammlung durchgeführt werden muss, damit das Bürgerbegehren überhaupt angenommen wird. Ist dies der Fall, kann über die zugrunde liegende Sachfrage ein Bürgerentscheid stattfinden, an dem alle kommunal Wahlberechtigten teilnehmen dürfen. Das Ergebnis dieses Entscheids muss für einen festgelegten Zeitraum zwischen einem und drei Jahren respektiert werden.
Auf Landes- und Bundesebene sind Volksentscheide bis auf eine Ausnahme – die Abstimmung über eine Neugliederung der Bundesländer – nicht möglich.

Situation: In der Nähe von Neustadt soll ein Endlager für Atommüll in einem alten Salzstock eingerichtet werden. Viele Einwohner der Stadt sind darüber entsetzt: Sie befürchten gesundheitliche Schäden durch die Lagerung und den Transport der strahlenden Abfälle. Eine kleine Gruppe von Bürgern organisiert eine Veranstaltung im Bürgerhaus der Stadt, um zusammen mit anderen Interessierten zu klären, was man gegen die Einrichtung der Endlagerstätte tun kann. Gemeinsam entwickeln die Teilnehmer verschiedene Ideen, die Sie in den Sprechblasen auf der nächsten Seite finden.

Jetzt sind Sie dran …

1. Lesen Sie den Einführungstext. Erklären Sie Ihrem Sitznachbarn die Begriffe Bürgerbegehren, Bürgerentscheid und Volksentscheid.
2. Informieren Sie sich zum Thema Volksentscheid, z.B. auf den Seiten der Bundeszentrale für politische Bildung, www.bpb.de. Schreiben Sie anschließend einen ➲ Kommentar, in dem Sie darlegen, warum Sie für oder gegen Volksentscheide sind. Stimmen Sie in der Klasse ab: Sollte es in Deutschland die Möglichkeit zu Volksentscheiden geben?

„Wir sollten eine Bürgerinitiative als parteienübergreifendes Bündnis schaffen. Niemand kann das Projekt befürworten. Und dann müssen wir alles unternehmen, dass unsere Parteien in allen Entscheidungsgremien davon überzeugt werden, diesem Projekt keinesfalls zuzustimmen. Dazu sollten wir eine große Medienkampagne starten, in der unser parteienübergreifender Schulterschluss deutlich wird."

Idee 1: der Bürgermeister

„Ich richte erst einmal einen Blog ein, in dem ich meiner Wut über diese unsägliche Idee freien Lauf lasse. Außerdem schreibe ich Leserbriefe an alle regionalen und überregionalen Zeitungen."

Idee 3: eine Bürgerin

„Wir sollten nicht hier vor Ort bleiben. Wir müssen nach Berlin fahren, um denen da oben zu zeigen, was wir von ihren Ideen halten. Dazu sollten wir alle Iniativen kontaktieren und möglichst viele Leute mobilisieren. Ich schlage vor, außerdem Gruppen in sozialen Netzwerken zu bilden, um über unser Ziel zu informieren. Und dann machen wir noch eine Großdemonstration in Berlin."

Idee 2: eine Bürgerin

„Das bringt doch alles nichts: Wir müssen klare Kante zeigen. Etwas tun, dass uns Aufmerksamkeit beschert. Ich habe letztes Jahr von einem gehört, der hat sich auf so einem infrage kommenden Gelände eingebuddelt und an ein Rohr gekettet. Bis sie den losgeschnitten hatten, wusste ganz Deutschland, wogegen er demonstriert."

Idee 4: ein Bürger

Bei der Planung und Durchführung von Protesten ist auf vieles zu achten, z.B. auf die Vorgaben aus dem Grundgesetz und aus dem „Gesetz über Versammlungen und Aufzüge" (Versammlungsgesetz):

Rechtliche Bedingungen

Art. 5 Grundgesetz

(1) Jeder hat das Recht, seine Meinung in Wort, Schrift und Bild frei zu äußern und zu verbreiten und sich aus allgemein zugänglichen Quellen ungehindert zu unterrichten. Die Pressefreiheit und die Freiheit der Berichterstattung durch Rundfunk und Film werden gewährleistet. Eine Zensur findet nicht statt.

(2) Diese Rechte finden ihre Schranken in den Vorschriften der allgemeinen Gesetze, den gesetzlichen Bestimmungen zum Schutze der Jugend und in dem Recht der persönlichen Ehre.

(3) Kunst und Wissenschaft, Forschung und Lehre sind frei. Die Freiheit der Lehre entbindet nicht von der Treue zur Verfassung.

Art. 8 Grundgesetz

(1) Alle Deutschen haben das Recht, sich ohne Anmeldung oder Erlaubnis friedlich und ohne Waffen zu versammeln.

(2) Für Versammlungen unter freiem Himmel kann dieses Recht durch Gesetz oder auf Grund eines Gesetzes beschränkt werden."

Allerdings gibt es eine Einschränkung:

§ 14 Versammlungsgesetz

(1) Wer die Absicht hat, eine öffentliche Versammlung unter freiem Himmel oder einen Aufzug zu veranstalten, hat dies spätestens 48 Stunden vor der Bekanntgabe der zuständigen Behörde unter Angabe des Gegenstandes der Versammlung oder des Aufzuges anzumelden.

(2) In der Anmeldung ist anzugeben, welche Person für die Leitung der Versammlung oder des Aufzuges verantwortlich sein soll."

Und wie sieht es mit einem Blog im Internet aus? Hier ist darauf zu achten, dass Art. 5 GG zwar die Meinungsfreiheit garantiert. Diese hört jedoch dort auf, wo Persönlichkeitsrechte Dritter ins Spiel kommen, z.B. bei übler Nachrede oder Beleidigungen.

Und wie ist es zu bewerten, wenn sich jemand aus Protest z.B. an einen Baum oder an Schienen kettet? Da dies meist nicht auf dem eigenen Grundstück stattfindet, werden Polizisten versuchen, die Angeketteten zu lösen. Dann ist Anketten kein Widerstand im Sinne einer Meinungsäußerung mehr, sondern Widerstand gegen Vollstreckungsbeamte und damit strafbar. Wie weit darf also ziviler Widerstand gehen?

Jetzt sind Sie dran ...

3. Klären Sie anhand der Gesetzestexte, welche der vorgeschlagenen Protestformen rechtlich möglich sind und welche Einschränkungen es gibt. Entscheiden Sie sich anschließend im Plenum für eine Möglichkeit des Protestes gegen das Atommüllendlager.

9.8 Alternative Partizipationsformen

Nicht jeder, der sich politisch engagieren möchte, möchte dies auch in einer Partei tun (siehe Grafik unten). Eine Möglichkeit, seine politische Einstellung kundzutun, ist beispielsweise ein Button oder das Outfit. Ansonsten gilt, dass sich die meisten Menschen politisch engagieren, wenn es für sie wenig Aufwand bedeutet und es im besten Fall auch noch Spaß macht. Aus dieser Idee heraus ist der sogenannte Smartmob entstanden. Seine Ursprünge hat er in einer Kunstaktion, dem sogenannten Flashmob. Dieser ist sukzessive zu einer Spaßaktion geworden, bei der viele Menschen gemeinsam an außergewöhnlichen Orten außergewöhnliche Dinge tun, z. B. eine Kissenschlacht inmitten einer belebten Fußgängerzone veranstalten.

Der Smartmob unterscheidet sich von dieser reinen Spaßaktion darin, dass er politische Motive verfolgt, z. B. möchten Menschen gegen den Neubau einer Autobahn demonstrieren.

Kritiker solcher Smartmobs sagen, dass sei keine politische Partizipation, sondern eine reine Spaßveranstaltung, an der die Menschen nur teilnehmen, sich aber weder im Vorfeld noch später mit den politischen Rahmenbedingungen beschäftigen.

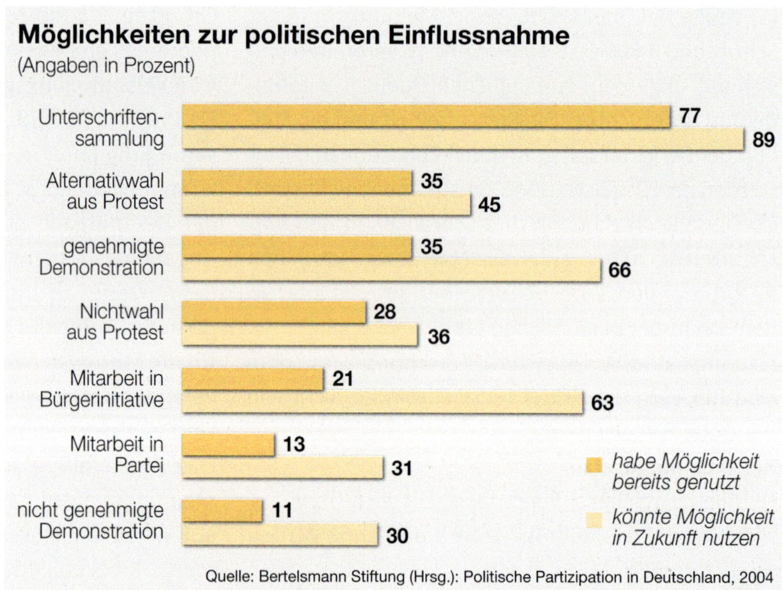

Jetzt sind Sie dran ...

1. Betrachten Sie die Buttons. Diskutieren Sie in der Klasse, ob es bereits politische Partizipation ist, wenn man seine Meinung zu politischen Ereignissen oder Haltungen so mit sich trägt und äußert (➲ Diskussion). Besitzen Sie selbst einen solchen Button? Warum tragen Sie ihn?
2. Analysieren Sie das Schaubild (➲ Diagramme/Schaubilder analysieren). Notieren Sie zu jedem Aspekt Gründe, warum sich Menschen an diesem Projekt beteiligen würden und warum nicht. Sammeln Sie Ihre Ergebnisse an der Tafel. Entscheiden Sie nun: Sind diese Möglichkeiten, politisch zu partizipieren, dazu geeignet, etwas zu verändern?
3. Führen Sie in der Klasse eine ➲ Pro-Kontra-Debatte: Sind Flashmobs geeignete Aktionen, um sich politisch zu engagieren? Bereiten Sie die Diskussion schriftlich vor.

Verbraucher nutzen ihre Macht

„Ein Esel läuft schneller, wenn man ihm eine Karotte vor die Nase hält" – oder: Versprich jemandem eine Belohnung und er wird sich anstrengen. Ausgehend von diesem Sprichwort entstand in San Francisco 2009 die Idee, auf einfachem Wege Umweltprojekte zu initiieren, die zum einen eine direkte Wirkung haben und zum anderen den Menschen das Gefühl geben, etwas getan zu haben, wenn auch nur mit wenig Hilfe.
Das Prinzip ist ganz einfach: Zuerst sucht sich die Initiative einen oder mehrere Läden, mit denen sie folgende Abmachung trifft: Wir sorgen dafür, dass ihr an einem bestimmten Tag viel mehr Kundschaft als sonst üblich haben werdet, dafür investiert ihr den Gewinn dieses Tages in klimafreundliche Ladenausstattung, z.B. neue, sehr verbrauchsarme Kühlgeräte.
Ist eine solche Abmachung getroffen, gilt es für die Initiativen, Werbung für ihr Projekt zu machen. Denn von ihr hängt es ab, ob sich der Umsatz tatsächlich so stark steigert, dass die gesetzten Ziele erreicht werden können. Die bevorzugten Werbeträger sind Plakate und Flyer, eine ebenso wichtige Rolle spielen soziale Netzwerke, um möglichst viele Menschen über das Projekt zu informieren und dafür zu begeistern.
Am erfolgreichsten sind solche Carrotmobs, wenn Menschen dabei Produkte kaufen können, welche sie sowieso kaufen würden, z.B. Lebensmittel. Daher werden Carrotmobs häufig von Bioläden angeboten. Hierbei ist jedoch zu berücksichtigen, dass diese meist von vornherein sehr nachhaltig ausgerüstet sind, da dies in den meisten Fällen die Geschäftsphilosophie ist. Daher wäre es wünschenswerter, solche Geschäfte einzubeziehen, die sich über Nachhaltigkeit etc. noch nicht viele Gedanken gemacht haben und diesen keine besonders große Priorität beimessen. Ein weiterer Schritt könnte sein, dass nicht mehr nur der Einkauf in bestimmten Läden, sondern beispielsweise der Kauf bestimmter Produkte dazu beitragen könnte, Produktionsemissionen zu senken. Doch nicht nur die Umwelt sollte Ziel von Carrotmobs sein: Es ist ebenso denkbar, dass ein Laden seine Mehreinnahmen für gesellschaftliche Zwecke – einen neuen Spielplatz, ein Gemeindehaus, Parkbänke etc. – zur Verfügung stellt oder damit Bürgerinitiativen finanziell hilft.

Jetzt sind Sie dran …

4. Erklären Sie Ihrem Banknachbarn mit eigenen Worten das Prinzip „Carrotmob".
5. Beurteilen Sie das Prinzip des Carrotmobs, indem Sie Vor-und Nachteile in einer Tabelle erfassen und ein eigenes Fazit ziehen. Diskutieren Sie zunächst mit Ihrem Sitznachbarn und stimmen Sie anschließend in der Klasse ab: Sind Sie für oder gegen diese Aktion? Sind Carrotmobs in Ihren Augen eine Möglichkeit politischer Partizipation?
6. Beziehen Sie Stellung: Halten Sie es für eine gute Maßnahme, das Prinzip „Carrotmob" umzudrehen, um Läden zu boykottieren?
7. Initiieren Sie einen eigenen Carrotmob im direkten Umfeld Ihrer Schule.

9.9 Liquid Democracy – das Internet als Betätigungsort politischer Partizipation

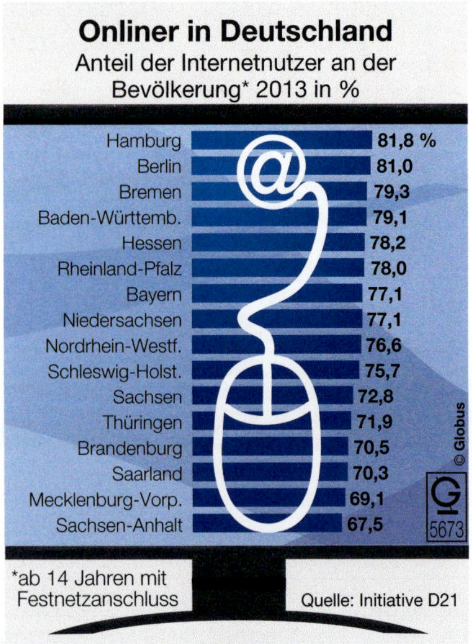

Viele Menschen in Deutschland sind laut einer Erhebung der Bertelsmann-Stiftung dazu bereit, sich politisch zu engagieren, wenn eine Bedingung erfüllt ist: Es darf nicht mit zu vielen Umständen für sie verbunden sein. Daraus könnte man umgekehrt schlussfolgern, dass vereinfachte Zugangsmöglichkeiten zu einer höheren politischen Beteiligung der Bürger führen. Anders ausgedrückt: Wenn der Bürger nicht zur Politik kommt, muss die Politik zum Bürger kommen. Eine Idee, wie das geschehen kann, ist Liquid Democracy.

Auf der Konferenz re:publica, die jedes Jahr in Berlin stattfindet und sich u. a. mit dem Web 2.0 und sozialen Medien beschäftigt, fand 2012 folgendes Interview zum Thema Liquid Democracy statt:

„Mehr Austausch führt zu besseren Ergebnissen"

Kann Liquid Democracy – eine neue Form der Online-Beteiligung – das politische System revolutionieren? Darüber diskutiert die Bloggerkonferenz re:publica. „Die repräsentative Demokratie soll nicht abgeschafft, sondern ergänzt werden", sagt Expertin Jennifer Paetsch im Interview mit tagesschau.de.

tagesschau.de: Was bedeutet Liquid Democracy genau?

Jennifer Paetsch: Liquid Democracy steht für die Idee, dass die Grenze zwischen repräsentativer und direkter Demokratie fließend ist. Das heißt, Menschen sollen sich durch Online-Plattformen direkt an politischen Prozessen beteiligen können. Realisiert wird das durch das „Delegated Voting", also eine themenspezifische Stimmendelegation. Im normalen repräsentativen System wähle ich alle vier Jahre einen Repräsentanten, der dann zu allen Themen für mich abstimmt. Beim „Delegated Voting" kann ich entscheiden, ob ich selbst abstimmen möchte oder ob ich meine Stimme an jemanden delegiere, der in einem Thema Experte ist.

tagesschau.de: Wo kann man Liquid Democracy anwenden?

Paetsch: In Parteien, Organisationen, Gewerkschaften, Kommunen, eigentlich überall dort, wo viele Menschen gemeinsam an Vorschlägen oder Texten arbeiten, zum Beispiel an einer Satzung oder einem Gesetzestext. Es können sich ja in einer großen Organisation nicht immer Tausende von Menschen treffen, um etwas zu diskutieren.

tagesschau.de: Wie kann ich mir diese Beteiligung an einem Diskurs konkret vorstellen?

Paetsch: Wir haben eine Freie Software entwickelt, die sich „Adhocracy" nennt. Dort kann man zunächst Vorschläge einbringen, beispielsweise einen Änderungsvorschlag zu einer Gesetzesvorlage. Man kann etwas ergänzen oder umformulieren und beschreiben, warum man das so sieht. Ein anderer kann dann den Vorschlag diskutieren oder eine Bewertung dazu abgeben. So bekomme ich relativ schnell ein Bild darüber, welcher Vorschlag bei vielen auf Zustimmung stößt und welcher nicht. Dann kommt eine Phase, in der keine Änderungen mehr möglich sind, in der aber die Stimmen neu verteilt werden dürfen.

tagesschau.de: Wo liegen die Stärken von Liquid Democracy im Gegensatz zum repräsentativen, parlamentarischen System?

Paetsch: Der Bürger erhält die Chance, viel häufiger seine Interessen kund zu tun und auch differenzierter Einfluss zu nehmen. Er gibt seine Wahl nicht alle vier Jahre sozusagen gebündelt ab, sondern er kann

→

sich themenspezifisch beteiligen. So wird eine Öffnung geschaffen, die es erlaubt, dass jeder seine Expertise einbringen kann, die er beispielsweise durch seinen Beruf oder eigene Betroffenheit bei einem bestimmten Thema hat. Wir glauben, dass Austausch und wirkliche Auseinandersetzung mit vielen unterschiedlichen Standpunkten zu besseren Ergebnissen führt.
tagesschau.de: Soll die repräsentative Demokratie dadurch abgeschafft werden?
Paetsch: Nein. Uns geht es nicht darum, die repräsentative Demokratie überflüssig zu machen oder zu ersetzen. Uns geht es darum, Schnittstellen in die bestehenden Parlamente zu schaffen und die bisherigen Verfahren zu ergänzen.
tagesschau.de: Wie genau soll das gehen? Wie könnte ein Votum oder ein Stimmungsbild der Öffentlichkeit für einen Parlamentarier verbindlich sein?
Paetsch: Das ist die große Schwierigkeit, wie genau die Schnittstellen zu definieren sind und dass Entscheidungen nicht allein über ein solches System zu treffen sind, sondern eben ergänzend. Wir sind da noch am Anfang.
Wir können uns beispielsweise vorstellen, dass Liquid Democracy über Parteien funktioniert. Wenn die Parteien ihre Meinungsbildung auf diese Weise gestalten, dann fließen diese Meinungen durch die Abgeordneten in das bestehende System ein. Anderseits könnten auch parteiunabhängig auf einer Plattform beispielsweise Gesetzesvorlagen diskutiert und abgestimmt werden. Das Parlament konnte sich dann mit diesem Votum befassen und es in seine Entscheidung mit einbeziehen.
tagesschau.de: Aber wer hat denn die Zeit, sich so intensiv mit komplexen, politischen Themen zu befassen?
Paetsch: Natürlich hat man diese Zeit nicht. Deswegen gibt es ja das „Delegated Voting". Ich selbst stimme nur ab, wenn ich das möchte und eine Meinung zu einem Thema habe. Wenn nicht, bestimme ich einen Repräsentanten, dem ich meine Stimme delegiere. Was er zu Diskussionen beiträgt oder wofür er abstimmt hat dann mehr Gewicht, weil er ja meine Stimme zusätzlich hat. Ein solcher Delegierter kann dann sehr viele Stimmen auf sich vereinen, wenn ihm viele Menschen vertrauen.
tagesschau.de: Und wenn es sich dabei gar nicht um einen Experten handelt? Inwiefern ist dieser Repräsentant denn legitimiert?
Paetsch: Es ist eine Legitimation durch Wahl, wie sonst auch. Nur mit dem Unterschied, dass ich bei unserem System „Adhocracy" meine Stimme nur für ein ganz bestimmtes Thema delegiere.
tagesschau.de: Sind solche Online-Plattformen [zur Abstimmung] nicht sehr unzuverlässig?
Paetsch: Einen solchen Zugang zu schaffen, ist technisch überhaupt kein Problem.
tagesschau.de: Und bei Abstimmungen? Ist da die Gefahr der Manipulation beispielsweise durch Hacker nicht sehr groß?
Paetsch: Die Gefahr der Manipulation ist immer gegeben, auch bei Urnenwahl. Im Moment sehen wir noch keine Möglichkeit, eine geheime Wahl online wirklich sicher zu gestalten. Aber auch da gibt es technische Ansätze. Mal sehen, was die Zukunft bringt.
Bei unseren Votings sehe ich allerdings kein Problem, denn dort ist alles transparent. Ich sehe jederzeit, wer an wen seine Stimme delegiert hat und könnte auch einen Missbrauch sofort feststellen.

Das Interview führte Sandra Stalinski, tagesschau.de.

Jetzt sind Sie dran ...

1. Lesen Sie das Interview. Erstellen Sie eine ➲ Mindmap, in der Sie alle wesentlichen Informationen zu Liquid Democracy erfassen.
2. Führen Sie ein ➲ Kugellager durch, in welchem Sie sich gegenseitig die Idee Liquid Democracy vorstellen und erklären.
3. Analysieren Sie das Diagramm (➲ Diagramme/Schaubilder analysieren). Beurteilen Sie, ob Liquid Democracy eine Möglichkeit darstellt, alle Bürger am politischen Diskurs zu beteiligen.
4. Schreiben Sie einen ➲ Kommentar zur Idee der Liquid Democracy. Berücksichtigen Sie dabei vor allem den Gedanken der Legitimation.

9.10 Wie kann ich mitbestimmen: Nutzen Sie Ihre Kompetenzen

Situation: Die fünf Auszubildenden Martha, Marlene, Oskar, Hannes und Samir sitzen mittags gemeinsam beim Essen. Samir erzählt, dass er in der Zeitung gelesen habe, dass immer weniger Leute wählen gehen. „Ich kann das gut verstehen, die Politiker tun ja eh nichts für uns", sagt Martha. „Aber genau dann, wenn du so denkst, dann musst du wählen gehen", entgegnet Marlene.

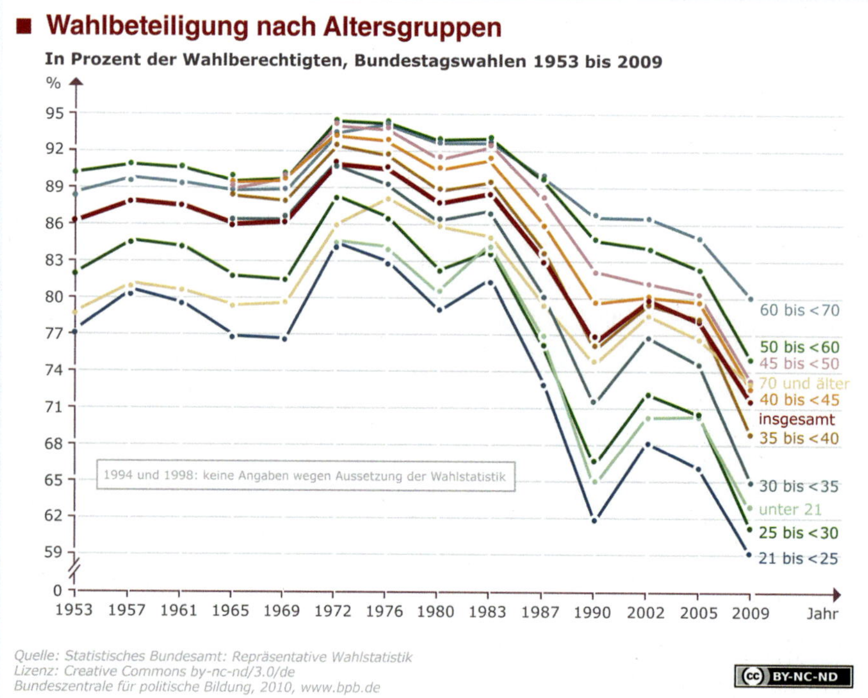

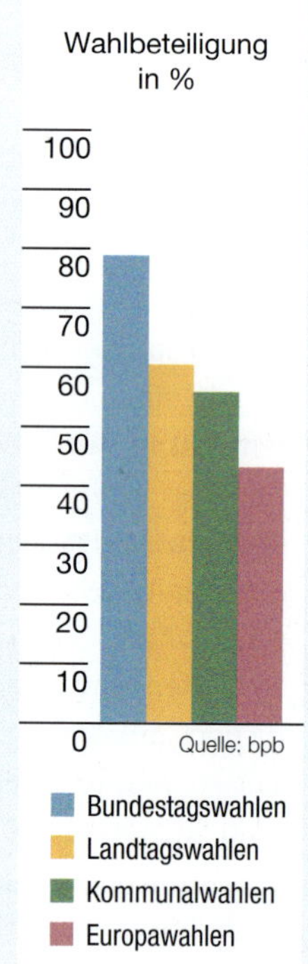

1. Analysieren Sie das Diagramm zur der Wahlbeteiligung nach Altersgruppen (➲ Diagramme/Schaubilder analysieren) und klären Sie zunächst, welche Gruppe am häufigsten und welche am seltensten wählen geht. Diskutieren Sie anschließend im Plenum, was die Gründe dafür sein könnten.
2. Analysieren Sie das Diagramm zur Beteiligung an den verschiedenen Wahlen. Überlegen Sie, was die Gründe für die unterschiedlich starke Wahlbeteiligung sein könnten.
3. Was meint Marlene damit, wenn sie sagt, dass die Teilnahme an Wahlen wichtiger ist, wenn man unzufrieden ist? Schreiben Sie einen Text, in dem Sie diesen Standpunkt ausführlich erklären. Überschrift: „Nicht meckern, wählen gehen."
4. Analysieren Sie die Karikatur (➲ Karikaturanalyse): Welche Problematik will der Zeichner ansprechen?

„Okay, jetzt weiß ich, warum ich wählen soll, aber um ehrlich zu sein, ich will eigentlich selbst was machen. Das sind doch nur alte Leute, die Politik machen, ich will was machen, was für mich und meine Freunde wichtig ist", sagt Hannes. „Das ist einfacher als du denkst, es gibt viele Wege, mitzumachen", antwortet Oskar.

5. Führen Sie eine ➲ Umfrage zur politischen Partizipation an Ihrer Schule durch: Erstellen Sie dazu einen Fragebogen, mit dessen Hilfe Sie herausfinden können, wie viele Schülerinnen und Schüler sich auf welchem Wege politisch engagieren.
6. Werten Sie Ihre Umfrage aus. Dies können Sie mithilfe geeigneter Software erledigen. Bitten Sie ggf. Ihren Lehrer/Ihre Lehrerin für Informationswirtschaft um Hilfe.
7. Erstellen Sie eine Broschüre. Titel: „Mitmachen leicht gemacht – Teilhabe an der Demokratie". Fassen Sie darin alle Möglichkeiten, sich politisch zu engagieren, zusammen, die Sie in diesem Kapitel und durch Ihre Umfrage kennengelernt haben. Erdenken Sie beispielhafte Einsätze, verwenden Sie Fotos, Zeitungsartikel etc.

„Das ist ja alles gut und schön", sagt Martha. „Aber was ich jetzt genau tun kann, weiß ich immer noch nicht. Bei uns fahren beispielsweise jeden Tag Hunderte von Lkw mitten durchs Dorf. Schon seit Jahren fordern viele eine Umgehungsstraße. Aber nichts passiert."

8. Erstellen Sie eine Liste: Welche Möglichkeiten hätten die Bürger aus Marthas Dorf, um gegen den Durchgangsverkehr zu protestieren? Notieren Sie jeweils Vor- und Nachteile dieses Vorgehens.
9. Entscheiden Sie sich für eine Möglichkeit und erläutern Sie, warum diese am geeignetsten ist.

10 Der Sozialstaat

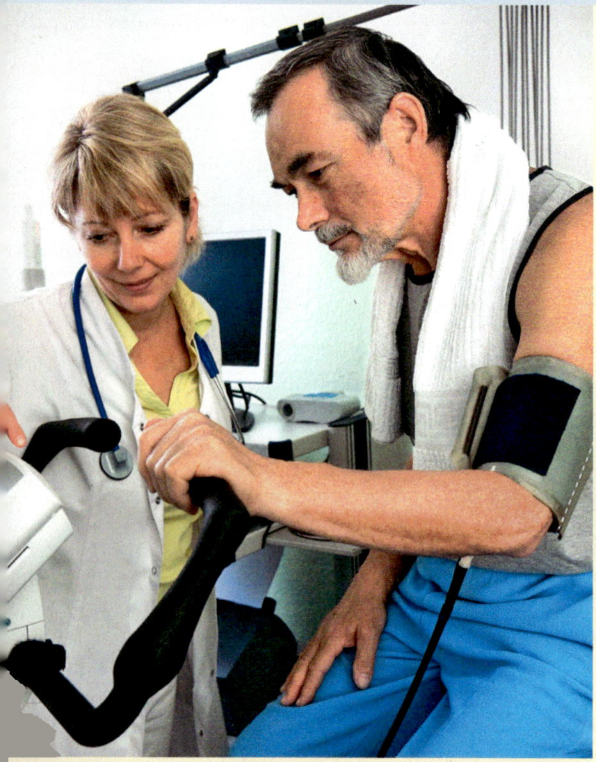

Diese Methoden verwenden Sie:

- Pro-Kontra-Debatte
- Umfrage
- Tabu
- Gruppenpuzzle
- Fishbowl-Methode
- Paar-Check
- Placemat
- Diagramme/Schaubilder analysieren
- Clustern
- Kugellager
- Kopfstandmethode
- Internetrecherche
- Jahrmarkt
- Talkshow

So vernetzen Sie Ihr Wissen:

Mit den Themen:

- Gesellschaft heute – wie leben wir zusammen? (→ Kap. 2)
- Migration (→ Kap. 3)
- Regieren und regiert werden: Demokratie als Idee und Praxis (→ Kap. 7)
- Wie kann ich mitbestimmen in der Politik? (→ Kap. 9)

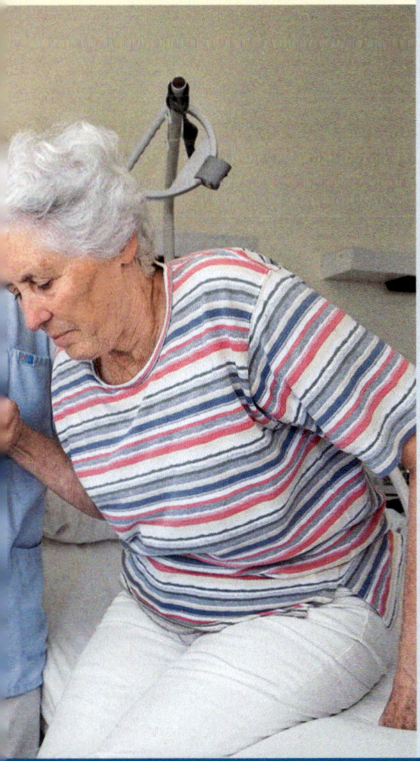

Die ersten Maßnahmen, Menschen bei Krankheit, Unfällen und Todesfällen Angehöriger zu helfen, sind aus dem Hohen Mittelalter (1050–1250) bekannt. Bis dahin war es üblich, dass sich die eigene Familie um Angehörige kümmerte. Wurde ein Bauer alt, gab er den Hof in vielen Regionen an seinen ältesten Sohn weiter. Dafür durfte er bis zu seinem Tode weiter dort wohnen. In der Regel zog er dann innerhalb des Bauernhauses um und gab die bis dahin bewohnte größte Schlafkammer an seinen Sohn weiter. Ähnlich war es in den entstehenden Städten: Ein Handwerker bildete seinen ältesten Sohn in seinem Beruf aus. Im Gegenzug kümmerte der sich dann um den Vater, wenn der nicht mehr arbeiten konnte. Wenn jemand keine Nachkommen hatte oder diese noch zu jung oder bereits gestorben waren, gab es jedoch keinen, der sich um den alten Meister kümmerte. Daher schlossen sich die Handwerker zu sogenannten Zünften zusammen. Neben Vorgaben, wie der Betrieb zu führen war, sorgten die Zünfte auch für die soziale Sicherung ihrer Mitglieder.

Im 19. Jahrhundert rückte im Zuge der industriellen Revolution die soziale Sicherung in den Fokus. Die entstehende Arbeiterbewegung wehrte sich gegen die Ausbeutung durch Industriebetriebe und forderte eine grundlegende Sicherung bei Krankheit und Unfällen. Bis dahin wurde ein Arbeiter, der verunglückte, einfach entlassen. Ausgerechnet die früheren Gegner einer allgemeinen Sozialversicherung, Kaiser Wilhelm I. und Reichskanzler Otto von Bismarck, setzten diese schließlich durch. Dies geschah aus politischem Kalkül: Sie hatten Angst, dass die Sozialdemokratische Partei Deutschlands (SPD), die die Interessen der verschiedenen Arbeitervereinigungen bündelte, ansonsten zu viel politische Macht bekäme.

1884 trat die gesetzliche Krankenversicherung in Kraft. Die Beiträge wurden zu einem Drittel von den Arbeitgebern und zu zwei Dritteln von den Arbeitnehmern bezahlt. 1885 folgte die Gesetzliche Unfallversicherung, 1889 wurde die Gesetzliche Rentenversicherung eingeführt. Erst 1927 folgte die Arbeitslosenversicherung.

Diese Kompetenzen erwerben Sie:

- Sie wissen um die Notwendigkeit solidarischen Handelns.
- Sie verstehen die Sozialversicherungen als Grundstruktur unserer solidarischen Gesellschaft.
- Sie kennen die Leistungen, die der Staat für seine Bürger erbringt.
- Sie können die Sozialversicherungen erklären und Probleme und Lösungen, die der demografische Wandel mit sich bringt, benennen und bewerten.
- Sie kennen Möglichkeiten, um individuell vorzusorgen.
- Sie erkennen die Schwierigkeiten und Grenzen solidarischen Handelns.
- Sie können andere Formen des solidarischen Zusammenlebens in anderen Ländern bewerten.

10.1 Die Sozialversicherung und der Wohlfahrtsstaat – wie sozial muss ein Staat sein?

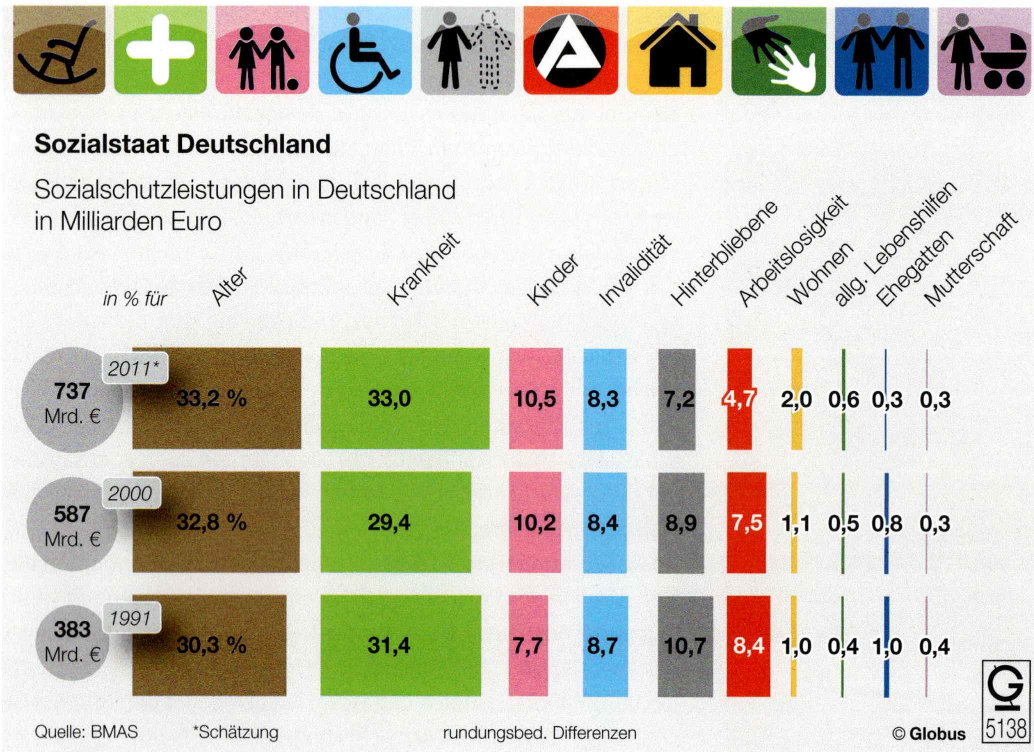

Jetzt sind Sie dran …

1. Analysieren Sie das Diagramm in Partnerarbeit (➲ Diagramme/Schaubilder analysieren).
2. Erstellen Sie gemeinsam eine möglichst vollständige Liste: Welche Leistungen verstecken sich hinter den im Diagramm genannten Bereichen?
3. Vervollständigen Sie Ihre Liste in Vierergruppen.
4. Sozialleistungen sind nicht die einzigen Leistungen, die ein Staat für seine Bürgerinnen und Bürger erbringt. Welche kennen Sie noch? Ergänzen Sie auch diese Leistungen.
5. Sortieren Sie Ihre Liste in Partnerarbeit: Welche dieser Leistungen sind an Bedingungen geknüpft? Welche sind bedingungslos?

Diese Sozialleistungen gibt es	An Bedingungen geknüpft/ bedingungslos?		Diese weiteren staatlichen Leistungen gibt es

Sie haben auf dieser Seite festgestellt, dass der Staat viele Leistungen für seine Bürgerinnen und Bürger erbringt. Der Grund dafür steht im Grundgesetz: „Die Bundesrepublik Deutschland ist ein demokratischer und sozialer Bundesstaat" (Art. 20). Doch darüber, wie solch ein sozialer Staat aussehen soll, gibt es unterschiedliche Auffassungen:

Soziale Gerechtigkeit im Parteienwettbewerb
(Auszüge aus Wahlkampfreden verschiedener Politiker)

„Gerechtigkeit meint Parteinahme für die Schwächsten. Sie will mehr als Verteilungsgerechtigkeit. Es geht darum, den Menschen zu ermöglichen, ihr eigenes Leben zu leben.“

Reinhard Bütikofer, Grüne

„Zur sozialen Gerechtigkeit gehört Chancengleichheit, vor allem gleiche Bildungschancen für alle. Auch gleiche Berufschancen für Frauen und Männer. Verteilungsgerechtigkeit gehört dazu; sie muss Leistungswilligkeit berücksichtigen, aber auch Leistungsfähigkeit. Die Stärkeren müssen mehr leisten als die Schwächeren.“

Franz Müntefering, SPD

Angela Merkel, CDU

„Sozial gerecht ist, was Menschen befähigt, für sich selbst sorgen zu können, und dort zum Ausgleich verpflichtet, wo diese Fähigkeit unzureichend ist.“

Guido Westerwelle, FDP

„Sozial gerecht ist, wenn sich Politik vor dem Verteilen um das Erwirtschaften kümmert. Eine Neidkultur, die Fleiß und Anstrengung bestraft, ist sozial ungerecht, denn sie treibt eine Gesellschaft in die kollektive Pleite.“

Quelle: www.bpb.de

Typen des Wohlfahrtsstaates

	Liberal	Konservativ/korporativ	Sozialdemokratisch
Werte	Eigenverantwortlichkeit des Individuums	Eigenverantwortlichkeit der Familien und Korporationen (Organisationen/Körperschaften)	Solidarität
Dominierender Wohlfahrtslieferant	Markt (Individuum)	Staat und Markt	Staat
Strategie	• Stärkung des Marktes durch bedarfsgerechte Leistungen • garantiertes Minimum dieser Leistungen • Subvention privater Absicherung • insgesamt eher geringe Beihilfe	• Zusammenarbeit von Arbeitgebern und Arbeitnehmern • Erhalt der traditionellen Familie durch die Stärkung der Selbstbestimmung und Eigenverantwortung der Bürger und familiale Leistungen • geringe Umverteilung • Versicherungssystem, Beamtentum • staatliche Verantwortung gegenüber Bedürftigen, aber: Orientierung der Sozialleistungen am Existenzminimum	• universale Leistungen auf hohem Niveau • Vollbeschäftigung durch ein steuerfinanziertes Sicherungssystem • staatliche Leistungen • emanzipatorische Beschäftigungspolitik (staatliche Unterstützung zur aktiven Teilhabe am Berufsleben seiner Bürgerinnen und Bürger) • Sozialleistungen liegen über dem Existenzminimum
Abhängigkeit der Sozialleistungen vom Markt	hoch	moderat	niedrig
Beispielländer	USA	Deutschland, Frankreich, Italien	Skandinavien

Erstellt unter Verwendung von Gøsta Esping-Andersen: The three worlds of welfare capitalism, Polity, Cambridge 1990.

Jetzt sind Sie dran …

6. Erarbeiten Sie in Partnerarbeit, wie die einzelnen Politiker soziale Gerechtigkeit definieren. Formulieren Sie die Aussagen dazu mit Ihren eigenen Worten.
7. Ordnen Sie die Politikeraussagen den Typen des Wohlfahrtsstaates zu.
8. Erarbeiten Sie mithilfe der Tabelle, worin die Unterschiede der einzelnen Wohlfahrtsstaatsmodelle liegen. Verfassen Sie jeweils in Dreiergruppen kurze Referate, in denen Sie die Modelle anhand von Beispielen erklären und voneinander abgrenzen. Recherchieren Sie zu den angegebenen Ländern im Internet (➲ Internetrecherche).
9. Entwerfen Sie in Ihren Dreiergruppen ein eigenes Modell: Wie sieht in Ihren Augen der ideale Wohlfahrtsstaat aus? Arbeiten Sie mit einer ➲ Placemat.

10.2 Die Sozialversicherungen

Der Sozialstaat hat vor allem die Aufgabe, sich um das Wohlergehen möglichst aller Bürger zu kümmern. Dabei gilt es, die Bürgerinnen und Bürger gegen typische Lebensrisiken abzusichern.

Jetzt sind Sie dran ...

1. Erstellen Sie in Ihrem Heft eine dreispaltige Tabelle. Finden Sie mithilfe des unten stehenden Bildes Oberbegriffe für die verschiedenen Lebensphasen des Menschen. Notieren Sie diese in der linken Spalte.
2. Nennen Sie die Lebensrisiken, die für die jeweilige Lebensphase typisch sind. Notieren Sie diese in der mittleren Spalte.
3. Halten Sie in Partnerarbeit in der rechten Spalte fest, ob es gegen diese Risiken eine Versicherung gibt und wie diese heißt.
4. Gegen welche Risiken gibt es keine Versicherung? Diskutieren Sie in Vierergruppen, warum diese Risiken nicht versichert/nicht versicherbar sind. Halten Sie Ihre Ergebnisse in einer weiteren Tabelle fest.
5. Lesen Sie den Text „Das Versicherungsprinzip". Zeichnen Sie auf ein DIN-A4-Blatt ein einfaches Modell: Wie funktioniert eine Versicherung? Arbeiten Sie hierzu in Partnerarbeit. Anschließend verlässt ein Arbeitspartner den Tisch und informiert sich bei den anderen Gruppen, ob etwas vergessen wurde. Der andere bleibt am Tisch und erklärt den Besuchern, wie das Modell zu verstehen ist. Nach fünf Minuten tauschen Sie.
6. Ergänzen Sie Ihre Modellzeichnung.

Übrigens: Eine der ersten Versicherungen gab es im Alten Rom: Um die teuren Bestattungskosten zu finanzieren, schlossen sich ärmere Bürger zusammen und gründeten eine Sterbekasse, die „collegia funeratica".

Das Versicherungsprinzip

Es beruht darauf, dass viele Personen zur Absicherung eines Risikos in einen Geldtopf einbezahlen, aus dem Schäden einzelner Personen bezahlt werden. Da ein Schadensfall in der Regel nur selten eintritt, braucht nicht jeder Geld aus dem gemeinsamen Topf, sodass immer mehr Geld vorhanden sein sollte, als benötigt wird. Die Versicherungen berechnen die Häufigkeit von Schadensfällen dabei nach dem sogenannten „Gesetz der großen Zahl": Je mehr Menschen bzw. Risiken versichert sind, umso eher kann ein zufälliger Eintritt von Schadensfällen ausgeschlossen werden. Dabei gilt das Subsidiaritätsprinzip, das besagt, dass ein Rangverhältnis zwischen verschiedenen Versicherungen besteht, wodurch stets nur eine Versicherung greift. Es ist somit nicht möglich, sich gegen einen Schaden mehrfach zu versichern.

Damit die Schadensregulierung gesichert ist, wird die Beitragshöhe (Versicherungsprämie) von Versicherungsexperten vorher genau kalkuliert. Dabei wird das persönliche Risiko mitberücksichtigt. Ein Führerscheinneuling muss deshalb eine höhere Prämie bei der Kfz-Haftpflichtversicherung zahlen als ein langjähriger Autofahrer. Dies nennt man Äquivalenzprinzip oder auch Individualprinzip. Wenn eine Versicherung feststellt, dass die Beiträge nicht mehr ausreichen, um die Schäden zu begleichen, müssen diese entweder erhöht werden oder im Versicherungsfall wird weniger ausbezahlt. Generell gilt: Je mehr Versicherte und weniger Schadensfälle pro Versichertem, desto geringer die Prämie. Das Versicherungsprinzip beruht auf der Idee der Solidarität: Alle gemeinsam helfen einem, der Hilfe benötigt.

Sozialversicherung steht für das Prinzip, jeden Menschen gegen bestimmte Lebensrisiken abzusichern, ohne ihn finanziell zu überfordern. Dazu gehören die fünf Säulen Rentenversicherung, Krankenversicherung, Unfallversicherung, Pflegeversicherung und Arbeitslosenversicherung. Es gilt die Versicherungspflicht. Das heißt, dass jeder Angestellte, Arbeiter und Auszubildende in die Sozialversicherungen einzahlt und versichert ist. Der Arbeitgeber übernimmt einen Anteil der Beiträge. Dieser ist je nach Versicherung unterschiedlich hoch.

Rentenversicherung (RV)
Die gesetzliche Rentenversicherung wird durch das Umlageverfahren finanziert, das heißt: Die Beitrag zahlenden Arbeitnehmer finanzieren durch ihre Beiträge die laufende Rente der Rentenbezieher. Diese Vereinbarung wird auch Generationenvertrag genannt. Die Beitragshöhe ist abhängig vom Bruttoentgelt des Beitragszahlers, der Arbeitgeber übernimmt 50 %. Die Höhe der Rente richtet sich unter anderem danach, wie viele Jahre der Beschäftigte Beiträge bezahlt hat und wie hoch diese waren. Wer nicht mehr voll erwerbsfähig ist, erhält, je nach dem noch vorhandenen Leistungsvermögen, eine volle oder halbe Erwerbsminderungsrente. Die Rente wird bis zum Lebensende bezahlt. Die Hinterbliebenen haben unter bestimmten Bedingungen ein Anrecht auf eine zeitlich begrenzte Rentenzahlung in geringerem Umfang.

Krankenversicherung (KV)
Die meisten Menschen in Deutschland sind Mitglied einer gesetzlichen Krankenversicherung. Die Beiträge zur gesetzlichen Krankenversicherung richten sich nach dem Bruttoentgelt, der Arbeitgeber zahlt um 0,9 % weniger als der Arbeitnehmer. Die Leistungen sind gesetzlich geregelt und für alle Versicherten gleich. Familienangehörige ohne eigenes Einkommen sind beitragsfrei mitversichert. Arbeitslose und Rentner sind über die jeweiligen Versicherungsträger krankenversichert.
Rund 10 % der Arbeitnehmer sind privat versichert. Dies ist jedoch erst ab einem Einkommen über der sogenannten Versicherungspflichtgrenze möglich.

Unfallversicherung (UV)
Arbeitnehmer sind während ihrer Arbeitszeit und auf Arbeitswegen gegen Unfälle und Berufskrankheiten versichert. Der Arbeitgeber übernimmt den gesamten Beitrag. Auch Schüler sind auf dem Weg zur Schule und auf allen damit zusammenhängenden Wegen unfallversichert. Die Unfallversicherung kommt für alle Folgen eines Unfalls auf; nötigenfalls auch für Rehabilitation oder Pflege. Die Beitragshöhe richtet sich nach dem Gefahrenrisiko am Arbeitsplatz.

Pflegeversicherung (PV)
Die Pflegeversicherung erbringt Geld- oder Sachleistungen, mit denen die nötigste Pflege und hauswirtschaftliche Versorgung finanziert wird. Pflegeleistungen, die darüber hinausgehen, müssen privat finanziert werden. Die Beitragshöhe zur PV hängt vom Bruttoentgelt und dem Status „mit oder ohne eigenes Kind“ ab. Der Arbeitgeber übernimmt 50 % des Beitrags.

Arbeitslosenversicherung (AV)
Die Versicherungsbeiträge richten sich nach dem Bruttoentgelt des Arbeitnehmers, der Arbeitgeber zahlt 50 %. Im Falle von Arbeitslosigkeit wird das Arbeitslosengeld (ALG I) für die Dauer eines bestimmten Zeitraums gezahlt. Die Höhe ist abhängig vom letzten Nettoentgelt und davon, ob ein Arbeitsloser Kinder hat. Das Arbeitslosengeld I beträgt zwischen 60 und 67 Prozent des letzten Nettoentgelts.

Jetzt sind Sie dran …

7. Zeichnen Sie fünf Säulen auf eine Querseite in Ihrem Heft. Bilden Sie fünf Arbeitsgruppen. Jede Gruppe bearbeitet typische Merkmale eines Versicherungstyps. Notieren Sie in einer Säule wichtige Informationen zu der bearbeiteten Versicherung. Ergänzen Sie die Informationen aus dem Buch mithilfe einer ➲ Internetrecherche. Führen Sie anschließend ein ➲ Gruppenpuzzle durch.
8. Lesen Sie noch einmal den Text zum Versicherungsprinzip. Sind Sozialversicherungen eigentlich Versicherungen im dort genannten Sinn? Erstellen Sie dazu eine Tabelle:

Deshalb folgen die Sozialversicherungen dem Versicherungsprinzip:	Deshalb weichen die Sozailversicherungen vom Versicherungsprinzip ab:

10.3 Leben in einer solidarischen Gesellschaft

Der Sozialstaat sichert die Bürger gegen grundlegende Lebensrisiken ab. Das funktioniert, weil wir uns als solidarische Gesellschaft verstehen. Strittig ist dabei immer wieder, inwieweit der Einzelne für seine Lebensrisiken und damit einhergehenden Probleme selbst verantwortlich ist.

„Solidarität beruht auf der Erkenntnis, dass den eigenen Interessen am Besten gedient ist, wenn auch die anderen zu ihrem Recht kommen."
(Richard von Weizsäcker)

„Sind wir normale Menschen, verhalten wir uns zu allen gleich, dann braucht man keine künstlich geschraubte Solidarität."
(Anton P. Tschechow)

„Nichts trübt das Bild der Welt so sehr als die eingebildete Verpflichtung von Solidaritäten. Dieser Irrglaube schafft Beziehungen zwischen Leuten, die nicht zueinander gehören, und verhindert solche zwischen Leuten, die einander finden sollten. Überdies nötigt er anständige Menschen, die Partei von Wichten ergreifen und dadurch selbst zu Wichten werden."
(Arthur Schnitzler)

„Solidarität ist immer eine Forderung, die sich an den Stärkeren richtet."
(Birgit Breuel)

„Solidarität erfordert die Bereitschaft zum Teilen und mithin zum Verzicht."
(Werner Münch)

Jetzt sind Sie dran …

1. Bewerten Sie die Zitate in Partnerarbeit und erstellen Sie eine Rangliste, welchen Aussagen Sie besonders zustimmen.
2. Entscheiden Sie gemeinsam, welche der fünf Sozialversicherungen nach Ihrem Verständnis von Solidarität besonders solidarisch sind.
3. Entwerfen Sie zu zweit eine eigene Definition: „Solidarität ist …".
   Halten Sie diese Definition auf einer Karteikarte fest und bewahren Sie diese auf.

Experiment

Wie sozial sind Sie selbst?

Sie wissen jetzt, was Solidarität ist. Aber wie solidarisch sind Sie selbst? Führen Sie dazu ein kleines Experiment durch:
Bilden Sie zufällige Arbeitspaare. Der Ältere von Ihnen ist Spieler A, der Jüngere Spieler B. Nehmen wir an, Spieler A bekäme zehn Euro geschenkt. Die einzige Voraussetzung dafür, dass er das Geld behalten darf, ist, dass er Spieler B einen Teil des Geldes abgeben muss. Dieser muss die Höhe des Betrages akzeptieren, sonst gehen beide leer aus.

Rollenkarte Spieler 1:
Machen Sie ein Verteilungsangebot.
Rollenkarte Spieler 2:
Entscheiden Sie: Nehmen sie die angebotene Summe an oder nicht?
Schreiben Sie die Verteilungen auf und sammeln Sie die Ergebnisse in der Klasse. Teilen Sie nach erfolgreichen und nicht erfolgreichen Angeboten.

Ab welchem Betrag wurden die Angebote abgelehnt? Diskutieren Sie im Plenum, warum das so ist. Bedenken Sie: Auch wenn Sie nur wenig Geld angeboten bekamen, hätten Sie doch nachher mehr als vorher gehabt!

Aufgabe A: Diskutieren Sie weiter: Was bedeutet das für Solidarität in unserem System der Sozialversicherungen?

Aufgabe B: Entscheiden Sie innerhalb der Klasse: Verhält sich derjenige unsolidarisch, der weniger als die Hälfte abgeben will oder der andere, der, bevor er nur einen geringen Anteil bekommt, lieber gar nichts annimmt?

Grenzen der Solidarität

Sie wissen nun, dass das System der Sozialversicherungen auf solidarischem Verhalten beruht. Das Problem dabei ist, dass wir zwar alle wollen, dass uns in Notfällen möglichst schnell und gut geholfen wird. Verfolgt man aber die Diskussionen über das Solidarsystem in der Öffentlichkeit, scheinen sehr viele Menschen zu denken, dass es im Solidarsystem Geber und Nehmer gibt. Das wirft die Frage auf, inwieweit die Gesellschaft überhaupt zu solidarischem Handeln bereit ist. Für viele stehen die eigenen Interessen und das eigene Wohlergehen im Vordergrund, erst danach kommt die Allgemeinheit.

ALG II
(Abkürzung von „Arbeitslosengeld II") ist eine staatliche Leistung zur Grundsicherung erwerbsfähiger Personen. Die Leistung gliedert sich in den sog. Regelbedarf, Unterkunft und Heizung sowie „einmalige Leistungen".

Fall 1

Lotta K.:
Die alleinerziehende Mutter zweier Kinder lebt von ALG II. Sie verdient etwas dazu, indem sie bei Bekannten im Haushalt hilft. Diese Tätigkeit ist nicht angemeldet.
Die 26-Jährige sagt von sich selbst: „Warum soll ich regulär arbeiten? Der Staat kümmert sich ja um mich. Und wenn ich was dazuverdiene, ist das meine Sache."

Fall 2

Ernst Z.:
Der 80-jährige ehemalige Buchhalter hat fünf Kinder und zwölf Enkelkinder. Er sagt: „Der Staat sollte Faulheit nicht unterstützen, nach einem Jahr Bezugsdauer muss Schluss sein mit staatlichen Leistungen."

Fall 3

Marlene S.:
Die 52-jährige Industriekauffrau ist starke Raucherin. Sie sagt: „Natürlich ist es richtig, dass ich damit ein erhöhtes Krebsrisiko habe. Aber schließlich zahle ich Krankenversicherungsbeiträge. Und wer sagt überhaupt, dass ich durch das Rauchen krank werde? Auch Nichtraucher können Lungenkrebs bekommen!"

Fall 4

Firut L.:
Der 38-jährige Versicherungskaufmann sagt: „Sobald ich die Möglichkeit hatte, mich privat krankenversichern zu können, bin ich aus der gesetzlichen Krankenversicherung ausgetreten. Ich bezahle doch nicht für alle anderen mit!"

Fall 5

Antonia E.:
Die 44-jährige alleinstehende Grundschullehrerin treibt regelmäßig Sport und achtet auf gesunde Ernährung. Sie sagt: „Wer ungesund lebt, soll mehr in die Sozialversicherungen einzahlen oder geringere Leistungen bekommen. Dazu sollte man alle zwei Jahre Gesundheitchecks vorschreiben. Wer nicht fit ist, muss mit einer Beitragserhöhung rechnen. Wer jedoch fit und gesund ist, dessen Beiträge werden gesenkt."

Jetzt sind Sie dran …

4. Bereiten Sie eine ➲ Talkshow vor. Thema der Diskussion ist: „Der Sozialstaat ist für mich da, nicht ich für den Sozialstaat". Bilden Sie dazu sechs Gruppen. Fünf Gruppen bereiten jeweils die Redebeiträge der einzelnen Teilnehmer (siehe oben) vor, die in die Talkshow entsendet werden; eine Gruppe stellt den Talkmaster. Bedenken Sie in den Arbeitsgruppen, wie Ihr Teilnehmer zu den Meinungen der anderen steht.
5. Führen Sie die Talkshow durch. Alle Gruppenteilnehmer dürfen sich in der anschließenden Diskussion zu Wort melden.
6. Verteilen Sie im Anschluss an die Talkshow Karteikarten. Vervollständigen Sie in Einzelarbeit folgenden Satz: „Solidarität endet für mich, wenn …"
7. ➲ Clustern Sie die Karten gemeinsam in der Klasse: Welche sind besonders unsolidarisch, bei welchen sind Sie der Meinung, dass sie eher solidarisch sind?
8. Überprüfen Sie Ihre Definition aus Aufgabe 3 auf der vorherigen Seite. Überarbeiten Sie sie, falls nötig, und schreiben Sie auch diese auf eine Karteikarte. Stellen Sie die beiden Karten einander gegenüber.

10.4 Der demografische Wandel – ein Problem des Sozialstaates

Die Sozialversicherungen beruhen auf dem Prinzip des Generationenvertrages: Die Elterngeneration versorgt ihre Kinder und sichert ihr Aufwachsen und ihre Ausbildung. Die Kinder sorgen im Gegenzug für die Eltern, wenn diese alt werden. In unserer Gesellschaft geschieht das in Form von Sozialversicherungsbeiträgen: Die arbeitenden Generationen sichern mit ihren Beiträgen die Auszahlungen an die Leistungsempfänger. Das Prinzip dabei ist, dass die Beiträge unmittelbar ausgezahlt werden. Es gibt also kein Sparkonto, auf dem wir unsere Versicherungsbeiträge ansparen. Wir erwerben lediglich Ansprüche, deren Höhe sich nach den eingezahlten Beiträgen richtet.

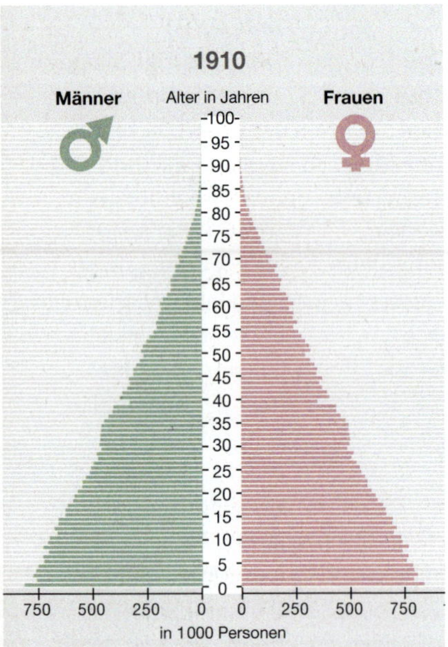

Zum Vergleich: So sah die Bevölkerungsstruktur im Jahr 1910 aus.

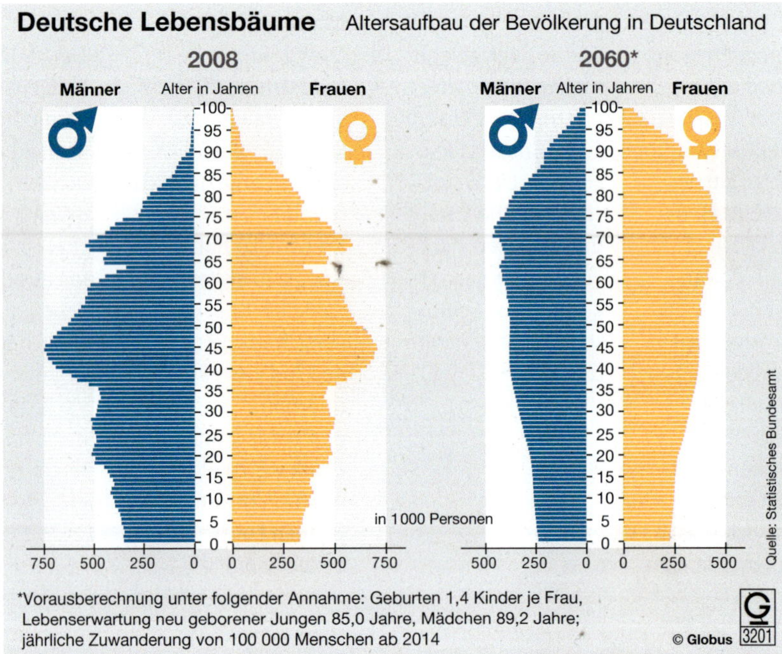

Jetzt sind Sie dran …

1. Analysieren und vergleichen Sie die Bevölkerungspyramiden (➲ Diagramme/Schaubilder analysieren).
2. Nennen Sie Gründe, die für die veränderte Bevölkerungsstruktur verantwortlich sein können.
3. Erstellen Sie eine Tabelle: Nennen Sie die Probleme, die aufgrund des demografischen Wandels für die einzelnen Sozialversicherungen entstehen.
4. Erarbeiten Sie in Vierergruppen Lösungen zu diesen Problemen.
5. Stellen Sie sich diese mithilfe eines ➲ Kugellagers vor.
6. Erstellen Sie einen Tagebucheintrag, wie Ihr Leben im Jahr 2060 aussehen könnte. Stellen Sie ihn der Klasse vor und begründen Sie Ihre Überlegungen.

Eine mögliche Lösung: Familienförderung

Die Lösung für das Problem des demografischen Wandels scheint so einfach: Wenn die Familien wieder mehr Kinder bekommen, kann er gestoppt werden. Doch die Gründe, warum viele Familien kein oder nur ein Kind bekommen möchten, sind vielfältig. Der ehemalige Richter am Bundesverfassungsgericht Paul Kirchhoff nennt Ideen, wie es gelingen könnte, dass in Deutschland mehr Kinder geboren werden: durch Förderung der Familien.

Deutschland wächst mit seinen Kindern

Von Paul Kirchhof; 10.04.2012

[...] Das Rentenrecht muss anerkennen, dass der Generationenvertrag seinen Schuldner von den Eltern empfängt, deren Kinder die Renten für alle Rentner der Elterngeneration bezahlen. Die Eltern haben zu dem Generationenvertrag das Wesentliche beigetragen. Deswegen müssen die Eltern, insbesondere die Mütter, die vielfach um der Kindererziehung willen auf einen Teil ihres Erwerbslebens und damit auf einen Lohn verzichtet haben, im Rentenrecht dem Grunde und der Höhe nach als Erste berechtigt sein. Sichern so die Kinder wieder die Versorgung bei Krankheit, Gebrechlichkeit und Alter, wird der Wille zum Kind noch stärker. Die Ausbildungs- und Erwerbsbiographien sind so umzugestalten, dass die jungen Menschen in Zukunft die Frage der Familiengründung nicht mehr verspätet stellen. [...] Bei der Bewerbung um Arbeitsstellen oder um eine weitere Berufsqualifikation sollten [Eltern] sodann vorrangig berücksichtigt werden, weil sie eine Doppelleistung – die familiäre und die berufliche – erbringen. [...] Die Gleichberechtigung von Mann und Frau gerade in Führungspositionen wird verbessert, wenn diese Positionen im Alter zwischen 40 und 50 erreicht werden, die Eltern – damit auch die Mütter – dann aber die Kernphase ihrer Erziehungsaufgabe bereits hinter sich gelassen haben.

Die Möglichkeiten moderner Arbeitstechnik, insbesondere der Computer, sollten vermehrt genutzt werden, um familienfreundliche Heimarbeitsplätze anzubieten. Während schon bisher in der Landwirtschaft und in der Leitung von Familienunternehmen Familienort und Arbeitsort identisch sind, stehen die Arbeitnehmer in Deutschland allmorgendlich vor der Alternative, entweder zu Hause zu bleiben und die Kinder zu erziehen oder den Erwerbsort aufzusuchen, insofern ihre Kinder zeitweilig aus den Augen zu verlieren. Wenn hingegen Bildschirmarbeitsplätze vermehrt eine Erwerbsarbeit am Familienort erlauben, können jedenfalls Eltern von Kleinkindern Beruf und Familie leichter vereinbaren. In zweiter Linie machen Betreuungseinrichtungen in den Betrieben oder in der Nähe der Betriebe eine regelmäßige Begegnung von Eltern und Kleinkindern auch während der Erwerbstätigkeit der Eltern möglich. Sodann können Vermögende ihren Kindern von Geburt an durch Beteiligung an einer Familiengesellschaft eine eigene Einkaufsquelle, damit eigene Einkünfte zuweisen. Gleiches muss auch Familien ermöglicht werden, denen diese Gestaltung mangels Vermögens versagt ist. [...]

Die indirekten Steuern treffen Familien besonders. Familien müssen ihr Familieneinkommen im Wesentlichen konsumieren, unterliegen deswegen in voller Höhe selbst dann den Konsumsteuern, wenn ihr Einkommen wegen zu geringer Höhe bei der Einkommensbesteuerung verschont wird. Die Kinderlosen können eher Vermögen bilden, dieses sparen und investieren, zahlen insoweit überhaupt keine indirekten Steuern. [...] Im Wahlrecht ist zu erwägen, wie die Kinder, die noch am längsten von heutigen politischen Entscheidungen betroffen sind, rechtzeitig Einfluss auf die Politik gewinnen können. [...] Jeder Elternteil nähme dann für je ein Kind eine zusätzliche halbe Stimme wahr; ein Alleinerziehender erhielte zusätzlich eine volle Stimme. Das Wahlrecht wird zwar grundsätzlich höchstpersönlich, unvertretbar ausgeübt. Es steht aber allen Bürgern zu. Kinder sind Bürger. Deswegen ist es nicht ausgeschlossen, ihnen die Möglichkeit zu bieten, ihr Bürgerrecht so weit als möglich, das heißt bis zur Volljährigkeit, in Vertretung durch ihre Eltern auszuüben. Vor allem aber brauchen Familien Anerkennung und Vertrauen. [...].

Quelle: Frankfurter Allgemeine Zeitung GmbH, Frankfurt. Zur Verfügung gestellt vom Frankfurter Allgemeine Archiv.

Jetzt sind Sie dran ...

8. Welche Maßnahmen nennt Kirchhof, wie Familiengründung in Deutschland gefördert werden könnte? Erstellen Sie eine Tabelle. Schreiben Sie auf die eine Seite die Vorschläge, auf die andere eine Bewertung.
9. Vergleichen Sie Ihre Bewertungen anschließend mit der Ihres Nachbarn und ergänzen Sie.
10. Führen Sie in der Klasse eine Fishbowldiskussion. Thema: „So kann Familienförderung klappen".
11. Erstellen Sie eine Mindmap: Was ist überhaupt eine Familie? Beziehen Sie Ihre Erkenntnisse aus Kapitel 2 mit ein.

„Mit der Auswanderung gehen Millionen verloren ..."

ifo Institut für Wirtschaftsforschung: Studie über „Fiskalische Wirkungen der Auswanderung ausgewählter Berufsgruppen". In: ifoschnelldienst 17/2009.

Eine weitere mögliche Lösung: Zuwanderung

Eine Möglichkeit, den demografischen Wandel aufzuhalten, kann auch die Erleichterung der Einwanderung nach Deutschland sein. Die Idee dahinter ist ganz einfach: Wenn junge, möglichst hochqualifizierte Arbeitnehmer zuwandern und in die Soziallkassen einbezahlen, werden die Folgen des demografischen Wandels für die Sozialkassen gemildert. Betrachtet man den Anstieg der weltweiten Bevölkerung, müsste es möglich sein, das Schrumpfen der Bevölkerung in den Industriestaaten aufzuhalten.

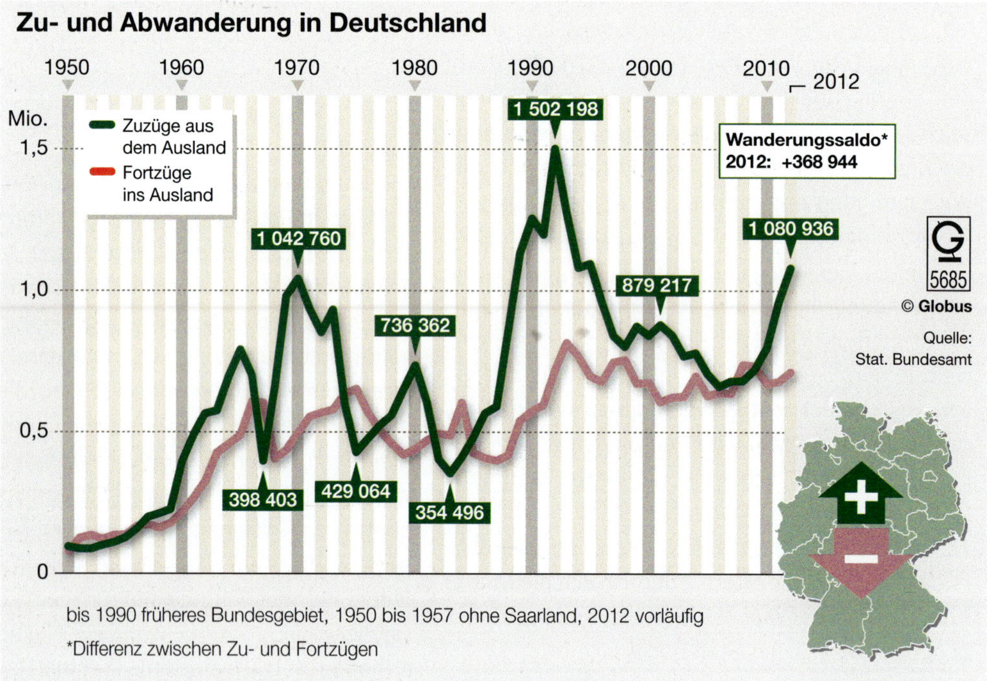

Zuwanderung für Hochqualifizierte erleichtert

Die Zuwanderung von Fachkräften aus Drittstaaten wird mit der neuen „Blauen Karte EU" erleichtert. Damit soll die Zuwanderung qualifizierter Arbeitskräfte attraktiver werden. [...]

Im Einzelnen beinhaltet das Gesetz Folgendes:

- Es wird ein neuer Aufenthaltstitel eingeführt: die Blaue Karte EU, auch „Blue Card EU" genannt.
- Neben einem Hochschulabschluss ist für den Erwerb der Blauen Karte EU ein Arbeitsverhältnis erforderlich, mit dem ein Bruttojahresgehalt von mindestens 44 000 Euro erzielt wird.
- Auf eine Vorrangprüfung und eine Prüfung vergleichbarer Arbeitsbedingungen soll künftig verzichtet werden. Das vereinfacht den Zugang und beschleunigt das Verfahren erheblich.
- Für Hochqualifizierte in festgelegten Mangelberufen gilt eine Gehaltsgrenze von 34 944 Euro. Dazu zählen insbesondere Ingenieure, akademische und vergleichbare Fachkräfte der Informations- und Kommunikationstechnologie sowie Ärzte.
- Auch bei diesen Hochqualifizierten wird auf die Vorrangprüfung verzichtet, eine Prüfung der Vergleichbarkeit der Arbeitsbedingungen findet jedoch statt.
- Eine Niederlassungserlaubnis erhalten Blue-Card-Inhaber nach drei Jahren, wenn ihr Arbeitsverhältnis fortbesteht. Wenn deutsche Sprachkenntnisse der Stufe B1 nachgewiesen werden, kann die Niederlassungserlaubnis bereits nach zwei Jahren erteilt werden.

Quelle: Die Bundesregierung; www.bundesregierung.de

Jetzt sind Sie dran …

12. Analysieren Sie das Diagramm „Hin und weg“ (➲ Diagramme/Schaubilder analysieren).
13. Fassen Sie die Bedingungen für die „Blue Card EU“ zusammen.
14. Lesen Sie das Zitat. Erstellen Sie eine ➲ Mindmap: Welche Folgen hat die Auswanderung hochqualifizierter Menschen für ein Land?
15. Schreiben Sie anschließend einen Kommentar, in dem Sie Ihre Meinung zu den Kosten der Auswanderung aus der Sicht der Länder darstellen, aus denen Fachkräfte nach Deutschland auswandern.
16. Beurteilen Sie: Ist es legitim, um Hochqualifizierte aus anderen Staaten zu werben? Begründen Sie Ihre Meinung.
17. Stellen Sie dar, warum die Zuwanderung hochqualifizierter Menschen den demografischen Wandel aufhalten könnte.
18. Führen Sie eine ➲ Fishbowl-Methode: „Zuwanderung ist unnötig. Wir sollten das Potential in unserem eigenen Land nutzen.“

Eine andere Möglichkeit besteht darin, den demografischen Wandel nicht aufhalten zu wollen, sondern ihn zu akzeptieren. Dann bräuchte man allerdings neue Ideen, um die Versorgung aller Menschen sicherzustellen. Allerdings bleibt die Frage offen, wie ein solcher möglicher Umbruch stattfinden sollte – immerhin haben bisher alle Beschäftigten in die Sozialkassen eingezahlt, im Vertrauen darauf, dass sie dafür im Bedarfsfall Geld ausbezahlt bekommen. Dabei bleibt weiterhin zu bedenken, dass die eingezahlten Beiträge aufgrund des Umlageverfahrens bereits ausgegeben sind.

© Bergmoser + Höller Verlag AG

Weg mit dem Generationenvertrag!
Von Ulli Kulke, 03.09.2012

[…] **Die Grundlage der Rente, der Generationenvertrag von 1957, ist nicht mehr zu halten. Die Altersversorgung muss zu ihren Ursprüngen zurück.**
„Du kriegst das Geld ja nicht mal mehr heraus, das du in die Rentenversicherung eingezahlt hast.“ Diese derzeit immer lauter werdende Kritik an unserem Rentensystem ist zwar vom Tonfall her berechtigt, hat aber mit unserem Rentensystem überhaupt nichts zu tun. Wir, die Beschäftigten, zahlen nichts in irgendeine Kasse ein, und wir bekommen später als Rentner auch nichts aus irgendeiner Kasse zurück. Vielmehr zahlen diejenigen, die heute arbeiten, ihre Rentenbeiträge letztlich unmittelbar an die alten Menschen, als deren Renten. Das heißt dann sehr schön, verbindlich und seriös: Generationenvertrag. Und das reicht aber eben nicht, nie und nimmer, auch wenn wir die Rentenbeiträge verdoppeln, es wird zunehmend unseriös, unverbindlich und unschön – und muss deshalb weg.
Schön wäre es ja, wenn wir über 30 oder 35 Jahre in eine solche Kasse einzahlen könnten, dann würde sich das Geld verzinsen, und wir hätten am Ende mehr als die Summe, die wir einst eingezahlt haben – wenn alles gut geht. Genau darum geht es, um die Angst, dass mal wieder die ganze Wirtschaft zusammenbricht, Hyperinflation, Rezession, Weltwirtschaftskrise, die deutsche Urangst.
Und wegen dieser Angst rennen wir geradewegs in den Zusammenbruch unseres heutigen Rentensystems, gefährden die Altersvorsorge. Als wenn die noch zu halten wäre, wenn die ganze Weltwirtschaft zusammenbricht.
Dieser Generationenvertrag ist übrigens erst 55 Jahre alt. Die Regierung Adenauer hat ihn eingeführt. Otto von Bismarck, der Begründer der Sozialgesetzgebung und somit auch der Rentenversicherung, hatte das Ganze damals noch auf dem Prinzip der Kapitalisierung angelegt. Jeder zahlt praktisch auf ein Konto ein, das Zinsen abwirft, und im Alter kassiert man alles mit Zins und Zinseszins. Adenauer und sein Sozialexperte Hans Katzer hatten in der Nachkriegszeit dann Angst bekommen, Angst, dass wieder eine Hyperinflation den Rentnern ihr →

Rentenkonto plündert, dass wieder eine Weltwirtschaftskrise alle Versicherungen und Banken in die Pleite führt.
Dass diese Angst völlig unberechtigt ist, mag man in diesen heutigen Zeiten nicht behaupten, in Amerika und anderen Ländern sind einige Träger der Altersversorgung in die Pleite marschiert, in der Tat. Viele haben allerdings bei ihren Anlagen Fehler gemacht, sie hätten sie auf eine breitere Basis stellen müssen. Typisch für unseren Vater Sozialstaat, dass er meint, diese Weisheit seinen Schäfchen nicht zutrauen zu dürfen, und ihn deshalb mit seinem Generationenvertrag vor solchem Unbill schützen zu müssen. Man kann das auch Bevormundung nennen. Vor allem aber muss Vater Sozialstaat heute etwas ganz schlimmes lernen: Er selbst kann keine Kinder zeugen, und diese Zeugungsunfähigkeit wirft alle seine Garantien über den Haufen, mit dem er uns bis vor wenigen Jahren noch eintrichtern wollte: „Die Renten sind sicher".
Gar nichts ist sicher, wenn uns heute die Kinder ausgehen, ist der Generationenvertrag am Ende, Schluss, die Grundlage fehlt, ein Vertragspartner verabschiedet sich und wir können nichts dagegen tun (gleichzeitig werden die Alten immer älter und immer bedürftiger bei den Gesundheitskosten, immer anspruchsvoller). Wenn deshalb am Ende bei der Rente nicht mehr herauskommt als Hartz IV, sollte eigentlich jedem klar sein, dass der Generationenvertrag obsolet ist. Das gilt auch, wenn der Staat aus Steuergeldern nachbessert, das ist dann letztlich nichts anderes als Etikettenschwindel, der auch nichts mehr rettet. Was am Schlimmsten ist: Die Ungerechtigkeit daraus, dass niedrige Arbeitseinkommen nicht höher sind als die staatliche Alimentation fürs Nichtstun, verlängert sich im heutigen System ins Rentenalter, bis ans Ende, bis dass der Tod die Generationen scheidet.
Die Wirtschaft, Industrie, Handel, Dienstleister reagieren auf die schwindende Manpower, den fehlenden Nachwuchs, durch scharfe Rationalisierung, gezwungenermaßen. Und unsere Rentenstrategen meinen, den Schwund an Beitragszahlern einfach so überstehen zu können, aussitzen, hier und da ein wenig nachbessern? Das kann nicht gut gehen. Kanzler Adenauer hatte damals, 1957, die Grundlage seines Generationenvertrags so formuliert: „Kinder kriegen die Leute immer." Und genau das gilt heute eben nicht mehr.
Eine einzige Alternative gäbe es noch: Diejenigen, die sich weigern – oder es nicht schaffen , Kinder in die Welt zu setzen, steuerlich heranzuziehen, ihnen quasi Pappkameraden als Kinder zur Seite zu stellen. Sie müssten dann so tun, als würden sie für deren Unterhalt, Bildung, Kinderfahrrad, Markenklamotten und Laptop aufkommen, also viele tausend Euro aufbringen, diese aber tatsächlich allesamt über den Generationenvertrag den Alten zukommen lassen. Dies müsste aber, wenn es reichen sollte, in einer Höhe geschehen, die soziale Verwerfungen mit sich brächte.
Es hilft nichts: Es führt kein Weg darum herum, dass jeder Arbeitnehmer in einen möglichst renditeträchtigen Fonds einzahlt, aus dem er später sein Geld bezieht. Ich würde fast wetten, dass selbst für den Fall, dass dieser Fonds keine Zinsen abwirft, im Alter immer noch mehr Geld da wäre als im heutigen System. Die mildere, sozialpaternalistische Variante wäre, dies über einen staatlich verwalteten Fonds zu zentralisieren. Die offensivere, konsequentere wäre, es den Menschen selbst zu überlassen, wo sie ihr Geld anlegen. Warum sollte man dafür eigentlich keine Wahlmöglichkeit haben?
Eines ist sicher: Die Rente nicht!

Quelle:
Donner + Doria; www.donnerunddoria.welt.de

Jetzt sind Sie dran …

19. Arbeiten Sie in Partnerarbeit die Ideen heraus, die die Autorin zur Abkehr vom Generationenvertrag nennt, und tragen Sie diese in die linke Spalte einer Tabelle ein.
20. Bewerten Sie die Argumente der Autorin in der rechten Spalte der Tabelle.
21. Erstellen Sie eine Rangliste: Oben stehen die in Ihren Augen praktikablen Ideen.
22. Erörtern Sie diese Argumente schriftlich.
23. Schreiben Sie einen ➲ Leserbrief: Die eine Hälfte der Klasse verfasst ihn aus der Sicht eines Rentenempfängers, die andere aus Sicht eines Arbeitnehmers. Beziehen Sie Ihr Wissen zum Thema Solidarität mit ein. Vergleichen Sie Ihre Ansichten, indem Sie Ihre Leserbriefe in der Klasse aushängen(➲ Jahrmarkt).

Und wie machen es die anderen?

Frankreich, einig Geburtenland
In Frankreich bekommt jede Frau durchschnittlich zwei Kinder. Das ist die höchste Geburtenrate in Europa. Und dafür gibt es Gründe: Für ca. 30 Prozent aller Kinder stehen Krippenplätze zur Verfügung. Außerdem gibt es ein staatlich organisiertes Tagesmutternetz. Ab einem Alter von drei Jahren haben alle Kinder einen staatlich garantierten Platz in den Vorschulen. Vorschulen und auch Ganztagsschulen gibt es bereits seit dem 19. Jahrhundert. Bei der Steuerveranlagung zählen alle Familienmitglieder: Es gibt einen Familienquotienten anstatt des Ehegattensplittings. Daher zahlen Familien mit drei Kindern kaum Steuern. Zudem können die Kosten für eine Tagesbetreuung und eine Haushaltshilfe bis zu 50 Prozent steuerlich geltend gemacht werden. Es ist für die Unternehmen in Frankreich zudem in der Regel kein Problem, wenn ein Elternteil nur 80 Prozent arbeitet. Im Vergleich zu Deutschland gibt es jedoch weniger Kindergeld: Erst ab dem zweiten Kind erhält man 127 Euro. Es gibt auch kein Elterngeld: Wer seine Berufstätigkeit wegen der Kinder unterbricht oder reduziert, bekommt maximal 800 Euro bei drei Kindern für ein Jahr. Wesentlich ist in Frankreich aber nicht, was der Staat macht, sondern die Einstellung der Bürger: Es ist normal, wenn Mütter arbeiten. Keine Frau braucht sich dafür zu rechtfertigen oder wird gar mit dem Vorwurf konfrontiert, eine schlechte Mutter zu sein.

Autorentext nach: Handelsblatt; von Tanja Kuchenbecker; 07.07.2012

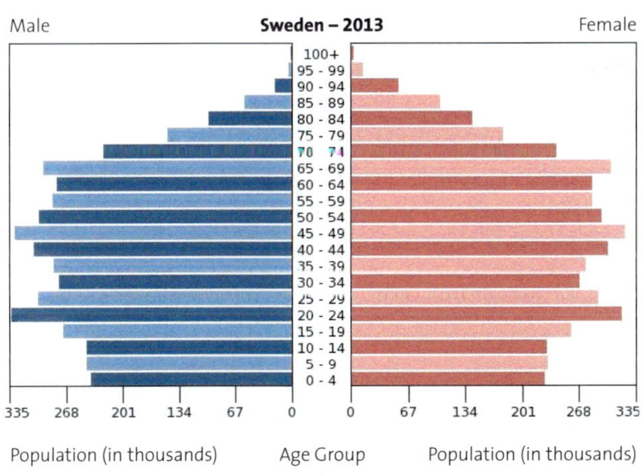

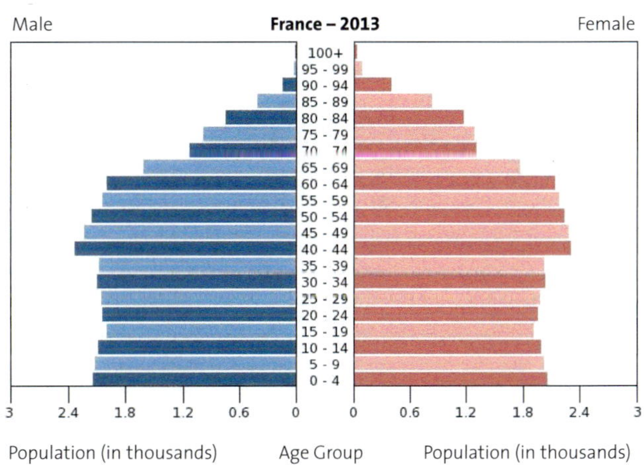

Quelle: United Nations, Department of Economic and Social Affairs, Population Division. World Population Prospects: The 2012 Revision

Jetzt sind Sie dran …

24. Vergleichen und analysieren Sie die beiden Bevölkerungspyramiden sowie die Bevölkerungspyramide 2008 von Seite 160 (➲ Diagramme/Schaubilder analysieren).
25. Lesen Sie den Text: Erklären Sie Ihrem Sitznachbarn, warum die Geburtenrate in Frankreich höher ist als in Deutschland.
26. Recherchieren Sie im Internet (➲ Internetrecherche): Welche Maßnahmen zur Familienförderung gibt es in Schweden? Erstellen Sie in Vierergruppen Plakate (➲ Plakat erstellen).
27. Schreiben Sie einen Zeitungskommentar, in dem Sie den Satz: „Wesentlich ist in Frankreich aber nicht, was der Staat macht, sondern die Einstellung der Bürger" auf die deutsche Entwicklung beziehen.

10.5 Der Sozialstaat: Nutzen Sie Ihre Kompetenzen

Die Auszubildenden Katharina und Elena unterhalten sich in der Arbeitspause. „Mensch", sagt Katharina, „jetzt bin ich endlich im zweiten Lehrjahr und verdiene etwas mehr Geld, aber wenn ich mir angucke, was ich an Beiträgen für die Sozialversicherungen bezahle ... Dabei bin ich nie krank und wir kriegen später doch sowieso keine Rente mehr. Ich weiß echt nicht, wozu das alles gut sein soll." Elena antwortet: „Ja, schon blöd, aber stell dir vor, wie unser Leben aussähe, gäbe es keine Sozialversicherungen!"

1. Schreiben Sie einen kurzen Info-Text für Katharina, wie das System der Sozialversicherungen in Deutschland funktioniert.

2. Errechnen Sie die Sozialversicherungsabgaben, die Katharina bei einem Verdienst von 710 Euro brutto monatlich bezahlen muss. Recherchieren Sie dazu zunächst unter www.deutsche-sozialversicherung.de, ob die angegebenen Beitragssätze noch aktuell sind.

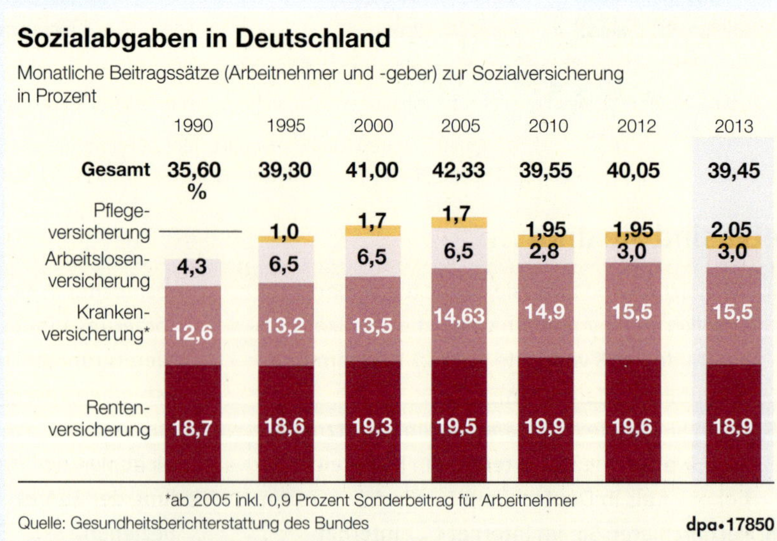

3. Katharina befürchtet, später nur eine geringe Altersrente zu erhalten. Erarbeiten Sie Möglichkeiten, wie er heute bereits für sein Alter vorsorgen kann. Bilden Sie Arbeitsgruppen. Recherchieren Sie im Internet, welche Möglichkeiten privater und staatlich geförderter Rentenvorsorge existieren (➲ Internetrecherche). Erstellen Sie dazu eine Präsentation (➲ Präsentieren/Visualisieren), die Sie vor Auszubildenden in Katharinas und Elenas Betrieb halten wollen.

4. „Aber stell dir vor, es gäbe keine Sozialversicherungen!“ Arbeiten Sie mit der ➲ Kopfstandmethode: Wie würden wir in Deutschland leben, wenn Deutschland kein Sozialstaat wäre? Arbeiten Sie in Gruppen: Jede Arbeitsgruppe befasst sich mit einer Sozialversicherung. Erklären Sie Ihren Mitschülern Ihre Ergebnisse. Führen Sie dazu ein ➲ Kugellager durch. Achten Sie darauf, dass die Arbeitsgruppen möglichst jeweils zusammen in einem Ring stehen.

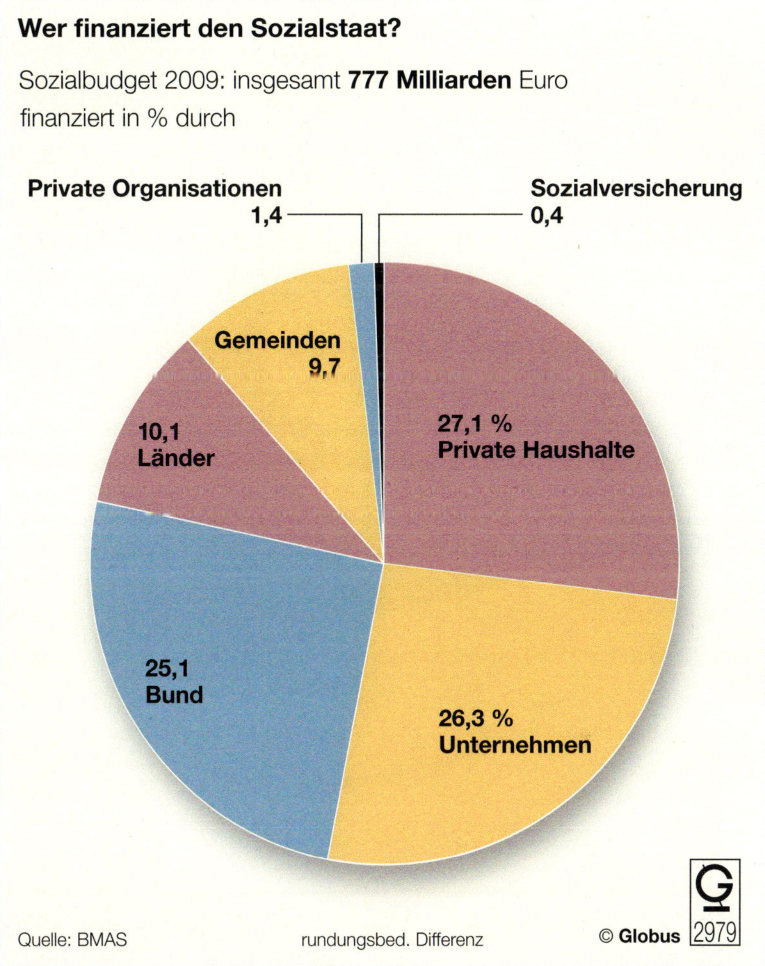

5. Analysieren Sie das Diagramm (➲ Diagramme/Schaubilder analysieren). Welche Rückschlüsse können Sie für die Belastung jedes einzelnen Arbeitnehmers durch die Sozialversicherungsbeiträge ziehen?

11 Neue Medien

So vernetzen Sie Ihr Wissen:
Mit den Themen:
- Identität – Wer bin ich? (→ Kap. 1)
- Regieren und regiert werden – Demokratie als Idee und Praxis (→ Kap. 7)
- Wie kann ich mitbestimmen in der Politik? (→ Kap. 9)
- Globalisierung (→ Kap. 14)

Zu den Medien zählen so unterschiedliche Erscheinungen wie Bücher, Bilder, Plakate, Zeitungen und Zeitschriften, Flugblätter, das Fernsehen, Festnetz- und Mobiltelefone, Radio oder Computer. Es gibt interaktive Medien und sogenannte Massenmedien. Im Laufe der Jahrhunderte hat sich das, was jeweils unter einem „neuen Medium“ verstanden wurde, immer wieder durch neue Erfindungen und Weiterentwicklungen geändert.

Ebenso waren mit jeder Entwicklung stets Erwartungen, aber auch Ängste und Befürchtungen verbunden. Dies sind also keine neuen Phänomene – was jedoch neu ist, ist die rasante Geschwindigkeit, mit der sich das „neue Medium“ Internet verbreitet hat: Gerade einmal 20 Jahre hat es von den Anfängen des Internets als Medium für private Nutzer gedauert, bis ein Drittel der Weltbevölkerung online war. Hand in Hand ging die Verbreitung anderer digitaler Medien, z.B. von E-Mail, Mobiltelefonen oder digitalem Fernsehen.

Neben den Empfangsgeräten haben sich allerdings auch die Verwendung und die Funktion von Medien in der Gesellschaft geändert. Politische Entscheidungen werden in Echtzeit kommentiert, Informationen dringen über das beinahe allgegenwärtige Smartphone mit enormer Geschwindigkeit an die Öffentlichkeit. Um die Echtheit zu überprüfen muss dazu noch einmal Zeit aufgewendet werden. Ein Beispiel: 2010 verkündete eine Politikerin auf dem Kurznachrichtenportal Twitter, die Wahl des Bundespräsidenten sei bereits im ersten Wahlgang entschieden. Die Meldung verbreitete sich schnell, war aber falsch. So kommt es, dass die Medien, die in unserem Staat eine Kontrollfunktion als so genannte Vierte Gewalt übernehmen sollen, selbst immer stärker kontrolliert werden müssen.

In diesem Kapitel erfahren Sie mehr über die damit verbundenen Umwälzungen und über die Chancen und Risiken, die die aktuell neuen Medien bieten und bergen.

iese Methoden verwenden ie:

- Diagramme / Schaubilder erstellen
- Placemat
- Umfrage
- Diagramme / Schaubilder analysieren
- Protokoll
- Blogeintrag
- Präsentieren/Visualisieren
- Internetrecherche
- Clustern
- Pro-Kontra-Debatte
- Blitzlicht

Diese Kompetenzen erwerben Sie:

- Sie lernen die Geschichte und die charakteristischen Merkmale alter und neuer (Massen-)Medien kennen.
- Sie können die Möglichkeiten der Teilhabe an politischen und gesellschaftlichen Prozessen durch die neuen Medien analysieren.
- Sie erkennen und bewerten Chancen und Risiken neuer Medien für die Gesellschaft, den Einzelnen sowie die Wirtschaft, und reflektieren die Herausforderungen für unser Rechtssystem kritisch.
- Sie können das Risiko der Abhängigkeit von Angeboten der neuen Medien analysieren.

11.1 Alte und neue Massenmedien

Woher kommt die Angst vor Technik?

Interview mit Medienprofessor Frank Hartmann

sonntaz: Herr Hartmann, viele Eltern stehen Tablet-Computern kritisch gegenüber. Woher kommt diese Skepsis?
Sie fürchten, ihren Expertenstatus zu verlieren. Eltern waren ihren Kindern bislang in fast allen Belangen überlegen. Vor allem was die Technik angeht. Einen Computer muss man einem Kleinkind erst mal erklären – die ganze Koordination von Maus und Auge auf dem Bildschirm, das ist im Grunde eine Expertentechnik. Bei der Touchscreen-Technologie hat sich das geändert. Schon Drittklässler gehen damit geschickter als ihre Eltern um. Einfach weil die Geräte so intuitiv bedienbar sind.
Wobei einfache Bedienung ja nicht nur Kindern hilft, sondern auch älteren Menschen.
Das stimmt. Und trotzdem beobachte ich: Vielen geht diese Entwicklung zu schnell. Wir sind bequeme, faule Wesen. Wenn wir etwas gelernt haben, wollen wir es auch eine Zeit lang anwenden. Das Konzept vom lebenslangen Lernen klingt doch ziemlich bedrohlich, wenn man ehrlich ist. Und jetzt gab es in wenigen Jahren die Entwicklung von der mechanischen zur elektrischen Schreibmaschine über den Computer zum Tablet. Das geht ein bisschen schnell. Man will seinen Expertenstatus auch mal behalten.
Ist die Reaktion auf Tablets vergleichbar mit der auf das Fernsehen? Die französische Schriftstellerin Françoise Sagan schrieb einst: Das Fernsehen hat aus dem Kreis der Familie einen Halbkreis gemacht.
Klar, sehr viele Innovationen wurden erst mal abgelehnt. Beim Fernsehen auch aus sozialromantischen Gründen. Die gute alte Familie, die Sagan beschwört, hat auch vorher nicht unbedingt zusammengesessen. Die Männer saßen am Tisch und rauchten, die Frauen waren in der Küche und die Kinder spielten nebenan. Aber vieles traf auch erst auf Ablehnung, weil man sich nicht vorstellen konnte, wozu man das jetzt brauchen soll.
Zum Beispiel?
Das Telefon, als es den Telegrafen ablöste. Klar, Chefs benutzten das, um Anweisungen an ihre Angestellten zu geben. Aber für persönliche Gespräche? Sprechen, ohne sich zu sehen? Eine Kommunikationsform, die schwer vorstellbar war.
Sie haben gesagt, Tablets werden unter anderem skeptisch aufgenommen, weil sie einfach zu bedienen sind und so den Expertenstatus vieler Menschen angreifen. Gibt es auch dafür Beispiele in der Geschichte?
Ja, bei der Fotografie war das ähnlich. Da verloren die oberen Schichten das Privileg, sich abbilden zu lassen. Plötzlich konnte sich jeder einfach fotografieren, auf der Hochzeit oder dem Geburtstag.
Im Nachhinein erscheint es zwingend, dass diese Innovationen erfolgreich waren.
Ja, beim iPad ist das genauso. Wir wurden jahrelang von PCs gequält, die wie Büros funktionieren und damit an Arbeit erinnern. Da gibt es Ordner, Arbeitsplätze, Mülleimer. Die alten Tastaturen hatten

Medienzeittafel

- 1450 – Buchdruck mit beweglichen Lettern (Gutenberg)
- 1830 – Telegrafen zur Nachrichtenübermittlung
- 1832 – Fotografie
- 1863 – Telefon (Reis)
- 1906 – Rundfunk
- 1923 – erste Radio-Unterhaltungssendung in Deutschland
- 1934 – erste Fernsehübertragung in Deutschland
- 1958 – mobiles Telefonieren

sogar Nummernblöcke, als wären wir alle Buchhalter. Aber die meisten sind eben keine Buchhalter.

Die Visionäre der Computerentwicklung – Alan Kay oder Adele Goldberg – haben schon in den Siebzigern gesagt: Computer können viel mehr, als uns Bürotätigkeiten zu erleichtern. Die Industrie hat das nur lange mehr oder weniger ignoriert. Aber irgendwann kommt eben jemand, der sich dieser Bedürfnisse annimmt. [...]

Sind Tablets so etwas wie eine späte Chance für ältere Menschen, doch noch einen Zugang zu neuesten Medien zu bekommen?

Viele haben sich um PCs nicht geschert, sind jetzt bei den Tablets aber vorn mit dabei. Ja, das ist wohl eine Chance. Die Fähigkeiten der ersten PC-Generation – sich auskennen mit Betriebssystemen und so weiter – sind jetzt überflüssig, jeder kann mitmachen.

Das klingt, als könne jetzt jeder computern.

Ich sehe aber die Gefahr, dass gerade ältere Menschen das Potenzial von Tablets verpassen und wieder in die Position eines passiven Mediennutzers rutschen. Sprich: sich wie früher vorm Fernseher berieseln lassen und weniger selbst auswählen, agieren. So mancher liest inzwischen andere Twitter-Accounts. Selbst mitmischen, das machen die wenigsten.

Warum verweigern sich ältere Menschen neuer Technik so oft?

Wir alle durchlaufen Lernprozesse mit Medien. Ältere müssen da viel öfter neu beginnen als Jüngere. Das ist frustrierend und fühlt sich jedes Mal wie ein Kontrollverlust an. Intuitiv versuchen sie dann, auf alten Funktionen zu beharren: So wie der Mathelehrer anfangs am Taschenrechner gezweifelt hat, weil das Kopfrechnen dadurch an Bedeutung verlor.

Dazu kommt noch eine Sprachbarriere, das sehe ich an meinen Töchtern und meinem Vater: Auf Tablets läuft vieles auf Englisch. Meine Töchter verstehen das sofort, mein Vater tut sich schwerer, diese Generation spricht oft nicht gut Englisch. Bei all den Anglizismen, den Games und Apps, verliert man dann leicht den Überblick. Das Gefühl ist dann wieder: Kontrollverlust.

Quelle: www.taz.de/Woher-kommt-die-Angst-vor-Technik/!121128/

Jetzt sind Sie dran ...

1. Finden Sie in Vierergruppen mithilfe eines ➲ Placemats eine Definition für den Begriff Medium/Medien.
2. Lesen Sie das oben stehende Interview. Notieren Sie in Ihrer Gruppe, wer die neuen Techniken eher ablehnt und sammeln Sie Gründe für die Ablehnung.
3. Erstellen Sie in der Gruppe ein ➲ Plakat. Stellen Sie darauf alte und neue Medien nebeneinander. Analysieren Sie genau: welches Medium ist neu, welches alt? Ein Beispiel: Ein Handy war noch vor kurzer Zeit in erster Linie ein Telefon. Ist es das noch? Präsentieren Sie die Ergebnisse in der Klasse.
4. Führen Sie anschließend ein ➲ Blitzlicht durch: Welche Medien nutzen Sie?
5. Stellen Sie Ihren Eltern die Fragen aus dem Interview. Bringen Sie die Antworten in die nächste Unterrichtsstunde mit und werten Sie die Ergebnisse aus: Welche Unterschiede zwischen Ihren und den Antworten Ihrer Eltern gibt es und warum?
6. Auch wenn es schwer vorstellbar ist: In gar nicht ferner Zukunft, wird die Ihnen nachfolgende Generation Medien nutzen, die Ihnen fremd sind. Diskutieren Sie in der Klasse: Gibt es bereits Medien, bei denen das so ist? Ist das ein Problem?

11.2 Information – Kommunikation – Interaktion

Grundgesetz Art. 5

(1) Jeder hat das Recht, seine Meinung in Wort, Schrift und Bild frei zu äußern und zu verbreiten und sich aus allgemein zugänglichen Quellen ungehindert zu unterrichten. Die Pressefreiheit und die Freiheit der Berichterstattung durch Rundfunk und Film werden gewährleistet. Eine Zensur findet nicht statt.

(2) Diese Rechte finden ihre Schranken in den Vorschriften der allgemeinen Gesetze, den gesetzlichen Bestimmungen zum Schutze der Jugend und in dem Recht der persönlichen Ehre.

Massenmedien erfüllen in einer Demokratie eine zentrale Aufgabe: Sie sollen Informationen beschaffen, bewerten, verbreiten und politische Institutionen bzw. politisch Handelnde kontrollieren und kritisieren. Mit Hilfe der Medien können Bürgerinnen und Bürger sich informieren und sind in der Lage, mündig zu entscheiden und zu handeln.

Medien werden auch als die „Vierte Gewalt" im Staat bezeichnet. Das leitet sich aus ihrer Kontrollfunktion ab. Zum einem wird die Politik der Regierung kritisch durch Berichte hinterfragt, zum anderen tragen Kommentare zur Meinungsbildung der Bevölkerung bei. Da das für eine funktionierende Demokratie wichtig ist, ist die Meinungs- und Pressefreiheit sogar im Artikel 5 des Grundgesetzes festgeschrieben.

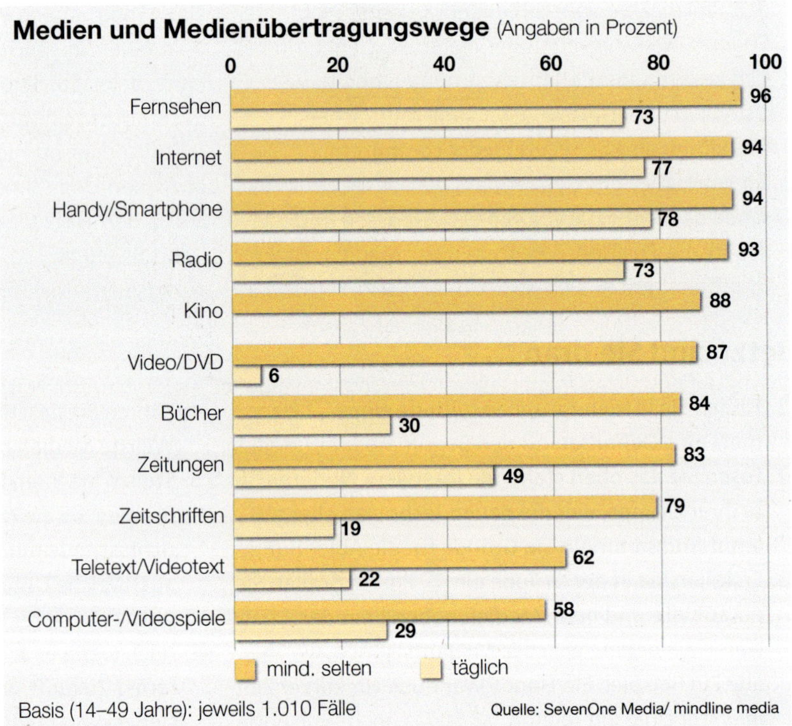

Jetzt sind Sie dran ...

1. Welche Aufgaben haben Medien in einer Demokratie? Ziehen Sie zur Beantwortung der Aufgabe auch Artikel 5 des Grundgesetzes heran.
2. Erfüllen die Medien Ihrer Meinung nach diese Aufgaben zufriedenstellend? Finden Sie aktuelle Beispiele, in denen die Medien ihren Aufgaben sehr gut bzw. weniger gut nachgekommen sind, und präsentieren Sie diese Ihrer Klasse (➲ Präsentieren/Visualisieren).
3. Analysieren Sie zusammen mit einem Arbeitspartner das Schaubild (➲ Diagramme/Schaubilder analysieren).
4. Erstellen Sie ein Diagramm für den Zeitraum einer Woche, das Informationen darüber enthält, welches Medium Sie wann und wie lange nutzen (➲ Diagramme/Schaubilder erstellen). Hängen Sie das Diagramm in Ihrer Klasse auf, so dass Sie in den kommenden Unterrichtsstunden immer wieder nachschauen können, wie das Medienverhalten in Ihrer Klasse aussieht.
5. Ergänzen Sie Ihr Diagramm um die Information, aus welchen Gründen Sie welches Medium nutzen (z.B. Unterhaltung, Information, Kontakt mit Freunden, ...)

Das Interesse vieler, vom Empfänger zum Sender zu werden, nutzen auch die kommerziellen Massenmedien, um die Zuschauer an sich zu binden. Sie dürfen seit kurzem intensiv an der Gestaltung der Programme teilnehmen. Fernseh-Formate wie „Ich bin ein Star – Holt mich hier raus!“ lassen es zu, dass der Zuschauer nun tatsächlich bestimmt, welche Person am kommenden Tag nicht mehr oder weiterhin im Programm zu sehen ist. Durch einen Stream, die Möglichkeit zum Live-Chatten parallel zur Ausstrahlung und Foren direkt auf der Sendungs-Seite werden im Internet Möglichkeiten der Kommunikation mit dem Empfänger angeboten. Hier verschmelzen Information und Kommunikation von Sender und Empfänger zur Interaktion mit dem Programm.

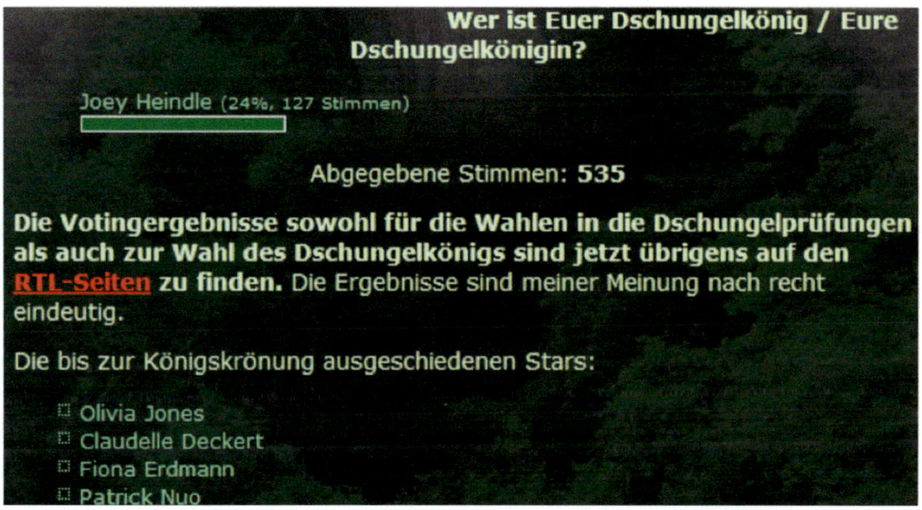

Quelle: www.dschungelcamp-blog.de/abstimmung

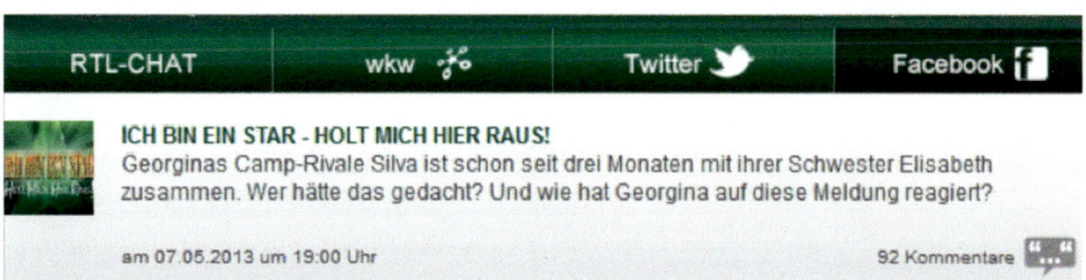

Quelle: www.rtl.de/inside/ich-bin-ein-star.html

Jetzt sind Sie dran …

6. Lesen Sie den Autorentext. Was ist mit dem letzten Satz gemeint? Sammeln Sie Beispiele.
7. Betrachten Sie die Screenshots der Website „Ich bin ein Star – Holt mich hier raus“. Welche Möglichkeiten der Mitbestimmung und Kommunikation der Zuschauer finden Sie?
8. Sammeln Sie weitere Beispiele auf einem Plakat (➲ Präsentieren/Visualisieren), bei denen Sie als Zuschauer/Hörer/Leser interagieren und analysieren können. Diskutieren Sie: Welche Auswirkungen hat dies auf die jeweiligen Formate. Wie kann sich die Identifikation mit dem Format durch die Beteiligung ändern?
9. Welche Nachteile hat es, wenn nun theoretisch jeder mit Internetanschluss und Computer oder Smartphone „auf Sendung“ gehen kann? Sammeln Sie mit Hilfe der ➲ Placemat Gefahren, die sich daraus ergeben können.
10. Nutzen Sie das Placemat aus Aufgabe 9 und suchen Sie Lösungen zu den genannten Nachteilen.

11.3 Wie das Internet Gesellschaften verändert

Seitdem das Internet Massenmedium ist und mithilfe mobiler Endgeräte auch unterwegs genutzt werden kann, ist eine Revolution im Gange, die viele Bereiche unserer Gesellschaft betrifft. Soziale Medien wie Facebook und Twitter nehmen inzwischen auch eine wichtige gesellschaftliche Rolle ein, besonders in nichtdemokratischen Systemen. Sie sorgen insbesondere in Ländern mit eingeschränkter Meinungs- und Pressefreiheit für zusätzliche Informations- und Austauschmöglichkeiten und können so zur Veränderung dieser Systeme beitragen.

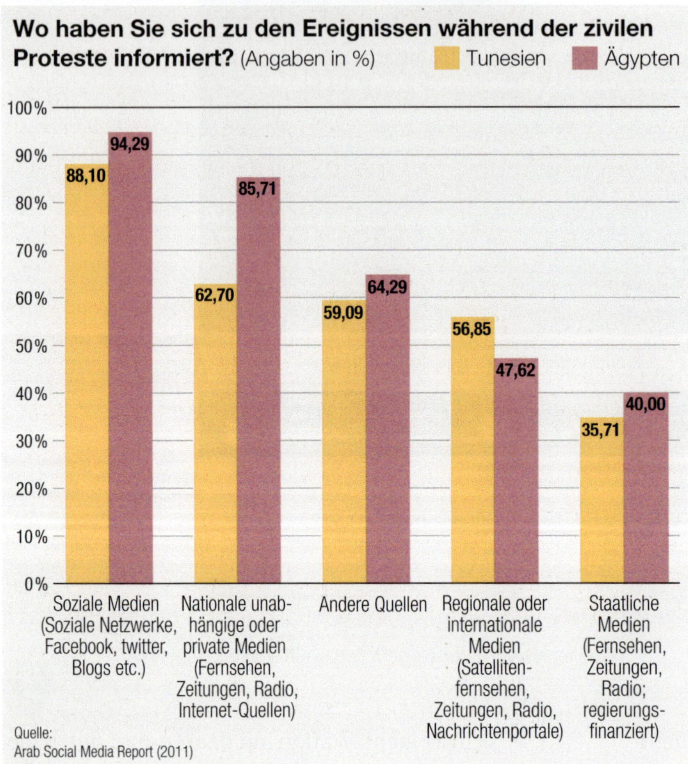

Fallbeispiel

Die „Arabellion"

Die Gründe für die gesellschaftspolitischen Umbrüche in den Ländern Nordafrikas und des Nahen Ostens sind in ihren Ursachen und Prozessen so vielfältig wie die Länder, in denen sie stattfanden und -finden. Abschließend zu beurteilen ist die „Arabellion" noch nicht. Die Nutzung des Internets mittels sozialer Plattformen und Blogs, auf denen Demonstranten Informationen austauschen und Proteste koordinieren konnten, hat allerdings entscheidend zum Verlauf und zur Verbreitung der Proteste beigetragen. Begonnen hatte der sogenannte „arabische Frühling" mit der Revolution in Tunesien im Dezember 2010. Wohin die Entwicklung letztlich führt, ist noch nicht abzusehen.

Jetzt sind Sie dran …

1. Welche politischen und gesellschaftlichen Veränderungen hat das Internet bisher befördert? Sammeln Sie Beispiele.
2. Warum wären diese Veränderungen ohne das Internet nicht möglich gewesen? ➲ Clustern Sie Ihre Antworten.
3. Lesen Sie den Text auf Seite 175 und analysieren Sie gemeinsam im Plenum das Schaubild (➲ Diagramme/Schaubilder analysieren).
4. Führen Sie anschließend in Ihrer Klasse eine ➲ Pro-Kontra-Debatte zu folgender These: „Durch die Datenspeicherung und -auswertung können Menschenleben gerettet werden".

Die Welt der Datenspione

Von Lalon Sander, 17.07.2013

Eigentlich ist die Bezeichnung Netz ein wenig irreführend, wenn man auf die Karte mit den Unterseekabeln schaut, die das Internet global verbinden. Zwar gibt es Dutzende, die sich durch die Meere und Ozeane schlängeln, aber die Verbindungen sind bei weitem nicht so, wie man sich ein wirkliches Netz vorstellen würde. Es gibt Hauptverbindungen, die offensichtlich wichtiger sind als andere: Während Europa und Nordamerika von einem ganzen Kabelbündel verbunden ist, verläuft kein einziges zwischen Afrika und Südamerika.

Noch prägnanter drückt es eine der Folien aus, die der ehemalige NSA-Mitarbeiter Edward Snowden an den Guardian und die Washington Post aushändigte, als er die breit angelegten Überwachungsprogramme seines ehemaligen Arbeitgebers aufdeckte. Sie zeigt, wie gut ausgebaut die Internet-Verbindungen zwischen den Kontinenten sind: Zwischen Europa und Nordamerika verläuft die wichtigste.

Im Internet suchen sich Daten – das zeigt das Material von Snwoden – den schnellsten und billigsten Weg zu ihrem Ziel, nicht unbedingt den physisch kürzesten. Die Konsequenz ist naheliegend: Da die Verbindung zwischen Nordamerika und Europa die am besten ausgebaute ist, werden viele Daten über diesen Weg übermittelt. Wer hier lauscht, wird einen Großteil des weltweiten Datenverkehrs abfangen können. Und genau das macht der britische Geheimdienst GCHQ.

Auch der amerikanische Geheimdienst NSA hat ein ähnliches Programm mit dem Namen „Blarney", ergänzt diese Daten aber mit Informationen, die es direkt von US-Internetfirmen bekommt: Microsoft, Yahoo, Google, Facebook, Skype, AOL, Apple und das weniger bekannte Paltalk. Alle haben ihren Firmensitz in den USA. Auf der Grafik sieht man deren Datenzentren: Von insgesamt 32 stehen 20 in den USA, sechs in Europa und sechs in Ostasien.

Zwar wird ein europäischer Kunde vom Datenzentrum in Europa bedient, um Zeit und Geld zu sparen, doch wenn sich die Datenzentren synchronisieren, fließen die Informationen über den Atlantik – vorbei am britischen Geheimdienst und in die Zugriffszone des amerikanischen Geheimdienstes. Wobei der deutsche Geheimdienst natürlich keine Spur besser ist: Vor Kurzem sagte Ex-BND-Chef Hans-Georg Wieck dem Sender Phoenix „Der BND arbeitet ähnlich."

Quelle: www.taz.de

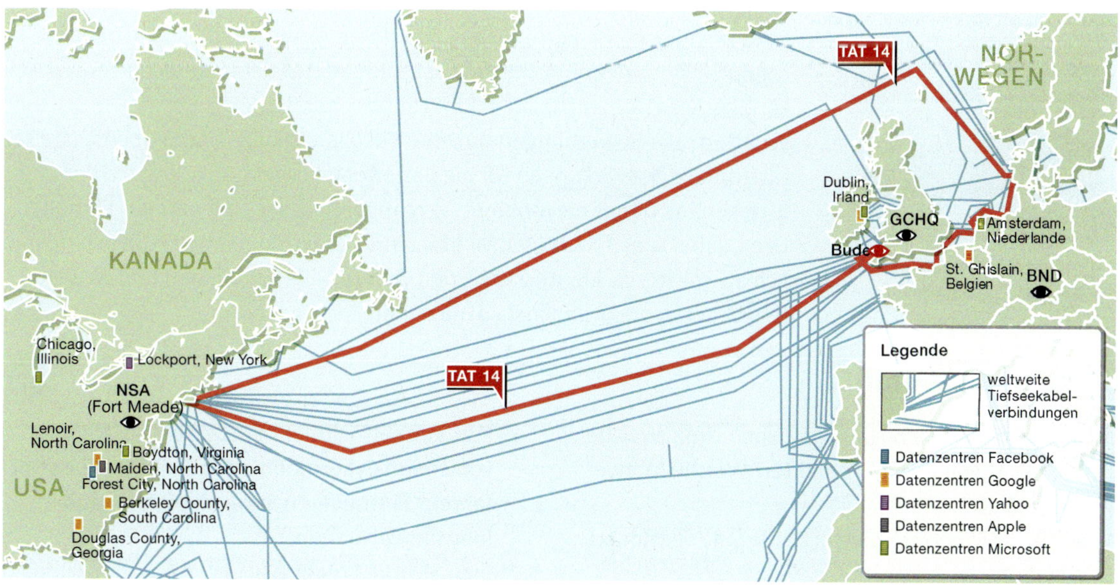

Die wichtigste Internetverbindung der Welt: Unterseekabel zwischen Europa und Nordamerika.

11.4 Risiken und Chancen für den Einzelnen

Fallbeispiel

Cybermobbing in sozialen Netzwerken

Lena ist eine ehrgeizige Schülerin und arbeitet hart, um gute Noten zu bekommen. Als eine Mitschülerin Lena vor einer Klausur darum bittet, bei ihr abschreiben zu dürfen, lehnt Lena aus Angst vor Entdeckung ab. Lenas

Mitschülerin nimmt ihr dieses Verhalten übel und gründet wenige Tage später auf Facebook eine „Wir hassen Lena-Gruppe". In dieser Gruppe lästern und verspotten auch andere Mitschüler Lena. Heimlich werden mit der Handykamera Fotos von ihr geschossen, natürlich so unvorteilhaft wie möglich. Die Fotos werden in der Facebook-Gruppe veröffentlicht und alle machen sich darüber lustig. Lena bekommt das mit und ist darüber erschrocken und verletzt. Was habe ich falsch gemacht?, fragt sie sich. Sie hat das Gefühl, dass plötzlich die ganze Schule über sie lacht. Lena ist ein Opfer von Cybermobbing geworden.

www.nummergegenkummer.de,

www.Juuuport.de

www.klicksafe.de

www.jugendmedienschutz.bildung.hessen.de

www.bündnis-gegen-cybermobbing.de

Lenas Fall zeigt, dass jeder ein Opfer von Ausgrenzung und Hänselei werden kann. Im dargestellten Beispiel hat eine einzige Ablehnung einer Bitte durch Lena eine Flut digitaler Beschimpfungen nach sich gezogen und die Schülerin mehr und mehr in eine Opferrolle gedrängt.

Lena reagiert mit starker Betroffenheit, doch derartige Attacken richten oft weitaus gravierendere Schäden bei den Opfern an, sowohl psychischer (z. B. in Form von Depression) als auch physischer Natur (z. B. in Form von Selbstverletzung). Für die Betroffenen bedeutet der durch Mobbing hervorgerufene Rufmord eine große persönliche Krise, deren Auswirkungen auch ohne weiteres Zutun des ursprünglichen Mobbers im Internet ein Eigenleben entwickeln können. Dies kann nicht zuletzt im Hinblick auf das Schließen neuer Bekanntschaften oder Bewerbungen um eine Ausbildung oder einen Arbeitsplatz katastrophale Auswirkungen für die Betroffenen haben. Eine Eingabe bei Google reicht aus, damit die Mobbing-Vergangenheit das Opfer erneut einholt.

Es ist daher umso wichtiger, Mobbing und Cybermobbing so früh wie möglich als solches zu identifizieren, den Opfern Hilfe anzubieten und so weiteren Attacken die Grundlage zu entziehen.

Jetzt sind Sie dran …

1. Recherchieren Sie die angegebenen Links. Welche Organisationen stehen dahinter? Welche Motive haben diese?
2. Wie kann Cybermobbing in der Schule verhindert werden?
   a) Formulieren Sie Handlungsanweisungen, was Schüler bzw. Lehrer vorbeugend tun können.
   b) Was können Schüler bzw. Lehrer tun, wenn sie von einem Cybermobbing-Fall in Ihrer Klasse erfahren? Formulieren Sie auch hierzu Handlungsanweisungen.
3. Stellen Sie Ihre Ergebnisse in der Klasse vor und diskutieren Sie die Vorschläge.

Chancen der neuen Medien
Betrachtet man die gängigen Meinungen über die neuen Medien, insbesondere die Anwendungen des Web 2.0 oder Social Media, dann überwiegen häufig negative Bewertungen. Dabei lohnt ein Blick auf die vielen Chancen, die diese neuen Medien bieten. Während eine gängige Meinung lautet, dass man z. B. in Bezug auf spätere Bewerbungssituationen sehr vorsichtig und sparsam mit persönlichen Informationen im Internet umgehen sollte, kann die gezielte Präsenz in den neuen Medien auch den gegenteiligen Effekt bewirken. Eine intelligente Darstellung des eigenen Lebenslaufes und der persönlichen Interessen und Stärken kann dazu führen, dass man für Personalentscheider zu einem interessanten Kandidaten wird. Wichtig ist, dass man selbst steuert, welche Informationen bekannt werden und welches Bild über einen selbst entsteht. Dazu sollte man natürlich die Privatsphäre-Einstellungen der sozialen Netzwerke gut kennen und nutzen und nur die Inhalte einer breiteren Öffentlichkeit zugänglich machen, die auch tatsächlich für diese bestimmt ist. Ebenfalls entgegen der weitverbreiteten Meinung, dass das Internet „dumm" mache, bieten die neuen Medien auch in Bezug auf die Themen Ausbildung und lebenslanges Lernen vielfältige Möglichkeiten. Neben der Tatsache, dass Informationen rund um die Uhr und in jeder gewünschten Breite und Tiefe zur Verfügung stehen und darüber hinaus in Sekundenschnelle recherchiert werden können, ist insbesondere das kooperative Element von Bedeutung. Wissen kann einfacher geteilt, Ideen können gemeinsam weiterentwickelt werden. Neues Wissen lässt sich durch Diskussion und Austausch schneller verbreiten, als dies durch traditionelle Medien möglich wäre. Die Möglichkeiten, die sich hieraus für den Lernort Schule aber auch das individuelle Lernen am eigenen Schreibtisch ergeben, sind bislang nur unzureichend beschrieben und werden in Zukunft voraussichtlich eine viel größere Rolle einnehmen.
Auch die Zeitersparnisse bei vielen Vorgängen sowie der barrierefreie Zugang vieler Dokumente stellen für viele Menschen eine Erleichterung des Alltags dar. Ein Beispiel hierfür ist das sogenannte „E-Government", bei dem zahlreiche öffentliche Einrichtungen Informationen oder Dokumente im Internet bereitstellen und Terminvereinbarungen über das Internet abwickeln.

Jetzt sind Sie dran …

1. Suchen Sie jeweils eine Person aus Ihrer Klasse im Internet. Neben den gängigen Browsern gibt es dafür auch spezielle Personensuchmaschinen. Notieren Sie, was Sie über Ihren Klassenkameraden gefunden haben und erstellen Sie einen Steckbrief. Würden Sie diese Informationen eher positiv oder negativ bewerten? Begründen Sie Ihre Meinung.
2. Entwerfen Sie ein persönliches Profil, das sich eignen würde, in beruflichen Online-Netzwerken veröffentlicht zu werden. Vergleichen Sie mit einem Partner. Welche Informationen würden Sie preisgeben, welche eher nicht?
3. Wer sich in Foren und Blogs zu Sachthemen mit kompetenten Beiträgen äußert, fördert eine positive Wahrnehmung. Finden Sie Beispiele, die Ihnen bei einer späteren Stellensuche behilflich sein können.
4. Erarbeiten Sie eine Vorschlagsliste, wie Sie Ihren Politikunterricht durch die neuen Medien anreichern könnten. Gestalten Sie einen ➲ Blogeintrag zum Thema „Einsatz von neuen Medien im Politikunterricht an der FOS/HöHa".
5. Führen Sie eine ➲ Umfrage in Ihrer Klasse durch: „Können Sie sich vorstellen, eine Woche auf das Internet zu verzichten? Falls nein: Warum würde Ihnen das so schwer fallen? Begründen Sie."

11.5 Internet und Wirtschaft

Die Einsatzmöglichkeiten der neuen Medien gehen über den persönlichen Bereich weit hinaus und finden insbesondere im Bereich der Wirtschaft ihre deutliche Ausprägungen. In den letzten Jahren haben die Informationstechnologien und die Digitalisierung den Warenhandel auf der Welt stark verändert: Im „globalen Dorf" können Güter in Europa entworfen und designt, in China hergestellt und in den USA verkauft werden. Die Wege, die Konsumgüter zurücklegen mussten – von der Fertigung bis zum Konsumenten – waren und sind oft sehr lang. Eine Strecke von 40.000 Kilometern für eine Jeans für 30 Euro oder einen USB-Stick für 15 Euro sind keine Seltenheit. Eingebunden sind hier von der Werkbank bis zum Endverbraucher viele Transportunternehmen, Zwischenhändler und der Verkäufer.

Doch durch das Internet könnte die Beschaffung und auch die Produktion von Waren in Zukunft vollständig vorbei an den klassischen Vertriebswegen gehen: Beispielsweise durch das „Crowdfunding" oder zahlreiche neu entstandene Tauschbörsen bieten sich immer unterschiedlichere Möglichkeiten.

Crowdfunding

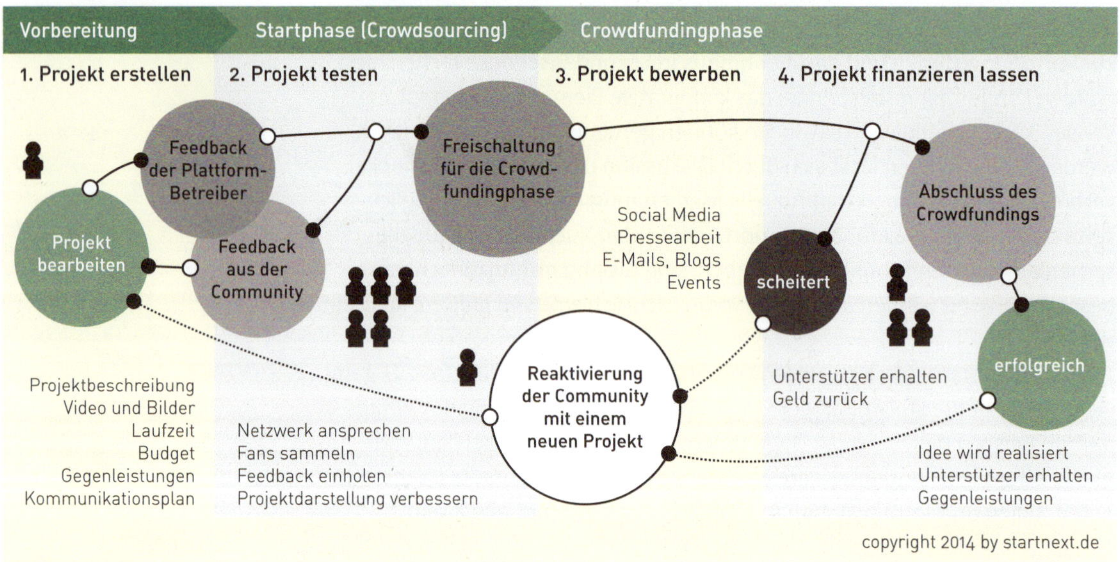

Infobox

Shareconomy – Teilen, Tauschen und Verleihen statt Kaufen

Unter Shareconomy versteht man ein verändertes Verhältnis weg vom Kaufen und Besitzen hin zum Teilen und Tauschen von Dingen, Wissen, Ressourcen und Erfahrungen. Das Internet eröffnet neue Wege, wie sich Menschen und Unternehmen auf Plattformen verbinden können, um nicht mehr zwingend kaufen zu müssen sondern sich das Leben zu vereinfachen, indem man miteinander teilt.

Beispiel Carsharing: Warum ein Auto kaufen, wenn man es zeitweise leihen kann?

Shareconomy Plattformen können dabei die alltäglichsten Dinge zum Thema haben, wie Bücher oder Kleidung, bis hin zu Arbeit, Wohnen und Mobilität. Quelle: http://crowdcommunity.de/shareconomy

Der gläserne Nutzer

Unser Kommunikationsverhalten hinterlässt digitale Spuren. Neben E-Mails, Chat- und Telefonverbindungen werden auch Buchungen, Einkäufe, Positionsbestimmungen usw. gespeichert.

Würde jemand alle diese Daten besitzen, wüsste er eine ganze Menge über Sie. Um zu verhindern, dass sensible Daten für Dritte zugänglich sind, gibt es verschiedene Regelungen zum Datenschutz.
Allerdings gibt es viele Daten, die Unternehmen ganz legal auswerten können. Hierzu zählen z.B. Informationen, die Sie Unternehmen durch Treue- oder Kundenkarten zur Verfügung stellen oder die Sie selbst im Netz veröffentlichen. Auch Cookies oder Apps tragen zur Gewinnung von Informationen über das Nutzerverhalten bei. Für Unternehmen sind diese Informationen über Lebensgewohnheiten, Vorlieben und Kaufverhalten ihrer (potenziellen) Kunden äußerst wertvoll.

Fallbeispiel

Stellen Sie sich vor, Sie möchten auf ein Musik-Festival fahren. Sie reisen mit dem Auto an. Das Festival-Ticket kaufen Sie online und nehmen dabei an einem Gewinnspiel teil. Mit dem Auto müssen Sie tanken und bezahlen dabei mit Ihrer EC- oder Kreditkarte. Dabei sammeln Sie außerdem Treuepunkte. Auf dem Festival angekommen, posten Sie auf Facebook ein Foto von sich und Ihren Freunden mit einer Standortangabe. Während des Festivals telefonieren Sie mehrmals mit Ihrem Handy, um Freunden zu Hause zu berichten.

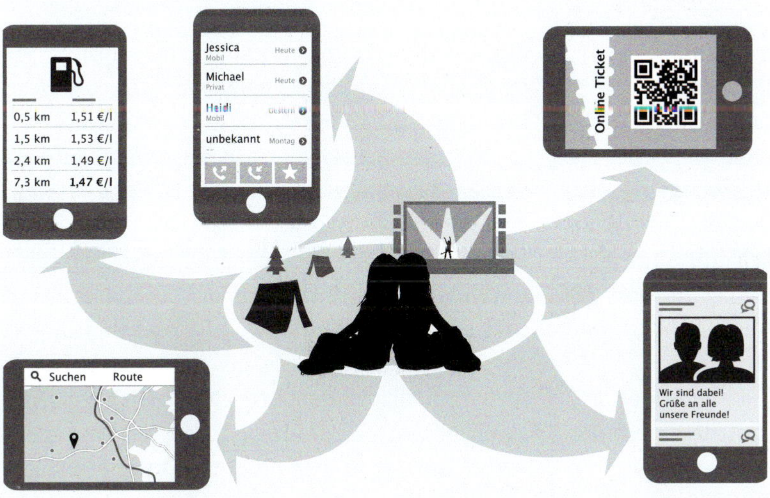

Jetzt sind Sie dran …

1. Erklären Sie Ihrem Sitznachbarn in wenigen Sätzen das Prinzip des Crowdfunding. Finden Sie Beispiele aus Ihrem privaten Umfeld, für die sich dieses Modell eignen würde.
2. Lesen Sie die Infobox. Kennen Sie weitere neue Modelle? Stellen Sie die Vor- und Nachteile von Crowdfunding, Shareconomy sowie ggf. weiteren Beispielen in einer Tabelle einander gegenüber.
3. Lesen Sie das Fallbeispiel und betrachten Sie die Grafik. Erstellen Sie anschließend ein Protokoll über Ihren Tagesablauf: Welche Informationen geben Sie im Laufe eines Tages über sich preis? Bewerten Sie diese.

11.6 Internet und Recht

Die Lieblingssongs auf Youtube sind nur einen Klick entfernt, der neue Kino-Blockbuster ist ganz umsonst per Filesharing und in bester Qualität zu haben und das Referat gibt es ebenfalls ganz ohne eigene Anstrengung zum Download als fertige Präsentation. Die Möglichkeiten im Internet scheinen grenzenlos, nicht zuletzt durch die Anonymität vieler Nutzer.

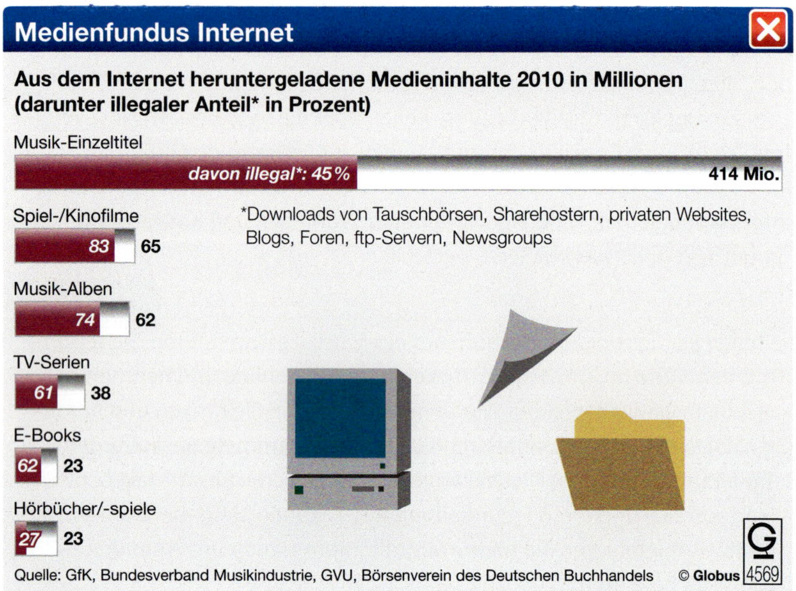

Auszüge aus einem Plädoyer für ein strengeres Urheberrecht des Musikers Sven Regener:

„Es wird so getan, als ob wir Kunst machen als Hobby. Das Rumgetrampel darauf, dass wir uncool seien, wenn wir darauf beharren, dass wir diese Werke geschaffen haben, ist im Grunde nichts anderes, als dass man uns ins Gesicht pinkelt und sagt: ‚Euer Kram ist nichts wert. Wir wollen das umsonst haben.' Eine Gesellschaft, die so mit ihren Künstlern umgeht, ist nichts wert."

„Zu glauben, man könnte auf Plattenfirmen verzichten, und dann würde man trotzdem noch dieselbe Musiklandschaft vorfinden, wie wir sie jetzt haben, oder sagen wir mal vor zehn Jahren hatten, das ist ein großer Irrtum."

„Zu glauben, irgendwann käme das Sozialamt um die Ecke und würde die Bezahlung der Künstler übernehmen und dabei würde noch gescheiter Rock'n'Roll rauskommen – das kann man knicken."

„Die kleinen Labels sind alle weg. Was bleibt, ist Volksmusik, deutscher Schlager und Rockmusik für die Älteren."

Über YouTube: „YouTube gehört Google. Das ist ein milliardenschwerer Konzern, die aber nicht bereit sind, pro Klick zu bezahlen." ... „Wir sehen nicht ein, dass Milliardengeschäfte gemacht werden, auch mit Werbung in diesem Bereich, und wir kriegen davon nichts ab." ... „Ein Geschäftsmodell, das darauf beruht, dass diejenigen, die den Inhalt liefern, nichts bekommen, das ist scheiße."

Quelle:
Beitrag von Erich Renz, 21.03.2012; Bayerischer Rundfunk.

Jetzt sind Sie dran ...

1. Lesen Sie die Texte und analysieren Sie das Schaubild „Medienfundus Internet" (➲ Diagramme/Schaubilder analysieren).
2. Sie hören morgens aus der Nachbarklasse, dass ein Mitschüler beim Ladendiebstahl erwischt worden ist. Am selben Nachmittag lädt ein anderer Mitschüler den neuesten Blockbuster illegal aus dem Internet herunter. Bewerten Sie die beiden Fälle. Begründen Sie Ihre Meinung.

Das Recht am eigenen Bild

Problematisch ist auch der Umgang mit Fotos im Internet: Hier ist eine gründliche Information darüber, was erlaubt ist und was nicht, unerlässlich.

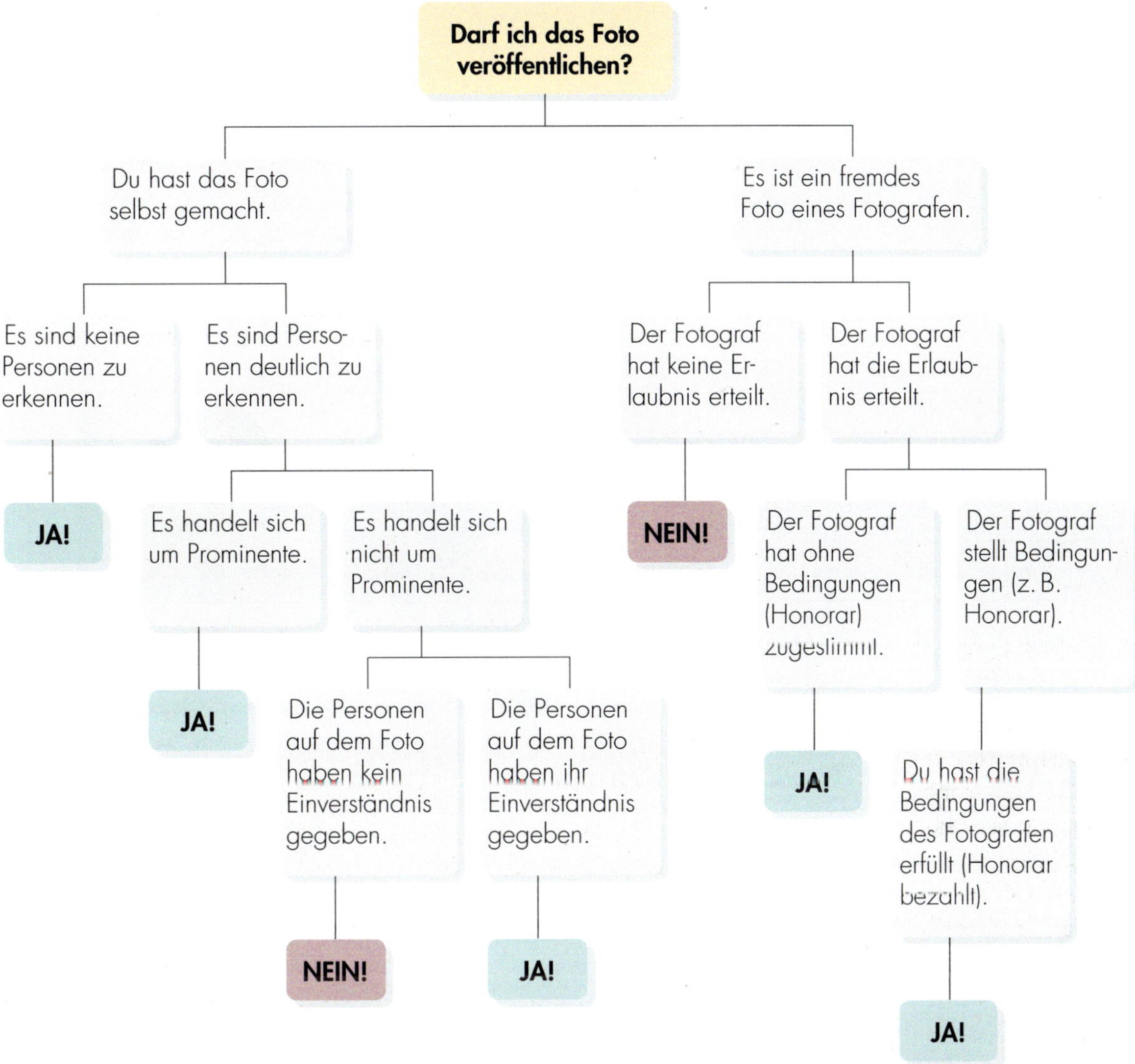

Mit frdl. Genehmigung der Landeszentrale für Medien und Kommunikation (LMK) RhP, Ludwigshafen; Juli 2011; www.klicksafe.de/themen/downloaden/urheberrecht/

Jetzt sind Sie dran …

3. Erstellen Sie mithilfe der Vorlage einen Entscheidungsbaum und entscheiden Sie anschließend, ob Sie in den folgenden Beispielen die Fotos veröffentlichen dürfen oder nicht.
   a) Sie sind ein begeisterter Hobbyfotograf und schießen während eines Ausflugs ein Foto eines älteren Paares, das sich in einem Café einen Eisbecher teilt. Das Paar hat von Ihrer Aufnahme nichts mitbekommen. Wieder zu Hause, möchten Sie das Foto in Ihrem Online-Blog veröffentlichen.
   b) Ihr Onkel arbeitet als Fotograf, seine Spezialität ist die Natur- und Landschaftsfotografie. Für Ihre eigene Website möchten Sie gern eines seiner Fotos verwenden und fragen ihn um Erlaubnis. Ihr Onkel stimmt der Nutzung gern zu.

11.7 Neue Medien: Nutzen Sie Ihre Kompetenzen

Situation: Der Bereichsleiter eines großen Versicherungskonzerns liest folgenden Artikel in der Zeitung:

Fallbeispiel

We Like Thessa

Es ist ein kleiner Ort und Freitagnachmittag. Die Bewohner sind eingestellt auf ein ruhiges Wochenende. So kennt man es hier in Bramfeld. Es geht beschaulich zu. Der Stress findet woanders statt – in der Großstadt, im nahen Hamburg. Doch dieser warme Nachmittag im Juni 2011 soll die Stadt verändern und noch mehr das Leben von Thessa. Denn sie wird heute 16 Jahre alt und feiert ihren Geburtstag. Und alle sind gekommen: Die Schulfreunde, die Bekannten, ihre Familie und weitere 400 Gäste. Die meisten kennt das Mädchen gar nicht. Und über diese Geburtstagsüberraschung kann sie sich auch nicht freuen. Die unbekannten Partygäste trampeln ihr mittlerweile den Rasen platt, urinieren in die Gärten ihrer Nachbarn und grölen schon bald volltrunken Lieder. Sie schreien sich heiser mit dem „Thessa-Song", der bei iTunes bereits auf Platz 7 der Schlager-Charts steht: „Thessa, oh, Thessa, wir kennen uns zwar nicht – doch uns egal, wir feiern Dich und saufen uns jetzt dicht." Der Open-Air-Kindergeburtstag beginnt.

Das Geburtstagskind hatte vergessen, ein einziges Häkchen anzuklicken und erlebt zu ihrem 16. Geburtstag schon die Überraschung ihres Lebens. Ihre Feier sollte eigentlich privat sein, aber da sie den Haken nicht angeklickt hat, konnten sich hunderte über Facebook die Party weiterschicken und sich darauf aufmerksam machen. Und jeder konnte den Partyaufruf und ihre Adresse lesen. Das Ergebnis: Abends muss sogar die Polizei für Ruhe und Ordnung sorgen, einige hartnäckige Gäste wollten einfach nicht mehr gehen.

„Partygäste" vor Thessas Haus

Er möchte seine Auszubildenden vor diesen, wie er findet, großen Gefahren des Internets und sozialer Medien warnen und plant daher eine große Aufklärungsaktion. Er beauftragt Mia und Lasse, Auszubildende zur Versicherungskauffrau/-kaufmann im dritten Lehrjahr, eine umfassende Präsentation zu neuen Medien vor allen Auszubildenden des Konzerns in ihrer Region zu halten. Das Thema soll lauten: Sicherer Umgang mit neuen Medien im Beruf und im Privatleben.

Arbeiten Sie in Vierergruppen.

1. **Erstellen Sie zunächst eine Mindmap: Worin liegen die Probleme? Warum ist eine solche Präsentation überhaupt notwendig?**
2. **Planen Sie den Aufbau der Präsentation, indem Sie Ihre in der Mindmap gefundenen Aspekte gliedern.**
3. **Klären Sie zudem, ob eine solche groß angelegte Präsentation überhaupt notwendig ist. Erstellen Sie dazu einen Fragebogen, der alle, in Ihren Augen wesentlichen Aspekte, abfragt.**

a. **Gruppe 1: Sie entwickeln die genaue Fragestellung. Bedenken Sie dabei, welche Frageform sich jeweils am besten für eine bestimmte Fragestellung eignet (Beispiele für verschiedene Frageformen finden Sie auf der nebenstehenden Seite). Formulieren Sie präzise und behalten Sie stets das festgelegte Ziel der Umfrage im Auge. Tipp: Je weniger Fragen Sie** brauchen, um Ihr Umfrage-Ziel zu erreichen, desto besser – alle Fragen müssen eine inhaltliche Notwendigkeit haben! Besprechen Sie anschließend mit Gruppe 2 und 3, in welcher Form die Umfrage erhoben werden soll. Stellen Sie Ihren Fragebogen im entsprechenden Format zur Verfügung bzw. tragen Sie Ihre Fragen in das gewünschte Programm ein.

Gruppe 2: Sie machen sich Gedanken zur Stichprobe: Wen wollen Sie befragen? Wie groß muss Ihre Stichprobe sein, damit Sie ein aussagekräftiges Ergebnis bekommen? Und wie können Sie diese Stichprobe am besten erreichen? Und wie lange muss die Umfrage laufen, damit sie voraussichtlich ausreichend Antworten bekommen? Recherchieren Sie ggf. fehlende Informationen. Besprechen Sie sich mit Gruppe 3, wie die Umfrage durchgeführt wird: Verwenden Sie ein Tool zu Erhebung und/oder Auswertung? Möchten Sie die Umfrage elektronisch per Fragebogen oder als Interview durchführen?

Gruppe 3: Sie werten die Umfrage nach der Durchführung aus und stellen die Ergebnisse anschaulich dar. Hierzu überlegen Sie sich zunächst in Absprache mit Gruppe 2, wie die Umfrage durchgeführt wird. Soll später ein Erhebungs- und/oder Auswertungsprogramm (wie z. B. GrafStat) verwendet werden? Informieren Sie sich über mögliche Programme und Tools und recherchieren Sie die Vor- und Nachteile.

b. Führen Sie die Umfrage durch. Falls Sie sich für klassische Interviews entschieden haben, sind alle Gruppen an der Durchführung beteiligt. Wenn Sie eine andere, weniger aufwendige Form gewählt haben, klären Sie, wer für die Durchführung der Umfrage sowie für die Sammlung der beantworteten Fragebögen zuständig ist. Übergeben Sie alle Ergebnisse zur Auswertung an Gruppe 3.

c. Veröffentlichen Sie die Ergebnisse in der Schulzeitung oder auf der Schul-Website.

Wie alt bist Du/sind Sie? Antwort: ________

Was machst Du/machen Sie am liebsten in deiner/Ihrer Freizeit? Antwort:

____

Wie oft nutzt du/nutzen Sie soziale Netzwerke?

- ❑ ich bin so gut wie immer online
- ❑ mehrmals täglich
- ❑ täglich
- ❑ mehrmals in der Woche
- ❑ höchstens einmal in der Woche
- ❑ seltener
- ❑ nie

Bewerte/bewerten Sie für sich selbst den folgenden Satz:
„Wenn ich einen Tag nicht ins Internet kann, stört mich das gar nicht."

❑ stimme völlig zu ❑ stimme teilweise zu
❑ stimme eher nicht zu ❑ stimme gar nicht zu

Bewerte/bewerten Sie die folgenden Aktivitäten mit dem jeweils passenderen Adjektiv. Denke/denken Sie nicht lange über die Antworten nach, sondern handele/handeln Sie intuitiv.

Online-Rollenspiele	Freunde treffen	Lernen für eine wichtige Prüfung
positiv negativ	positiv negativ	positiv negativ
warm kalt	warm kalt	warm kalt
schön hässlich	schön hässlich	schon hässlich
interessant langweilig	interessant langweilig	interessant langweilig
einfach schwierig	einfach schwierig	einfach schwierig
angenehm störend	angenehm störend	angenehm störend

12 Unsere Umwelt – Ressourcensicherung und Nachhaltigkeit

So vernetzen Sie Ihr Wissen:

Mit den Themen:
- Gesellschaft heute – wie leben wir zusammen? (→ Kap. 2)
- Die Wirtschaft und ich (→ Kap. 6)
- Wie kann ich mitbestimmen in der Poltik? (→ Kap. 9)
- Globalisierung (→ Kap. 14)
- Globale und regionale Sicherheit – Friedenspolitik in einer entgrenzten Welt (→ Kap. 15)

Diese Methoden verwenden Sie:

- Placemat
- Schaubilder erstellen
- Plakat erstellen
- Diagramme/Schaubilder analysieren
- Fishbowl-Methode
- Internetrecherche
- Partnerarbeit
- Pro-Kontra-Debatte
- Denkhüte-Methode
- Kommentar
- Flyer entwerfen
- Mindmap
- Diskussion
- Clustern
- Präsentieren/Visualisieren
- Expertengespräch
- Bildanalyse

Unsere Erde – ein Planet, der alles zur Verfügung stellt, was Lebewesen zum Leben brauchen: Wasser, Luft, Boden, Rohstoffe und Nahrung.

Doch die Auswirkungen der Bedarfsdeckung aller Menschen auf diesem Planeten sind vielfältig: Natur- und Umweltkatastrophen, Waldsterben, verschmutztes Trinkwasser und Erderwärmung sind Alarmzeichen dafür, dass wir mit der Erde sorgfältiger umgehen müssen, damit auch die uns nachfolgenden Generationen sicher und sorglos leben können.

Seitdem der Mensch Ressourcen zur Energieerzeugung benötigt, um Maschinen und Verkehrsmittel zu betreiben, ist der Energiebedarf weltweit stark angestiegen. Dieser wird zu einem Großteil mit natürlichen Rohstoffvorkommen gedeckt. Außerdem werden weite Teile der Erde landwirtschaftlich nutzbar gemacht. Natürliche Vegetation muss Ackerflächen weichen, die Folgen sind ein Rückgang der natürlichen Lebensräume von Tieren und Pflanzen, Umweltschädigungen durch Düngemittel, Erosion, Luft- und Wasserverschmutzung und viele mehr. Nicht zuletzt stellt die umweltschonende Entsorgung von Industrieabfällen und nicht mehr benötigten Produkten eine weitere Herausforderung dar.

Gegenwärtig sind zudem die natürlichen Ressourcen auf der Erde so ungleich verteilt, dass die einen im Überfluss leben, die anderen aber nicht einmal genügend sauberes Trinkwasser und Nahrungsmittel zur Verfügung haben.

Eine Antwort auf die Frage zu finden, wie es gelingen kann, den Energiebedarf nachhaltig und ressourcenschonend zu decken und dabei eine gerechtere Verteilung der vorhandenen Ressourcen zu erreichen, ist eine der größten Herausforderungen zukunftsweisender Politik.

Sie werden in diesem Kapitel die Auswirkungen menschlichen Handelns auf die Natur betrachten. Sie setzen sich aber auch damit auseinander, inwieweit Sie persönlich dazu beitragen können, Ihre natürliche Lebensgrundlage zu schützen.

Diese Kompetenzen erwerben Sie:

- Sie erkennen Umwelt als Lebensraum, für den wir Menschen weltweit Verantwortung übernehmen müssen.
- Sie begreifen Industrialisierung als Prozess, der ressourcenabhängig ist und nachhaltige Wirtschaftsstrategien erfordert.
- Sie erschließen die Ideologien und Strategien staatlicher und nichtstaatlicher Akteure zum Thema Umweltschutz und unterscheiden zwischen ökonomischen und ökologischen Interessen.
- Sie verfügen über Strategien zum verantwortungsvollen Umgang mit Ressourcen und nachhaltiger Lebensführung und können diese anwenden.

12.1 Umwelt – gibt es dafür eine Definition?

Jetzt sind Sie dran …

1. Welche Umweltbereiche entdecken Sie in der Darstellung oben? Zeichnen Sie ein Schaubild in Ihr Heft, in welchem der Mensch im Mittelpunkt steht und in dem Sie mithilfe von Pfeilen deutlich machen, welche Abhängigkeiten des Menschen von seiner Umwelt bestehen (➲ Schaubilder erstellen).
2. Verfassen Sie eine Definition: „Umwelt ist …“. Vergleichen Sie Ihre Definition mit der Ihres Banknachbarn. Einigen Sie sich auf die beste Definition. Arbeiten Sie nun in Fünfergruppen und einigen sich erneut. Visualisieren Sie Ihr Ergebnis auf einem Plakat (➲ Plakat erstellen). Stellen Sie Ihr Ergebnis anschließend im Plenum zur Diskussion.
3. Nehmen Sie die Plakate als Grundlage dafür, welche Umweltbereiche für den Menschen lebensnotwendig sind. Begründen Sie Ihre Aussagen in einem Satz.
4. a) Analysieren Sie das Diagramm „Bevölkerungsentwicklung nach Regionen“ (➲ Diagramme/Schaubilder analysieren).
   b) Erstellen Sie eine Tabelle. Welche Auswirkungen hat die Bevölkerungsentwicklung auf die einzelnen Umweltbereiche aus Aufgabe 1?
   c) Sortieren Sie die Tabelle gemeinsam mit Ihrem Sitznachbarn nach den Ihrer Ansicht nach gravierendsten Auswirkungen.

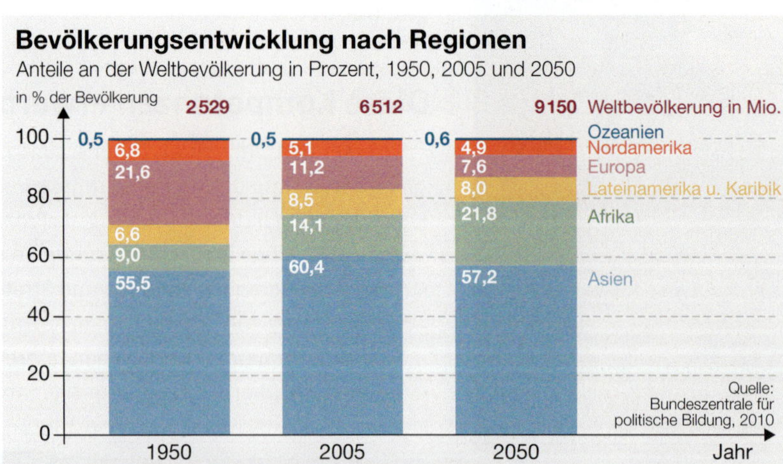

12.2 Natürliche Ressourcen – Kapazität und Verbrauch

Die Rechnung ist eigentlich ganz einfach: Jeder Mensch auf der Welt darf nur so viel Umweltkapazität beanspruchen, wie ihm zusteht. Doch wie viel wir wirklich nutzen, bemisst sich nach unseren Ansprüchen und an unserem Lebensstandard. So besitzt der Planet Erde nach Berechnungen des World Wildlife Fund (WWF) eine Kapazität von zwölf Milliarden gha (globale Hektar) oder 1,8 gha/Person.

Der Ökologische Fußabdruck (das, was die Menschen an natürlichen Ressourcen verbrauchen) beträgt heute 18 Milliarden gha oder 2,7 gha pro Person. Damit verbraucht die Menschheit 1,5-mal so viel natürliche Ressourcen, wie sich jährlich erneuern. Das ist vor allem den hohen CO_2-Emissionen geschuldet. Der CO_2-Fußabdruck hat als Einzelkomponente einen Anteil von 55 %. Dabei gilt: Je stärker entwickelt ein Land ist, desto höher ist sein CO_2-Fußabdruck.

Die Biokapazität ausgewählter Staaten

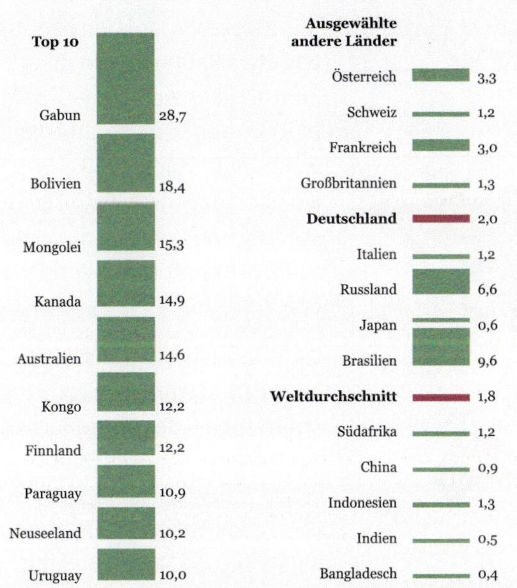

Höhe der Biokapazität in globalen Hektar (gha) pro Einwohner. Der Weltdurchschnitt lag im Jahr 2008 bei 1,8 gha pro Person.

Der Ökologische Fußabdruck ausgewählter Staaten

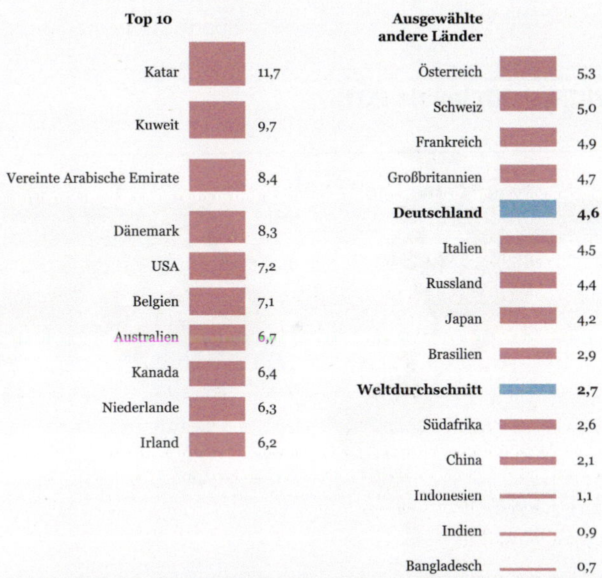

Höhe des Ökologischen Fußabdrucks in globalen Hektar (gha) pro Einwohner. Im Jahr 2008 wurde der menschliche Fußabdruck im weltweiten Durchschnitt mit 2,7 gha pro Person gemessen. Diesem Bedarf stehen die Möglichkeiten der Erde gegenüber: die Biokapazität. Sie lag 2008 bei 1,8 gha pro Person.

Jetzt sind Sie dran …

1. Analysieren Sie die beiden Grafiken (➲ Diagramme/Schaubilder analysieren). Welche Aussage können Sie in Bezug auf die vorhandene Biokapazität eines Staates und den Pro-Kopf-Bedarf an Ressourcen treffen?
2. Suchen Sie nach Erklärungen dafür, warum Bürger der einzelnen Länder einen höheren oder niedrigeren Ökologischen Fußabdruck haben. Erstellen Sie dazu in Partnerarbeit eine Tabelle.
3. Diskutieren Sie mithilfe der ➲ Fishbowl-Methode, ob es gerecht ist, dass manche Menschen mehr natürliche Ressourcen beanspruchen und verbrauchen als andere.
4. Entwickeln Sie in Vierergruppen Lösungen für eine gerechte Ressourcenverteilung mithilfe eines ➲ Placemats.

12.3 Industrialisierung und Umweltschutz – von früher bis heute

„Coalbrookdale"

Die meisten Ressourcen, die wir der Erde entnehmen, benötigen wir für unsere Energieversorgung. Dazu gehören Wärmegewinnung, Stromversorgung und die Erzeugung von Kraftstoffen.
Ein Großteil dieses Energiebedarfs decken wir noch immer durch Verbrennung fossiler Brennstoffe, vor allem von Steinkohle, Erdöl und Erdgas.
Bis zum 18. Jahrhundert wurden sämtliche Waren in Handarbeit hergestellt. Der einzige maschinelle Antrieb wurde mithilfe von Wasser und Wind z. B. in Mühlen oder Sägewerken bewerkstelligt. Erst die Weiterentwicklung der Dampfmaschine durch James Watt ermöglichte maschinelle Antriebe und führte zur enormen Beschleunigung von Herstellungsprozessen. Mit Beginn der industriellen Revolution ging ein vorher nicht gekannter Bedarf an Energieträgern einher. Der Kohleabbau erlebte einen vorläufigen Höhepunkt, Wälder wurden gerodet und Flüsse umgeleitet, um Industrieabwässer aufzunehmen.
Zeitgleich mit der Industrialisierung erlebte auch die Landwirtschaft einen Boom: Zum einen wurden mehr Rohstoffe für die Massenproduktion benötigt, wie etwa Baumwolle in den USA. Zum anderen nahm die Gesamtbevölkerung stark zu, und die wachsende Stadtbevölkerung, die überwiegend in Fabriken beschäftigt war, musste durch die Landwirtschaft mitversorgt werden.

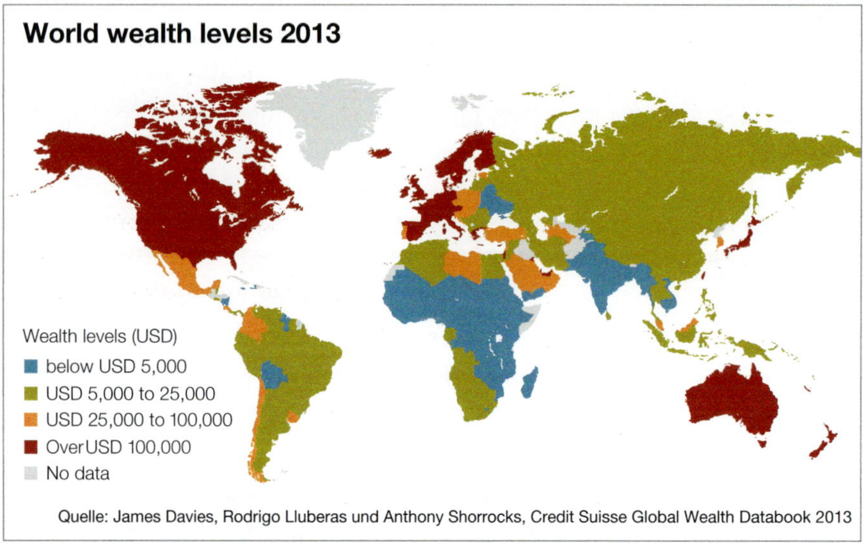

Die Intensivbewirtschaftung laugte die natürlichen Nährstoffreserven der Böden aus und der Versuch, dies mit chemischen Düngemitteln zu kompensieren, führte wiederum zu einer Belastung der Böden und des Grundwassers.

Jetzt sind Sie dran …

1. Betrachten Sie das Gemälde „Coalbrookdale" von Phillipp Jacob Loutherbourg aus dem Jahr 1801. Welche Umweltschäden können Sie entdecken? Erstellen Sie eine Liste.
2. Recherchieren Sie im Internet auf den Seiten der Bundeszentrale für politische Bildung zum Begriff Industrialisierung.
   Erarbeiten Sie in Gruppen eine Präsentation, was unter „Industrieller Revolution" zu verstehen ist. Teilen Sie sich dazu nach thematischen Schwerpunkten auf, z. B. Landwirtschaft, Fabriken, Stadtflucht, technischer Fortschritt, soziale Frage.
3. Analysieren Sie die Karte zur Verteilung des weltweiten Wohlstands. Welche Aussagen zu seiner Verteilung können Sie treffen?
4. Führen Sie eine ➲ Pro-Kontra-Diskussion: Dürfen die nicht vollständig industrialisierten Staaten auch eine Industrialisierung ohne Umweltauflagen zum Wohlstandserwerb durchlaufen? Beziehen Sie Ihr Wissen zum Ökologischen Fußabdruck in die Diskussion ein.

Industrialisierung funktioniert nur mit den dazu notwendigen Ressourcen. Um diese zu gewinnen, werden teilweise beträchtliche Auswirkungen auf Natur und Umwelt in Kauf genommen. Damit stehen wir an einer schwierigen Schnittstelle: Zum einen möchten wir in Wohlstand leben, zum anderen benötigen wir eine intakte Natur, welche uns die Grundlagen zum Leben liefert (vgl. 12.2). Eine Aufgabe der Politik ist es, gesetzliche Umweltauflagen für die Industrie zu erlassen. Wie weit diese jeweils gehen sollen, ist immer wieder Gegenstand von Diskussionen. Ein Beispiel dazu sind die von der EU erlassenen Umweltauflagen für Industrie und Landwirtschaft:

Gemäß dieser Richtlinie *(„integrierte Vermeidung und Verminderung der Umweltverschmutzung, kurz: IVU)* sind industrielle und landwirtschaftliche Tätigkeiten mit hohem Verschmutzungspotenzial genehmigungspflichtig. Diese Genehmigungen können nur erteilt werden, wenn bestimmte Umweltauflagen erfüllt sind. Dazu gehört, dass die Unternehmen gemäß dem Verursacherprinzip für die Vermeidung und Verminderung der Umweltverschmutzung selbst sorgen.
Die integrierte Vermeidung und Verminderung der Umweltverschmutzung betrifft neue und bestehende industrielle und landwirtschaftliche Tätigkeiten mit hohem Verschmutzungspotenzial, wie sie in Anhang I der Richtlinie aufgeführt sind (z.B. Energiewirtschaft, Herstellung und Verarbeitung von Metallen, mineralverarbeitende Industrie, chemische Industrie, Abfallbehandlung, Tierhaltung).

Zu erfüllende Umweltauflagen

Damit eine Genehmigung erteilt werden kann, müssen industrielle und landwirtschaftliche Anlagen bestimmte Grundpflichten erfüllen. Diese betreffen insbesondere:

- das Ergreifen aller geeigneten Vorsorgemaßnahmen gegen Umweltverschmutzungen, insbesondere durch den Einsatz der besten verfügbaren Techniken (d. h. Einsatz von Techniken, bei denen ein Minimum an Abfällen erzeugt und die am wenigsten gefährlichen Stoffe verwendet werden und die Rückgewinnung und Wiederverwertung der emittierten Stoffe möglich ist);
- die Vermeidung erheblicher Umweltverschmutzungen;
- die Vermeidung, Verwertung oder möglichst umweltschonende Beseitigung von Abfällen;
- die effiziente Verwendung von Energie;
- die Verhinderung von Unfällen und Begrenzung ihrer Folgen;
- die Standortsanierung nach einer endgültigen Stilllegung.

Im Übrigen ist eine Genehmigung mit einer Reihe konkreter Auflagen verbunden. Diese betreffen vor allem:

- die Emissionsgrenzwerte für Schadstoffe (außer für Treibhausgase, sofern das System für den Handel mit Treibhausgasemissionszertifikaten zur Anwendung kommt – s. u.);
- erforderliche Maßnahmen zum Schutz von Boden, Wasser und Luft;
- Maßnahmen zur Behandlung der Abfälle; [...]
- die weitestgehende Verminderung der weiträumigen oder grenzüberschreitenden Umweltverschmutzung [...]

Quelle: Europäische Union; www.europa.eu

Jetzt sind Sie dran ...

5. Überlegen Sie, auf welche Branchen sich diese Richtlinie besonders auswirkt. Recherchieren Sie bei Bedarf im Internet (➲ Internetrecherche).
6. Erstellen Sie in Partnerarbeit ein Plakat: „Die IVU-Richtlinie und ihre Auswirkung auf die Errichtung industrieller und landwirtschaftlicher Anlagen" (➲ Plakat erstellen).
7. Beurteilen Sie: Ist diese Richtlinie geeignet, sowohl wirtschaftliche als auch ökologische Interessen zu vereinbaren? Führen Sie dazu eine Diskussion mit der ➲ Denkhüte-Methode.

12.4 Nachhaltigkeit – Wohlstand erhalten, die Umwelt schützen

Die modernen Industriestaaten benötigen für die Produktion von Gütern Rohstoffe. Viele der Ressourcen auf der Erde sind jedoch nur in begrenztem Umfang vorhanden. Ein Beispiel: Erdöl entsteht in einem natürlichen Prozess, der mehrere Millionen Jahre dauert, verbraucht wird es aber sehr viel schneller. Das bedeutet, dass den nachfolgenden Generationen sehr wahrscheinlich kein oder nur sehr schwer zugängliches Erdöl zur Verfügung steht. Nachhaltig zu wirtschaften bedeutet, das zu ändern: Generationengerechtigkeit herzustellen und zu versuchen, nur so viele Rohstoffe zu verbrauchen, wie in natürlichen Prozessen neu entstehen können, sodass auch für nachfolgende Generationen Ressourcen zur Verfügung stehen.

Investieren ohne schlechtes Gewissen
von Suana Meckeler; 15.01.2012

Kurzfristiges Gewinnstreben und maßlose Gier: Die Finanzkrise hat den Ruf vieler Banken beschädigt. Immer mehr Kunden wollen ihr Geld ethisch korrekt anlegen – weshalb kleine Banken boomen, die sich auf Nachhaltigkeit spezialisiert haben.

Hamburg – Lucas Gerrits hat im vergangenen Jahr endgültig Schluss gemacht. Er hat sein Girokonto bei einer konventionellen Bank gekündigt. Dafür hat er ein neues Konto bei der GLS Bank aufgemacht. Sein Tagesgeldkonto wanderte zur Umweltbank. Der Grund für ihn war einfach: „Ich wollte nicht, dass mit meinem Geld beispielsweise mit Lebensmitteln spekuliert, Kinderarbeit gefördert oder die Rüstungsindustrie unterstützt wird“, sagt Gerrits.

Auch Anne Schott hat sich für den Wechsel zu einer besonderen Bank entschlossen. Eine, die Wert auf Nachhaltigkeit legt. Die öffentliche Debatte über Geld und Finanzen war für die Theologiestudentin der Anstoß. Was passiert eigentlich mit meinem Geld, während es auf der Bank liegt, hatte sie sich irgendwann gefragt. „Ich wollte mich vor allem im Kleinen engagieren“, sagt sie. „Ich denke die meisten Menschen wissen gar nicht, dass ihr Geld in Dinge investiert wird, die sie vielleicht nicht gutheißen.“ Ihr Geld wird nun für Projekte im Segment regenerative Energien verwendet.

Die beiden sind keine Einzelfälle. Seit Beginn der Finanzkrise im Jahr 2008 hat das Nachdenken über Banken angefangen. [...]

Windige Häuserkredite selbst für Arbeitslose? Weltweit steigende Lebensmittelpreise? Skrupellose Wetten auf den Bankrott ganzer Staaten? Für all das gab es sogar noch Bonuszahlungen in Millionenhöhe.

Als es schief ging, musste die Allgemeinheit einspringen – und genau das hat Menschen wie Schott und Gerrits zum Umdenken gebracht. Denn wie sie erwarten über 70 Prozent der Deutschen eigentlich, dass ihr Kreditinstitut gesellschaftliche Verantwortung übernimmt. Entweder, indem es soziale oder ökologische Projekte fördert, oder zumindest nachhaltige Anlageprodukte anbietet.

Insgesamt sind in Deutschland rund 57 Milliarden Euro in nachhaltigen Geldanlagen angelegt – und das Segment wächst. Allein um 23 Prozent im vergangenen Jahr, der konventionelle Markt wuchs dagegen nur mit sieben Prozent.

Quelle: SPIEGEL ONLINE; www.spiegel.de

Jetzt sind Sie dran ...

1. Erstellen Sie eine ➲ Mindmap: In welchen ökonomischen Bereichen sollte der Mensch nachhaltig handeln, um Generationengerechtigkeit herzustellen?
2. Denken Sie einmal darüber nach, welche Folgen es hätte, wenn alle Sparer ihr Geld nachhaltig anlegten. Versuchen Sie, eine entsprechende Kausalkette aufzuzeichnen.

Nachhaltigkeit ist individuelle Verantwortung – das Beispiel Plastiktüte

Das Gute statt Plastik
von Max Rauner; 23.09.2011

Kunststofftüten vermüllen Europa. Die EU-Kommission möchte sie verbieten, Chemiefirmen preisen Alternativen aus Bioplastik an. Wie ökologisch sind diese wirklich? Und in welchen Mülleimer gehören sie? [...]
Wer vor Petra Kleinschmidt an der Kasse steht, hat schon einiges hinter sich. Die Qual der Wahl zwischen zehn verschiedenen Apfelsorten zum Beispiel, die Entscheidung für eine von 80 Joghurtsorten, die prall gefüllte Käsetheke, den Tiefkühltruhen-Slalom. Doch an der Kasse des Rewe-Supermarkts Hamburg-Dehnhaide wird das Einkaufen noch einmal richtig kompliziert: Welche Einkaufstüte soll es sein? Die einfache aus Plastik für 10 Cent, die mit den Extra-Trageschlaufen für 20 Cent oder die aus gewebtem Plastik für 99 Cent; die braune Papiertüte für 20 Cent oder die Baumwolltasche für 50 Cent? Die Obst- und Gemüsebeutel kosten gar nichts. Und seit ein paar Monaten hat Rewe auch noch „kompostierbare" Bioplastiktüten für 40 Cent im Angebot, „die kaufen diejenigen, die gegen Atomkraft demonstrieren", sagt Petra Kleinschmidt. „Gemeinsam Gutes tun" prangt auf den Tüten.
Eigentlich will man nur seinen Einkauf mit nach Hause nehmen und steht plötzlich vor der großen Frage nach einem verantwortungsvollen Leben .
Was die wenigsten Kunden in Deutschlands Supermärkten wissen: Ganz oben tobt gerade ein heftiger Streit darüber, welche Tüte sie kaufen sollen – und dürfen. Der EU-Umweltkommissar Janez Potocnik schließt ein europaweites Verbot der Plastiktüte nicht aus, das Thema beschäftigt Regierungen, Lobbygruppen, Umweltorganisationen, Parteien. In Italien dürfen die Geschäfte seit Anfang des Jahres keine Plastiktüten mehr ausgeben, auch Österreich macht sich für ein Ende des „Plastiksackerls" stark, beide Länder preisen kompostierbare Bioplastiktüten als Alternative. [...]
Die Tüte ist nur das Vorspiel. Bioplastik aus nachwachsenden Rohstoffen wie Mais, Zuckerrohr oder Kartoffeln könnte eines Tages in großem Maßstab herkömmliche Kunststoffe ersetzen. Im Supermarkt stehen schon Joghurtbecher aus Maisstärke, beworben vom World Wide Fund for Nature (WWF) . Bauern können kompostierbare Mulchfolie für ihr Silo kaufen. Und Autohersteller wie Ford, Toyota und Mazda experimentieren mit Bioplastik für die Innenverkleidung ihrer Fahrzeuge. Kein Produkt jedoch ist so emotional besetzt wie die Einkaufstüte. „Jute statt Plastik" war einst die Parole der Ökobewegung, seitdem ist die Tüte ein Symbol für die gestörte Beziehung von Mensch und Natur. Jutebeutel rochen muffig und kamen von Kooperativen in Bangladesch. Bioplastik riecht nach Gemüsebrühe und kommt vom Chemiekonzern BASF. Jute hat verloren, Bioplastik könnte gewinnen, wenn die Polyethylen-Tüte verboten wird.
Rund 500 Plastiktüten kauft der Durchschnittseuropäer jedes Jahr, schätzen EU-Experten, inklusive der dünnen Obst- und Gemüsebeutel. Plastiktüten werden aus Polyethylen hergestellt, und der Rohstoff für PE ist Erdol. Sie halten mehrere Hundert Jahre lang, doch der EU-Bürger benutzt sie meist nur für ein paar Minuten. Dann wirft er sie weg, in den Mülleimer – oder in die Landschaft.

Quelle: ZEIT ONLINE; www.zeit.de

Jetzt sind Sie dran ...

3. Sammeln Sie in Partnerarbeit Gründe dafür, warum wir keine Plastiktüten verwenden sollten.
4. Erarbeiten Sie im Plenum Alternativen zur Plastiktüte.
5. Warum werden diese Alternativen nicht genutzt? Beantworten Sie die Frage in einem Satz.
6. Diskutieren Sie : „Der Verzicht auf Plastiktüten ist ein Ausdruck verantwortungsvollen Lebens" (➲ Diskussion).
7. Finden Sie weitere Beispiele für Wegwerfprodukte des täglichen Gebrauchs, welche die Umwelt schädigen. Finden Sie Alternativen und erstellen Sie in Arbeitsgruppen Plakate: „So können wir nachhaltig leben" (➲ Plakat erstellen). Hängen Sie diese in Ihrer Schule aus.

12.5 Die Klimaerwärmung – der Treibhauseffekt und seine Folgen

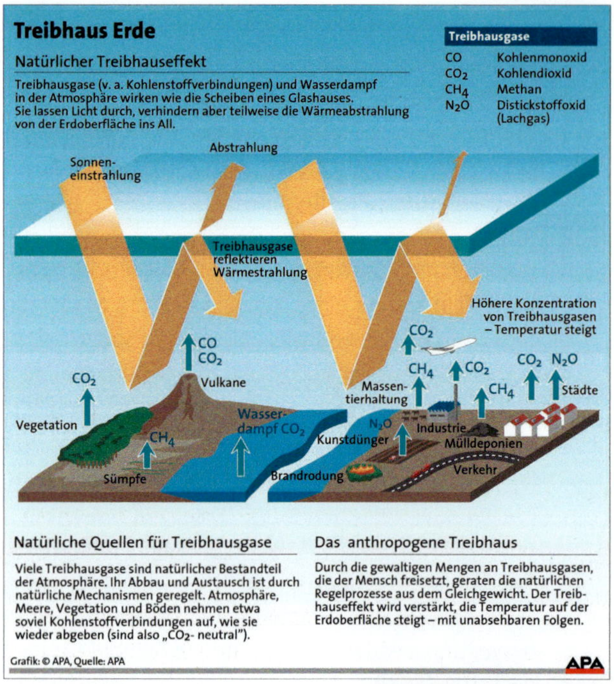

Das vielleicht größte Problem der Industrialisierung ist, dass die nötige Energie größtenteils aus der Verbrennung fossiler Brennstoffe gewonnen wird. Eine direkte Folge davon ist die Erderwärmung. Sie entsteht durch den sogenannten Treibhauseffekt: Dieser ist eine natürliche Lebensgrundlage und sorgt dafür, dass auf unserer Erde lebensfreundliche Temperaturen herrschen. Gäbe es ihn nicht, läge die Durchschnittstemperatur weltweit bei ca. –18 °C, zu wenig für Menschen, Tiere und Pflanzen. Durch die Industrieemissionen wird dieser Effekt jedoch so verstärkt, dass die Temperaturen weltweit ansteigen.
Welche Auswirkungen dies genau haben wird, ist teilweise nur schwer vorhersagbar und umstritten.

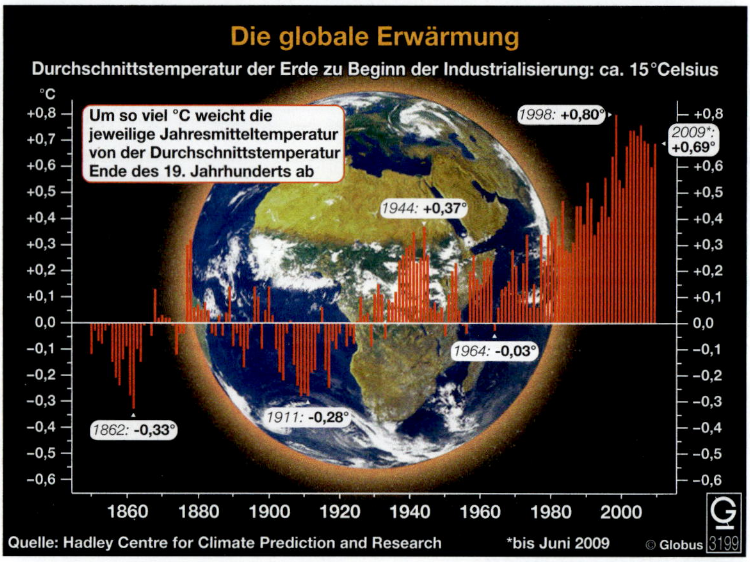

Jetzt sind Sie dran …

1. Analysieren Sie das Schaubild zum Treibhauseffekt (➲ Diagramme/Schaubilder analysieren) und schreiben Sie einen Text, in dem Sie ihn erläutern. Stellen Sie diesen Ihrem Nachbarn vor und korrigieren Sie, wo nötig. Tauschen Sie anschließend die Rollen.
2. Analysieren Sie das Schaubild zur globalen Erwärmung.
3. Führen Sie in Vierergruppen eine ➲ Internetrecherche zu den Auswirkungen des weltweiten Temperaturanstiegs durch. Erstellen Sie dazu Plakate (➲ Plakat erstellen).
Beachten Sie bei Ihrer Recherche auch folgende Stichpunkte: Abschmelzen der Pole, Permafrost, Golf-Strom, Artensterben.

Der Schutz des Weltklimas und die Durchsetzung von Umweltschutzauflagen würden die Industrie und die Gesamtwirtschaft weltweit sehr viel Geld kosten. Andererseits brächte der prognostizierte Klimawandel z.B. aufgrund extremer Wetterereignisse ebenso extrem hohe Kosten mit sich. Es gibt Menschen, die die Meinung vertreten, dass der Anstieg der weltweiten Durchschnittstemperatur lediglich Folge einer natürlichen Entwicklung sei und deswegen keine Anstrengungen unternommen werden müssten, ihn aufzuhalten.

Die Klimakrieger
von Anita Blasberg; 28.11.2012

Wie von der Industrie bezahlte PR-Manager der Welt seit Jahren einreden, die Erderwärmung finde nicht statt. Chronologie einer organisierten Lüge.

[Marc] Morano ist kein Klimaforscher. Er kann weder den Atmosphärendruck der Erde berechnen noch Temperaturdaten analysieren. Morano ist PR-Manager. Er ist gut darin, eine Botschaft so zu vermitteln, dass sie jeder versteht [...] Die Geschichte des PR-Managers Marc Morano ist die Geschichte einer geplanten Verwirrung. Ein Lehrstück über die Kunst des Lügens. Die Frage ist: Kann einer Demokratie die Wahrheit abhandenkommen? Kann es sein, dass die Antwort auf eine Menschheitsfrage käuflich ist? Die Geschichte beginnt vor mehr als 20 Jahren, als sich rund um die Welt eine ungeheuerliche Erkenntnis durchsetzt: Der Ausstoß von Kohlendioxid erwärmt die Erde. Schnell ist klar, dass mögliche Gegenmaßnahmen die Industrie viele Milliarden kosten werden. Geld, das die Unternehmen sparen können, wenn es ihnen gelingt, dem vom Menschen gemachten Klimawandel etwas entgegenzusetzen: den vom Menschen gemachten Zweifel an der Klimaforschung. Vielleicht sind die Daten ja falsch. Vielleicht erwärmt sich die Erde gar nicht. Und wenn doch, dann ist das vielleicht harmlos, ein natürlicher Prozess, der nichts mit Kohlekraftwerken und Verbrennungsmotoren zu tun hat. Solche Gedanken sind es, die Männer wie Marc Morano in den folgenden Jahren in die Köpfe von Zeitungslesern und Fernsehzuschauern, von Journalisten und Politikern einpflanzen. Von Amerika aus verbreitet sich der Zweifel um die Welt, am Ende auch nach Deutschland. Er schleicht sich in Verhandlungen über Treibhausgase und in Abstimmungen über Energiegesetze. Jetzt, wenige Tage vor dem Beginn der UN-Klimakonferenz, ist er stärker als je zuvor. Um das komplexe Atmosphärensystem der Erde zu verstehen, haben mehr als hundert Regierungschefs im Jahr 1988 den Weltklimarat ins Leben gerufen, ein Gremium, in dem die renommiertesten Wissenschaftler der Welt sämtliche Ergebnisse der Klimaforschung auswerten. Die Daten sind eindeutig: Die globale Erwärmung ist nur noch mit großer Anstrengung zu bremsen. Der Meeresspiegel steigt. Das ist es, was die Wissenschaftler in ihre Berichte schreiben. „Wir dachten, wir hätten unsere Arbeit erledigt", sagt der amerikanische Forscher Michael Mann, der dem Weltklimarat angehört. „Wir dachten, ab jetzt geht es um Politik und nicht mehr um Wissenschaft."

Quelle: ZEIT ONLINE; www.zeit.de

Jetzt sind Sie dran …

4. Lesen Sie den Text. Benennen Sie sein Thema in einem Satz.
5. Sammeln Sie anschließend auf Karteikarten: Welche Interessen gibt es, den Klimawandel trotz eindeutiger wissenschaftlicher Ergebnisse anzuzweifeln? ➲ Clustern Sie Ihre Ergebnisse.
6. Diskutieren Sie im Plenum (➲ Diskussion): Wie kommt es, dass wissenschaftliche Ergebnisse von Menschen angezweifelt werden? Sammeln Sie Erklärungen für dieses Verhalten mithilfe Ihrer Karten.
7. Klären Sie in Partnerarbeit: Was meint der Klimawissenschaftler Michael Mann damit, wenn er sagt: „Wir dachten, ab jetzt geht es um Politik und nicht mehr um Wissenschaft"?
8. Schreiben Sie einen ➲ Kommentar zu dem Artikel. Sie können dazu die Kommentarfunktion auf der angegeben Internetseite nutzen. Dort können Sie auch den gesamten Artikel und weitere Kommentare dazu lesen.

12.6 Die Verantwortung des Einzelnen: Was kann ich selbst tun?

Wenn wir glauben, dass allein Politik und Wirtschaft die Verantwortung dafür tragen, Umweltveränderungen aufzuhalten, irren wir uns: Wir stehen alle in der Verantwortung. Wir verbrauchen die natürlichen Ressourcen und tragen durch unseren individuellen Energiebedarf zum Treibhauseffekt bei. Doch es gibt Wege, das eigene Verhalten nachhaltig zu gestalten. Dies beginnt bei unseren ganz alltäglichen Bedürfnissen, wie das Beispiel Ernährung zeigt.

Produktgruppe	**Produkt**	**CO_2-Emissionen (in g pro kg Lebensmittel)**
Fleisch- und Wurstwaren	Rindfleisch	13.300
	Rohwurst	8.000
	Schweineschinken	4.800
	Geflügel	3.500
	Schweinefleisch	3.250
Milchprodukte	Butter	23.800
	Hartkäse	8.500
	Sahne	7.600
	Eier	1.950
	Quark	1.950
	Frischkäse	1.950
	Margarine	1.350
	Joghurt	1.250
	Milch	950
Obst	Äpfel	550
	Erdbeeren	300
Backwaren	Mischbrot	750
	Brötchen	650
	Weißbrot	650

Quelle: Pendos CO_2-Zähler, Öko-Institut; Werte sind Näherungswerte, zitiert nach: www.klimabuendnis-koeln.de/ernaehrung

Die folgende Tabelle stellt anhand des Beispiels „Tomate" die CO_2-Emissionen der verschiedenen Produktionswege dar.

	Erzeugung	**Transport**
Biologisch erzeugte Tomate aus der Region, September, per Lkw	35	230
Herkömmlich erzeugte Tomate aus der Region, September, per Lkw	85	230
Biologisch erzeugte Tomate aus Übersee, per Schiff	35	570
Herkömmlich erzeugte Tomate aus Übersee, per Schiff	85	570
Biologisch erzeugte Tomate aus der Region, März, per Lkw	35	230
Herkömmlich erzeugte Tomate aus der Region, März, per Lkw	85	230

Quelle: Pendos CO_2-Zähler, Öko-Institut; Werte sind Näherungswerte

Jetzt sind Sie dran …

1. Erstellen Sie auf Basis der Tabellen in Arbeitsgruppen einen Leitfaden: „Klimafreundlich ernähren – so geht es" (➲ Präsentieren/Visualisieren) und hängen Sie ihn aus. Recherchieren Sie dazu auch die CO_2-Emissionen anderer Nahrungsmittel (➲ Internetrecherche).

CO_2-Emission und Energieversorgung

Ein anderer Bereich, in dem alle Menschen zur Energieersparnis und damit zu vermindertem CO_2-Ausstoß beitragen können, ist der Energieverbrauch. Der einfachste Weg ist dabei, alle Geräte, die ein Haushalt besitzt, ganz auszuschalten und sie nicht im Stand-by-Betrieb zu belassen. Denn die Stromversorgung ist einer der größten CO_2-Emittenten.

Stromverbrauch elektronischer Geräte im Stand-by-Betrieb, Angaben in Wattstunden (Wh*)

Gerät	Wh
DVB-T-Receiver	7
DVD-Player	4
SAT-Empfänger	7
Röhrenfernseher	10
LCD-Fernseher	2
Stereoanlage	7
Spielekonsole	1
Laptop	10
Desktop-PC	15
Drucker	15
W-LAN-Router	8
Anrufbeantworter	5
Telefon schnurlos	3
FAX	7
Ladegerät Mobiltelefon	2
Blue-Ray-Player	1
Waschmaschine	9
Wäschetrockner	4
Kaffeemaschine	2
Mikrowelle	5,5

*Durchschnittswerte nach Herstellerangaben

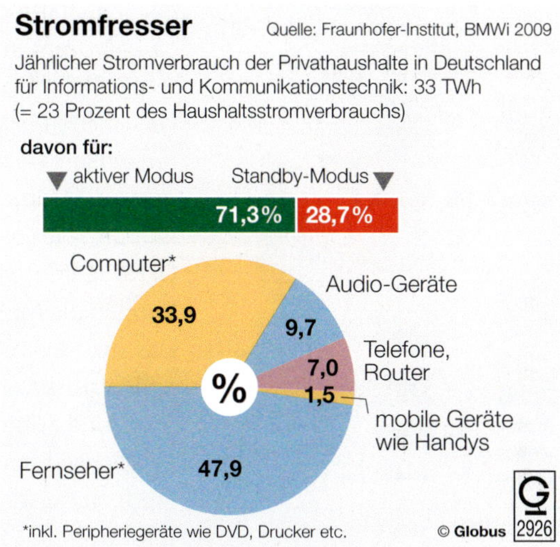

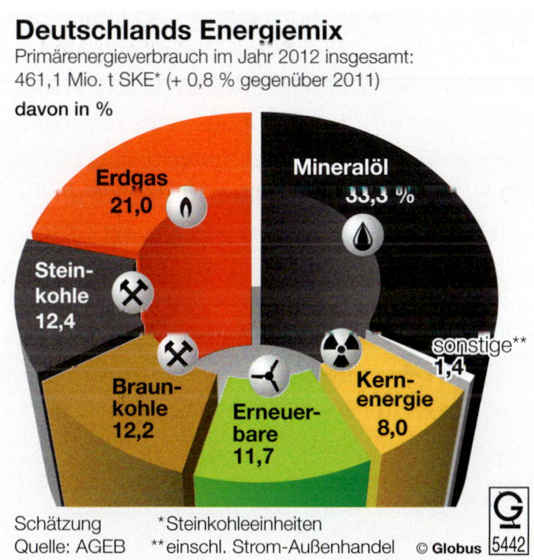

Jetzt sind Sie dran …

2. Ermitteln Sie, wie viel Geld ein Haushalt im Jahr einsparen kann, der alle Geräte mit einer ausschaltbaren Steckdose ausrüstet. Errechnen Sie dazu, was Ihre Geräte ein Jahr lang im Stand-by-Betrieb kosten. (Hinweis: Ein Gerät mit 1 Watt Leistungsaufnahme verbraucht im Jahr Strom im Wert von ca. 1,55 Euro.)
3. Analysieren Sie die Diagramme „Stromfresser" und „Deutschlands Energiemix" (➲ Diagramme/Schaubilder analysieren). Stellen Sie schriftlich dar, warum Stand-by-Verbrauch CO_2-emissionsrelevant ist.
4. Formulieren Sie aufgrund Ihrer Ergebnisse einen Leitfaden, z. B. als ➲ Flyer: „CO_2-Emissionen senken durch Stromsparen". Beziehen Sie dabei auch weitere Überlegungen ein, wie Sie im Alltag Strom sparen können.

Individuelle Mobilität – das richtige Verkehrsmittel wählen

Die durch Mobilität verursachten Umweltprobleme sind vielfältig: Smog, Feinstaubbelastung, Versiegelung von Grünflächen für den Straßenbau und die Umweltbelastung durch die Produktion der Fahrzeuge sind nur einige Beispiele.

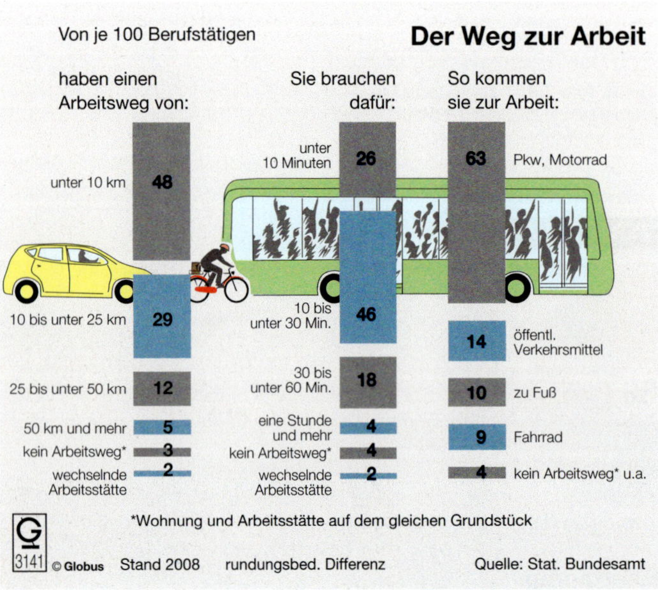

In Deutschland besitzen ca. 26 Prozent der Haushalte kein eigenes Auto. Davon ca. 15 Prozent aus finanziellen Gründen und lediglich zehn Prozent, weil sie aus verschiedenen Gründen darauf verzichten wollen. Doch was sind die Alternativen zum Atomobil? In den Großstädten fällt die Antwort leicht: Fahrrad und ÖPNV (Öffentlicher Personennahverkehr) bringen die Menschen schnell ans Ziel. Das sieht in ländlichen Gebieten ganz anders aus: Wer täglich zur Arbeit fahren muss und aufgrund der Entfernung keine Möglichkeit hat, mit dem Rad zu fahren, greift zumeist aufs Auto zurück. Die Alternativen Bus und Bahn sind in vielen ländlichen Gebieten nicht gegeben. Sei es aufgrund schlechter Taktung oder weil die Anbindung an den Arbeitsplatz zu schlecht ist. Das Auto hat, wenn es ungenügend ausgelastet ist, auch eine schlechte Umweltbilanz. Allerdings kann ein Pkw eine sehr gute Umweltbilanz haben, wenn er voll besetzt ist. Ansonsten sind die Alternativen umweltfreundlicher: Schienenverkehrsmittel haben die beste Umweltbilanz, ein entscheidender Faktor ist jedoch, aus welcher Quelle der Strom stammt. So stoßen sie selbst kein CO_2 aus, aber die stomliefernden Kohle- und Kenkraftwerke emittieren u.a. Schwefeldioxid, Schwermetalle bzw. hinterlassen Atommüll. Das umweltfreundlichste Verkehrsmittel – neben dem Fahrrad oder den eigenen Beinen – ist ein voll besetzter Bus. Schlecht ausgelastete Busse wiederum sind die größten Umweltsünder.

Jetzt sind Sie dran …

5. Lesen Sie den Text und analysieren Sie das oben abgebildete Diagramm (➲ Diagramme/Schaubilder analysieren). Sammeln Sie anschließend Gründe, warum die meisten Menschen ein Auto besitzen und nutzen. Erstellen Sie dazu eine Liste: Zu welchen Gelegenheiten und für welche Strecken (Entfernung) wird das Auto genutzt?
6. Tauschen Sie Ihre Ergebnisse in der Klasse aus und halten Sie diese in einem Plakat fest (➲ Plakat erstellen).
7. Streichen Sie im Plenum auf den Plakaten unnötige Fahrten durch – aber nicht, ohne Alternativen zu benennen.
8. Sammeln Sie Ihre neuen Ergebnisse in einer gemeinsamen Tabelle: Notwendige Fahrten – Alternativen
9. Führen Sie eine ➲ Podiumsdiskussion: „Nur eine Benzinpreiserhöhung kann die Menschen zum Umdenken und zum Stehenlassen des Autos bewegen.“

Alternative individuelle Mobilität – Fahrgemeinschaften

Wenn man die Autos im allmorgendlichen Berufsverkehr beobachtet, sind sie zumeist nur von einer Person besetzt. Eine Möglichkeit, das Auto umweltfreundlich zu nutzen, ist jedoch, es voll auszulasten (vgl. Text auf vorheriger Seite).

Infobox

High-occupancy vehicle lanes (in etwa: Fahrgemeinschaftsspuren) sind Fahrbahnen in den USA und Kanada für Fahrzeuge, in denen mehr als eine Person sitzt. Sie sollen die Bildung von Fahrgemeinschaften fördern, da auf diesen Spuren keine Fahrzeuge fahren dürfen, in denen nur eine Person sitzt. Diese Fahrbahnen sind in der Regel weniger stark befahren, sodass man auf ihnen erheblich schneller am Ziel ist und Staus vermeidet.

Fahrradfreundliches Wohnen im Radlerhaus

Dass Wohnen ohne Pkw-Besitz kein Verzicht, sondern ein Gewinn an Lebensqualität bedeutet, zeigt aktuell ein Bauprojekt am Ackermannbogen. Dort plant die Baugruppe „Wohnen ohne Auto III" ein Mehrfamilienhaus mit idealen Voraussetzungen zum Leben mit Fahrrad und Co. Das fünfstöckige Gebäude soll ökologisch, energiesparend und barrierefrei sein. Zahlreiche ebenerdige Radlständer, Stellplätze für Fahrradanhänger, eine Tiefgarage nur für Fahrräder und Carsharing-Autos sowie eine Radlwerkstatt lassen Radlerherzen höher schlagen.

Quelle: www.radlhauptstadt.muenchen.de/news-aus-der-radlwelt

Jetzt sind Sie dran …

10. Arbeiten Sie in zwei arbeitsteiligen Gruppen: Die erste Gruppe überlegt Argumente für die Bildung von Fahrgemeinschaften, die andere Argumente, die gegen die Bildung von Fahrgemeinschaften sprechen. Visualisieren Sie Ihre Ergebnisse mithilfe von Karten und ➲ clustern Sie sie. Stellen Sie sie anschließend einander gegenüber.
11. Entwickeln Sie gemeinsam Ideen, wie die Bildung von Fahrgemeinschaften unterstützt werden könnte.
12. Lesen Sie den oben stehenden Text „Fahrradfreundliches Wohnen im Radlerhaus". Planen Sie, davon ausgehend, eine fahrradfreundliche Stadt. Erstellen Sie eine Präsentation, bauen Sie ein Modell, schreiben Sie ein Essay, erstellen Sie eine Reportage – seien Sie kreativ und bereiten Sie eine Ausstellung Ihrer Ergebnisse in Ihrer Schule vor: „Modellprojekt fahrradfreundliche Stadt". Recherchieren Sie im Internet (➲ Internetrecherche), in Ihrer Heimatgemeinde, beim ADFC (Allgemeiner Deutscher Fahradclub) etc.

12.7 Ressourcensicherung und Nachhaltigkeit: Nutzen Sie Ihre Kompetenzen

Sie haben in diesem Kapitel einige Möglichkeiten kennengelernt, umweltfreundlicher zu leben. Nun möchten Sie mit Ihrere Klasse eine Projektwoche nutzen, um Ihre Schule umweltfreundlicher zu gestalten.

1. **Bilden Sie fünf Arbeitsgruppen.**

Gruppe 1: Sie befassen sich mit Mobilität. Ermitteln Sie, wie viele Schüler an Ihrer Schule mit öffentlichen Verkehrsmitteln, in Fahrgemeinschaften, mit dem Fahrrad oder zu Fuß zur Schule kommen. Überlegen Sie sich, wie Sie dazu beitragen können, dass mehr Fahrgemeinschaften gebildet werden (Mitfahrzentrale am Schwarzen Brett etc.). Planen Sie evtl. ein Gewinnspiel, bei dem diejenige Klasse einen Preis gewinnt, die in einem Monat die meisten Fahrradkilometer zusammenbringt. Und unter welchen Umständen würden mehr Schüler öffentliche Verkehrsmittel nutzen?

Gruppe 2: Sie befassen sich mit der Energieversorgung Ihrer Schule. Finden Sie heraus, ob es Solaranlagen gibt, woher der Strom an Ihrer Schule kommt etc. Ermitteln Sie unnötige Energiefresser und erarbeiten Sie ein Programm, wie Ihre Schule weniger Strom verbrauchen kann. Suchen Sie Partner (z.B. andere Klassen, Lehrer, Schulleitung) für die Durchführung. Um den Erfolg Ihrer Arbeit zu kontrollieren, bringen Sie die Verbrauchswerte Ihrer Schule vor und nach Ihrem Projekt in Erfahrung. Beachten Sie dabei, dass sich der Stromverbrauch im Jahresverlauf ändern kann.

Gruppe 3: Sie befassen sich mit dem Materialverbrauch. Bringen Sie in Erfahrung, wie viel Papier zum Kopieren und Drucken an Ihrer Schule pro Jahr verbraucht und ob Recyclingpapier benutzt wird. Überlegen Sie sich, wie die Materialmenge an der Schule reduziert werden kann. Verfassen Sie außerdem einen Leitfaden, wie Ihre Mitschüler möglichst umweltfreundliches Schulmaterial finden und verwenden können und wie Sie Abfall vermeiden. Recherchieren Sie im Internet zu *umweltfreundlichen Suchmaschinen*. Nutzen Sie diese bei Ihrer weiteren Arbeit. Welche Form zur Verbreitung Ihres Leitfadens ist die umweltverträglichste?

Gruppe 4: Sie befassen sich mit dem privaten Energieverbrauch. Wofür benötigen Ihre Mitschülerinnen und Mitschüler Strom? Welche Geräte laufen zu oft im Stand-by, welche sind vielleicht sogar überflüssig? Präsentieren Sie Möglichkeiten zur Einsparung (moderne Geräte, ausschaltbare Steckdosen etc.; ➲ Präsentieren/Visualisieren).

Gruppe 5: Sie befassen sich mit dem Abfall. Gibt es an Ihrer Schule Abfalltrennung und Recyclingstationen? Mit welchen Mitteln können Ihre Mitschüler Abfall vermeiden? – Zum Beispiel, indem Mehrwegverpackungen oder wiederverwendbare Umverpackungen genutzt werden können. Zeigen Sie Ihren Mitschülerinnen und Mitschülern auf, wie viel Müll pro Tag alleine an Ihrer Schule entsteht. Organisieren Sie Expertengespräche mit Entsorgungsbetrieben etc.

2. Organisieren Sie gemeinsam eine Abschlussveranstaltung. Stellen Sie mithilfe von Fotos, Grafiken usw. dar, wie Ihre Schule umweltfreundlicher werden kann. Zeigen Sie auch die ggf. damit verbundenen Probleme auf. Laden Sie Pressevertreter oder Lokalpolitiker ein, um auf Ihr Projekt aufmerksam zu machen und es langfristig zu etablieren.

3. Es gibt noch mehr Möglichkeiten, aktiv etwas für die Umwelt zu tun: Beginnen Sie bei Ihrer Schule. Wie können Sie Ihre Schule unter Umweltgesichtspunkten freundlicher gestalten?

   Hier einige Ideen:
   - Schulhofbegrünung (mit Blumenkästen, Kübeln, Hochbeeten)
   - Anlegen eines Biotops
   - Entsiegelung
   - Nistkästen und Insektenhotels

   Planen Sie eine Projektwoche zu diesem Thema.

13 Die Europäische Union – mehr als ein Wirtschaftsraum

So vernetzen Sie Ihr Wissen:

Mit den Themen:

- Regieren und regiert werden – Demokratie als Idee und Praxis (→ Kap. 7)
- So funktioniert unser politisches System (→ Kap. 8)
- Wie kann ich mitbestimmen in der Politik? (→ Kap. 9)

Diese Methoden verwenden Sie:

- Pro-Kontra-Debatte
- Umfrage
- Gruppenpuzzle
- Fishbowl-Methode
- Paar-Check
- Interview
- Diagramme/Schaubilder analysieren
- Plakat erstellen
- Präsentieren/Visualisieren
- Talkshow
- Flyer entwerfen
- Internetrecherche
- Karikaturanalyse
- Fischgrät-Diagramm
- Amerikanische Debatte
- Diskussion

Die Europäische Union hat 2012 den Friedensnobelpreis für ihren mehr als 60-jährigen Einsatz für Frieden, Versöhnung, Demokratie und Menschenrechte in Europa verliehen bekommen. Links sehen Sie ein Bild der Preisverleihung mit dem Präsidenten des Europäischen Parlaments Martin Schulz (rechts), Kommissionspräsident Jose Manuel Barroso (Mitte) und dem Präsidenten des Europäischen Rates Herman Van Rompuy.

Die Idee eines vereinten Europa reicht bis in die Antike zurück. Grundmotive und Interessen waren dabei die Friedenssicherung in Europa, Zusammenschluss gegen Bedrohungen von außen, gemeinsame Stärke im internationalen System, wirtschaftlicher Wohlstand sowie Freiheit. Realität wurde die Idee einer europäischen Gemeinschaft erst nach den Katastrophen der beiden Weltkriege, in denen sich die europäischen Staaten gegenseitig zerstörten. Einer der führenden Vertreter der Idee war Winston Churchill, damaliger Premierminister von Großbritannien. 1946 äußerte er seine Vision: „Die Struktur der Vereinigten Staaten von Europa, wenn sie gut und echt errichtet wird, muss so sein, dass die materielle Stärke des einzelnen Staates von weniger großer Bedeutung ist. Kleine Nationen zählen ebenso viel wie große und erwerben sich ihre Ehre durch ihren Beitrag zu der gemeinsamen Sache."

Als erste Etappe wurde 1951 von den sechs Ländern Deutschland, Frankreich, Italien, Niederlande, Belgien und Luxemburg die Europäische Gemeinschaft für Kohle und Stahl (EGKS) gegründet. In der Präambel des Vertrages heißt es dazu: „[...] entschlossen, an die Stelle jahrhundertealten Rivalitäten einen Zusammenschluss ihrer wesentlichen Interessen zu setzen, durch die Errichtung einer wirtschaftlichen Gemeinschaft den ersten Grundstein für eine weitere und vertiefte Gemeinschaft unter Völkern zu legen, die lange Zeit durch blutige Auseinandersetzungen entzweit waren, und die institutionellen Grundlagen zu schaffen, die einem nunmehr allen gemeinsamen Schicksal die Richtung weisen können [...]."

Es kamen weitere Wirtschaftszweige dazu, später auch politische Bereiche, in denen die Nationalstaaten ihre Kompetenzen auf die Gemeinschaft übertrugen und so gemeinsame Regeln schafften. Heute ist die Union auf 28 Mitgliedstaaten angewachsen, weitere werden folgen. Aber wie groß sie noch werden wird, welche Aufgaben noch auf sie zukommen, diese Fragen für die Zukunft sind offen.

Diese Kompetenzen erwerben Sie:

- Sie können Beispiele für Rechtsakte der EU benennen.
- Sie können erklären, wie die Europäische Union aufgebaut ist.
- Sie können die Vor- und Nachteile des Euro und des Euroraums aufzeigen.
- Sie können die Ausgaben der Union erklären.
- Sie können die Zukunft der EU kritisch bewerten

13.1 EU im Alltag: Die Schokoladenrichtlinie

Die Europäische Union begegnet Ihnen ständig im Alltag, meist ohne dass Sie es wahrnehmen. So können Sie vor allem im Bereich des Verbraucherschutzes zahlreiche Themen entdecken, die für Ihren Alltag relevant sind. Ein Beispiel ist das Thema Schokolade.

[...] Heute ist Europa der größte Importeur von Kakaobohnen (über 1,2 Millionen Tonnen pro Jahr) und vor den USA auch weltgrößter Verbraucher von Schokolade. Die Art und Weise, Schokolade zu genießen, unterscheidet sich jedoch in den einzelnen Ländern und hängt von Klima, Geschmacksgewohnheiten und Traditionen ab. Im Norden ist Schokolade zu einem verbreiteten Grundnahrungsmittel geworden, während sie in den südlichen Ländern nur wenig verbraucht wird. Die größten Schokoladenliebhaber sind die Schweizer. Ihr jährlicher Pro-Kopf-Verbrauch liegt bei 12 kg, und sie bevorzugen eindeutig Milchschokolade. Die Deutschen (7,8 kg/Jahr) und die Belgier (8,5 kg/Jahr) mögen die Schokolade cremig und sehr süß, die Briten (7,6 kg/an) dagegen lieben mit Karamell oder Minze gefüllte Milchschokolade. Der Favorit der Franzosen (7 kg) ist schwarze Bitterschokolade mit hohem Kakaoanteil. Das Gleiche gilt für die Italiener; [...] Schokolade ist in Europa ein fester Bestandteil der Feiern zum Jahresende: Sie stellt nahezu die Hälfte des aus diesem Anlass ausgegebenen Budgets dar.

Quelle: ARTE; www.arte.tv/de/diese-woche/742338.html; letzter Zugriff: 05.08.2013

Jetzt sind Sie dran ...

1. Bilden Sie Arbeitsgruppen. Überlegen Sie zunächst, aus welchen Zutaten Schokolade eigentlich hergestellt wird. Denken Sie dabei auch an Ihre Lieblingschokolade, Schokolade aus anderen Ländern und an die verschiedenen Sorten, die Sie kennen.
2. Erstellen Sie nun eine Zutatenliste: Was muss auf jeden Fall in Schokolade enthalten sein, damit sie ihren Namen verdient? Sammeln Sie im Plenum alle Zutaten.
3. Tauschen Sie sich anschließend darüber aus, warum es sinnvoll sein könnte, dass Schokolade in allen Mitgliedsländern aus einem Grundstock der gleichen Inhaltsstoffe besteht. Diskutieren Sie Ihre Ergebnisse anschließend im Plenum.

EU: Neue Richtlinie für Schokolade

Von Bettina Vestring; 01.07.1999

Nach jahrzehntelangem Streit um die richtigen Zutaten für Schokolade haben die EU-Länder am letzten Tag der deutschen EU-Präsidentschaft einen Durchbruch erzielt. Nach Angaben des deutschen Vorsitzes einigten sich die Vertreter der Mitgliedstaaten und der Kommission am Mittwoch grundsätzlich auf einen Kompromißvorschlag für eine neue Schokoladen-Richtlinie. Süßwaren-Hersteller sollen demnach künftig überall in der EU Schokolade herstellen dürfen, die zu einem kleinen Teil aus Pflanzenfetten wie Sheabutter oder Ilipe besteht. Bisher durfte beispielsweise in Deutschland produzierte Schokolade nur Kakaobutter enthalten. Der Streit um die Reinheit der Schokolade geht zurück auf die allererste Erweiterungsrunde der Europäischen Gemeinschaft. Die sechs Gründungsmitglieder hatten im Jahr 1973 eine Richtlinie verabschiedet, die als Schokolade nur zuließ, was aus reiner Kakaobutter bestand. Andere Fettzusätze wurden verboten. Als allerdings Großbritannien, Irland und Dänemark beitraten, verlangten sie eine Ausnahme von der Richtlinie, um auch weiterhin andere Pflanzenfette zur Schokoladenherstellung verwenden zu dürfen. Diese Ausnahme wurde ihnen unter der Annahme zugestanden, daß man sich gemeinsam rasch auf neue Regeln würde einigen können. Dies gelang aber nicht; statt dessen entstanden mit jeder Erweiterungsrunde neue Ausnahmen.
Seit den 70er Jahren befaßten sich die EU-Beamten und Politiker immer wieder mit der Zutatenliste für die Schokolade, ohne eine Einigung erzielen zu können. Auch nach der Einführung des europäischen Binnenmarktes 1993 galten immer noch unterschiedliche Vorschriften: Bis heute ist es so, daß in acht EU-Ländern die Schokolade ausschließlich

Milchschokolade mit Pralinéfüllung und Gewürzen

Zutaten: *Roh-Rohrzucker*, Kakaobutter*, Vollmilchpulver* (13 %), Haselnüsse gemahlen*; Kakaomasse*, Voll-Rohrzucker*, Zimt*, Koriander*, Vanille gemahlen**

**aus kontrolliert biologischem Anbau*

Kakao: 38 % mindestens

Ohne Sojalecithin

Kakaobutter-Fette enthalten darf, in sieben Ländern dürfen andere pflanzliche Fette zugesetzt werden. Eine Sperrminderheit von Ländern wehrte sich jahrelang gegen die Liberalisierung. Besonders Frankreich und Belgien ging es darum, ihre früheren Kolonien in Afrika, deren Wirtschaft vom Kakaoexport

Alpenmilchschokolade mit Kakaocrèmefüllung

Zutaten: Zucker, pflanzliches Fett (8 %), Magermilchpulver, Kakaomasse, Sahnepulver, Süßmolkenpulver, Kakaobutter, Milchzucker, Traubenzucker, Butterreinfett, Emulgator: Lecithine (Soja), Aroma: Vanillin

abhängt, zu schützen. Der neue Kompromißvorschlag sieht deswegen vor, daß nur tropische Fette zum Ersatz von maximal fünf Prozent der Kakaobutter verwendet werden dürfen. Nach längeren Verhandlungen stimmten Frankreich, Luxemburg und Griechenland sowie die EU Kommission dem Vorschlag zu.

Quelle: Berliner Zeitung

Jetzt sind Sie dran ...

4. Lesen Sie die „Neue Richtlinie für Schokolade".
   a) Notieren Sie zunächst die Gründe, warum es so lange nicht gelang, eine neue Richtlinie für Schokolade festzulegen.
   b) Arbeiten Sie heraus, welche Staaten gemeinsame Interessen haben und sich daher zu einer Gruppe zusammengeschlossen haben.
   c) Tauschen Sie Ihre Ergebnisse der Aufgaben a) und b) in der Klasse aus.
   d) Betrachten Sie die beiden Zutatenlisten. Wurde die Richtlinie dort bereits umgesetzt?
5. „Wozu brauchen wir eigentlich eine Regulierung für alle Länder? Könnte nicht jedes Land seine eigene Rezeptur behalten, sodass die Verschiedenheit bleibt?" Sammeln Sie jeweils drei Pro- und Kontra-Argumente für dieses Zitat.
6. Was mit der Schokoladenrichtlinie erreicht wurde, nennt man Harmonisierung. Recherchieren Sie (➲ Internetrecherche), was genau mit diesem Begriff gemeint ist, und stellen Sie Ihre Ergebnisse im Plenum vor.
7. Führen Sie eine ➲ Amerikanische Debatte durch zum Thema „Harmonisierung der Schokolade – Überregulierung oder längst überfällige Einigung?".

Streitpunkt Austauschfette

[...] Kritiker sehen in dem Einsatz von Austauschfetten eine Verschlechterung der Qualität, wohingegen die Befürworter vor allem eine größere Produktvielfalt erwarten. Damit die Endverbraucher zukünftig die Schokoladen mit und ohne Austauschfetten unterscheiden können, wurde eine Kennzeichnungspflicht beschlossen. Die Verwendung von Austauschfetten muss zukünftig auf Vorder- und Rückseite der Verpackung angegeben werden.

Die deutschen Schokoladehersteller haben jedenfalls vor, an ihren bisherigen Rezepten festzuhalten und keine Kakaobutter durch Austauschfette zu ersetzen. Die Qualität der bekannten Marken bleibt also erhalten. [...]

Der belgische Staat hatte sogar ein kollektives Markenzeichen eingeführt. Hersteller aus aller Welt, die auf Austauschfette verzichten und einige weitere Qualitätsmerkmale erfüllen, sollten ihre Produkte mit dem Logo von „Ambao" versehen. Zu den weiteren Qualitätsmerkmalen gehören Bestimmungen zur Feinheit und zum Kakaogehalt. Das Ambao-Siegel wurde inzwischen wieder eingestellt und wird nicht mehr vergeben.

In Frankreich findet man mehrere Logos mit dem Hinweis auf die ausschließliche Verwendung von Kakaobutter. Neben dem Ambao Logo aus Belgien sieht man hier vor allem das offizielle französische Logo. Neben dem offiziellen Logo findet man in Frankreich noch andere, oft herstellereigene Logos, mit denen für traditionelle Schokolade geworben wird. Denn auch der Begriff „traditionelle Schokolade" ist in Frankreich Produkten vorbehalten, die frei von Austauschfetten sind. Seltener findet man in Frankreich noch das Logo des Club des Croqueurs de Chocolat. Das Logo dürfen allerdings nur vom Club ausgewählte Chocolatiers verwenden.

Quelle: Kirsten Homborg – finest food: www.theobroma-cacao.de/wissen/wirtschaft/gesetze (10.01.2014)

Kakaobohnen

Kakaomasse

Jetzt sind Sie dran …

8. Einige Länder haben nach der Verabschiedung der Richtlinie extra Zertifikate für die Verwendung von reiner Kakaobutter eingeführt. Überlegen Sie gemeinsam, was die Gründe dafür sind und was dies für den Verbraucher bedeutet.
9. Neben der Schokolade gibt es viele andere Produkte, bei denen sich die EU auf gemeinsame Standards geeinigt hat. Für die Kosmetikindustrie wurde beispielsweise ein Verbot bestimmter Inhaltsstoffe beschlossen. Recherchieren Sie ein Beispiel für eine andere Richtlinie, vielleicht aus ihrem zukünftigen beruflichen Umfeld, und stellen Sie dieses Ihrer Klasse vor.

Nun wissen Sie schon einiges über die Inhalte der Schokoladenrichtlinie. Doch wie ist diese zustande gekommen? Es ist ein langer Prozess, eine Richtlinie zu verabschieden. Dies liegt zum einen daran, dass viele Institutionen beteiligt sind. Zum anderen treffen in den jeweiligen Institutionen die verschieden Meinungen aus den Mitgliedsländern zusammen. Bis man sich hier auf einen Kompromiss geeinigt hat, vergehen im Durchschnitt ein bis zwei Jahre.

Das Entstehen von Rechtsakten im institutionellen Dreieck der EU

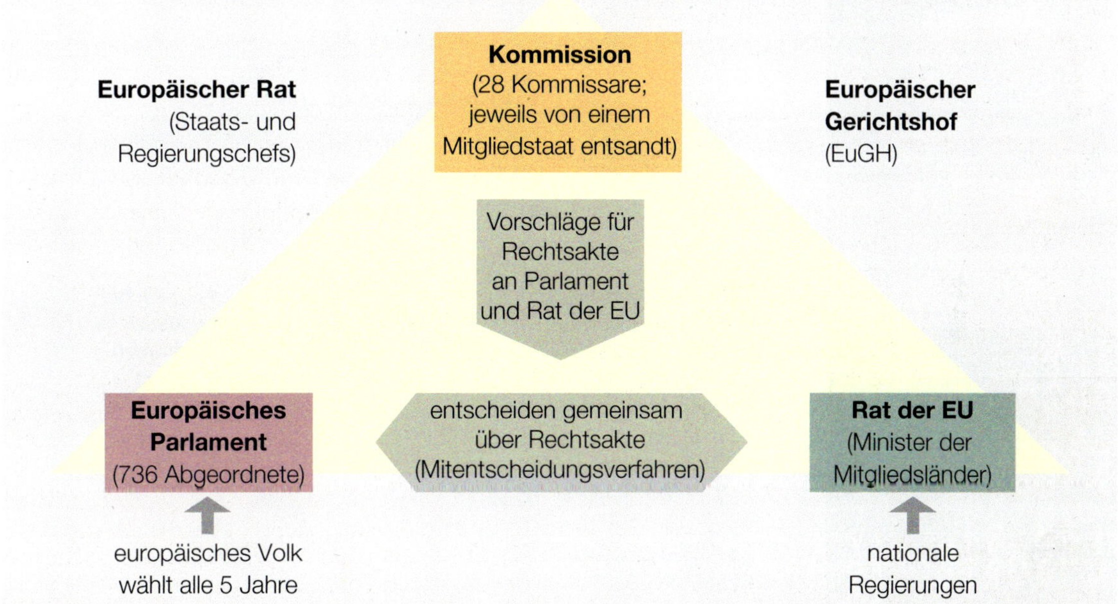

Infobox

Was ist eine Richtlinie?
In der Europäischen Union gibt es verschiedene Formen von Rechtsakten:
- Verordnung
- Richtlinie
- Entscheidung
- Empfehlung und Stellungnahme

Eine Verordnung ist für alle Mitgliedstaaten verbindlich und wird dirckt in nationales Recht umgesetzt. Eine Richtlinie gibt das zu erreichende Ziel vor, der Weg dahin bleibt den Mitgliedstaaten offen. Eine Entscheidung betrifft nur bestimmte Staaten, Akteure oder Institutionen. Empfehlungen und Stellungnahmen sind nicht verbindlich.

Jetzt sind Sie dran …

10. Recherchieren Sie in Arbeitsgruppen die einzelnen Organe der EU (➲ Internetrecherche). Führen Sie anschließend ein ➲ Gruppenpuzzle durch.
11. Erklären Sie sich gegenseitig das Zustandekommen eines Rechtsaktes im ➲ Paarcheck.
12. Zum Thema Schokolade hat die EU eine Richtlinie verabschiedet, keine Verordnung oder Entscheidung (siehe Infobox). Bei den meisten Rechtsakten handelt es sich übrigens um Richtlinien. Überlegen Sie gemeinsam mit Ihrem Sitznachbarn, was die Gründe dafür sein könnten, und tauschen Sie Ihre Überlegungen anschließend in der Klasse aus.

13.2 Die Struktur der EU

Die Europäische Union ist seit ihrem Bestehen um viele Bereiche gewachsen. Zuerst wurde der wirtschaftliche Bereich ausgebaut: der Binnenmarkt, das heißt ein gemeinsamer Wirtschaftsraum ohne Grenzen, wurde geschaffen. Damals hieß die Europäische Union noch Europäische Gemeinschaft (EG). 1993 kamen die Bereiche Gemeinsame Außen- und Sicherheitspolitik sowie die polizeiliche und justizielle Zusammenarbeit dazu.

Die vier Freiheiten des Binnenmarktes

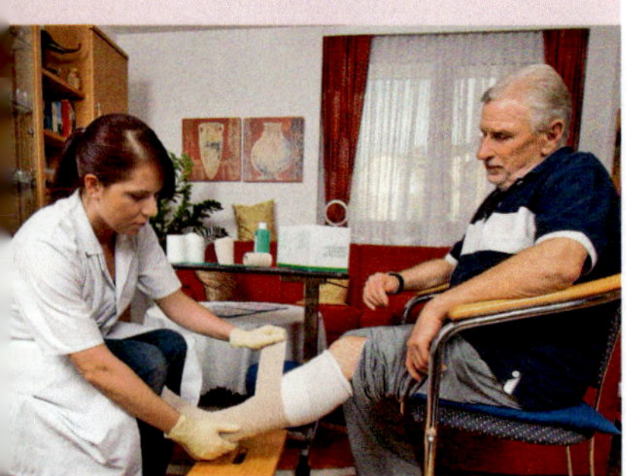

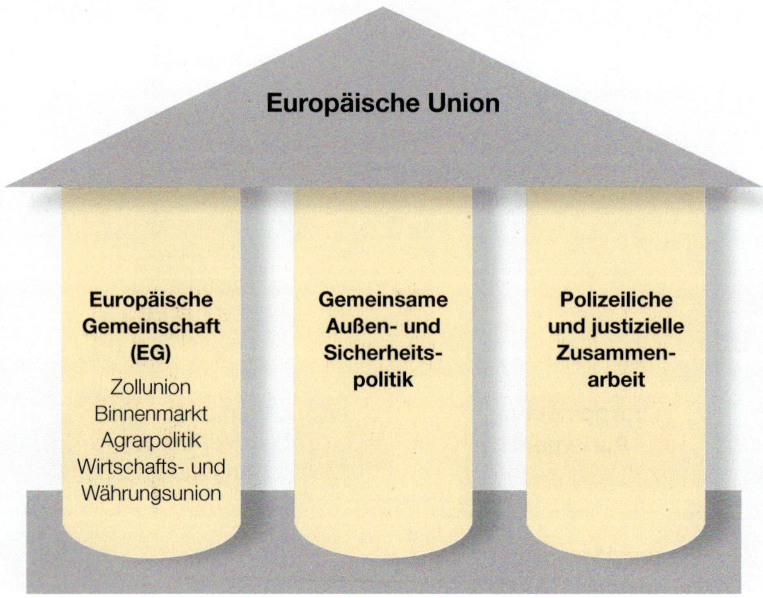

Infobox

Der Binnenmarkt

Der gemeinsame Markt der Europäischen Union ist der Grundpfeiler der EU. Schrittweise wurden seit der Gründung der EU die Grenzen zwischen den Mitgliedstaaten abgebaut: Zuerst wurden 1961 die Zölle abgeschafft, es folgten weitere Bereiche. Seit 1993 besteht der Binnenmarkt aus den „vier Freiheiten" für

- Personen,
- Waren,
- Dienstleistungen und
- Kapital.

Das heißt im Einzelnen, dass Personen das Recht haben, in einem anderen EU-Staat zu arbeiten, zu leben und zu studieren, Unternehmen einfacher und günstiger grenzüberschreitende Geschäfte innerhalb der EU tätigen und Verbraucher von niedrigen Preisen durch mehr Wettbewerb, eine größere Auswahl an Konsumgütern und einheitliche Verbraucherstandards profitieren können.
Um einen grenzfreien Verkehr zu gewährleisten, müssen die Staaten einheitliche Rechtsvorschriften haben, damit in jedem Land die gleichen Bedingungen gelten.

Das Programm „LEONARDO DA VINCI" für die berufliche Bildung

LEONARDO DA VINCI ist das Programm der Europäischen Union für die Zusammenarbeit in der beruflichen Aus- und Weiterbildung. [...] Das LEONARDO DA VINCI-Programm fördert zum einen europäische Bürgerinnen und Bürger beim Erwerb internationaler Kompetenzen. So soll die Anzahl an Praxisaufenthalten in Betrieben und Berufsbildungseinrichtungen in einem anderen europäischen Land bis 2013 auf mindestens 80.000 pro Jahr erhöht werden. Zum anderen trägt es durch europäische Modellversuche sowie durch den Transfer bereits entwickelter Produkte und Verfahren zu Innovation und Verbesserung der Berufsbildungssysteme und -praxis bei.

LEONARDO DA VINCI unterstützt zentrale europäische Reformvorhaben wie die Entwicklung eines Kreditpunktesystems in der beruflichen Bildung (ECVET) und eines Europäischen Qualifikationsrahmens (EQR).

Zielgruppen

LEONARDO DA VINCI richtet sich an alle Akteure der beruflichen Bildung:

- Einrichtungen der beruflichen Bildung wie berufsbildende Schulen, außer- und überbetriebliche Bildungsstätten,
- Unternehmen,
- Sozialpartner und ihre Organisationen, Berufsverbände und Kammern.

Geförderte Aktivitäten

Im Programm LEONARDO DA VINCI werden folgende Aktivitäten gefördert:

- Auslandsaufenthalte in der beruflichen Aus- und Weiterbildung,
- Projekte zum Transfer von Innovationen,
- Partnerschaften,
- Projekte zur Entwicklung von Innovationen,
- Netzwerke,
- vorbereitende Besuche und Kontaktseminare.

Quelle: www.lebenslanges-lernen.eu

Jetzt sind Sie dran ...

1. Sie sind in der EU mit einem freien Binnenmarkt aufgewachsen. Aber stellen Sie sich doch einmal vor, dass es die „vier Freiheiten" nicht gäbe: Was würde in Ihrem Leben anders sein? Teilen Sie sich in vier Arbeitsgruppen auf. Jede Gruppe übernimmt eine der Freiheiten und überlegt, wie das Leben ohne diese Freiheit wäre. Anschließend können Sie ein Gruppenpuzzle machen.
2. Diskutieren Sie in der Klasse die Vor- und Nachteile des gemeinsamen Binnenmarktes (Diskussion).
3. Zum Bereich des freien Personenverkehrs zählt das Programm „Leonardo da Vinci", das den betrieblichen Austausch zwischen den Mitgliedsländern fördert. Im Internet, z. B. auf der Homepage der Europäischen Kommission, finden Sie viele Informationen zu den Möglichkeiten, die Ihnen das Programm bietet. Recherchieren Sie, wie Sie an dem Programm teilnehmen könnten und ob es für Ihren Berufszweig ein interessantes Austauschprogramm gibt (Internetrecherche). Stellen Sie Ihre Erkenntnisse anschließend in der Klasse vor.
4. Betrachten Sie zu zweit den Auszug einer Mindmap einer Berufsschule zu deren Austauschaktivitäten und überlegen Sie sich, was Schüler durch den Austausch lernen könnten. Tauschen Sie anschließend Ihre Überlegungen in der Klasse aus.

Ausschnitt der Austauschaktivitäten der BBS II Gifhorn

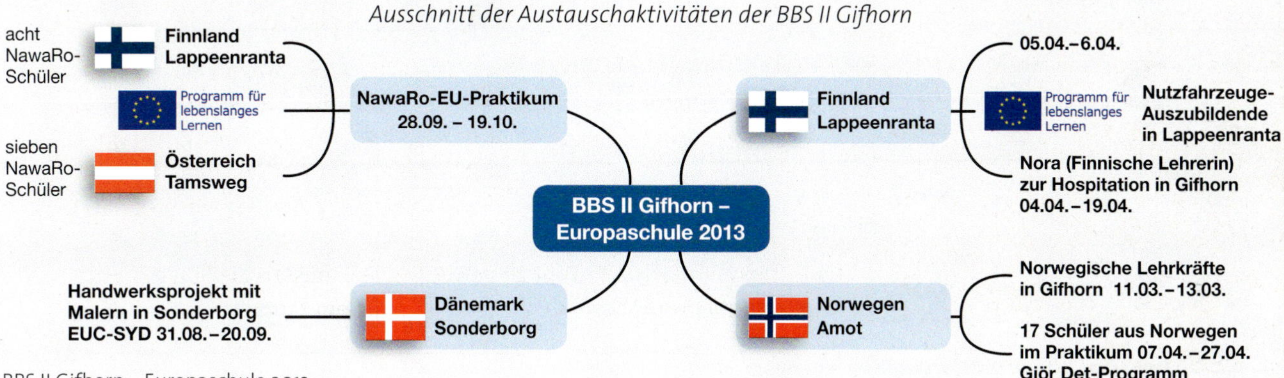

le: BBS II Gifhorn – Europaschule 2013

13.3 Der Euro

1988 beschloss der Europäische Rat, die Wirtschafts- und Währungsunion stufenweise zu verwirklichen. Dies geschah in drei Etappen:

1. **1990 werden sämtliche Beschränkungen des freien Waren-, Personen-, Dienstleistungs- und Kapitalverkehrs innerhalb der EU-Mitgliedstaaten abgeschafft.**
2. **1994 wird das Europäische Währungsinstitut, die Vorgängerorganisation der Europäischen Zentralbank, gegründet.**
3. **1999 werden die Wechselkurse des Euro festgelegt, 2002 wird der Euro eingeführt.**

Jetzt sind Sie dran …

!

1. Sammeln Sie Vorteile, die der Euro als gemeinsame Währung für die EU und für Sie als Bürger mit sich bringt. Betrachten Sie dazu auch noch einmal die „vier Freiheiten" des Binnenmarktes. Erstellen Sie ein Werbeplakat für den Euro.
2. Schreiben Sie ein Statement als Antwort auf die Werbeplakate aus der Sicht eines Nicht-Euromitglieds.
3. Sollte jedes Land automatisch mit Eintritt in die Union auch den Euro bekommen? Überlegen Sie sich zunächst jeweils drei Argumente für und gegen die Konvergenzkriterien (siehe Infobox). Diskutieren Sie anschließend im Plenum.

Infobox

Nicht jedes Land in der EU hat den Euro – warum?
2014 haben 18 Länder den Euro (vgl. hierzu auch die vordere Innenklappe im Buch). Von den alten EU-Ländern haben Großbritannien, Dänemark und Schweden den Euro nicht. Sie wollen lieber ihre eigene Währung behalten. Neue Mitgliedsländer müssen strenge Auflagen erfüllen, damit sie den Euro als Währung einführen dürfen. Sie müssen vor allem eine stabile Wirtschaft vorweisen. Zu diesen sogenannten Konvergenzkriterien gehört, dass die Staaten eine Preisstabilität, eine niedrige Inflationsrate, einen stabilen Wechselkurs, langfristige Zinssätze und keine zu großen Staatsschulden vorweisen müssen.

Das Verhältnis der Deutschen zum Euro

Zustimmung in Prozent	Gesamt	Alter in Jahren 18–29	30–39	40–49	50–59	60–69
Ich finde es gut, dass man mit dem Euro in vielen Ländern problemlos zahlen kann.	88	92	90	85	87	87
Ich rechne bei größeren Ausgabendie Euro-Preise meistens noch in DM um.	53	25	54	61	61	64
Nur die wirtschaftlich starken Länder Europas sollten den Euro behalten.	43	32	47	47	44	45
Deutschland hat von der Einführung des Euro profitiert.	43	50	38	31	49	49
Ich habe kein Vertrauen mehr in den Euro.	33	23	35	38	33	36
Ich möchte gerne die DM zurück.	33	16	39	43	32	35

Quelle: Forsa-Umfrage: Sparerkompass Deutschland 2013 im Auftrag der Bank of Scotland

Es ist ein hartnäckiges Vorurteil: Der Euro ist ein Teuro. Viele, die mit der alten Währung aufgewachsen sind, rechnen den Euro noch in D-Mark-Preise um und konstatieren demnach: doppelt so teuer! Ist das wirklich so einfach?

> Der Euro belehrt seine Kritiker erneut eines Besseren: Die Teuerung in Deutschland ist seit Einführung der Gemeinschaftswährung deutlich niedriger gewesen als zu Zeiten der D-Mark. Seit der Euro-Bargeldeinführung im Jahr 2002 seien die Verbraucherpreise bis November 2011 jährlich um 1,6 Prozent gestiegen, teilte das Statistische Bundesamt am Freitag in Wiesbaden mit. In den zehn Jahren zuvor hatte die D-Mark-Teuerung hingegen deutlich höher bei durchschnittlich 2,2 Prozent gelegen.
> Seit Einführung der D-Mark im Jahr 1948 bis Ende 2001 lag die durchschnittliche jährliche Inflation gar bei 2,6 Prozent, berichteten die Statistiker. Die häufig anzutreffende Behauptung, der Euro sei ein Teuro, wird durch diese Daten also nicht gestützt.
>
> Quelle: www.spiegel.de/wirtschaft/service/inflation-euro-schneidet-besser-ab-als-d-mark-a-804138.htm

Der Euro: Stabiler als die D-Mark

Inflationsraten in Deutschland: Veränderung des Verbraucherpreisindexes gegenüber dem Vorjahr in Prozent

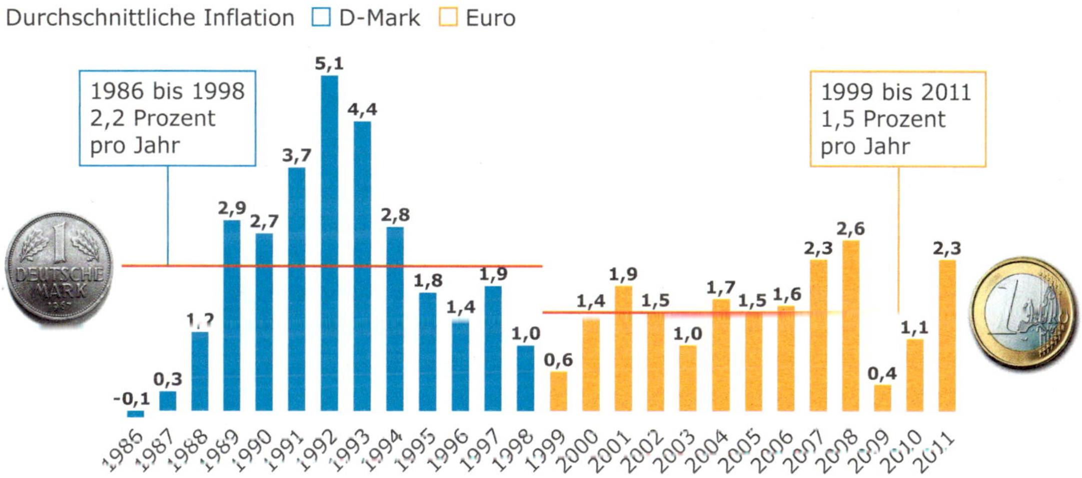

Jetzt sind Sie dran ...

4. Führen Sie Interviews: Was denken Ihre Familie und Ihr Bekanntenkreis über den Euro? Präsentieren Sie der Klasse Ihre Ergebnisse. Sind die Meinungen eher positiv oder negativ?
5. Analysieren Sie die Grafik „Der Euro: Stabiler als die D-Mark" (Diagramme/Schaubilder analysieren) und lesen Sie den Text.
6. Analysieren Sie die Ergebnisse der Umfrage „Das Verhältnis der Deutschen zum Euro": Tauschen Sie die Ergebnisse aus Aufgabe 5 und 6 in der Klasse aus.
7. Stellen Sie mit Ihrem Arbeitspartner Vermutungen darüber an, was die Gründe für die Ergebnisse zur vierten, fünften und sechsten Aussage sind. Diskutieren Sie Ihre Überlegungen im Plenum.
8. Betrachten Sie nun die Ergebnisse der Altersgruppen. Können Sie Besonderheiten feststellen? Überlegen Sie, was die Ursachen sein könnten.
9. Laut der Grafik auf Seite 208 findet knapp die Hälfte der Deutschen, dass nur wirtschaftlich starke Länder den Euro behalten sollten. Lesen Sie noch eimal die Infobox zu den Konvergenzkriterien und mutmaßen Sie, warum viele Deutsche so denken.
10. Führen Sie die Umfrage in Ihrer Klasse durch. Entspricht Ihr Ergebnis dem der Umfrage?

13.4 Wofür die EU ihr Geld ausgibt

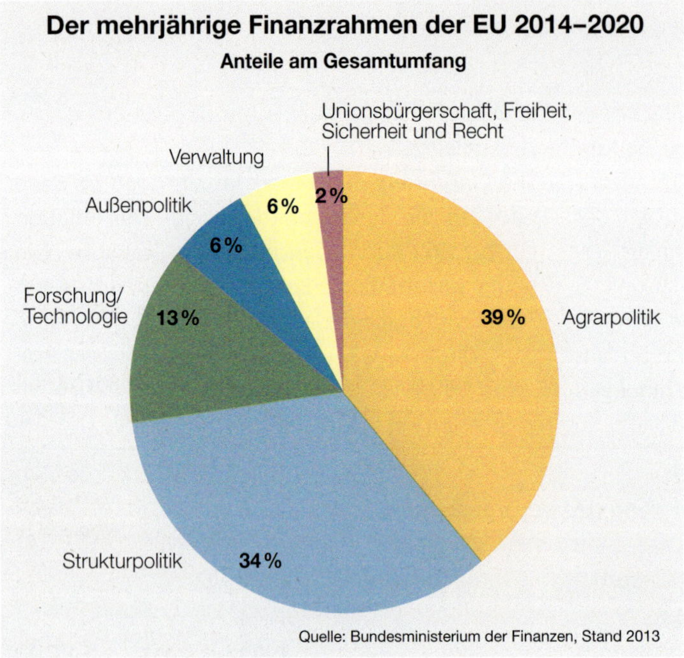

Der Haushalt der EU setzt sich zusammen aus den Beiträgen der Mitgliedsländer und Eigeneinnahmen der EU wie z.B. Zölle. Jeder Staat zahlt dabei den gleichen Prozentsatz seines Bruttoinlandsprodukts. Große und wirtschaftlich stärkere Länder zahlen dadurch in der Summe mehr als kleine und wirtschaftlich schwache Länder. Da Deutschland die größte Wirtschaftsnation ist, zahlt es den größten Anteil, Malta den kleinsten. Im Haushalt der EU müssen die Einnahmen die Ausgaben decken, das heißt, dass die EU keine Schulden machen darf.

Jetzt sind Sie dran …

1. Analysieren Sie das Diagramm (➲ Diagramme/Schaubilder analysieren) und klären Sie, wofür die EU am meisten Geld ausgibt.
2. Lesen Sie die Infobox und schreiben Sie die wichtigsten Informationen heraus.
3. Notieren Sie Unterschiede zwischen dem Haushalt der Europäischen Union und dem der Bundesrepublik Deutschland und tauschen Sie sich anschließend im Plenum aus.
4. Recherchieren Sie in Gruppenarbeit die Inhalte der Agrarpolitik (➲ Internetrecherche) und präsentieren Sie diese auf einem Plakat (➲ Plakat erstellen).

Infobox

Welche Dimension hat eigentlich der EU Haushalt?

Mit einem Volumen von rund 140 Milliarden Euro (2011) ist der EU-Haushalt im Vergleich zu den Haushalten der 27 EU-Mitgliedstaaten, die zusammen mehr als 6300 Milliarden Euro ausmachen, sehr klein. Mit anderen Worten: Die 27 Mitgliedstaaten geben zusammen fast 50-mal mehr aus als die EU!

All das hat den EU-Bürger 2010 im Schnitt nur 67 Cents pro Tag gekostet. Das ist weniger als die Hälfte des Preises für eine Tasse Kaffee – und damit im Verhältnis zu dem großen Nutzen, den die EU den Bürgern bringt, kaum eine große Summe. Tatsächlich ist der EU-Haushalt geringer als der nationale Haushalt eines mittelgroßen EU-Landes wie Österreich oder Belgien.

Noch ein Vergleich: Der EU-Haushalt entspricht rund 1% des Bruttoinlandsprodukts der EU-27 (also des Gesamtwerts aller in der EU produzierten Waren und Dienstleistungen), wohingegen die Haushalte der Mitgliedstaaten im Durchschnitt 44% des BIP ausmachen.

Der EU-Haushalt ist immer ausgeglichen, d.h. kein einziger Euro fließt in den Schuldendienst. 94% der Mittel, die in den EU-Haushalt fließen, werden in den Mitgliedstaaten für Maßnahmen und Programme ausgegeben, die den Bürgern unmittelbar zugute kommen.

Quelle: ec.europa.eu

Die Strukturpolitik der EU

Die Mitgliedstaaten der EU bzw. einzelne Regionen, Industrien oder Branchen der Mitgliedstaaten sind wirtschaftlich unterschiedlich entwickelt.
Die Ursachen sind vielfältig und beispielsweise geografisch, demografisch oder historisch bedingt. Diese Unterschiede im Entwicklungsstand sollen durch die Strukturfonds ausgeglichen werden. Regionen bekommen dadurch Förderungen für bestimmte Projekte. Auch Deutschland kommt die Strukturpolitik zugute:

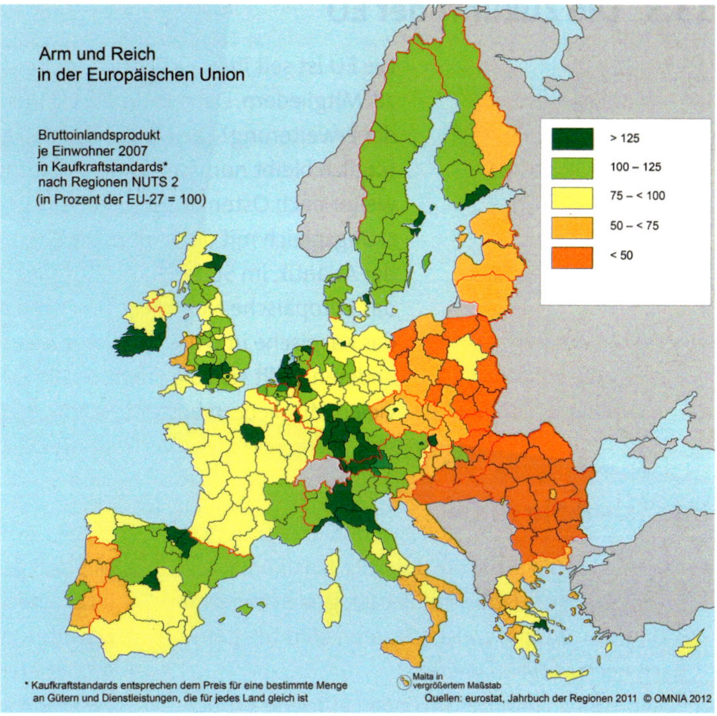

Projektbeispiele aus der Region Mittelrhein

Grünes C

Das Projekt „Grünes C", an dem der Rhein-Sieg-Kreis und die Stadt Bonn beteiligt sind, wird mit 19 Mio. Euro unterstützt.
Hierbei soll zwischen dem Nordrand der Stadt Bonn über den Rhein hinweg die Freiraumverbindung zwischen Kottenforst, Waldville, Rheinaue, Siegmündung, Siebengebirge und Pleiser Hügelland ausgebaut werden.

Soziale Stadt: Köln Mülheim 2020 und Leverkusen Rheindorf Nord

Die Projekte „Soziale Stadt: Mülheim 2020 (Köln) und „Soziale Stadt: Rheindorf Nord" (Leverkusen) werden mit 10,5 Mio. Euro bzw. 713.000 Euro aus den EFRE-Mitteln gefördert. Hintergrund des Projekts, das auf einem bundesweiten Modell basiert, ist, dass die „Abwärtsspirale" in benachteiligten Stadtteilen aufgehalten und die Lebensbedingungen vor Ort umfassend verbessert werden sollen.

Quelle: www.axel-voss-europa.de/startseite/regionales/europa-fordert-die-region-mittelrhein/efre-mittel-fur-die-region-mittelrhein/

Jetzt sind Sie dran …

5. Einige Gebiete der EU werden besonders unterstützt, weil sie nicht so weit entwickelt sind wie andere Gebiete in der EU. Finden Sie anhand der Karte zunächst heraus, welche das sind. Überlegen Sie anschließend, warum diese Gebiete strukturell schwächer sind. Tauschen Sie Ihre Ergebnisse anschließend in der Klasse aus.
6. Recherchieren Sie EU-geförderte Projekte in Ihrer Umgebung (➲ Internetrecherche) und präsentieren Sie Ihre Ergebnisse der Klasse.
7. Sie kennen nun die Gründe und einige Beispiele der Strukturpolitik. Dennoch ist die Strukturpolitik der EU umstritten. Erstellen Sie eine Liste mit drei Pro- und drei Kontra-Argumenten und diskutieren Sie anschließend die Vor- und Nachteile der Strukturpolitik (➲ Pro-Kontra-Debatte).
8. Sie wissen nun, wie groß das Volumen des EU-Haushalts ist und wofür das Geld verwendet wird. Haben Sie vielleicht noch andere Ideen, wofür die EU ihr Budget ausgeben sollte? Schreiben Sie einen Brief an die Europäische Kommission mit Vorschlägen und begründen Sie diese.

haftsraum

er Gründung stetig gewachsen. Derzeit besteht sie aus
och kann die EU immer weiter wachsen oder gibt es ein Ende
Die Länder des Balkans gelten als feststehende Kandidaten,
wann sie die Kriterien erfüllen. Soll die EU sich dann noch
ausdehnen? Die geografische Lage Europas ist nicht de-
er Union. Die Grenzen des Halbkontinents bilden im Westen
len das Mittelmeer und die Straße von Gibraltar, im Norden
rdmeer, im Osten das Uralgebirge in Russland, im Südosten
as Schwarze Meer sowie der Bosporus in der Türkei. Zum
ie Frage, ob die EU noch funktionsfähig ist, wenn sie aus so
besteht. Schon jetzt sind Einigungen und Kompromisse ein
langwieriger Prozess. Verträgt die EU also überhaupt noch mehr Staaten?

Jetzt sind Sie dran …

1. Vergleichen Sie die Karte der Mitgliedsländer der EU in der Innenklappe mit der geografischen Definition von Europa: Welche Staaten könnten demnach noch Mitglied werden?
2. Teilen Sie sich in Arbeitsgruppen auf, jede Gruppe recherchiert Informationen zu einem potenziellen Beitrittskandidaten (➲ Internetrecherche). Sammeln Sie Pro- und Kontraargumente für den Beitritt Ihres Landes in die EU. Präsentieren Sie Ihr Land anschließend in der Klasse (➲ Präsentieren/ Visualisieren).
3. Mit den gesammelten Argumenten können Sie jetzt eine ➲ Talkshow über die zukünftige Erweiterung der EU durchführen.
4. Analysieren Sie den Text: „Wo endet Europa?“. Welche Aspekte der Erweiterung führt der Autor an?
5. Führen Sie eine amerikanische Debatte zum Thema „Erweiterung oder Vertiefung?“ durch.

Wo endet Europa?

Von Matthias Krupa; 29,06.2013

[…] Und die nächsten Kandidaten stehen vor der Tür: Auch mit Island und Montenegro wird über einen Beitritt verhandelt, sodann ist bald Serbien an der Reihe. Außerdem warten Mazedonien, Albanien, Bosnien-Herzegowina und das Kosovo. Die EU, sie wächst und wächst … […]

Lange Zeit wurde erbittert gestritten, ob die EU eher erweitert oder vertieft werden sollte – und ob zwischen beiden Zielen überhaupt ein Widerspruch besteht. Den Friedensnobelpreis jedenfalls hat die EU dafür erhalten, dass sie ihre Ränder befriedet hat: Das war der Sinn ihres Wachstums. […]

Europa ist ein Kontinent ohne scharf umrissene Grenzen. Vor allem im Osten sind die Konturen diffus. In Artikel 49 des Vertrags über die Europäische Union heißt es, „jeder europäische Staat“, der die Werte der Union achte, könne beantragen, Mitglied der Union zu werden. Zur EU gehört, wer europäisch ist – ein Zirkelschluss, der auf die Unmöglichkeit verweist, exakte Grenzen zu ziehen. Weder Geografie noch Geschichte oder Kultur helfen da weiter.

Das Offene und Unfertige ist kein Defekt, es gehört zum Kern des europäischen Projektes. Das bedeutet nicht, dass jeder, der in den Club hineinwill, auch aufgenommen werden muss. Die Bringschuld liegt bei den Aspiranten. […] Die Entscheidung, wer zur EU gehört, ist genuin politisch. Bislang hat die Union hierbei wenig falsch gemacht.

Kroatien war vorgestern noch Kriegsschauplatz, nun wird es EU-Mitglied. Die Bild-Zeitung titelt: Wetten dass […] Kroatien wird das nächste Milliardengrab. Können wir über Europa wirklich nicht mehr anders sprechen als mit engen Herzen und dem bangen Griff zum Portemonnaie?

Quelle: ZEIT ONLINE; www.zeit.de

Wie wird die EU in Zukunft aussehen? Dafür gibt es verschiedene Konzepte.

- Der Staatenbund (intergouvernementalistisches Modell): die Staaten behalten ihre Kompetenzen und treten keine Rechte an eine übergeordnete Instanz ab. Die Union dient als Plattform, um sich auszutauschen und gemeinsame Ziele festzulegen.
- Der Bundesstaat (föderalistisches Modell): hier schließen sich die Staaten zu einem übergeordneten Staat zusammen und übertragen dadurch Kompetenzen an die höhere Ebene, die dann entscheidet. Das Modell des föderalen Deutschland ist ähnlich aufgebaut.

Neben diesen Konzepten gibt es noch Mischvarianten. Denn die EU ist seit ihrem Bestehen vom Konzept der differenzierten Integration, auch Europa der verschiedenen Geschwindigkeiten genannt, geprägt. Das heißt, dass einige Mitgliedstaaten bestimmte Politiken gemeinsam umsetzen, während andere nicht mitmachen. Beispiel dafür ist der Euro oder der Schengen-Raum. Viele Staaten haben Extra-Konditionen ausgehandelt und so gibt es für einige Länder Sonderreglungen und Ausnahmen.

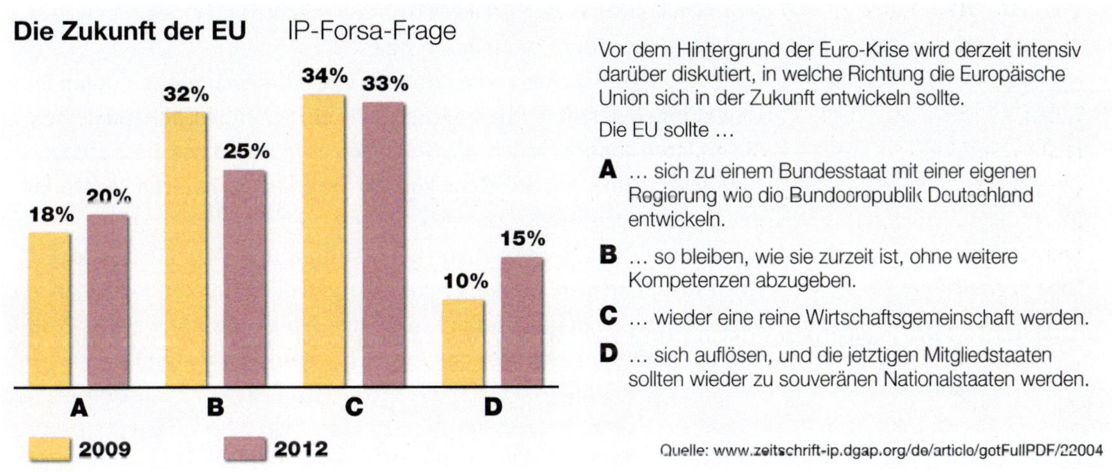

Jetzt sind Sie dran …

7. Diskutieren Sie die Vor- und Nachteile der Modelle „Staatenbund" und „Bundesstaat" für die EU. Teilen Sie sich in zwei Gruppen auf, wobei jeweils eine Gruppe ein Modell analysiert. Anschließend können Sie sich im Plenum gegenseitig informieren.
8. In der EU herrscht aktuell eine Mischvariante aus beiden Modellen. Diskutieren Sie, welche Vorteile bzw. Probleme dies für die Union, die Länder und die Bürger haben könnte.
9. Analysieren Sie die Grafik: Welches Modell favorisieren die meisten Bürger und wo gab es die meisten Veränderungen im Befragungszeitraum?
10. Stellen Sie Mutmaßungen darüber an, warum die Befragten so geantwortet haben, und diskutieren Sie Ihre Überlegungen anschließend im Plenum.
11. Erstellen Sie in der Gruppe ein ➲ Fischgrät-Diagramm: Welche Probleme sehen Sie momentan in der EU und wie könnte man sie lösen? Präsentieren Sie Ihre Ideen anschließend der Klasse (➲ Präsentieren/Visualisieren).
12. Erstellen Sie in der Gruppe eine Vision für die Zukunft: Wie sollte die EU aussehen? Denken Sie an die geografische Ausdehnung und wofür die EU zuständig sein sollte. Fertigen Sie dazu ein ➲ Poster an.
13. Wie soll sich die EU in der Zukunft entwickeln? Führen Sie eine ➲ Umfrage in Ihrer Klasse durch mit den vier Antworten aus der Grafik. Jeder Schüler muss sich dabei für ein Modell entscheiden.

13.6 Die Europäische Union – mehr als ein Wirtschaftsraum: Nutzen Sie Ihre Kompetenzen

Der Staat Urbania hat sich gerade für unabhängig erklärt. Durch die Verleihung des Friedensnobelpreises an die EU sind die Urbanier auf die Union aufmerksam geworden und die neue Regierung in Urbania überlegt, der EU vielleicht beizutreten.
Eine Delegation reist nach Brüssel, um die EU besser kennenzulernen. Versuchen Sie, die Fragen der Delegation zu beantworten und ihr die EU näherzubringen.

1. **Entwerfen Sie zunächst einen Flyer (➲ Flyer entwerfen), um der Delegation alles Wichtige auf einen Blick zu präsentieren. Darauf sollten Sie die Vorteile, die die Gemeinschaft bietet, kurz und prägnant (wie in der Werbung) festhalten.**
2. **Die Urbanier dachten immer, dass die Union hauptsächlich eine Wirtschaftsgemeinschaft sei. Dass der EU der Friedensnobelpreis verliehen wurde, hat sie überrascht. Die Delegation möchte von Ihnen nun wissen, was der Grund für die Verleihung war.**
3. **Die Delegation möchte gerne erfahren, wie in so einer großen Union Entscheidungen gefällt werden. Erstellen Sie ein Schaubild, anhand dessen Sie erklären können, welche Institutionen es gibt und wie diese zusammengesetzt sind. Anschließend können Sie erläutern, welche Rechtsakte existieren und wie diese zustande kommen.**
4. **Die Urbanier sind begeistert von der institutionellen Architektur der EU. Doch sie haben in der Zeitung heute Morgen diese Karikatur gesehen und verstehen sie nicht ganz. Erläutern Sie der Delegation, auf welches Problem der Karikaturist hinweisen möchte (➲ Karikaturanalyse).**

Konsens-Destillation zu Brüssel

5. Die Delegation hat nun begriffen, wie die EU funktioniert. Doch Ihnen ist immer noch nicht klar, ob die EU nun ein Bundesstaat wie ihr eigenes Land oder ein Staatenbund ist.
6. In der Zeitung haben Sie auch diesen Artikel gefunden:

Wegen verbotener Preisabsprachen für Bananen hat die EU-Kommission [...] Geldbußen von rund 8,9 Millionen Euro verhängt.
Die beiden Konzerne Chiquita und Pacific Fruit verstießen in Südeuropa von Juli 2004 bis April 2005 gegen das Verbot von Kartellen und wettbewerbsbeschränkenden Geschäftspraktiken. Aufgrund dieses Preiskartells konnten die europäischen Verbraucher fast ein Jahr lang die Vorteile eines unverfälschten Wettbewerbs nicht nutzen.
Die Kommission belegte Pacific Fruit mit einer Geldbuße von 8,9 Millionen Euro. Chiquita wurde die Geldbuße erlassen, weil es die Kommission über das Kartell informiert hatte. Dies ist der zweite EU-Kartellbeschluss im Bananensektor. Während hier Verbraucher in Italien, Griechenland und Portugal von den Preisabsprachen betroffen waren, brachte das erste Kartell, zu dem 2008 eine Entscheidung erlassen wurde, Nachteile für die Verbraucher in Deutschland und sieben anderen nördlichen EU Mitgliedstaaten.

Quelle: www.ec.europa.eu

Die Delegation versteht aber nicht, wieso die Unternehmen bestraft wurden und deren Zusammenarbeit schlecht für den Verbraucher war. Erläutern Sie der Delegation die Problematik des Bananenkartells.
7. Nun ist die Delegation aber verunsichert, ob der Binnenmarkt denn überhaupt so vorteilhaft für sie wäre. Versuchen Sie, sie wieder von den Vorteilen des gemeinsamen Marktes zu überzeugen. Am besten mit einem Plakat, auf dem Sie die Vorteile visualisieren können (➲ Plakat erstellen).
8. Da Urbania als neuer Staat noch sehr arm ist, würde die Delegation nun gerne erfahren, ob sie später als Mitglied viel an die Union zahlen müssten, um an den Vorteilen teilhaben zu können, und was mit dem Geld dann passierte.
9. Zum Schluss möchte die Delegation gerne wissen, ob die EU denn überhaupt noch Mitglieder aufnimmt.

14 Globalisierung

Diese Methoden verwenden Sie:

- Gruppenpuzzle
- Szenariotechnik
- Internetrecherche
- Fishbowl-Methode
- Diagramme/Schaubilder analysieren
- Clustern
- Concept-Map
- Plakat erstellen
- Präsentieren/Visualisieren
- Kartenabfrage
- Karikaturanalyse

So vernetzen Sie Ihr Wissen:

Mit den Themen:
- Unsere Umwelt – Ressourcensicherung und Nachhaltigkeit (→ Kap. 12)
- Globale und regionale Sicherheit – Friedenspolitik in einer entgrenzten Welt (→ Kap. 15)

Während der vergangenen 50 Jahre hat sich die weltweite Vernetzung und Verflechtung insbesondere aufgrund sinkender Transport- und Kommunikationskosten stark beschleunigt. Dieses facettenreiche Phänomen, das allgemein unter dem Begriff „Globalisierung" zusammengefasst wird, macht sich heute in beinahe allen Lebensbereichen bemerkbar:

Rohstoffe, Güter und Dienstleistungen werden weltweit gehandelt und müssen den Anforderungen dieses Weltmarkts genügen. Krisen der Wirtschaft oder der globalen Finanzmärkte haben auch globale Auswirkungen, Klimawandel und Umweltkatastrophen machen vor Ländergrenzen keinen Halt. Auch Kulturgüter, Konsumgewohnheiten, Ideen sowie immer neue Trends werden - vor allem über das Internet - transportiert und finden eine weltweite Anhängerschaft. Konflikte in vermeintlich entlegenen Regionen der Welt dominieren die Nachrichten am anderen Ende der Welt und zwingen zur Auseinandersetzung. Menschen verlassen als Touristen, Flüchtlinge, Geschäftsreisende oder Migranten zeitweise oder für immer, freiwillig oder unter Lebensgefahr, ihr Geburtsland und kommen mit Menschen in anderen Ländern oder auf anderen Kontinenten in Kontakt.

Und auch lokale Ereignisse, wie z.B. politische Proteste, religiös motivierte Konflikte, soziale Unruhen oder Bürgerbewegungen können auf diese Weise Unterstützer auf der ganzen Welt erreichen und zur Nachahmung anstiften.

In diesem Kapitel erfahren Sie mehr über die Geschichte und die verschiedenen Aspekte der Globalisierung und reflektieren die Chancen und Risiken, die mit dem Phänomen verbunden sind.

Diese Kompetenzen erwerben Sie:

- Sie lernen die Globalisierung als vielschichtigen Begriff und historisch schon lange andauernden Prozess kennen, der heute beinahe alle Bereiche des Lebens beeinflusst.
- Sie setzen sich mit verschiedenen Akteuren dieses Prozesses auseinander und erkennen, dass deren unterschiedliche Interessenlage teils Ursache weltweiter Konflikte ist.
- Sie analysieren, welche unterschiedlichen Auswirkungen Globalisierungsprozesse auf Menschen, Staaten, Unternehmen sowie die Umwelt haben, und entwickeln Lösungsansätze für die daraus resultierenden negativen Folgen. Dabei beziehen Sie verschiedene Ebenen der Konfliktlösung mit ein. Sie erfahren, wie Sie selbst tätig werden können, und lernen darüber hinaus internationale Organisationen kennen, die bei grenzüberschreitenden Konflikten vermitteln.

14.1 Was bedeutet Globalisierung?

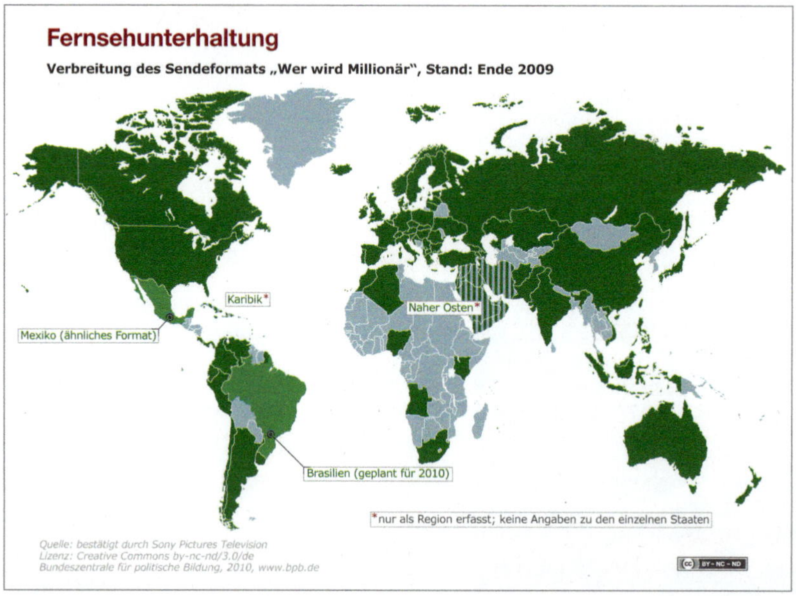

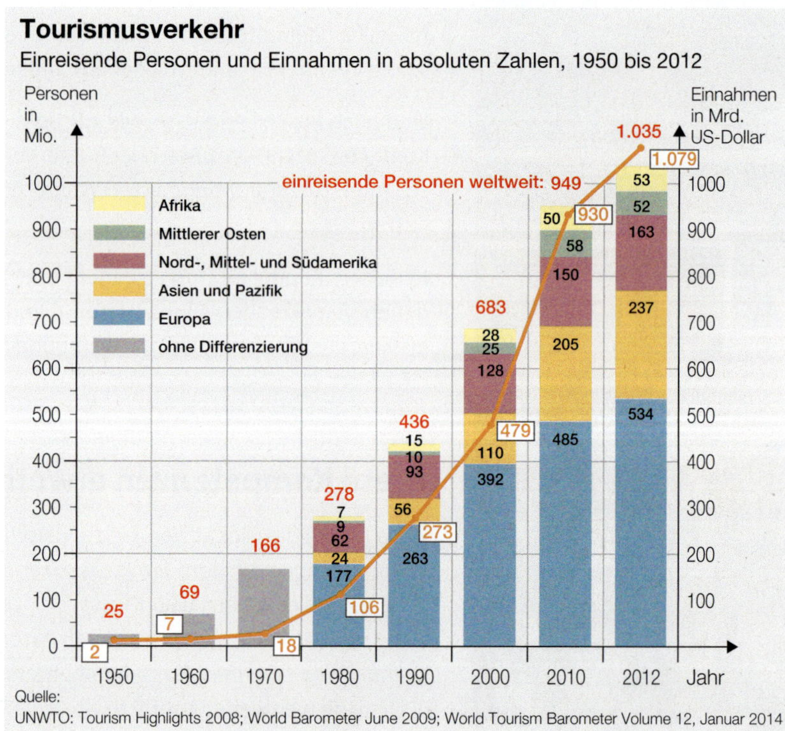

Jetzt sind Sie dran ...

1. Betrachten Sie die oben stehenden Grafiken sowie die Fotos auf der Auftakt-Doppelseite. Stellen Sie Vermutungen an, was die Darstellungen mit dem Thema Globalisierung zu tun haben (➲ Diagramme/Schaubilder analysieren).
2. Entwickeln Sie in Partnerarbeit eine erste vorläufige Definition des Begriffs „Globalisierung". Beziehen Sie Ihr Vorwissen zum Thema mit ein. Tauschen Sie die Ergebnisse in der Klasse aus und einigen Sie sich auf eine Formulierung.

Globalisierung ist … – einige Definitionsversuche

… die zunehmende weltweite Vernetzung von Nationen in allen Bereichen (z.B. Politik, Wirtschaft, Kommunikation und Kultur). Dies geschieht sowohl zwischen Individuen, als auch zwischen Organisationen, Unternehmen, Gesellschaften und Staaten. Kulturelle Globalisierung besagt, dass es auch auf der Ebene kultureller Vorstellungen, Entwürfe und Identitäten zu zunehmenden wechselseitigen Verflechtungen und Beeinflussungen kommt.

Quelle: www.ikud.de/Globalisierung.html

… ursprünglich die Bezeichnung dafür, dass die Wirtschaft heute weltweit verflochten ist, weltweite Konkurrenz und Arbeitsteilung herrschen und Informationen dank Satellitentechnik, Fax, Laptop, Mobiltelefon und Internet nahezu gleichzeitig an jedem Punkt der Erde zur Verfügung stehen. Inzwischen wird der Begriff allgemein für die immer stärkere Verkoppelung von Vorgängen rund um den Globus benutzt. Was lokal irgendwo passiert, kann schnell Bedeutung für die ganze Welt gewinnen.

Quelle: Eckart Thurich (2006): pocket politik. Demokratie in Deutschland. Neuausgabe. Bonn: Bundeszentrale für politische Bildung.

… der Prozess, durch den Märkte und Produktion in verschiedenen Ländern immer mehr voneinander abhängig werden – dank der Dynamik des Handels mit Sachgütern und Dienstleistungen und durch die Bewegung von Kapital und Technologie.

Quelle: OECD

Je mehr Quellen man nutzt, desto deutlicher wird, dass es viele Meinungen darüber gibt, was eigentlich unter Globalisierung zu verstehen ist. Gelegentlich wird sogar bezweifelt, dass man den Begriff überhaupt definieren kann. Im Kern beschreibt der Begriff Verdichtung und Intensivierung inter- und transnationaler Beziehungen, wobei sich die gegenseitige Abhängigkeit zwischen den Staaten erhöht. Dieser Prozess äußert sich ökonomisch darin, dass die Zahl international agierender Unternehmen steigt, Kapital grenzüberschreitend investiert wird und die Finanzmärkte globalisiert werden. Auf politischer Ebene wird die Notwendigkeit gesehen, die Folgen der wirtschaftlichen Globalisierung durch gemeinsames Handeln zu regulieren. Dem stehen jedoch unterschiedliche einzelstaatliche ökonomische Interessen im Weg.
Im Bereich des Umweltschutzes wird festgestellt, dass die neuen Herausforderungen wie der Klimawandel auf nationaler Ebene nicht bewältigt werden können.

Jetzt sind Sie dran …

3. Schreiben Sie aus den Definitionsversuchen und dem anschließendem Autorentext heraus, in welchen Bereichen (Dimensionen) Globalisierungsprozesse wirksam werden.
4. Entwickeln Sie mit einem Partner eine ➲ Concept-Map zu den Dimensionen von Globalisierung und deren Wechselwirkungen.
5. Vergleichen Sie Ihre Ergebnisse in der Klasse.
6. Führen Sie in der Klasse eine ➲ Kartenabfrage durch, welche positiven und negativen Folgen die Globalisierung für Ihr persönliches Leben hat. Notieren Sie diese auf Karten in zwei verschiedenen Farben und ➲ clustern Sie diese auf einer Pinnwand. So haben Sie die Ergebnisse für den Rest der Unterrichtsreihe im Blick.

14.2 Globalisierung – alles andere als neu

Schrecksekunde 1492

Jetzt sind Sie dran …

1. Analysieren Sie die Karikatur (➲ Karikaturanalyse).
2. Stellen Sie aufgrund des dargestellten Sachverhalts Vermutungen darüber an, welche historischen Ereignisse Globalisierungsprozesse angestoßen haben könnten.

Die Karikatur hat Ihnen eine erste Idee davon vermittelt, wie lange Globalisierungsprozesse schon andauern: eigentlich schon so lange, wie Menschen unterschiedlicher Kulturen und Wirtschaftsräume miteinander in Austausch treten. Der folgende Text gibt Ihnen einen Überblick über die historische Entwicklung:

Im Gegensatz zu einer weitverbreiteten Annahme ist die Globalisierung kein neues Phänomen, das sich erstmals am Ende des 20. Jahrhunderts zeigt. […] Gehen wir zurück zu den Ursprüngen.

[…] Wir brauchen keine fünf Jahrhunderte zurückzugehen, in die Zeit, als Konstantinopel von den Türken eingenommen wurde und in der die ersten Effekte der Globalisierung Gestalt annahmen. Schon die Tatsache, dass die weltwirtschaftliche Verflechtung auf unserer Erde zwischen 1850 und 1914 ständig an Fahrt gewann und schließlich ein Niveau erreichte, das mit dem heutigen durchaus vergleichbar ist, mag […] überraschen. Bereits 1890 war das Gewicht des internationalen Handels zwischen den großen Industrieländern – das heißt die Einfuhren und Ausfuhren im Verhältnis zur Gesamtproduktion – in etwa genauso groß wie 100 Jahre später! […] Vor dem Ersten Weltkrieg war im Großen und Ganzen ein freier Kapitalverkehr die Regel, wodurch es zu einem regen Austausch zwischen den Finanzzentren Europas und des Finanzzentren Europas und des Westens allgemein, Ozeaniens, Afrikas und des Fernen Ostens kam. Man investierte in südafrikanische Goldminen und in die Eisenbahnlinien auf dem amerikanischen Kontinent, man kaufte ägyptische Schuldverschreibungen und peruanischen Dünger. Die Zeit, die für Verhandlungen und den Abschluss von Geschäften benötigt wurde, wurde durch die Verlegung des transatlantischen Kabels im Jahr 1866 beträchtlich verkürzt. Dieses Werk war eine technologische Revolution und eine technische Leistung ersten Ranges. Im Jahr 1914 dauerte es nur noch eine Minute, bis eine per Kabel von London aus verschickte Nachricht New York erreichte. Das Telefon vervielfachte die Dichte von Kommunikation und Handel, und mithilfe von Dampfschiffen ließen sich Waren und Personen routiniert und effektiv rund um die Welt transportieren.

Wie Maurice Obstfeld, Professor an der Universität von Berkeley, gezeigt hat, waren die Kapitalströme zwischen Europa, Nordamerika, Japan, Australien und Argentinien – im Verhältnis zum insgesamt geschaffenen Reichtum – zwischen 1870 und 1914 größer als in der Zeit von 1970 bis zum Ende der 1990er Jahre. Erst seit den 1970er Jahren können wir wieder eine wachsende Dynamik beobachten. Dennoch haben wir auch zu Beginn des dritten Jahrtausends das Niveau aus der Zeit vor dem »letzten der letzten Kriege« – dem Ersten Weltkrieg – noch nicht wieder erreicht. […]

Ich verzichte darauf, [...] die immensen Verwüstungen und die Millionen von Opfern vor Augen zu führen, die die beiden Weltkriege mit sich brachten. Dass in den 1920er und 1930er Jahren Handelsbarrieren, drakonische Einwanderungskontrollen, strikte Verbote oder Beschränkungen von Auslandsinvestitionen und beinharte Devisenkontrollen Karriere machten, ist den Nachwirkungen des Ersten Weltkriegs zu verdanken. Im Vorfeld des Zweiten Weltkriegs sollte das nicht anders sein. [...] Erst in den 1950er Jahren näherten sich die Volkswirtschaften wieder einander an, als Westeuropa, die Vereinigten Staaten und – in gewissem Maße – Japan ihre wechselseitigen Schranken lockerten, später dann gefolgt von Südamerika, Australien und Teilen Asiens. Natürlich darf in diesem Zusammenhang auch der europäische Binnenmarkt nicht unerwähnt bleiben, dessen Verwirklichung im Jahr 1957 in Angriff genommen wurde.

Quelle: André Fourcans (2008):
André Fourcans erklärt die Globalisierung.
Bonn, S. 24–27.

Jetzt sind Sie dran ...

3. Erarbeiten Sie sich die Inhalte des Textes. Halten Sie Schlüsselbegriffe in Ihren Unterlagen fest. Recherchieren Sie, wenn nötig, die Definitionen dieser Begriffe.
4. Stellen Sie die Entwicklung, die im Text beschrieben wird, grafisch, z.B. in Form eines Zeitstrahls oder in einem Koordinatensystem, dar.
5. Stellen Sie aus dem Text die Gründe zusammen, die dafür gesorgt haben, dass die Globalisierung schon einmal – in den Jahrzehnten vor dem Ersten Weltkrieg – ein sehr dynamischer Prozess war. Stellen Sie anschließend Vermutungen darüber an, warum die Globalisierung sich seit dem Beginn des dritten Jahrtausends so beschleunigt hat, dass der Begriff heute in aller Munde ist.

Ursachen der Beschleunigung der Globalisierung im 21. Jahrhundert

Die Globalisierung hat ...

... politische und rechtliche Ursachen
- neue Wachstumszentren in Asien und Südamerika (zum Beispiel China, Indien und Brasilien)
- Veränderungen der Wirtschaftsordnungen in Osteuropa und Asien (Öffnung der Märkte für Sachgüter, Dienstleistungen und Kapital)
- EU-Erweiterung

... soziokulturelle Ursachen
- Zunahme der Mobilität des Menschen
- zunehmende Einforderung und steigende Existenz globaler Produkte (Weltmarken)
- zunehmende Angleichung von Lebensstilen, Normen und Wertvorstellungen

... technologische Ursachen
- weltumspannendes Kommunikationsnetz
- technologischer Fortschritt
- gesunkene Transaktionskosten durch moderne Verkehrs- und Kommunikationstechnologien

... ökonomische Ursachen
- Abbau von staatlichen Regelungen auf Gütermärkten und Faktormärkten (wie Arbeitsmarkt, Kapital- und Geldmarkt)
- Abbau von Devisen- und Kapitalbeschränkungen
- Zunahme der Mobilität von Kapital und Wissen
- steigende Direktinvestitionen von Unternehmen ins Ausland
- Herausbildung multinationaler Unternehmen
- zunehmende Produktvielfalt und damit verändertes Konsumverhalten
- zunehmende Konkurrenz durch Schwellenländer

Jetzt sind Sie dran ...

6. Verfassen Sie mithilfe der Informationen aus der Grafik einen Text, der Schülern Ihres Alters verständlich erklärt, warum die Globalisierung immer schneller voranschreitet.
7. Fügen Sie Ihrem Text einen Absatz hinzu, indem Sie prognostizieren, wie es in den kommenden 50 Jahren weitergehen wird. Gehen Sie dazu die einzelnen Ursachenbündel durch und überlegen Sie, ob sich diese Entwicklungen wohl verstärken, abschwächen oder umkehren werden.

14.3 Wirtschaft und Handel verbinden die Welt Schokolade – ein globalisiertes Produkt

Einige Produkte werden erst aufgrund von immer günstiger werdenden Warentransporten in den letzten Jahren globalisiert hergestellt. Oft genannt werden dabei z.B. Krabben, die in der Nordsee gefischt und dann zum Puhlen nach Nordafrika gebracht werden, bevor sie schließlich wieder in Deutschland verzehrt werden. Im Gegensatz zu solchen Herstellungsprozessen ist die Produktion von Schokolade natürlicherweise globalisiert, da sie ohne Zutaten aus verschiedenen Erdteilen nicht möglich wäre.

Schokoladenherstellung

Wenn Sie im Supermarkt eine Tafel Schokolade kaufen, dann haben die einzelnen Bestandteile dieser Süßigkeit schon eine weite Reise hinter sich. Den größten Anteil der braunen Masse macht die Kakaobohne aus, die in Ländern rund um den Äquator angebaut wird. Der größte Teil stammt aus Anbaugebieten in Afrika (Elfenbeinküste, Togo, Nigeria).
Damit sie unbeschadet nach Europa transportiert werden kann, verpackt man sie in Jutesäcke, die sich besonders dazu eignen, die empfindliche Bohne zu verpacken. Aufgrund der günstigeren klimatischen Bedingungen wird Jute fast ausschließlich in Südostasien angebaut. An der Spitze der Weltproduktion liegen Indien und Bangladesch. Dort wird die Jute zum größten Teil auch weiterverarbeitet und zum Beispiel in afrikanische Länder exportiert.
Auf dem Seeweg wird der Kakao nach Europa transportiert, zum Beispiel auf der Route von Abidjan nach Hamburg. Nach einem Weitertransport per Lkw stellt ein Zulieferunternehmen zum Beispiel in Belgien aus den Bohnen die Vorprodukte Kakaomasse und Kakaobutter her, die dann an den Schokoladenhersteller geliefert werden. Einige Hersteller übernehmen diesen Produktionsschritt auch selbst. Bevor ein Schokoladenhersteller zum Beispiel in der Mitte Deutschlands mit der Produktion beginnen kann, benötigt er außerdem in größeren Mengen Zucker, bei dem überwiegend auf heimische Produktion zurückgegriffen wird. Importiert werden müssen aber weitere Zutaten wie Vanille – hier gilt die Bourbon-Vanille aus Madagaskar als besonders hochwertig – und Soja (größter Produzent sind die USA), das man braucht, um Lecithin herzustellen, ohne das Schokolade nicht die vom Verbraucher bevorzugte zartschmelzende Eigenschaft bekäme. Fehlen darf schließlich nicht Milchpulver, das von deutschen Molkereien standortnah bezogen werden kann, bisweilen aber auch aus Kostengründen aus dem Ausland eingeführt wird. Weitere Zutaten wie Nüsse oder Mandeln sind möglich, die noch weitere Transportwege nach sich ziehen.

Jetzt sind Sie dran …

1. Tragen Sie die Stationen in eine Weltkarte ein und markieren Sie die Wege mit Pfeilen.
2. Berechnen Sie mit Hilfe der Internetseite www.wissen-info.de/rechner/entfernung.php oder eines Atlanten die Entfernungen, die zurückgelegt werden, bis Sie die Schokolade im Supermarkt kaufen können.
3. Recherchieren Sie selbstständig, wie globalisiert ein Lebensmittel Ihrer Wahl ist. Stellen Sie Ihre Ergebnisse in einer anschaulichen Präsentation Ihrer Klasse vor (➲ Präsentieren/Visualisieren).
4. Für uns Konsumenten sind „globalisierte“ Lebensmittel ohne Frage eine Bereicherung und führen zu einer Steigerung unserer Lebensqualität. Problematisch werden sie, weil z.B. ihr Transport auch große ökologische Belastungen mit sich bringt. So erzeugt grob geschätzt das Flugzeug pro kg transportiertem Lebensmittel 1000 g CO_2, der LKW 200 g. Diskutieren Sie: Wo wären bei Ihrem persönlichen Speiseplan Einsparungen möglich? Wie sähe eine Ernährung aus, die möglichst wenig CO_2 durch Transporte verursachte?

Ein Phänomen der wirtschaftlichen Globalisierung sind transnationale Unternehmen (TNU). Nach Angaben der United Nations Conference on Trade and Development (UNCTAD) lag die Zahl der TNU Ende der 1960er Jahre bei etwa 10.000. Bis zum Jahr 1990 stieg die Gesamtzahl auf rund 35.000 und erhöhte sich bis zum Jahr 2000 noch einmal deutlich auf gut 63.000. Mit 82.000 TNU erreichte die Anzahl im Jahr 2008 ihren bisherigen Höchstwert. Parallel zur steigenden Anzahl der TNU erhöhte sich auch die Zahl ihrer Tochterunternehmen von 150.000 im Jahr 1990 auf 807.000 im Jahr 2008. Allerdings wurde im Jahr 2003 mit 927.000 die bisher höchste Zahl an Tochterunternehmen erreicht.

Parallel dazu nahmen der Warenexport real – also gemessen in konstanten Preisen – von 1960 bis 2008 um den Faktor 14,8 und die Weltwarenproduktion um den Faktor 5,2 zu. Der Export von Waren stieg dabei durchschnittlich um 5,8 Prozent, die Weltwarenproduktion um 3,5 Prozent pro Jahr. Als Folge erhöhte sich der Anteil der exportierten Waren am Welt-Bruttoinlandsprodukt (BIP) zwischen 1970 und 2008 von 9,7 auf 26,4 Prozent.

transnationale Unternehmen
Unternehmen, die über Produktionsstätten und Niederlassungen in mehreren Staaten verfügen, einen mehr oder weniger großen Teil ihrer Umsätze im Ausland erwirtschaften und beim Absatz ihrer Produkte Märkte auf der ganzen Welt im Auge haben

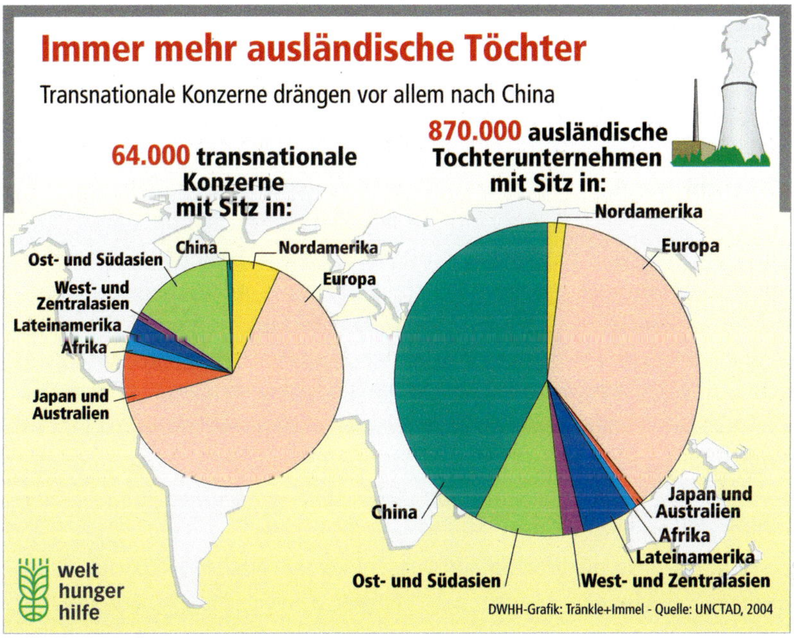

Jetzt sind Sie dran …

5. Greifen Sie auf das Wissen zurück, das Sie bis hierhin über Globalisierung erworben haben, um die Gründe für die im Text beschriebenen Entwicklungen zu erklären.
6. Fassen Sie die wesentlichen Aussagen der Grafik zusammen.
7. Wie erklären Sie sich die unterschiedliche geografische Verteilung, die in den beiden Grafiken dargestellt ist? Welche Folgen ergeben sich daraus?
8. Von Globalisierungskritikern werden die Transnationalen Konzerne oft abschätzig „Multis“ genannt und als Verursacher vieler negativer Folgen der Globalisierung gesehen. Informieren Sie sich im Internet über den Inhalt dieser Kritik (➲ Internetrecherche). Strukturieren Sie Ihre Rechercheergebnisse in Pro- und Kontra-Argumente zur Frage „Muss die Macht transnationaler Konzerne von der Politik stärker kontrolliert werden?“. Führen Sie dazu eine ➲ Fishbowl-Methode durch.

14.4 Weltweite Konflikte aufgrund knapper Ressourcen

Sie haben Schokolade als ein Produkt kennengelernt, das globalisiert hergestellt wird. Den Menschen in den Industriestaaten versüßt sie im doppelten Sinn das Leben: zum einen wortwörtlich, zum anderen dadurch, dass die Herstellung und der Verkauf oft durch transnationale Unternehmen erfolgen, die für attraktive Arbeitsplätze sorgen.
Eine Schattenseite der Schokoladenproduktion ist in den letzten Jahren verstärkt in den Fokus gerückt: Bei der Kakao-Produktion herrschen teilweise skandalöse Arbeitsbedingungen bis hin zum Einsatz von Kindern als besonders billige Arbeitskräfte. Aber auch in anderer Hinsicht hat der Schokoladenkonsum negative Auswirkungen:
Der Verbrauch von Lebensmitteln wie Kakao, Kaffee oder auch Baumwolle, die mit hohem Einsatz von Wasser in Weltregionen produziert werden, die eher ein trockenes Klima haben, führt dazu, dass auch die Verbraucher in den regenreichen Ländern ihren Anteil daran haben, dass Wasser knapper wird. Da sich diese Entwicklung im Zuge des Klimawandels in vielen Teilen der Welt noch verschärfen wird, sehen Experten die Gefahr, dass mehr und mehr Konflikte um dieses knappe Gut entstehen, die letztlich auch in Kriegen münden könnten.

So berichtet im März 2012 ein deutsches Nachrichtenmagazin:

Expertise der Geheimdienste: US-Bericht warnt vor Ära der Kriege um Wasser
ffr/dapd/Reuters; 22.03.2012
[...] Washington – Dürren, Überschwemmungen und Mangel an Trinkwasser könnten in den kommenden Jahrzehnten nach Ansicht von US-Geheimdiensten Instabilität und Konflikte schüren. [...] Die Behörden kommen zu dem Ergebnis, dass vor allem Entwicklungsländer angesichts des Klimawandels Probleme damit bekommen könnten, die Versorgung ihrer wachsenden Bevölkerung mit Trinkwasser sicherzustellen. Eine Folge sei auch, dass die Nahrungsmittelproduktion deutlich schwieriger werde, ebenso die Energiegewinnung.
In ihrer gemeinsamen Einschätzung sind sich die Geheimdienste einig, dass die Streitigkeiten über Wasser in den kommenden zehn Jahren noch eine untergeordnete Rolle spielen werden. Aber nach 2022 steige die Wahrscheinlichkeit deutlich an, dass die Kontrolle über den Zugang zu Wasser in Kriegen als Waffe oder als Instrument des Terrorismus eingesetzt werden könnte. Gefährdet sind demnach vor allem Südasien, der Mittlere und Nahe Osten sowie Afrika.
Überschwemmungen, Mangel an sauberem Wasser, kombiniert mit Armut, sozialen Spannungen, Führungsschwäche und schwachen Regierungen werde zu Instabilität beitragen, die zum Zusammenbruch mehrerer Staaten führen könne, heißt es in dem Bericht, der vom US-Außenministerium anlässlich des Weltwassertags veröffentlicht wurde. Clinton, die ein neues Partnerschaftsprogramm vorstellte, das anderen Nationen Zugang zu US-Expertise im Wasser-Management gewähren soll, nannte die in dem Bericht formulierten Erkenntnisse ernüchternd. „Diese Gefahren sind real, und sie werfen einige ernste Sicherheitsfragen auf", sagte sie.
Stromaufwärts gelegene Nationen könnten dem Bericht zufolge beispielsweise die Wasserverteilung als politische Waffe gegen ihre stromabwärts gelegenen Nachbarn einsetzen, und Länder könnten die Wasserversorgung auf ihrem Staatsgebiet nutzen, um Unabhängigkeitsbewegungen und oppositionelle Landesteile zu unterdrücken.
Ein Krieg um Wasser ist laut dem Bericht derzeit noch „unwahrscheinlich". Doch schon 2040 wird der weltweite Bedarf an Trinkwasser die verfügbaren Kapazitäten um bis zu 40 Prozent übersteigen. Dem Papier zufolge werden heutzutage 70 Prozent des Frischwasserverbrauchs für die Landwirtschaft verwendet. [...]

Quelle: SPIEGEL ONLINE; www.spiegel.de

Infobox

Der Kakaobaum stammt aus dem nördlichen Südamerika und ist eigentlich ein kleiner Urwaldbaum, der am besten inmitten eines naturnahen Regenwaldes gedeiht. Teilweise wird er auch extensiv unter naturnahen Bedingungen in Wald oder zwischen Schattenbäumen kultiviert – vor allem Bio-Kakao. Ein großer Teil wird aber auf gerodetem Land in voller Sonne angebaut. Hier sind dann intensive Bewässerung und Pflanzenschutzmaßnahmen notwendig. Im weltweiten Durchschnitt werden für die Produktion von einem Kilo Kakaobohnen 27.000 Liter Wasser benötigt.

Quelle: www.virtuelles-wasser.de/zucker_kakao.html

Jetzt sind Sie dran …

1. Nehmen Sie die oben stehenden Materialien zum Ausgangspunkt, um ein ansprechend gestaltetes Informationsplakat zum Thema „Die knappe Ressource Wasser“ zu gestalten (➲ Plakat erstellen). Achten Sie dabei darauf, dass Sie die verschiedenen Akteure berücksichtigen und zwischen Ursachen und Folgen unterscheiden. Nutzen Sie verstärkt grafische Gestaltungsmittel, um Wesentliches deutlich zu machen.
2. Diskutieren Sie, welche Einflussmöglichkeiten es gibt, um diese Konflikte zu begrenzen.
3. Wie sehen Sie Ihre persönliche Rolle in dieser Entwicklung? Halten Sie es für sinnvoll, auf Kakao und Kaffee zu verzichten? Erörtern Sie schriftlich das Pro und Kontra eines solchen Konsumverhaltens.

14.5 Internationale Zusammenarbeit

Globalisierungsprozesse lassen die Welt „schrumpfen“: Viele Dinge, die an einem Ort passieren, haben Auswirkungen auf andere Teile der Welt – zum Beispiel unser Schokoladenkonsum. Probleme lassen sich deswegen immer weniger auf lokaler, regionaler oder nationalstaatlicher Ebene lösen, sondern müssen auf internationaler Ebene behandelt werden. Diskutiert wird das Zusammenspiel der verschiedenen Ebenen – unter denen nicht nur staatliche Organisationen und ihre Zusammenschlüsse verstanden werden, sondern auch Nichtregierungsorganisationen (NGOs) – unter dem Begriff „Global Governance“.
Aus dieser globalen Zusammenarbeit, z. B. in einer supernationalen Organisation wie der UNO, resultieren gemeinsame Verpflichtungen, die von einem Großteil der Staaten auf der Welt gemeinsam eingegangen werden. Eine Arbeitsgruppe aus Vertretern der UNO, der Weltbank, der OECD und mehreren NGOs erarbeitete im Jahr 2001 eine Liste von Zielen zur Umsetzung der Vorgaben der UN-Millenniumerklärung. Diese acht Ziele für das Jahr 2015 wurden als Millennium-Entwicklungsziele (englisch: Millennium Development Goals, MDGs) bekannt:

1: Bekämpfung von extremer Armut und Hunger
2: Primarschulbildung für alle
3: Gleichstellung der Geschlechter/Stärkung der Rolle der Frauen
4: Senkung der Kindersterblichkeit
5: Verbesserung der Gesundheitsversorgung von Müttern
6: Bekämpfung von HIV/AIDS, Malaria und anderen Krankheiten
7: Ökologische Nachhaltigkeit
8: Aufbau einer globalen Partnerschaft für Entwicklung

Jetzt sind Sie dran ...

1. Erarbeiten Sie den Inhalt und den Stand der Umsetzung der Millennium-Entwicklungsziele in Form eines ➲ Gruppenpuzzles. Bilden Sie dazu vier Gruppen, die sich mit jeweils zwei Zielen beschäftigen. Recherchieren Sie, was genau mit dem Ziel gemeint ist, welche Maßnahmen zur Umsetzung getroffen werden sollen und inwieweit man dem Ziel seit 2001 näher gekommen ist (➲ Internetrecherche).
2. Bilden Sie anschließend neue Gruppen, in denen jeweils ein Experte für jedes Ziel sitzt. Tauschen Sie sich über Ihre Arbeitsergebnisse aus und ziehen Sie Bilanz: Sind die Millenniumsziele ein Meilenstein auf dem Weg zu einer lebenswerteren Welt für alle Menschen?

14.6 Die Vor- und Nachteile der Globalisierung

Individuell werden die Globalisierungsprozesse ganz unterschiedlich erlebt. Dabei spielen neben Alter und Geschlecht natürlich auch Faktoren wie Herkunftsland und Bildung eine Rolle.

Deutschland

„Das mit den Importen in die Bundesrepublik geht schon in Ordnung. Natürlich kaufe ich deutsche Produkte, wenn der Preis stimmt, aber ich habe zu Hause drei Kinder und kann mein Geld nicht verschwenden. Diese Schuhe kommen aus Korea, diese T-Shirts kommen aus Hongkong. Und sie sind wirklich viel billiger als deutsche Produkte."

„Natürlich wussten wir, dass das Haus, welches wir gekauft haben, im Einzugsbereich des Flughafens steht, aber mit so einer Zunahme des Flugverkehrs haben wir nicht gerechnet."

„Hätte die Regierung nicht den billigen Produkten aus Ostasien Tür und Tor geöffnet, hätte ich vielleicht noch meinen Job. So ist meine Schuhfabrik pleite gegangen. die Firma produziert jetzt in Hongkong."

China

„Froh war ich, dass ich eine Arbeit gefunden hatte in einer Fabrik, die Fliesen für Badezimmer herstellte. Damit konnte ich meine Familie, die auf dem Land wohnt, unterstützen. Nun hat Europa Zölle auf Fliesen aus China erhoben – die Fabrik schloss von einem Tag auf den anderen. Wo ich jetzt unterkommen soll, weiß ich nicht!"

Indonesien

„Ich habe vor Jahren einen Kredit aufgenommen für das Reihenhaus, in dem ich mit meinem Mann und meinen Kindern lebte. Wegen der weltweiten Wirtschaftskrise geriet unsere Bank in Schwierigkeiten und verkaufte unseren Kredit. Als wir mit den Zahlungen in Rückstand gerieten, ging alles ganz schnell: Mahnung, Zwangsversteigerung, aus der Traum vom eigenen Haus!"

Indien

„ Meine Schwester studiert in Australien. Über soziale Netzwerke und Telefonieren mit dem Computer ist es kein Problem, täglich mit ihr in Kontakt zu bleiben."

„Nach meinem Uni-Abschluss rissen sich die Firmen um mich: Ich spreche fließend Englisch und habe Marketing studiert. Nach meinem ersten Job im Call-Center eines britischen Unternehmens ging es steil bergauf."

Jetzt sind Sie dran …

1. Halten Sie in einer Tabelle fest, welche Vor- und Nachteile der Globalisierung in den Zitaten genannt werden.
2. Ergänzen Sie die Aufstellung um weitere Aspekte. Gehen Sie dazu auch die Informationen durch, die Sie auf den vorhergehenden Seiten dieses Kapitels erarbeitet haben. Berücksichtigen Sie ebenfalls die Ergebnisse der Kartenabfrage, die Sie zu Beginn des Kapitels durchgeführt haben.
3. Übertragen Sie die gefundenen Aspekte in eine ➲ Concept-Map, indem Sie verdeutlichen, wo Beziehungen zwischen den einzelnen Punkten bestehen.
4. Diskutieren Sie: Wo könnte man ansetzen, um negative Folgen der Globalisierung abzumildern? Wer müsste dafür tätig werden?

14.7 Perspektiven

Wie bei allen Prozessen, die noch nicht abgeschlossen sind, so ist es auch bei der Globalisierung schwierig zu prognostizieren, wie sich die Entwicklung fortsetzt oder zu welchem Ziel sie führen wird.

„Es wird zu einer ‚Gegenglobalisierung' kommen, weil die Menschen über die starken Veränderungen beunruhigt sind. Je mehr negative Auswirkungen der Globalisierungsprozesse, z.B. auf die Umwelt, deutlich werden, umso größer wird der Widerstand. Dieser führt dazu, dass sich die Menschen auf ihre eigene Kultur und ihr Land zurückbesinnen und Druck auf ihre Regierung ausüben, sich stärker abzuschotten."

„Die Globalisierung wird immer weiter voranschreiten und in allen Lebensbereichen Einzug halten. Alle Länder der Welt werden sich kulturell und wirtschaftlich angleichen und Entscheidungen über politische und wirtschaftliche Fragen werden nur noch auf internationaler Ebene getroffen."

Jetzt sind Sie dran …

1. Positionieren Sie sich zu den beiden Vorstellungen, wie es mit der Globalisierung weiter geht. Legen Sie dazu für jede Vorstellung eine Ecke des Klassenraums fest, in der die Anhänger dieser Meinung sich aufstellen.
2. Begründen Sie Ihre Position.
3. Betrachten Sie die Karikatur. Welche Meinung zum Verlauf der Globalisierung wird dort dargestellt? Wie ist Ihr Standpunkt?
4. Gehen Sie mithilfe der ➲ Szenariotechnik der Frage nach: Wie entwickelt sich die Globalisierung weiter? Bilden Sie dazu Vierergruppen.
5. Orientieren Sie sich dabei an den verschiedenen Bereichen, in denen Globalisierung wirksam wird. Überlegen Sie für jeden der Bereiche ein „Best-Case-" und ein „Worst-Case-Szenario". Stellen Sie Ihre Szenarios auf einem Plakat dar (➲ Plakat erstellen).
6. Vergleichen Sie die Ergebnisse in der Klasse. Markieren Sie mithilfe von Klebepunkten die Möglichkeit, die Ihnen am wahrscheinlichsten erscheint. Welches Bild ergibt sich?

Veränderung ist machbar!

Jetzt sind Sie dran …

5. Der Karikatur fehlt die Beschriftung, die deutlich macht, was die Darstellung mit dem Thema Globalisierung zu tun hat. Beschreiben Sie, was dargestellt ist, und stellen Sie Vermutungen darüber an, auf welche Verhältnisse der Zeichner anspielt (➲ Karikaturanalyse).
6. Schauen Sie sich nun die Originalzeichnung an und arbeiten Sie heraus, welche Meinung der Karikaturist zu den Machtverhältnissen im Zuge der Globalisierung hat. Stimmen Sie dem zu? Empfinden Sie persönlich Ihre Position auch so?
7. Unten finden Sie Beispiele für Initiativen, in denen Menschen versuchen, sich aktiv für eine fairere Verteilung des Wohlstands und eine Abmilderung negativer Globalisierungsfolgen einzusetzen. Bilden Sie Kleingruppen und suchen Sie sich eine dieser Intiativen aus. Informieren Sie sich dazu im Internet (➲ Internetrecherche). Stellen Sie anschließend diese Initiative im Plenum vor und erörtern Sie anschließend, ob Sie sich vorstellen könnten, sich dort zu engagieren.
8. Entwickeln Sie in einer Projektskizze eine Idee für eine eigene Initiative: Wofür oder wogegen engagieren Sie sich? Mit welchen Aktionen machen Sie auf sich und Ihr Anliegen aufmerksam?

attac

aktion tagwerk
DEIN TAG FÜR AFRIKA

FAIRTRADE

PLANT FOR THE PLANET
Trees for Climate Justice

14.8 Globalisierung: Nutzen Sie Ihre Kompetenzen

Der „Lebenszyklus“ einer Jeans

Ihre Schulleiterin hat mitbekommen, dass Sie sich im Politikunterricht das schwierige Thema „Globalisierung“ erarbeitet haben. Sie findet, Sie sollten Ihr Wissen an andere Schülerinnen und Schüler weitergeben, damit es möglichst viel Nutzen bringt.

Im Gespräch darüber, wie dies geschehen könnte, kommt die Idee auf, dass Sie eine kleine Ausstellung entwerfen könnten, in der der abstrakte Begriff Globalisierung anschaulich dargestellt wird. Durch diese Ausstellung können Sie dann andere Schulklassen führen und ihnen Wichtiges zu dem Thema erläutern.

Anschaulichkeit lässt sich besonders gut herstellen, wenn man ein Beispiel heranzieht. Dieses könnte das Alltagsprodukt Jeans sein.

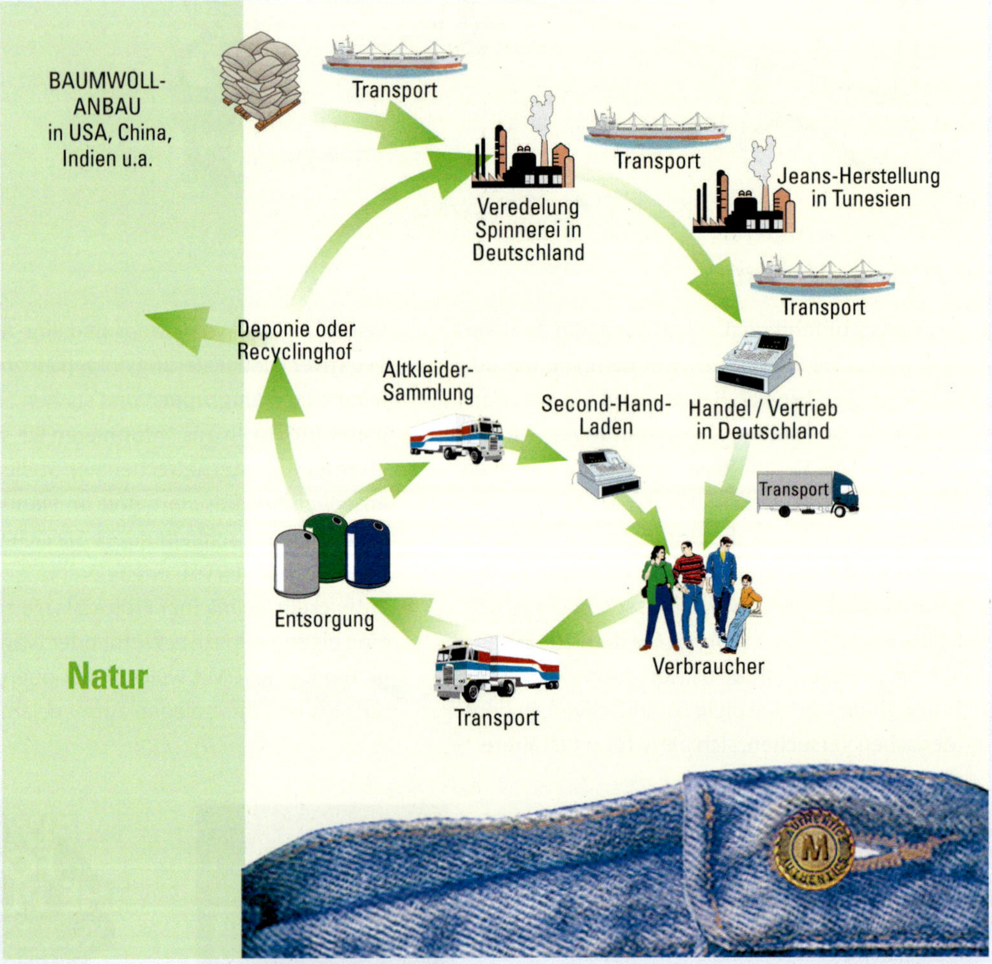

Jetzt ist es Ihre Aufgabe, die verschiedenen Dimensionen des Globalisierungsprozesses am Beispiel der Jeans möglichst umfassend, aber auch nah an der Lebenswelt Ihrer Mitschülerinnen und Mitschüler zu erklären. Orientieren Sie sich auch am Beispiel der Schokolade, ebenfalls in diesem Kapitel.

1. Tragen Sie in einer gemeinsamen ➲ Kartenabfrage Ihr Vorwissen und Ihre Assoziationen über den Zusammenhang von Jeans und Globalisierung zusammen. ➲ Clustern Sie das Ergebnis. Nutzen Sie dabei Ihre Kenntnisse zu den Dimensionen der Globalisierung und die Informationen, die Sie zur Herstellung von Schokolade erarbeitet haben. Überlegen Sie: Warum eignet sich die Jeans besonders als Beispiel, um zu verdeutlichen, was Globalisierung bedeutet?
2. Bilden Sie anschließend Gruppen, die verschiedene Aufgaben übernehmen. Dabei müssen zum einen inhaltliche Arbeitsaufträge, wie die Recherche unterschiedlicher Aspekte von Produktion, Verkauf und Konsum, verteilt werden. Zum anderen müssen organisatorische Aufgaben – wie z.B. Absprachen mit der Schulleitung, benötigte Medien und andere Ressourcen – übernommen werden.
3. Holen Sie sich Anregungen, wie moderne Ausstellungen gemacht werden, indem Sie selbst eine besuchen. Achten Sie darauf, wie Besucher dort zu Aktivitäten angeregt oder neue Medien eingesetzt werden.
4. Machen Sie sich darüber Gedanken, wie Sie Ihrer Ausstellung die nötige Aufmerksamkeit verschaffen können. Zum Beispiel sollten Sie sie in einem angemessenen Rahmen eröffnen und dazu Lehrer, Schulleitung etc, einladen. Denken Sie darüber nach, ob Sie beispielsweise auch Experten zu bestimmten Bereichen einladen möchten. Während die Ausstellung aufgebaut ist, empfiehlt es sich, dass Sie anderen Schülerinnen und Schülern die Exponate erklären und für Fragen zur Verfügung stehen.

Folgende Links können Ihnen zu Beginn helfen:

www.globalisierung-online.de/CD_Demo/modul_jeans/
www.swisseduc.ch/allgemeinbildung/globalisierung/docs/kleidung.pdf
www.e-globalisierung.org/kapitel1/2/?page=2

15 Globale und regionale Sicherheit – Friedenspolitik in einer entgrenzten Welt

Diese Methoden verwenden Sie:

- Pro-Kontra-Debatte
- Karikaturanalyse
- Diagramme/Schaubilder erstellen
- Referat
- Bildanalyse
- Fragenspeicher
- Gruppenpuzzle
- Internetrecherche
- Diskussion

So vernetzen Sie Ihr Wissen:

Mit den Themen:

- Regieren und regiert werden – Demokratie als Idee und Praxis (→ Kap. 7)
- Globalisierung (→ Kap. 14)

Kriege gelten als ein universales Problem der Weltgeschichte: Seit dem 15. Jahrhundert wurden weltweit etwa 600 zwischenstaatliche Kriege mit beinahe 142 Millionen Toten geführt. Das 20. Jahrhundert gilt als ein besonders kriegerisches Jahrhundert: Der Erste Weltkrieg (1914–1918) forderte etwa 12 Millionen Menschenleben, der Zweite Weltkrieg (1939–1945) etwa 55 Millionen. Seither steigt vor allem der Anteil der Kriegsopfer an der Zivilbevölkerung (in der 1990er Jahren: 90 Prozent), denn während die zwischenstaatlichen Kriege abnehmen, steigt die Zahl der innerstaatlichen Auseinandersetzungen stetig an.

Auch wird es immer schwieriger, die Politik für Frieden und Sicherheit im Inneren eines Staates von der internationalen Politik zu trennen. Wenn internationale Medien und globale Internetöffentlichkeit reagieren, entwickeln sich lokale Konflikte schnell auch zu Problemen der internationalen Politik. Zugleich wirken sich internationale Konflikte auf den sozialen Zusammenhalt und die Beziehungen innerhalb von Staaten aus, wenn zum Beispiel Kriegsflüchtlinge in großer Zahl in einem Land versorgt werden müssen, oder wenn globale Klimaprobleme schwere Folgen für die Sicherheit oder die Versorgung mit Wasser und Nahrung in verschiedenen Regionen der Welt erzeugen. Die Staaten können auch deshalb immer weniger souverän über ihre Außengrenzen verfügen, weil Menschen sich weltweit im Internet vernetzen und soziale Beziehungen über Grenzen hinweg knüpfen. Dies bleibt nicht ohne Folgen für die globale Sicherheit. Ein großer Trend der internationalen Beziehungen der letzten Jahrzehnte ist die Entstaatlichung der Gewalt: Gewaltmärkte, Privatisierung von Sicherheitsdiensten und terroristische Netzwerke gelten als zentrale Risiken für die internationale Sicherheit im 21. Jahrhundert.

Aber auch die klassische internationale Diplomatie verliert nicht ihre Funktion: Die weltweite Abrüstung und Friedenssicherung durch internationale Verträge und Institutionen bleibt ein wichtiger Anker internationaler Sicherheitspolitik. Dies gilt vor allem immer dann, wenn in Post-Konfliktsituationen der Frieden gesichert, Abrüstungsprozesse überwacht und Konfliktparteien zu dauerhaften Einigungen gebracht werden müssen.

Diese Kompetenzen erwerben Sie:

- Sie können die Entwicklung der internationalen Beziehungen beschreiben.
- Sie können wichtige Begriffe und Theorien der internationalen Politik erklären und anwenden.
- Sie können erklären, wie verschiedene Konflikte und Kriege entstehen, wie ihre Ursachen bekämpft und die Auswirkungen reguliert werden können.
- Sie können verschiedene Informationen zu einem internationalen Konflikt auswerten und daraus ein wissenschaftliches Referat erstellen.

15.1 Die Entstehung internationaler Beziehungen

Hans Holbein, Die Gesandten.

Das Gewaltmonopol des Staates bezeichnet „das Monopol legitimer physischer Gewaltsamkeit" (Max Weber), durch das sich der Staat von anderen Verbändern unterscheidet.

Souveränität
Letztentscheidungsbefugnis des Staates (nach: Jean Bodin; französischer Staatstheoretiker)

territoriale Integrität
Unverletzlichkeit des Hoheitsgebietes eines Staates

Das Westfälische Staatensystem

Die internationale Politik der letzten Jahrhunderte war durch bewaffnete Konflikte in Kriegszeiten und durch die enge Zusammenarbeit von Staaten in Friedenszeiten gekennzeichnet. Seit dem Westfälischen Frieden im Jahr 1648 galt Europa als ein politischer Raum der Staaten („Staatenwelt"). Das heißt, dass die Staaten die wichtigsten Akteure in der grenzüberschreitenden Politik waren. Die Kontrolle der Politik nach außen, die Außenpolitik, gehörte neben dem Gewaltmonopol nach innen zu den wichtigsten Merkmalen der staatlichen Machtausübung. Weil sich die Staaten also vor allem durch die Grenzen und das Einschließen des Staatsvolkes auf einem bestimmten Territorium (Gebiet) definierten, wurden die europäischen Staaten seit dem Westfälischen Frieden auch „Territorialstaaten" genannt.

Durch die Außenpolitik und die Verteidigungs- und Sicherheitspolitik versuchten die Territorialstaaten, ihre Interessen und Ziele nach außen zu wahren. Es ging vor allem darum, die eigene Existenz, das heißt die Souveränität und die territoriale Integrität, zu schützen (Staatsräson). Darüber hinaus wurden die Ziele verfolgt, das Leben der Bürger und die wirtschaftliche Existenz zu sichern, den Wohlstand zu mehren und das internationale Ansehen eines Landes zu verbessern. Dazu kontrollierten Staaten an den Grenzen den Austausch von Waren und Personen zu den Nachbarstaaten. Durch Militär und Polizei schützten sie die eigenen Staatsbürger vor Angriffen von außen (und von innen) und steuerten den Warenaustausch durch Zölle. Ihr Ansehen pflegten die Staaten vor allem durch diplomatische Beziehungen: Die Diplomaten waren als Vertreter der jeweiligen Regierungen in den Hauptstädten anderer Staaten oder bei internationalen Organisationen tätig. Dort waren sie für die Kommunikation und den Informationsaustausch zwischen Regierungen zuständig. Auch bei internationalen Konferenzen und in internationalen Organisationen traten sie mit anderen Staaten in Kontakt. Diese Beziehungen zwischen den Staaten waren durch das internationale Recht, das Völkerrecht, geregelt. Völkerrechtlich sind die anerkannten Staaten alle prinzipiell souverän und gleichberechtigt: Als wichtiges Ziel der Außenpolitik galt es daher, im internationalen System der Staaten das Machtgleichgewicht mit anderen Staaten auszubalancieren. Seit dem Ende des Kalten Krieges geriet das internationale System durch den Wegfall der Gegenpole USA und UdSSR aus dem Gleichgewicht.

Jetzt sind Sie dran …

1. Lesen Sie den Text über das Westfälische Staatensystem und informieren Sie sich über den Westfälischen Frieden (➲ Internetrecherche).
2. Erarbeiten Sie eine Liste der Merkmale des Territorialstaates im Westfälischen Staatensystem.
3. Vergleichen Sie Ihre Liste mit der eines Arbeitspartners und erstellen Sie gemeinsam eine Tabelle mit zwei Spalten. Setzen Sie die Merkmale der traditionellen internationalen Beziehungen in die linke Spalte und ergänzen Sie in der rechten Spalte die Sicht der heutigen internationalen Politik im Zeitalter des Globalisierung (Kapitel 14) und der Europäischen Integration (Kapitel 13). Wo entdecken Sie die größten Unterschiede, wo sehen Sie Kontinuität?
4. Sammeln Sie die Aspekte, zu denen Ihnen Informationen fehlen, in einem ➲ Fragenspeicher. Beispiel: Gibt es eigentlich gemeinsame Diplomaten der Staaten in der EU? Kommt der internationale Handel heute ganz ohne Zölle aus?

Jetzt sind Sie dran ...

5. Diskutieren Sie in einer Pro-Kontra-Debatte die folgenden Aussagen des ehemaligen Generalsekretärs der Vereinten Nationen, Kofi Annan, der die Lehre vom Primat der Außenpolitik in der heutigen Zeit vehement infrage stellt, und des Historikers Leopold von Ranke:

„State sovereignty, in its most basic sense, is being redefined – not least by the forces of globalisation and international cooperation. States are now widely understood to be instruments at the service of their peoples, and not vice versa."

(Kofi Annan; 1999)

„Das Maß der Unabhängigkeit gibt einem Staat seine Stellung in der Welt; es legt ihm zugleich die Notwendigkeit auf, alle inneren Verhältnisse zu dem Zweck einzurichten, sich zu behaupten, das ist sein oberstes Gesetz."

(Leopold von Ranke; 1836)

Wie erklärt sich die Wissenschaft die Beziehungen zwischen Staaten und Gesellschaften?

Wissenschaft erklärt Krieg und Frieden: Der Streit der Theorien

Kriege vorherzusagen, ihre Ursachen zu analysieren und Lösungen vorzuschlagen, damit Friedensprozesse erfolgreich angebahnt werden: All dies sind wichtige Aufgaben der Wissenschaftler, die sich mit den internationalen Beziehungen zwischen Staaten beschäftigen. Die Debatten in der Politikwissenschaft sind sehr kontrovers: So wie die innere Ordnung von Staaten kontrovers diskutiert wird (S. Kapitel 7, Locke-Hobbes), so wird auch die internationale Ordnung und die Regelung von Konflikten zwischen Staaten ganz unterschiedlich gesehen.

Ausgangspunkt sind die sehr verschiedenen Sichtweisen auf die Gestalt des internationalen Systems und auf die Art, wie die einzelnen Staaten in diesem System zusammenarbeiten, nicht zusammenarbeiten oder sich sogar bekämpfen.

Aus Sicht der *neorealistischen Theorie* findet die internationale Politik in einer Staatenwelt statt, in der jeder Staat eine isolierte Einheit ist: Daher herrscht im internationalen System Anarchie. Es gibt keinen Schutz und keine Ordnung in diesem System, da es keine den Staaten übergeordnete Instanz mit Gewaltmonopol gibt. Jeder Staat könnte jeden anderen Staat angreifen. Daraus entsteht ein Gefühl permanenter Furcht und Bedrohung, das zur Aufrüstung führt, und diese Aufrüstung verstärkt wiederum die Kriegsrisiken und das Bedrohungsgefühl (das Sicherheitsdilemma). Das Ziel eines Staates muss es daher sein, mächtiger zu werden als die anderen Staaten. Um dies zu erreichen, schließt er Allianzen mit Partnern und versucht ständig, seine relative Position im internationalen System zu verbessern und die Machtbalance mit den anderen Staaten auszugleichen. Ist ein Staat selbst zu schwach, versucht er, sich an einen stärkeren Staat anzulehnen. Wenn dieser stärkere Staat im internationalen System eine herausragende Macht bekommt, wird er zum Hegemon: Das internationale System der Staaten wird sich um den Hegemon wie um einen Pol im unipolaren internationalen System gruppieren, der die Stabilität des internationalen Systems garantiert. Kriege werden in der Sichtweise der neorealistischen Theorien dann wahrscheinlich, wenn sich das

Kofi Annan

Leopold von Ranke

Hegemon
(griech.: „Führer") ist der einflussreichste Staat in einer unipolaren internationalen Ordnung.

Multipolarität
kennzeichnet im Gegensatz zur Unipolarität eine Weltordnung, in der mehrere Staaten besonderen Einfluss auf die internationalen Beziehungen nehmen.

internationale System in ein multipolares System entwickelt, da sich zu viele Möglichkeiten ergeben, sich in wechselnde Allianzen zu begeben. Dies macht das System insgesamt instabil. Was dabei im Inneren der einzelnen Staaten vor sich geht, interessiert diese Theorie nicht, denn die Staaten werden als „Black Boxes" gesehen: Die Innenpolitik spielt für die internationale Politik hier keine Rolle.

Auch die *institutionellen Theorien* der internationalen Politik sehen das internationale System als ein System von Staaten, die miteinander vor dem Sicherheitsdilemma und vor zahlreichen anderen Problemen der Zusammenarbeit – zum Beispiel bei der Bewältigung des Klimawandels – stehen. Staaten bleiben dabei die Hauptakteure der internationalen Beziehungen. Ihre Innenpolitik fand in der institutionellen Theorie zunächst kaum Beachtung. Aus der Sicht der institutionalistischen Theorie entstehen Kriege durch den ungeregelten Rüstungswettbewerb, der durch das Sicherheitsdilemma ausgelöst wird. Aber anders als die Neorealisten sehen die Institutionalisten Auswege aus dem dauernden Wettlauf um Macht und Einfluss: Sie gehen davon aus, dass Staaten gemeinsame Institutionen gründen können, um die Gewalt zu kontrollieren und einzudämmen. Deshalb schließen sie Verträge zur Rüstungskontrolle und gründen internationale Organisationen, in denen sie die horizontalen Kooperationen auf Dauer stellen und Transparenz schaffen, indem sie sich gegenseitig überprüfen und Informationen austauschen. Diese gegenseitige Transparenz soll helfen, das Wettrüsten zu überwinden.

Die einzige Theorie, die von der Innenpolitik als dem Hauptgrund für das Entstehen von Kriegen ausgeht, ist die *liberale Theorie*. Sie nimmt an, dass Kriege und Aufrüstung vor allem durch innere Konflikte in den Staaten entstehen: Zum Beispiel könnten Diktatoren Kriege und äußere Feinde als Vorwand benutzen, um die Kontrolle über ihre Untergebenen zu verfestigen. Die liberalen Theorien gehen nämlich auch davon aus, dass in der internationalen Politik nicht nur Staaten, sondern auch andere Akteure wie Unternehmen oder gesellschaftliche Gruppen und Bewegungen miteinander kooperieren. Die modernen demokratischen Staaten werden als mehr oder weniger offene Staaten angesehen, deren Bürger in der Lage sind, sich direkt weltweit zu vernetzen. Deshalb gehen einige liberale Theoretiker auch davon aus, dass in der Zukunft an die Stelle der getrennten Nationalstaaten eine Weltgemeinschaft der in den Staaten lebenden Menschen stehen könnte. So würde die staatliche Innenpolitik durch eine Weltinnenpolitik in einem Weltstaat ersetzt. Die Organisation dieser Weltgemeinschaft sollten beispielsweise die Vereinten Nationen sein. Aber diese Organisation kann nach Meinung der Liberalen den Weltfrieden nicht allein sichern. Bildung und die Erziehung zum Frieden sollte jeden Menschen befähigen, die Interessenharmonie aller Völker zu erkennen und sein Verhalten am Weltfrieden auszurichten: Im Inneren der Staaten sollten Menschen demokratisch zusammenleben und ihre Konflikte gewaltfrei austragen. Die Förderung von Menschenrechten, Demokratie und soziale Gerechtigkeit wird als wichtigster Beitrag zum Frieden gesehen. Die Idee vom demokratischen Frieden bewegt auch die Globalisten, die die zunehmende weltweite Vernetzung und direkte Kommunikation von Menschen als wichtigstes Mittel gegen Kriege und Konflikte ansehen. Die ausschließliche Zusammenarbeit von Staaten würde so zu einer Nebenbühne der internationalen Politik.

Jetzt sind Sie dran …

6. Teilen Sie sich in drei Gruppen und lesen Sie jeweils den Textabschnitt zur liberalen, neorealistischen und zur institutionalistischen Denktradition der Außenpolitik. Arbeiten Sie mit dem Yeti-Comic und beantworten Sie anhand der Texte die Fragen des Yetis. Stellen Sie Ihre Antworten in Ihrer Gruppe vor. Führen Sie anschließend ein ➲ Gruppenpuzzle durch.

7. Kommen Sie zu einer eigenen vorläufigen Position: Sind Sie eher „Neorealist“, „Institutionalist“ oder „Liberaler“? Begründen Sie ihre vorläufige Position, oder entwickeln Sie alternativ eine eigene vierte Position und notieren Sie Ihre Überlegungen.

Die Theorien der internationalen Beziehungen

15.2 Konflikte und neue Bedrohungen der globalen und der lokalen Sicherheit

Mit der globalen Verflechtung haben sich auch die Risiken, die Gesellschaften als eine Bedrohung ihres Zusammenlebens empfinden, geändert. Dass demokratische Staaten weniger Kriege gegeneinander führen, scheint sich zu bewahrheiten. Aber es gibt immer noch viele Anlässe, aus denen Konflikte in und zwischen Staaten und gesellschaftlichen Gruppen gewaltsam eskalieren. Dabei sind Konflikte im politischen und sozialen Handeln normal, sie sind ein wichtiges und notwendiges Vehikel, um den Wettbewerb der Meinungen und Interessen miteinander auszutragen.

Definition: Was ist ein Konflikt?

- ein bestimmtes Verhalten der Konfliktparteien, das auf den Konflikt hindeutet und ihn allzu oft weiter verschärft (z.B. Konkurrenz, unangemessene Aggressivität, Hass, Gewalt),
- ein Widerspruch, der sich zwischen den unvereinbar erscheinenden Zielen, Interessen bzw. Bedürfnissen der Konfliktparteien auftut, sowie
- Einstellungen und Haltungen der Konfliktparteien, die die eigene Position – bewusst oder unbewusst – rechtfertigen. Dazu gehören u.a. ihre Wahrnehmungen und Annahmen in Bezug auf die eigene Stellung im Konflikt, die Konfliktursachen und die Bewertung der „anderen Seite" (z.B. Feindbilder).

Quelle: Lutz Schrader; www.bpb.de/internationales/weltweit/innerstaatliche-konflikte/54499/konfliktdefinition

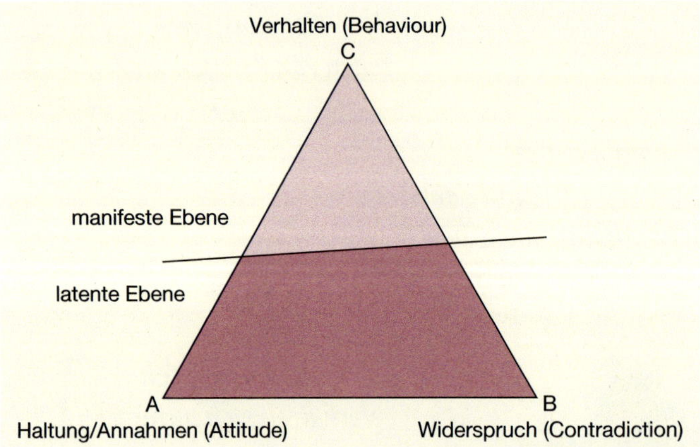

Konfliktdreieck von Johan Galtung

Die Konflikttheorie Johan Galtungs hilft, die komplexe Struktur von Konflikten zu beschreiben und vollständig erklären zu können. Indem er die Struktur von Konflikten in eine sichtbare (manifeste) und unsichtbare (latente) Ebene unterteilt, zeigt er, dass die Beteiligten eines Konfliktes immer nur einen Teil des Konfliktdreiecks, nämlich das oft aggressive Verhalten der Konfliktgegner, wahrnehmen können. Dabei können die tatsächlichen Gegensätze und die Meinungen und Annahmen, die die Konfliktgegner übereinander haben, zunächst überhaupt nicht beobachtet werden.

Dabei geht Galtung von einem unauflöslichen Zusammenhang zwischen den latenten und manifesten Bestandteilen eines Konfliktes aus. Denn normalerweise sind es nicht nur Interessengegensätze zweier Parteien, die einen Konflikt eskalieren, sondern vor allem auch die Wahrnehmung der Gegensätze und die Annahmen (zum Beispiel Feindbilder), die die Gegner übereinander haben und durch sie ihr Verhalten an bestimmten Erwartungen ausrichten. Erst wenn die Gegner die latenten Schichten des Konfliktverhaltens ihres Gegenübers wahrnehmen, können sie auch dessen Interessen und Bedürfnisse wahrnehmen und den Konflikt verstehen und nach Lösungen suchen.

Wenn Konflikte international eskalieren und mit Gewalt ausgetragen werden, entstehen Kriege. Diese bewaffneten Auseinandersetzungen können innerhalb von Staaten in einer Gesellschaft oder zwischen Staaten ausgetragen werden. Ein neuer Kriegstyp wird als Auseinandersetzung zwischen Staaten und nicht-staatlichen Akteuren beschrieben: der asymmetrische Krieg, der häufig von Terroristen ausgeht bzw. auf deren Bekämpfung ausgerichtet ist.

Arten von Eskalationsstufen und Kriegen

Eskalationsstufen	
1 Latenter Konflikt Eine Positionsdifferenz um definierbare Werte von nationaler Bedeutung ist dann ein latenter Konflikt, wenn darauf bezogene Forderungen von einer Partei artikuliert und von der anderen Seite wahrgenommen werden.	**2 Manifester Konflikt** Ein manifester Konflikt beinhaltet den Einsatz von Mitteln, welche im Vorfeld gewaltsamer Handlungen liegen. Dies umfasst beispielsweise verbalen Druck, die öffentliche Androhung von Gewalt oder das Verhängen von ökonomischen Zwangsmaßnahmen.
3 Krise Eine Krise ist ein Spannungszustand, in dem mindestens eine der Parteien vereinzelt Gewalt anwendet.	**4 Ernste Krise** Als ernste Krise wird ein Konflikt dann bezeichnet, wenn wiederholt und organisiert Gewalt eingesetzt wird.
5 Kriege sind Formen gewaltsamen Konfliktaustrags, in denen mit einer gewissen Kontinuität organisiert und systematisch Gewalt eingesetzt wird. Die Konfliktparteien setzen, gemessen an der Situation, Mittel in großem Umfang ein. Das Ausmaß der Zerstörung ist nachhaltig.	

Kriegstypen	
A = Antiregime-Kriege: Kriege, in denen um den Sturz der Regierenden oder um die Veränderung oder den Erhalt des politischen Systems oder gar der Gesellschaftsordnung gekämpft wird.	**B = Autonomie- und Sezessionskriege:** Kriege, in denen um größere regionale Autonomie innerhalb des Staatsverbandes oder um Sezession vom Staatsverband gekämpft wird.
C = Zwischenstaatliche Kriege: Kriege, in denen sich Streitkräfte der etablierten Regierungen mindestens zweier staatlich verfaßter Territorien gegenüberstehen, und zwar ohne Rücksicht auf ihren völkerrechtlichen Status.	**D = Dekolonisationskriege:** Kriege, in denen um die Befreiung von Kolonialherrschaft gekämpft wird.
E = Sonstige innerstaatliche Kriege.	

Quelle: AKUF-Definition (Arbeitsgemeinschaft Kriegsursachenforschung): Kriegstypen und Kriegdefinitionen; www.sozialwiss.uni-hamburg.de/publish/Ipw/Akuf/publ/AKUF-Analysen-11.pdf

Jetzt sind Sie dran …

1. Was ist ein Konflikt? Erläutern Sie Ihr Alltagsverständnis eines Konfliktes und vergleichen Sie es mit der Definition und der Darstellung auf Seite 238.
2. Erklären Sie, wie aus einem Konflikt ein Krieg wird.
3. Erläutern Sie anhand der Typologie verschiedene Kriegstypen. Suchen Sie selbst Kriegsfotografien, die die unterschiedlichen Konflikttypen illustrieren, und stellen Sie sie Ihren Mitschülern vor.

15.3 Neue Kriege um natürliche Ressourcen und Rohstoffe

Jetzt sind Sie dran …

1. Analysieren Sie die Karte der Rohstoffe und vergleichen Sie sie mit der Karte der Kriege aus dem AKUD. Stellen Sie Spekulationen über Zusammenhänge zwischen Kriegsgeschen Rostoffvorkommen in ausgewählten Regionen an und überprüfen Sie Ihre Annahmen anhand einer Recherche über die Konfliktsituation in ausgewählten Staaten.

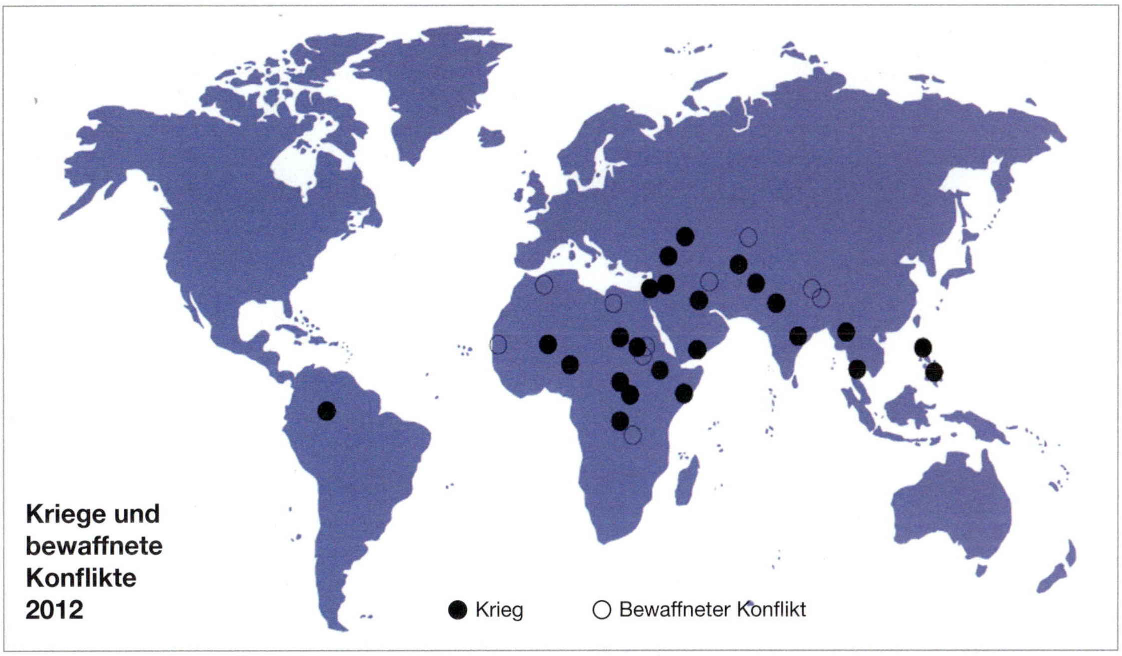

Kindersoldaten in Bunia, DR Kongo

Abgegebene Gewehre ehemaliger Taliban-Kämpfer in Afghanistan

Jetzt sind Sie dran …

2. Betrachten Sie die Weltkarte der gewaltsamen Konflikte für das Jahr 2012. Beschreiben Sie die geografische Verteilung der Konflikte und gruppieren Sie die Konflikte nach Regionen (Afrika, Asien, Mittlerer Osten, Südamerika).
3. a) Bilden Sie Arbeitsgruppen zu den unterschiedlichen Regionen. Welche Ursachen für Konflikte liegen in der Region vor allem vor? Erstellen Sie eine Konflikttabelle Ihrer Region (Land – Konfliktziel).
   b) Einigen Sie sich auf drei wichtige Konflikte in Ihrer Region, die Sie der übrigen Klasse vorstellen möchten.
   c) Informieren Sie sich online mit dem Fischer Weltalmanach über die drei Länder und erstellen Sie eine Infokarte für jedes Land. Führen Sie eine Internetrecherche durch und beschreiben Sie die Konflikte (Dauer, Kriegsparteien, Kriegsgründe, wichtige Kriegshandlungen, welche Waffen werden genutzt, Opfer, Flüchtlinge).
   d) Nutzen Sie die Schaubilder auf Seite 239, um die Art des Konflikts und die Eskalationsstufe zu beschreiben. Was wird getan, um den Konflikt zu beenden? Haben internationale Friedenstruppen eingegriffen oder haben andere Akteure versucht, den Konflikt zu regeln?
   e) Erstellen Sie einen gemeinsamen Konfliktatlas oder gestalten Sie eine kleine Ausstellung mit den Karten und Fotografien. Befragen Sie Menschen, die selbst Kriege erlebt haben, und binden Sie deren Zeugnis als Zeitzeugenaussagen in die Ausstellung ein.

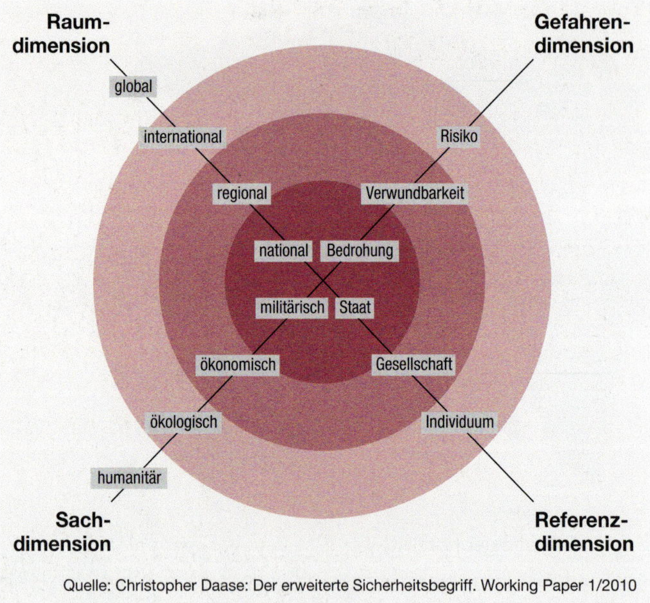

Die vier Dimensionen des erweiterten Sicherheitsbegriffs

Die traditionellen Kriege zwischen Staaten finden heute selten statt: Die Zahl der Demokratien weltweit hat zugenommen und die gegenseitige Bedrohung zwischen Staaten hat abgenommen. Die Welt ist dennoch kein sicherer Ort geworden. Neue Risiken werden wirksam, die von Menschen als Bedrohung von Leib, Leben und Wohlstand wahrgenommen werden. Einige dieser Bedrohungen sind überwiegend virtuell: Gerade Terroristen spielen mit der Verbreitung von Schrecken und Misstrauen. Sie ängstigen und lähmen so die Bürger in den bedrohten Gesellschaften. Zum Teil werden die technologischen Infrastrukturen von Wirtschaft und Medien von Gesellschaften selbst zum Angriffsziel: Deren individuelle Freiheiten und Grundlagen werden durch die Überwachungsmaßnahmen, die zum Schutz vor solchen Verwundbarkeiten aufgebaut werden, geschwächt. Durch die Verdächtigung bestimmter Personen und Gesellschaftsgruppen wird der Frieden zwischen den Individuen in einer Gesellschaft zerstört.

Zudem werden verschiedene Regionen der Welt durch eine zunehmende Bevölkerung und die Knappheit an natürlichen Ressourcen wie Land, Wasser, Nahrung, Energie und sonstigen Rohstoffen anfällig für die Risiken von internationalen Konflikten. In den sogenannten Kriegsökonomien werden Konflikte über einen langen Zeitraum auf einem niedrigen Niveau am Laufen gehalten: Die staatliche Struktur und das Gewaltmonopol sind außer Kraft gesetzt, man spricht auch von „failed states". Die „Kriegsfürsten" (Warlords) nutzen diesen Zustand der Unsicherheit und Rechtlosigkeit, um natürliche Ressourcen ausbeuten und sie unter anderem gegen Waffen tauschen zu können. So vermischen sich militärische und ökonomische Interessen. Die Konflikte können nicht beendet werden, weil zu viele Akteure von den Auseinandersetzungen profitieren. Vor allem Kinder und Jugendliche sind die Leidtragenden: Viele werden von Opfern zu Tätern, da sie in einer Situation aufwachsen, in der sie keine Alternative zum Beruf des Soldaten sehen. Andere werden durch Entführung und Vergewaltigung zum Leben als Kindersoldat gezwungen und können als Schwersttraumatisierte kaum mehr in ein normales Leben integriert werden. So kann die Gewalt in den betroffenen Gesellschaften nicht beendet und keine funktionierende Staatlichkeit aufgebaut werden.

Anschlag auf den Boston-Marathon am 15.04.2013

Jetzt sind Sie dran …

2. Lesen Sie den Text. Erklären Sie den erweiterten Sicherheitsbegriff und finden Sie Beispiele imText für neue Konflikttypen. Kategorisieren Sie die Typen anhand der vier Dimensionen des erweiterten Sicherheitsbegriffs.
3. Betrachten Sie das Foto oben und informieren Sie sich über den Hintergrund des Anschlags von Boston. Schreiben Sie einen Kommentar zu der Frage, ob der Anschlag hätte verhindert werden können.
4. Diskutieren Sie mit Ihren Mitschülern die Bedrohungen der Grundlagen vieler „westlicher" Gesellschaften: Wieviel Freiheit soll man gegen das Gefühl von Sicherheit tauschen?

15.4 Möglichkeiten der internationalen Organisationen und die deutsche Außen- und Entwicklungspolitik

Die heutigen Bedrohungen der Sicherheit umfassen alle möglichen Bereiche unseres Lebens, daher ist heute nicht nur die Außen- und Sicherheitspolitik für die Bekämpfung und Verhinderung von Kriegen und Konflikten verantwortlich. Vor allem in den westlichen Gesellschaften soll der innere Friede durch eine Politik der Vorbeugung („Prävention") und der inneren Sicherheit geschützt werden. Daran haben alle Mitglieder einer Gesellschaft täglich Anteil. Aber auch die traditionellen Konflikte zwischen Staaten existieren weiterhin. Hier werden die Organisationen tätig, die sich die internationale Gemeinschaft zur Erhaltung des Weltfriedens gegeben hat: allen voran die Vereinten Nationen mit Sitz in New York.

Skulptur vor dem UNO-Hauptquartier in New York

Die UNO (United Nations Organization) ist eine Staatenverbindung (manche sprechen auch von einer Art „Weltregierung") zur Sicherung des Weltfriedens und zur Förderung der internationalen Zusammenarbeit.
Sie wurde 1945 in San Francisco von 50 Staaten gegründet. Anlass war das Entsetzen über den Zweiten Weltkrieg und die weltweite Gewissheit, dass sich solche furchtbaren Verbrechen niemals wiederholen dürften. 1948 verabschiedeten die damaligen UNO-Mitgliedstaaten die Allgemeine Erklärung der Menschenrechte.
Der UNO gehören heute 193 Staaten an (Stand: 2013). Vatikanstadt und Palästina besitzen einen Beobachterstatus. Nach der Satzung („Charta") der UNO können alle „friedliebenden Staaten" beitreten. Die Vertreter aller Staaten der Welt treten in der Generalversammlung in New York zusammen, der Sicherheitsrat entscheidet über die friedenssichernden Maßnahmen. Im Sicherheitsrat sind nur 15 Staaten vertreten, darunter die Ständigen Mitglieder USA, China, Russland, Frankreich und Großbritannien. Dazu kommen zehn Nichtständige Mitglieder, die nach einem regionalen Verteilungsschlüssel alle zwei Jahre neu gewählt werden (siehe Grafik).

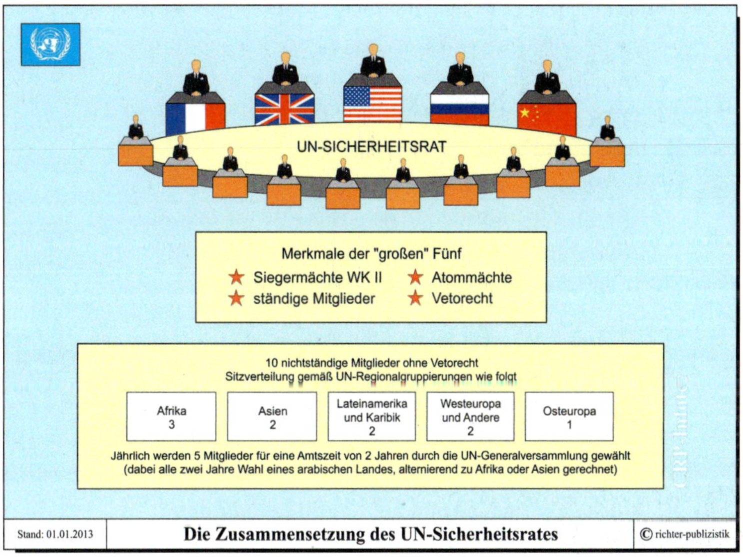

Die Zusammensetzung des UN-Sicherheitsrates

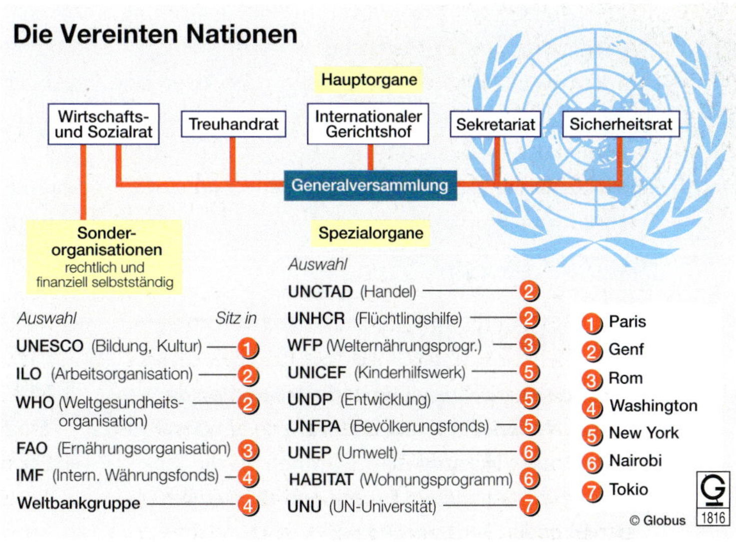

Auszug aus der Charta der Vereinten Nationen

Kapitel I Ziele und Grundsätze

Artikel 1

Die Vereinten Nationen setzen sich folgende Ziele:

1. den Weltfrieden und die internationale Sicherheit zu wahren und zu diesem Zweck wirksame Kollektivmaßnahmen zu treffen, um Bedrohungen des Friedens zu verhüten und zu beseitigen, Angriffshandlungen und andere Friedensbrüche zu unterdrücken und internationale Streitigkeiten oder Situationen, die zu einem Friedensbruch führen könnten, durch friedliche Mittel nach den Grundsätzen der Gerechtigkeit und des Völkerrechts zu bereinigen oder beizulegen;

2. freundschaftliche, auf der Achtung vor dem Grundsatz der Gleichberechtigung und Selbstbestimmung der Völker beruhende Beziehungen zwischen den Nationen zu entwickeln und andere geeignete Maßnahmen zur Festigung des Weltfriedens zu treffen;

3. eine internationale Zusammenarbeit herbeizuführen, um internationale Probleme wirtschaftlicher, sozialer, kultureller und humanitärer Art zu lösen und die Achtung vor den Menschenrechten und Grundfreiheiten für alle ohne Unterschied der Rasse, des Geschlechts, der Sprache oder der Religion zu fördern und zu festigen;

...

Kapitel VII Maßnahmen bei Bedrohung oder Bruch des Friedens und bei Angriffshandlungen

Artikel 39

Der Sicherheitsrat stellt fest, ob eine Bedrohung oder ein Bruch des Friedens oder eine Angriffshandlung vorliegt; er gibt Empfehlungen ab oder beschließt, welche Maßnahmen auf Grund der Artikel 41 und 42 zu treffen sind, um den Weltfrieden und die internationale Sicherheit zu wahren oder wiederherzustellen.

Artikel 41

Der Sicherheitsrat kann beschließen, welche Maßnahmen – unter Ausschluss von Waffengewalt – zu ergreifen sind, um seinen Beschlüssen Wirksamkeit zu verleihen; er kann die Mitglieder der Vereinten Nationen auffordern, diese Maßnahmen durchzuführen. Sie können die vollständige oder teilweise Unterbrechung der Wirtschaftsbeziehungen, des Eisenbahn-, See- und Luftverkehrs, der Post-, Telegraphen- und Funkverbindungen sowie sonstiger Verkehrsmöglichkeiten und den Abbruch der diplomatischen Beziehungen einschließen.

Artikel 42

Ist der Sicherheitsrat der Auffassung, dass die in Artikel 41 vorgesehenen Maßnahmen unzulänglich sein würden oder sich als unzulänglich erwiesen haben, so kann er mit Luft-, See- oder Landstreitkräften die zur Wahrung oder Wiederherstellung des Weltfriedens und der internationalen Sicherheit erforderlichen Maßnahmen durchführen. Sie können Demonstrationen, Blockaden und sonstige Einsätze der Luft-, See- oder Landstreitkräfte von Mitgliedern der Vereinten Nationen einschließen.

Artikel 51

Diese Charta beeinträchtigt im Falle eines bewaffneten Angriffs gegen ein Mitglied der Vereinten Nationen keineswegs das naturgegebene Recht zur individuellen oder kollektiven Selbstverteidigung, bis der Sicherheitsrat die zur Wahrung des Weltfriedens und der internationalen Sicherheit erforderlichen Maßnahmen getroffen hat. Maßnahmen, die ein Mitglied in Ausübung dieses Selbstverteidigungsrechts trifft, sind dem Sicherheitsrat sofort anzuzeigen; sie berühren in keiner Weise dessen auf dieser Charta beruhende Befugnis und Pflicht, jederzeit die Maßnahmen zu treffen, die er zur Wahrung oder Wiederherstellung des Weltfriedens und der internationalen Sicherheit für erforderlich hält.

Jetzt sind Sie dran ...

1. Erklären Sie die Gründung und die Funktion der Vereinten Nationen aus den Erfahrungen der Geschichte.
2. Wie ist die UNO aufgebaut? Ordnen Sie die Teilorgane den jeweiligen Funktionen zu. Welches Organ ist das zentrale Organ?
3. Wie sieht die Charta der UNO den Krieg? Welche Maßnahmen kann die UNO ergeifen?
4. Erklären Sie mithilfe der Grafik auf Seite 243, warum die Entscheidungsfindung im Sicherheitsrat häufig schwierig ist.

15.5 Werte, Ziele und Interessen der deutschen Sicherheitspolitik

Deutschlands Platz in der Welt wird wesentlich bestimmt von unseren Interessen als starker Nation in der Mitte Europas und unserer internationalen Verantwortung für Frieden und Freiheit. Deutsche Sicherheitspolitik ist den Werten und Grundsätzen der freiheitlich demokratischen Ordnung des Grundgesetzes und des Völkerrechts verpflichtet. Deutschland nimmt als gestaltendes Mitglied der internationalen Staatengemeinschaft seine Interessen wahr und setzt sich aktiv für eine bessere und sichere Welt ein. Wir wollen als starker Partner in einem vereinten Europa dem Frieden der Welt dienen.

Deutsche Sicherheitsinteressen ergeben sich aus unserer Geschichte, der geografischen Lage in der Mitte Europas, den internationalen politischen und wirtschaftlichen Verflechtungen des Landes und der Ressourcenabhängigkeit als Hochtechnologiestandort und rohstoffarme Exportnation. Sie sind nicht statisch, sondern veränderlich in und mit internationalen Konstellationen und ihren Entwicklungen.

Die sicherheitspolitischen Ziele Deutschlands sind:

- Sicherheit und Schutz der Bürgerinnen und Bürger Deutschlands;
- territoriale Integrität und Souveränität Deutschlands und seiner Verbündeten;
- Wahrnehmung internationaler Verantwortung.

Zu den deutschen Sicherheitsinteressen gehören:

- Krisen und Konflikte zu verhindern, vorbeugend einzudämmen und zu bewältigen, die die Sicherheit Deutschlands und seiner Verbündeten beeinträchtigen;
- außen- und sicherheitspolitische Positionen nachhaltig und glaubwürdig zu vertreten und einzulösen;
- die transatlantische und europäische Sicherheit und Partnerschaft zu stärken;
- für die internationale Geltung der Menschenrechte und der demokratischen Grundsätze einzutreten, das weltweite Respektieren des Völkerrechts zu fördern und die Kluft zwischen armen und reichen Weltregionen zu reduzieren;
- einen freien und ungehinderten Welthandel sowie den freien Zugang zur Hohen See und zu natürlichen Ressourcen zu ermöglichen.

Sicherheit für unser Land zu gewährleisten, bedeutet heute insbesondere, Auswirkungen von Krisen und Konflikten auf Distanz zu halten und sich aktiv an deren Vorbeugung und Einhegung zu beteiligen. Deutschland ist bereit, als Ausdruck nationalen Selbstbehauptungswillens und staatlicher Souveränität zur Wahrung seiner Sicherheit das gesamte Spektrum nationaler Handlungsinstrumente einzusetzen. Dies beinhaltet auch den Einsatz von Streitkräften. Die verfassungsrechtlich gebotene Einbindung des Deutschen Bundestages beim Streitkräfteeinsatz bleibt auch in Zukunft unverzichtbare Grundlage deutscher Sicherheitspolitik.

Quelle:
Bundesministerium der Verteidigung (2012):
Verteidigungspolitische Richtlinien:
III. Werte, Ziele und Interessen

Jetzt sind Sie dran …

1. Analysieren Sie die Definition der deutschen Ziele und Interessen unter Verwendung der Ansätze aus 15.1 und 15.3. und beschreiben Sie, welche Aspekte für Sie Ausdruck einer traditionellen Außenpolitik sind und welche von einem erweiterten Verständnis von Sicherheit ausgehen.
2. Der Bundestag spielt in der Bundesrepublik Deutschland bei Entscheidungen über den Einsatz der Bundeswehr im Ausland eine wichtige Rolle als Mitentscheider („Parlamentsarmee"). Finden Sie Begründungen dafür, dass die Entscheidungen über solche Bundeswehreinsätze normalerweise mit hohen Entscheidungshürden versehen sind und deshalb nicht vom Verteidigungsminister oder Kanzler allein getroffen werden dürfen. Halten Sie Ihre Begründungen schriftlich fest, und diskutieren Sie anschließend im Plenum (➲ Diskussion).

15.6 Globale und regionale Sicherheit: Nutzen Sie Ihre Kompetenzen

Einführung in den Fall

Darfur ist eine arme, von der Hauptstadt Khartum weit entfernt gelegene Provinz im Sudan. Die Bevölkerung setzt sich aus zahlreichen sesshaften schwarzafrikanischen und nomadischen arabischen Ethnien muslimischen Glaubens zusammen. Alle bisherigen Herrscher, von den Kolonialmächten bis zu den verschiedenen Regierungen des unabhängigen Sudan, haben Darfur vernachlässigt, bis die dort vorhandenen reichen Erdölvorkommen bekannt wurden. Die arabischen Führer in Darfur waren seit 1987 von Syriens Staatschef Gaddafi mit Geld und Waffen ausgerüstet w[o]rden, um diesen in seinem Kampf gegen den Tschad zu unterstützen. Doch anstatt den libysche Diktator zu unterstützen[,] bewaffneten sie ihre Stammesangehörigen und kämpften gut gerüstet gegen die sesshaften schwarzen Volksgruppen. In derselben Zeit warben die Mächtigen in der Hauptstadt junge Männer aus Darfur an (Araber wie Schwarzafrikaner), um gegen die Christen im Süden im Namen des Islam und der arabischen Identität zu kämpfen. Doch die Soldaten aus Darfur verspürten mehr Gemeinsamkeit mit ihre[n] angeblichen Feinden im Süden als mit ihren Dienstherrn in der Hauptstadt Khartum. Viele desertierten und bildeten die Keimzelle einer Guerilla, die durch Rebellen aus dem Süden unterstützt wurde. Im Februar 2003 eskalierte der Konflikt. Die arabischen Eliten der Zentralregierung führten nun nicht länger religiöse Argumente an, beriefen sich von nun an ausschließlich auf die arabische Identität und warben arabische Hilfstruppen an, um die Rebellen zu besiegen. Für diese Truppe war es allerdings viel leichter[,] gegen die Zivilbevölkerung zuzuschlagen, als die Guerilla zu treffen[,] und so begingen die arabischen Reitermilizen zahllose Gräueltaten an der Zivilbevölkerung. So wurden wurden zwischen Februar 2003 und September 2004 fast 300.000 Menschen umgebracht, die meisten von ihnen Zivilisten. Rund zweieinhalb Millionen Menschen wurden aus ihren Dörfern vertrieben. Zudem sind seit Beginn der Kämpfe rund 290.000 Menschen in das Nachbarland Tschad geflüchtet, etwa 50.000 weitere in die Zentralafrikanische Republik. Unter Einschluss der hilfsbedürftigen ortsansässigen Bevölkerung sind fast vier Millionen der rund sieben Millionen Einwohner Darfurs von der Krise betroffen.

Quelle: Atlas der Globalisierung 2010, S. 150:

UNAMID: African Union/United Nations – Mission in Darfur

Am 31. Juli 2007 beschloss der Sicherheitsrat der Vereinten Nationen mit Resolution 1769 eine gemeinsame Friedensmission mit der Afrikanischen Union in Darfur (UNAMID) einzurichten. Dieses Mandat gilt nach der fünften Verlängerung bis zum 31. Juli 2013. Kernaufgaben von UNAMID sind die Umsetzung der Darfur-Friedensabkommen von 2006 und 2011 sowie der Schutz von Zivilisten, humanitären Helfern und der Selbstschutz. Ferner gehören zum Mandat die Förderung der Menschenrechte und die Beobachtung der Lage an der sudanesisch-tschadischen Grenze. Der deutsche Pflichtbeitrag zum UNAMID-Haushalt lag 2011 bei knapp 106 Millionen Euro, das aktuelle Bundestagsmandat vom 8. Juli 2011 erlaubt den Einsatz von bis zu 50 Soldaten als Einzelpersonal in Stäben, als Experten mit Verbindungs-, Beratungs- und Unterstützungsaufgaben.

Rund vier Mio. Südsudanesen sind im Januar 2011 aufgerufen, sich im Unabhängigkeitsreferendum zwischen „Secession" und „Unity" zu entscheiden.

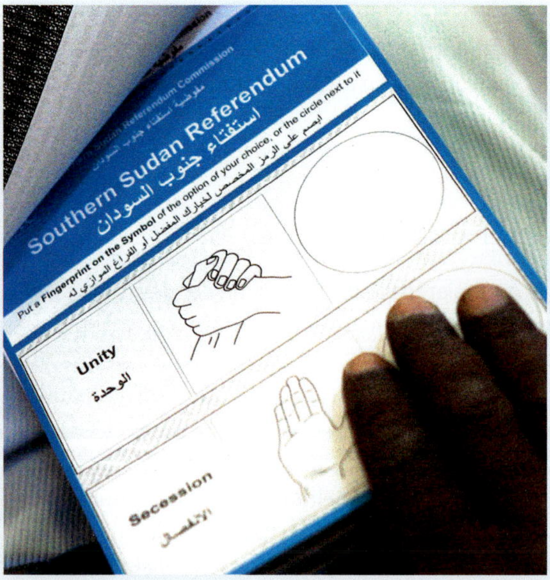

Karte Darfur

Quelle:
Le Monde diplomatique, Atlas der Globalisierung, Berlin (taz Verlag), 2009.

Arbeitsauftrag: Bearbeiten Sie das folgende Falldossier, um daraus ein wissenschaftliches Referat oder eine kleine Facharbeit zum Thema „Konflikt im Sudan" zu erstellen.
Lesen Sie die Einführung in den Fall und nutzen Sie die realistische und die idealistische Theorie, um Hypothesen über die Kriegsursachen sowie die Konfliktlösung auszuformulieren.
Bearbeiten Sie anschließend den Fall weiter und nutzen Sie dazu die in diesem Kapitel erworbene Theorie zur Entstehung von Konflikten (Galtung).

Nutzen Sie zur Analyse des Falles vor allem folgende Kategorien:
- Kriegsart
- Eskalationsstufen
- Beendigung des Konfliktes
- Rolle internationaler Organisationen
- Kriegsursache
- beteiligte Akteure
- Rolle internationaler Akteure
- Lösung des Konfliktes

Stellen Sie die Ergebnisse systematisch zusammen und bewerten Sie abschließend die Erklärungskraft der Theorie für diesen Fall.

Methoden und Techniken

➲ Amerikanische Debatte ➲ Pro-Kontra-Debatte

➲ Bildanalyse

Bilder sind immer Spiegel der Zeit, in der sie aufgenommen oder gemalt worden sind. Sie sollten sich folgende Leitfragen zur Bildanalyse stellen:

- Welche Stimmung vermittelt das Bild?
- Welches Thema bzw. welchen Inhalt hat der Künstler gewählt?
- Wie ist das Bild aufgebaut?
- Welcher Ausschnitt bzw. welcher Raum ist auf dem Bild dargestellt?
- Wie wird Farbe in dem Bild verwendet?
- Wie ist das Bild historisch einzuordnen? Zeigt es ein wichtiges Ereignis oder nur einen Zustand?
- Bildet das Bild die Wirklichkeit in der Wahrnehmung des Künstlers ab oder ein fiktives Motiv?
- Was ist für einen heutigen Betrachter scheinbar vertraut, was fremd?
- Ist die Darstellung realistisch?
- Lassen sich die Aussagen des Bildes durch andere Quellen (Bilder, Texte, Gegenstände) bestätigen, ergänzen, korrigieren oder widerlegen?

➲ Blitzlicht

In einem Blitzlicht äußert sich jeder Teilnehmer einer Gruppe zu seiner aktuellen Stimmungslage oder einem bestimmten Thema. In der Regel leitet ein Moderator das Blitzlicht mit einer Frage ein, z. B. „Wie fühlen Sie sich?“ oder „Welche Meinung haben Sie zu ...“?“ Es gibt keine Diskussionen währenddessen. Der Moderator kann ein Blitzlicht nutzen, um beispielsweise unterschwellig vorhandenen Unmut, der die Arbeit beeinträchtigt, ins Bewusstsein aller zu rücken. Man kann die Methode auch nutzen, um Vorwissen abzurufen und zu klären, ob ein Thema überhaupt relevant und interessant ist.

➲ Blogeintrag ➲ Leserbrief/Kommentar/Blogeintrag schreiben

➲ Clustern

Das Clustern ist eine kreative Arbeitstechnik, bei der Assoziationen schriftlich gefasst werden. Man schreibt einen Begriff in die Mitte eines Blattes und umrandet ihn. Dann notiert man alle Gedankenverbindungen zu diesem Begriff, um den Mittelpunkt herum und verbindet jede durch eine Linie mit dem Ausgangsbegriff. Jeder so gefundene neue Begriff ist Ausgangspunkt für weitere Gedankenspiele, die in der Folge zu Assoziationsketten führen.

➲ Concept-Map

Wenn Sie Informationen zu einem Thema strukturieren und diese Strukturen darstellen wollen, eignen sich Concept-Maps.
Zunächst werden Begriffe/Ideen/Namen, die mit dem Thema in Verbindung gebracht werden, gesammelt. Anders als bei einer ➲ Mindmap werden diese Begriffe aber nicht hierarchisch geordnet. Vielmehr geht es darum, mögliche Beziehungen zwischen Begriffen, Ideen oder Personen darzustellen. Concept-Maps benötigen deshalb mehr Platz als Mindmaps.

Ablauf

1. Sie sammeln Begriffe, die Sie mit einem Thema in Verbindung bringen.
2. Sie gruppieren die Begriffe auf einem Blatt Papier. Dinge, die miteinander zu tun haben, stehen nahe beieinander.
3. Mit Pfeilen werden die Beziehungen zwischen den Begriffen verdeutlicht.
4. Die Pfeile werden beschriftet, z. B. mit Texten wie „gehört zu“, „ist Teil von“, „ist verantwortlich für“.

Denkhüte-Methode

In bestimmten Diskussionen ist es wichtig, anhand bestimmter, vorher festgelegter Rollen verschiedene Standpunkte einander gegenüberzustellen. Um die Rollen zu visualisieren, tragen die Teilnehmer Hüte in verschiedenen Farben, um deutlich zu machen, welche Position sie vertreten, aber auch, um selbst daran erinnert zu werden, welche Rolle sie einnehmen. So kann man z.B. einen gelben Hut für den Zweifler, einen roten für den Wütenden, einen grünen für den Optimisten etc. verteilen. Auf diesem Wege wird ein bisschen Theaterspiel in die Diskussion integriert in der Hoffnung, dass die Teilnehmer ganz in ihrer Rolle aufgehen und somit eine vielseitige Diskussion geführt wird. Eine Variante ist es, die Diskussionsteilnehmer mit verschiedenen Symbolen oder Kostümen zu kennzeichnen.

Diagramme/Schaubilder analysieren

Um ein Diagramm/ein Schaubild zu analysieren, sollte man die die Beschreibung von der Interpretation trennen und folgende Leitfragen beachten:

Beschreibung
- Wozu soll die Darstellung etwas sagen?
- Welche Frage will sie beantworten?
- Von wann stammt sie?
- Wer hat sie verfasst?
- Bei Umfragen: Wer ist befragt worden? Wie viele Menschen wurden befragt?
- In welcher Form (Tabelle, Diagramm etc.) werden die Informationen dargestellt?
- Welche Zahlenarten (Prozentzahlen, absolute Zahlen) werden verwendet?
- Welche wichtigen Informationen lassen sich der Darstellung entnehmen?

Interpretation
- Welche Antworten auf die Fragestellung lassen sich ablesen?
- Welche Aussagen sind besonders wichtig?
- Wie lässt sich die Aussage der Darstellung zusammenfassen?
- Gibt es Unklarheiten z.B. in Bezug auf die Quelle, aus der die Daten stammen o.ä.?
- Enthält die Graphik Fehler?
- Welche Angaben fehlen noch? Was müsste man noch wissen, um die Daten besser verstehen zu können?

Diagramme/Schaubilder erstellen

Diagramme setzen Zahlen aus Statistiken in anschauliche Bilder um. So ermöglichen sie, wenn sie gut gemacht sind, dem Betrachter, ihren Inhalt intuitiv, d.h. ohne nachzudenken, zu erfassen.
Für das Erstellen von Diagrammen ist die Auswahl des passenden Diagrammtyps entscheidend.

Ein **Balken- bzw. Säulendiagramm** verdeutlicht Unterschiede in den Größenverhältnissen (Beispiel: Vergleich der Privathaushalte in Deutschland nach Zahl der Personen). Die Säulen stehen senkrecht, Balken waagerecht. Da Balken bzw. Säulen beschriftet werden, eignen sich Säulen besser für eine Beschriftung

Privathaushalte in Deutschland nach Zahl der Personen (März 2008)

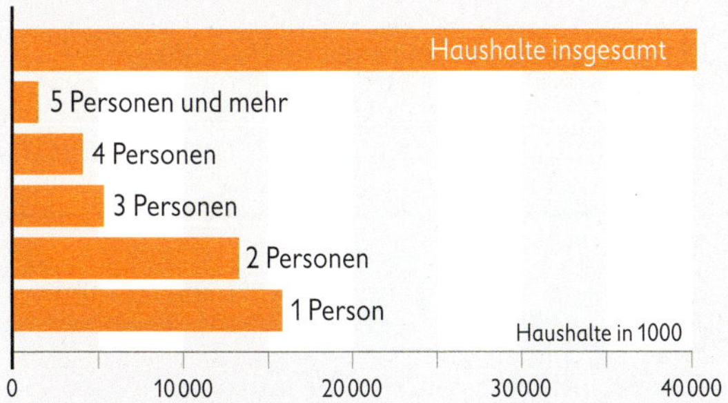

Statistisches Bundesamt: Statistisches Jahrbuch 2009, Wiesbaden 2009, S. 46

Allein Erziehende in Deutschland mit Kindern unter 18 Jahren (2008)

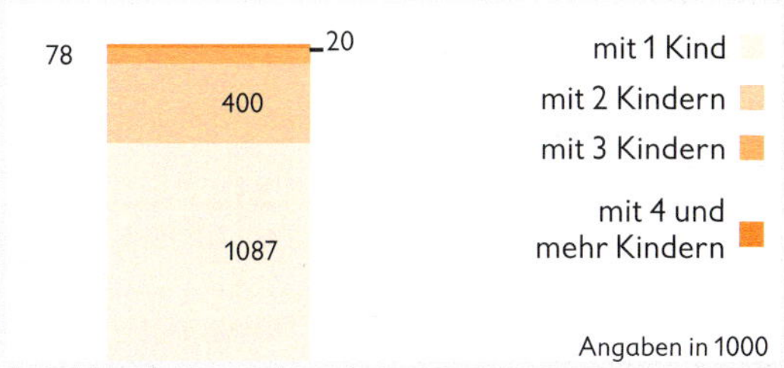

Statistisches Bundesamt: Statistisches Jahrbuch 2009, Wiesbaden 2009, S. 47

Familienhaushalte in Deutschland nach Zahl der Kinder unter 18 Jahren (2008)

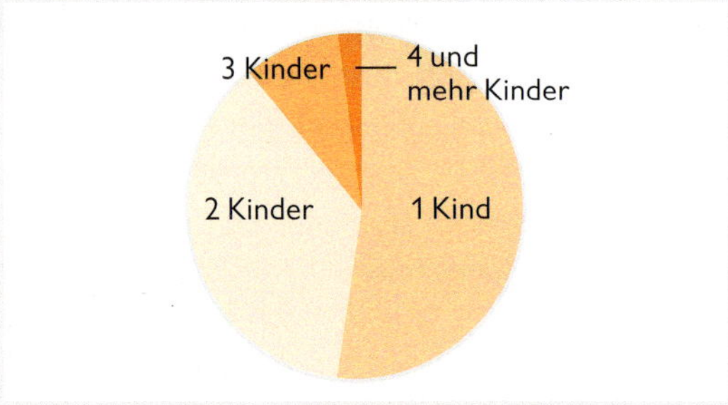

Statistisches Bundesamt: Statistisches Jahrbuch 2009, Wiesbaden 2009, S. 47

Zahl der Privathaushalte in Deutschland

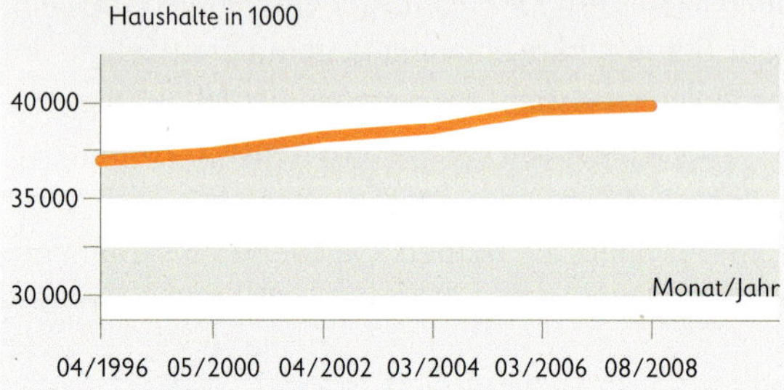

Statistisches Bundesamt: Statistisches Jahrbuch 2009, Wiesbaden 2009, S. 46

mit Zahlen, z. B. Jahreszahlen, Balken dagegen für eine Beschriftung mit Wörtern.

Ein **Kreisdiagramm** wird zur Darstellung einer Grundgesamtheit (100 %) benutzt, zerlegt in entsprechende Anteile.

Ein **Liniendiagramm** stellt den Entwicklungsverlauf über eine Zeitperiode dar.

Den **Schaubildern** liegt das gleiche Prinzip zugrunde. Die Inhalte bei Schaubildern sind meist Sachinformationen in Textform, die durch grafische Übersichten schnell erfassbar werden.

Ein Beispiel dafür ist das **Organigramm**, das die hierarchische Struktur einer Organisation oder eines Unternehmens darstellt.

Diskussion

Die Diskussion sollte zielgerichtet und ergebnisorientiert einen Austausch innerhalb einer Gruppe ermöglichen.

Es empfiehlt sich, zunächst das Diskussionsthema knapp und verständlich festzulegen. Benennen Sie dazu in einem vollständigen Satz das Problem (z. B. „Wir möchten klären, warum …“).

Bestimmen Sie dann einen Diskussionsleiter und einen Zeitrahmen.

Der Diskussionsleiter hat folgende Aufgaben:

- Beiträge koordinieren
- Gesprächsverlauf lenken
- Ergebnisse zusammenfassen und offene Fragen herausstellen
- die Diskussion beenden

Einigen Sie sich auf verbindliche Diskussionsregeln. Bewährt haben sich folgende Regeln:

- Äußern Sie Ihre Kritik sachlich, vermeiden Sie persönliche Angriffe.
- Formulieren Sie Sätze in der „Ich-Form“.
- Lassen Sie den anderen ausreden.
- Sehen Sie den anderen beim Sprechen an.
- Akzeptieren Sie es, wenn andere anderer Meinung sind.

Erkundung

Erkunden bedeutet, dass man sich einen Betrieb oder eine Institution unter vorher festgelegten Gesichtspunkten anschaut. Dabei gibt es eine klare Abgrenzung zur Besichtigung, welche meist nur wenig Eigeninitiative und Fragestellungen zulässt. Häufig wird die Erkundung dazu genutzt, dass Schüler mit der realen Arbeitswelt konfrontiert werden.

Merkmale der Erkundung sind:

- Vorbereitung im Unterricht
- Beschränkung auf Teilbereiche (Aspekte)
- Schüler gehen mit konkreten Fragestellungen und Beobachtungsaufgaben (im Unterricht vorbereiten!) in den Erkundungsbereich.
- Nachbereitung im Unterricht
- Begegnung mit der Lebenswirklichkeit/Lernen vor Ort
- Subjekt-, Prozess- und Erfahrungsorientierung
- intellektuelle Reflexion
- forschendes Lernen.

Expertengespräch (auch: Expertenbefragung)

Das Expertengespräch ist eine besonders direkte und einprägsame Art der Informationsgewinnung.
Gehen Sie folgendermaßen vor:

1. Schritt: Sammeln Sie Fragen, zu denen Sie einen Experten befragen wollen.

2. Schritt: Informieren Sie sich, wer ein geeigneter Experte in Ihrer Nähe sein könnte. Nehmen Sie Kontakt zu dieser Person auf. Erläutern Sie Ihr Anliegen und vereinbaren Sie, falls möglich, einen Termin und einen Ort (Treffpunkt).

3. Schritt: Bereiten Sie die Befragung vor. Legen Sie fest, wer von Ihnen die Gesprächsleitung hat und welche Fragen in welcher Reihenfolge gestellt werden sollen. Überlegen Sie, wie Sie die Antworten Ihres Gegenübers festhalten wollen. Für eine Aufzeichnung (Video/Ton) benötigen Sie die Zustimmung des Befragten.

4. Schritt: Führen Sie die Befragung durch. Vergessen Sie nicht, sich am Ende zu bedanken!

5. Schritt: Werten Sie die Befragung aus. Dazu können Sie bereits vor der Befragung einen Evaluationsbogen entwerfen, in dem Sie Ihre Ziele festhalten. Ein Abgleich nach dem Gespräch zeigt Ihnen, welche Sie erreicht haben und welche nicht.

Fischgrät-Diagramm

Mit dem Fischgrät-Diagramm kann man, ähnlich einer Mindmap, Lösungen für Probleme strukturieren. Es lassen sich sowohl unterschiedliche Ursachen von Problemen (Fehlerquellen) darstellen als auch alternative Lösungswege. Dazu wird ein Fischgerippe mit sich gegenüberliegenden Hauptgräten, Kopf und Schwanz gezeichnet.

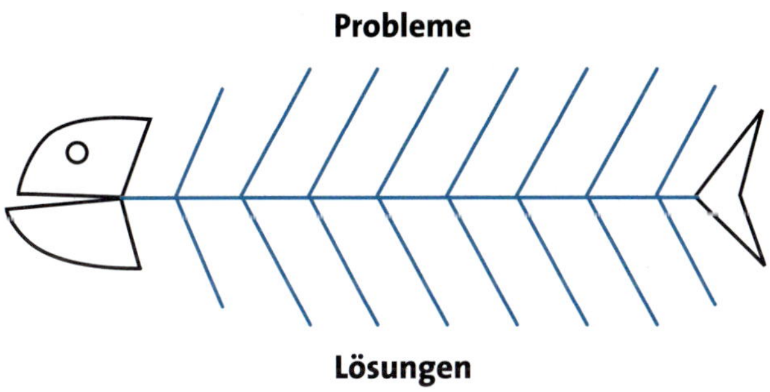

An die Hauptgräten der oberen Hälfte werden Stichwörter zur Problemstellung geschrieben. Entsprechend untersucht man, beispielsweise über Brainstorming, welche Lösungen es zu den genannten Stichwörtern geben kann.
Diese werden an die unteren Hauptgräten geschrieben.

Fishbowl-Methode

Die Fishbowl-Methode ist eine intensive Form der Diskussion in größeren Gruppen. Sie ist benannt nach der Form der Sitzordnung, die einem runden Goldfischglas ähnelt.
Die Gruppe wird aufgeteilt in einen kleinen Innenkreis (4–6 Teilnehmer) und einen größeren Außenkreis, in dem die Beobachter sitzen. Im Innenkreis steht ein Stuhl mehr, als die Anzahl der Teilnehmer. Diskutiert wird in der kleineren Gruppe im Innenkreis. Teilnehmer des äußeren Kreises machen sich Notizen zu den Inhalten und zum Diskussionsverhalten der Diskutanten. Falls ein Teilnehmer der äußeren Gruppe mitdiskutieren möchte, setzt er sich auf den freien Stuhl im Innenkreis. Anders als in einer Podiumsdiskussion haben die Beobachter die Möglichkeit, sich selbst aktiv einzubringen.

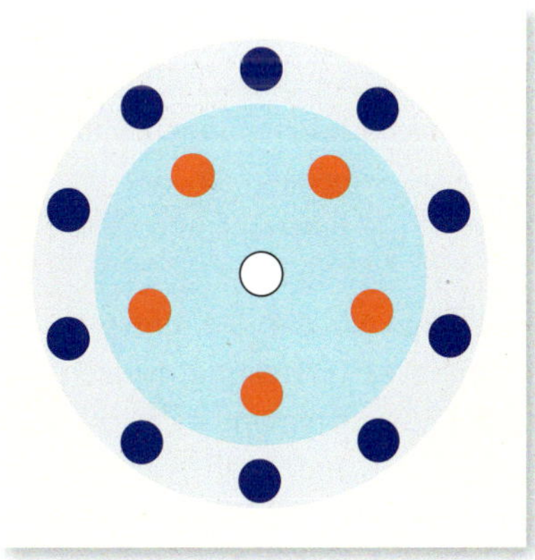

Flyer entwerfen

Ein Flyer, früher Flugblatt, ist ein kleines Infoblatt, zumeist im Din-A5-Format. Es enthält die wesentlichsten Informationen zu einer Aktion oder einem beworbenen Produkt und wird in großer Stückzahl verteilt. Da der Betrachter zumeist nur wenig Zeit darauf verwendet, ist es wichtig, dass die wesentlichsten Informationen direkt ins Auge springen. Das wird durch graphische Gestaltung, aber auch durch den Einsatz sprachlicher Mittel erreicht. Dazu ist es wichtig, sich vorher über die Zielgruppe Gedanken zu machen.

Wenn Sie etwas mehr Platz für die Inhalte und eine bessere Strukturierung möchten, bietet sich ein größerer Flyer auf Grundlage eines DIN-A-4-Blatts an. Mit der entsprechenden Falttechnik erhalten Sie später sechs Seiten.

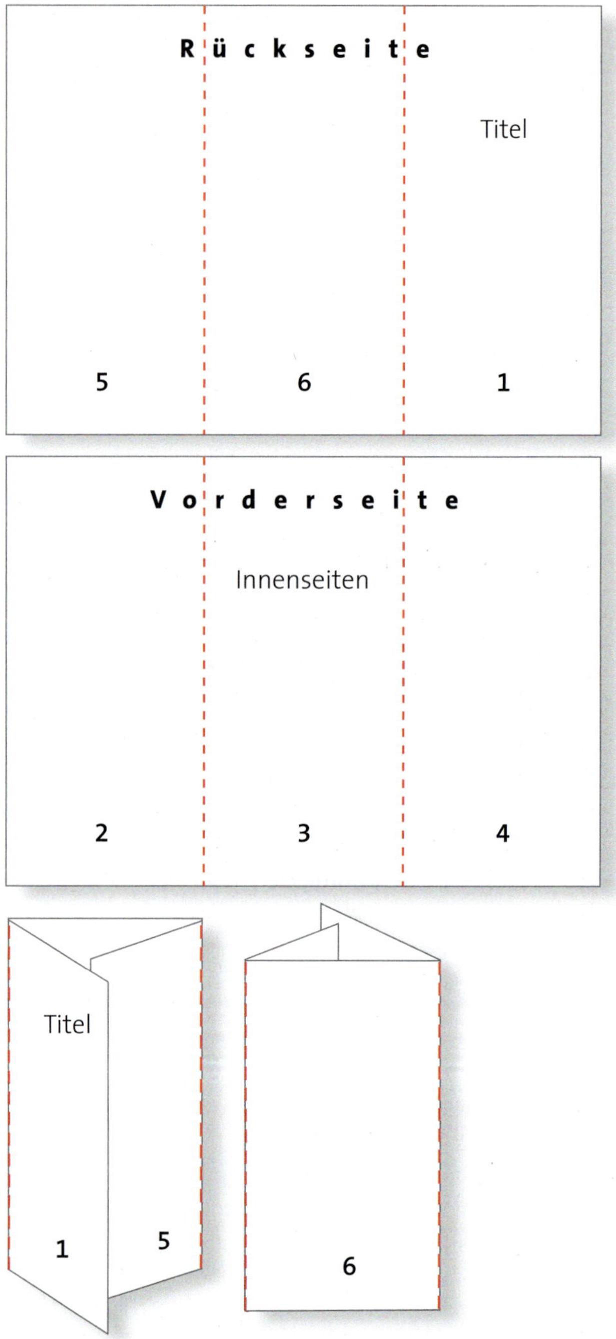

Tipps

Seitenaufteilung: Entscheiden Sie, wie Sie später den Flyer zusammenfalten möchten. Davon abhängig ist es, welche Seiten später Titel-, Innen- und Rückseite werden.

Gestaltung: Fertigen Sie zunächst per Hand eine Skizze für alle sechs Seiten an. Welche Informationen müssen auf den einzelnen Seiten untergebracht werden? Was soll auf der Titelseite stehen? Was soll der Leser sehen, wenn er den Flyer aufschlägt, was, wenn er ihn umdreht?

Inhalt: Vermeiden Sie zu ausführliche Erklärungen. Finden Sie eine attraktive Überschrift. Nutzen Sie Tabellen, grafische Darstellungen und/oder Bilder. Denken Sie unbedingt an das Impressum und geben Sie ggf. hilfreiche Adressen/Links an.

Technische Umsetzung: Nutzen Sie entsprechende PC-Programme zur Erstellung. Nutzen Sie einen gut lesbaren Schrifttyp und möglichst wenige unterschiedliche Schriftarten (weniger ist mehr). Lassen Sie auf den einzelnen Seiten ausreichend Rand frei, das macht die Seiten übersichtlich und nicht „überladen“. Wählen Sie ein einheitliches Design und bedenken Sie eine zum Thema passende Farbwahl.

Fragenspeicher

Einen Fragespeicher verwendet man, um Fragen festzuhalten, die noch nicht endgültig geklärt wurden. Diese Fragen werden auf einem Plakat oder einem Flip-Chart festgehalten, sodass sie im weiteren Verlauf des Unterrichts präsent sind und an geeigneter Stelle von der Lerngruppe beantwortet werden können.
Diese Technik wird auch dann verwendet, wenn weiterführende Fragen auftauchen, mit denen man sich z.B. in Form von Referaten oder Fachaufsätzen beschäftigen möchte.

Fünf-Schritt-Lesetechnik

Die Fünf-Schritt-Lesetechnik hilft Ihnen, auch längere, schwierige Texte zu erfassen.

1. Schritt: Den Text überfliegen
Finden Sie heraus, worum es in dem Text geht.

2. Schritt: Fragen formulieren, unbekannte Wörter nachschlagen
Texte geben Antworten. Überlegen Sie, auf welche Frage ein Textabschnitt eine Antwort gibt, und schreiben Sie die Frage an den Rand des Textes. Markieren Sie die Wörter, die Sie nicht verstehen, und schlagen Sie diese nach.

3. Schritt: Gründlich lesen
Lesen Sie den Text noch einmal. Markieren Sie mit einem Bleistift oder einem Textmarker die wichtigen Stellen.

4. Schritt: Einzelne Textabschnitte zusammenfassen
Die meisten Texte sind schon in einzelne Abschnitte gegliedert. Fassen Sie den Inhalt der einzelnen Abschnitte zusammen, indem Sie Stichwörter an den Rand schreiben, Schaubilder erstellen oder einen Satz formulieren.

5. Schritt: Den Text mit eigenen Worten wiedergeben
Wenn Sie die einzelnen Abschnitte verstanden haben, versuchen Sie jetzt den Inhalt des gesamten Textes mit eigenen Worten wiederzugeben.

Gruppenpuzzle, (auch: Experten-Jigsaw, Experten-Puzzle)

Mit dieser Methode können Sie in arbeitsteiliger Gruppenarbeit Kenntnisse erarbeiten und diese mit den anderen Gruppen austauschen.

1. Schritt: Es werden Gruppen zu je vier Personen gebildet; jede Gruppe bearbeitet einen Aspekt oder eine Informationsquelle zu einem Problem. Ideal sind vier Gruppen. Sie werden so zu Experten für einen Aspekt des Problems.

2. Schritt: Nach einer vorab festgelegten Bearbeitungszeit werden die Gruppen neu gebildet, sodass in jeder neuen Gruppe ein Mitglied aus einer der vier Ursprungsgruppen sitzt.

3. Schritt: Die Experten informieren die anderen Gruppenmitglieder über ihr „Arbeitsgebiet".

4. Schritt: Zum Abschluss gehen die Experten wieder in ihre Ursprungsgruppe zurück. Es erfolgt ein Austausch innerhalb der Gruppe oder im Plenum über die gewonnenen Erkenntnisse.

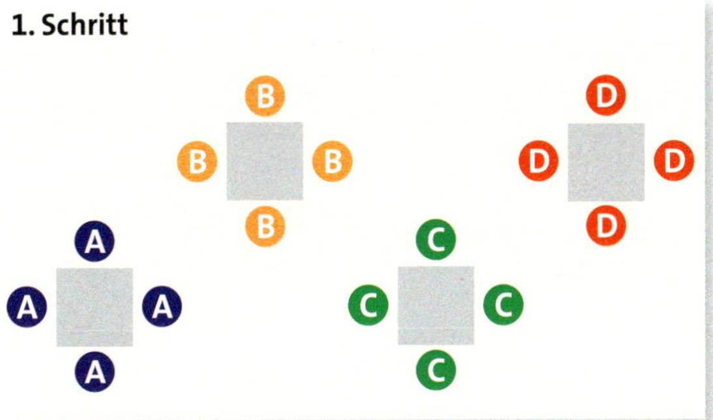

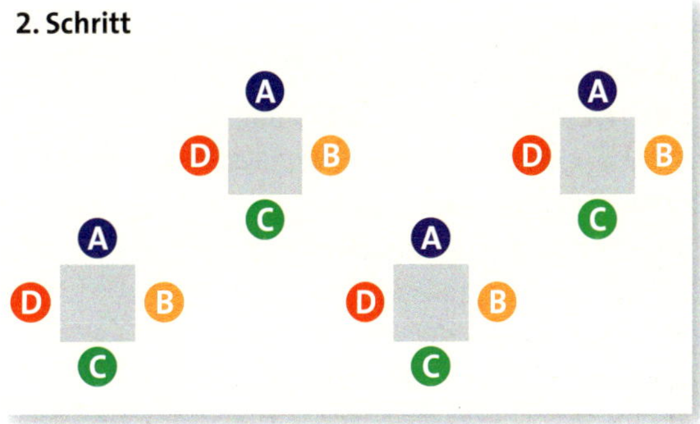

Internetrecherche

Das Internet bietet eine unerschöpfliche Quelle an Informationen, allerdings von sehr unterschiedlicher Güte. Auch wissen wir nicht immer, wer die Informationen ins Netz gestellt hat und auf welchen Quellen sie beruhen. Onlinerecherche erfordert deshalb sorgfältiges Auswählen.
Für eine erste Orientierung eignen sich Online-Lexika. Einige Online-Lexika haben eine eigene Redaktion,

andere greifen auf Experten zurück, z.B. die Seite der Bundeszentrale für politische Bildung. Diese Informationen sind geprüft. Andere sind so angelegt, dass jeder etwas beitragen kann (Beispiel: Wikipedia). Diese Quellen sollten überprüft werden. Wer dort auf das Dialogfeld „Diskussion" klickt, kann herausfinden, wann die letzte Überarbeitung stattgefunden hat.
Ein anderer Weg zur Recherche führt über Suchmaschinen. Tipps zur Internetrecherche mit Suchmaschinen:

- Geben Sie möglichst präzise Begriffe ein.
- Über die „erweiterte Suchfunktion" können Sie die Auswahl weiter einschränken.
- Über die Suchfunktionen „Bilder" oder „News" können Sie entsprechende Ergebnisse zu einem Stichwort direkt erhalten.

➲ Interview/Teaminterview

Bei der Methode Interview lernen Sie von Ihren Mitschülern, indem sie sich gegenseitig zu einem Thema befragen, über das Sie sich vorab informiert hatten. Die Methode dient dem Austausch und der Vertiefung der gewonnenen Informationen. In Dreierteams interviewt Schüler A die Schülerin B zu einem bestimmten Thema, während C die Aussagen protokolliert. Danach wechseln die Rollen. Haben Sie Vierergruppen, interviewt Schüler A die Schülerin B, Schüler C die Schülerin D. Anschließend berichten A an C und B an D, was sie gelernt haben.

➲ Jahrmarkt ➲ Markt der Möglichkeiten

➲ Karikaturanalyse

In einer Karikatur versucht ein Zeichner, Personen, Dinge oder Begebenheiten des öffentlichen Lebens auf eine humorvolle Art darzustellen, um damit Kritik zu äußern. Karikaturisten arbeiten in der Regel mit den Stilmitteln der Übertreibung und/oder der Verfremdung.

Grundsätzlich ist bei der Analyse von Karikaturen ein Dreischritt zu beachten:

1. Beschreibung

Entstehung
Wo und wann ist die Karikatur entstanden?
Wer hat sie gezeichnet?
Beschreibung der Karikatur
Was sieht man?
Welche Gegenstände und Personen sind zu erkennen? Wie sind diese dargestellt?
Gibt es Text? Wenn ja, welchen?
Welche historische Situation ist dargestellt?

Stil
Was fällt besonders auf?
Welche Mittel der Überzeichnung (Karikatur) verwendet der Karikaturist?
Wodurch wird der Betrachter besonders angesprochen?

Analyse der Einzelteile
Wie oder als was sind die Personen dargestellt?
Warum wurde diese Art der Darstellung gewählt?
Welche Symbole werden verwendet?
Wie werden politische, ideologische, abstrakte Sachverhalte dargestellt?
Welche Metaphern und Personifikationen werden benutzt?

2. Interpretation

Wirkungsabsicht (Intention) der Karikatur
Wen oder was greift die Karikatur an?
Warum übt der Karikaturist diese Kritik?
Welche Widersprüche/Ungereimtheiten werden kritisiert?
Welche Partei ergreift der Künstler?
Was will der Karikaturist erreichen?

Karikaturist
Welche Meinung vertritt der Karikaturist in seinen anderen Werken?
In wessen Auftrag handelt der Zeichner?
Welche Ziele verfolgt der Karikaturist bzw. sein Auftraggeber?

Medium
Wie wird die Karikatur verbreitet?
Wem gehört das Kommunikationsmedium?

3. Einordnung und Wertung

Der dritte Schritt wird meist durch einen zusätzlichen Arbeitsauftrag - z.B. „Ordnen Sie die Karikatur in den historischen Kontext ein. Beziehen Sie selbst zu ihrer Aussage Stellung." – näher definiert.

Kartenabfrage

Die Kartenabfrage dient dazu, Ideen zu einem Thema zu sammeln. Ein Thema kann ein Begriff oder eine Fragestellung sein, die in der Regel von einem Moderator vorgegeben werden. In einer festgesetzten Zeit notieren die Teilnehmer schriftlich ihre Ideen auf vorbereitete Karten. Es genügen Stichworte. Erste Strukturierungsmöglichkeiten ergeben sich durch unterschiedlich farbige Karten. Die Karten einer Lerngruppe werden anschließend im Plenum gesammelt und strukturiert. So ist es möglich, Aspekte, die noch ungeklärt sind, herauszuarbeiten, oder Zusammenhänge deutlich zu machen.Die Kartenabfrage kann ebenfalls zur Überprüfung des Lernstandes herangezogen werden.

Kommentar ➲ Leserbrief/Kommentar/Blogeintrag schreiben

Kopfstandmethode

Die Kopfstandmethode gehört zu den Techniken, mit denen sich Lösungsansätze für Problemstellungen und Arbeitsaufträge finden lassen. Wenn Sie feststellen, dass Sie mit einem Problem nicht weiterkommen, ist es möglicherweise hilfreich, eine andere Perspektive – vergleichbar mit einem Kopfstand – einzunehmen.

1. Schritt: Benennen Sie Ihr Problem in einer Frage oder einem Satz.

2. Schritt: Formulieren Sie dann das genaue Gegenteil (z. B. „Was muss passieren, damit ich möglichst reich werde?“ Gegenteil: „Was muss passieren, damit ich möglichst arm werde?“).

3. Schritt: Sammeln Sie dann alle Antworten, die Ihnen oder der Klasse zu Frage 2 einfallen, z. B. auf Karten.

4. Schritt: Formulieren Sie dann zu allen negativen Antworten die positive Entsprechung.

Kugellager (auch: Karussellgespräch)

Diese Methode eignet sich für den Austausch von Gedanken und Informationen.

Die Stühle aller Gruppenmitglieder werden in zwei Kreisen angeordnet, ein Innenkreis und ein Außenkreis. Je zwei Personen sitzen sich gegenüber und tauschen Informationen zu einem Thema aus.

Dafür kann es unterschiedliche Regeln geben, z. B. nur die Personen im Innenkreis reden oder tragen vor. Personen im Außenkreis fragen nach.

Nach Ablauf einer festgelegten Zeit rutschen die Personen des Innenkreises zwei Stühle im Uhrzeigersinn weiter.

Jetzt reden die Personen im Außenkreis, anschließend rutschen sie zwei Stühle entgegen dem Uhrzeigersinn, wieder redet der Innenkreis usw. Den Abschluss bildet eine Auswertung der Ergebnisse im Plenum.

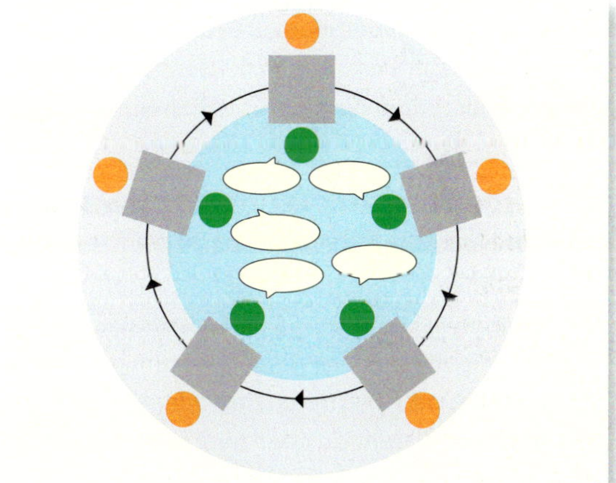

Leserbrief/Kommentar/Blogeintrag schreiben

Leserbriefe sind schriftlich verfasste Meinungen von Lesern zu einem Zeitungs- oder Zeitschriftenartikel. Sie sind eine Möglichkeit der Kommunikation zwischen Journalist/Redakteur und Leser. Besonders kontroverse Meinungen sind in Leserbriefen gerne gesehen. Allerdings dürfen Leserbriefe, wie normale Zeitungsartikel auch, niemanden beleidigen oder ihm eine Straftat unterstellen. Die redaktionelle Verantwortung hat die Zeitung.

Die meisten Tageszeitungen haben heute auch eine

entsprechende Online-Ausgabe, in der Artikel veröffentlicht werden. Oft werden Artikel für die Online-Ausgabe extra bearbeitet (gekürzt). Das hat damit zu tun, dass der Leser (User) im Netz weniger Zeit aufwenden will als der Zeitungsleser.
Am Schluss eines Online-Artikels findet sich meist ein Fenster, in dem zum persönlichen Kommentar aufgefordert wird.
Eine andere Form der Veröffentlichung im Netz ist das Weblog, kurz das Blog genannt. Der Herausgeber (Blogger) stellt einen Text ins Netz, Leser können den Beitrag online an vorgesehener Stelle kommentieren. Auf Kommentare anderer kann ebenfalls geantwortet werden.

Tipps
- Schreiben Sie den Leserbrief möglichst zeitnah zum Erscheinen des Artikels.
- Nennen Sie den Artikel, auf den sich Ihr Beitrag bezieht.
- Schreiben Sie kurz, beschränken Sie sich auf zwei bis drei Punkte.
- Bringen Sie Ihre Aussage auf den Punkt.
- Schreiben Sie verständlich, verwenden Sie kurze Sätze. Vermeiden Sie Schachtelsätze.
- Nennen Sie immer Namen, Anschrift und Telefonnummer.

Bei Kommentaren im Netz werden Sie meist aufgefordert, sich zu registrieren. Lesen Sie die Allgemeinen Geschäftsbedingungen, die Sie dabei akzeptieren müssen. Entscheiden Sie im Einzelfall, ob Sie das wollen.

➲ Markt der Möglichkeiten

Diese Methode dient dem Austausch und der Präsentation von Arbeitsergebnissen. Sie besteht aus zwei Phasen.
In Phase 1 erarbeiten sich die Teilnehmer Expertenwissen wie bei der Methode ➲ Gruppenpuzzle.
In Phase 2 präsentiert jede Expertengruppe ihre Arbeitsergebnisse in einem dafür vorbereiteten Raum. Jede Gruppe gestaltet eine Art Stand, an dem die Arbeitsergebnisse für die Besucher anschaulich dargestellt werden. Dazu eignen sich besonders Plakate (➲ Präsentieren/Visualisieren), Collagen oder auch Gegenstände. Die Experten stehen für Fragen zur Verfügung.

➲ Metaplantechnik (auch: Pinnwandmoderation)

Die Metaplantechnik, benannt nach dem Hersteller der benötigten Karten und Moderationskoffer, ist eine Weiterentwicklung der ➲ Kartenabfrage.
Sie eignet sich besonders, wenn es darum geht, Ideen zu sammeln und zu strukturieren oder Gruppenprozesse zu visualisieren. Ein oder zwei Moderatoren leiten und begleiten den Arbeitsprozess.
Ablauf: Man beginnt mit einer ➲ Kartenabfrage. Anschließend werden die Karten an einer Pinnwand nach Themen geordnet und mit Überschriften versehen. Benutzt man die Metaplantechnik zur Entscheidungsfindung, können Gruppenmitglieder durch Klebepunkte ihr Votum abgeben.

Erforderliche Hilfsmittel:
- Stellwände mit Nadeln oder Heftzwecken
- Packpapier/Tapeten zum Bespannen der Stellwände
- Karten in unterschiedlichen Farben und Formen (Rechtecke, Kreise, Ovale)
- Filzschreiber in unterschiedlichen Stärken und Farben
- Klebepunkte zur Bewertung/Gewichtung durch die Teilnehmer
- Fotoapparat, mit dem die gestalteten Stellwände abgelichtet werden, z. B. für ein Protokoll.

➲ Mindmap

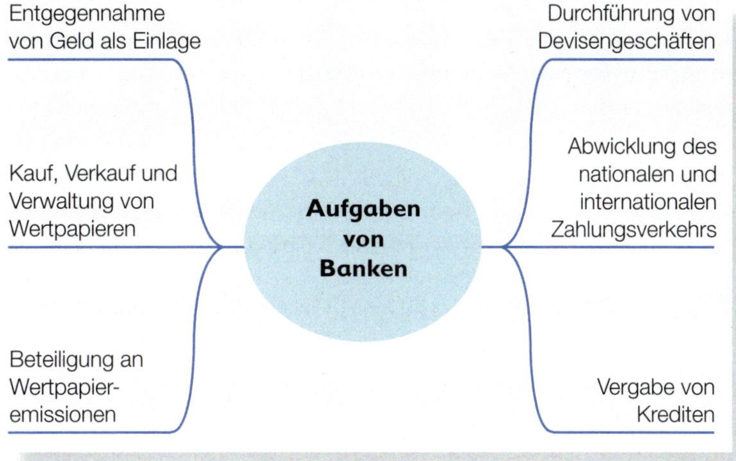

Mindmaps dienen dazu, Informationen zu strukturieren und zu visualisieren. Zunächst wird ein Oberbegriff oder eine Fragestellung in die Mitte eines Blattes Papier geschrieben. Um das Thema herum werden wichtige Begriffe oder Aspekte in Form von Ästen gruppiert. Von den Ästen gehen weitere Verzweigungen ab, die mit abnehmender Wichtigkeit immer dünner werden. So entsteht eine sichtbare hierarchische Struktur. Die Begriffe können durch Bilder oder Symbole ergänzt und veranschaulicht werden.

➲ One-Minute-Writing

Mithilfe dieser Methode können in kurzer Zeit sowohl Verständnis als auch Vorwissen Einzelner abgefragt werden. Sie ähnelt dem ➲ Blitzlicht, mit dem Unterschied, dass Aufgeschriebenes in der Regel strukturierter und reflektierter ist. Sie bietet einen ersten Ansatz zum Austausch und sensibilisiert für ein Thema. Die Methode kann als erster Schritt im ➲ Think-Pair-Share-Verfahren verwendet werden.

➲ Paar-Check (auch: Pairs-Check)

Paar-Check gehört zu den problemlösenden Methoden. Zunächst bilden Sie Paare. Sie bearbeiten nun Aufgaben/Fragen wechselseitig: Wenn die eine Person eine Frage beantwortet oder ein Problem löst, hilft die andere. Bei der nächsten Frage wechseln die Rollen.

➲ Placemat

Placemat gehört zu den Moderationstechniken. Auf diesem Weg können Sie Ideen finden oder Informationen zu einem Thema austauschen.

Bilden Sie Viererteams. Legen Sie ein Blatt von der Größe DIN-A1 oder DIN-A2 so auf einen Tisch, dass jedes Gruppenmitglied an einer der vier Seiten des Blattes sitzen kann. Teilen Sie das Blatt mit einem Lineal wie in der Abbildung auf:

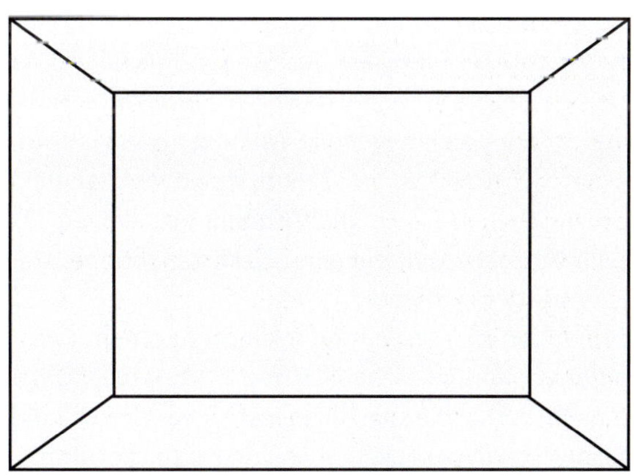

Jetzt trägt jedes Teammitglied in das vor ihm liegende Trapez ein, was es bereits sicher zu dem gewählten Thema weiß oder welche Lösungsvorschläge ihm zu einem Problem einfallen.

Vergleichen Sie anschließend Ihre Ergebnisse und notieren Sie in der Mitte des Blattes, was Sie bereits jetzt zum Thema sagen können oder welche Lösungsvorschläge Sie für besonders Erfolg versprechend halten. Auch Skizzen sind geeignet.

Sammeln Sie danach in einer Liste die noch offenen Fragen und versuchen Sie diese mit weiteren Informationsquellen zu beantworten. Ergänzen Sie jeweils in der Mitte des Blattes die neu gewonnenen Erkenntnisse.

Plädoyer

Ein Plädoyer ist ursprünglich eine Schlussrede eines Anklägers oder Verteidigers vor Gericht. Das Besondere an dieser Form der Meinungsvertretung ist, dass es bewusst einseitig gehalten ist. Es steht damit im Gegensatz zu der Erörterung, die das Ziel hat, durch Abwägen zweier Seiten zu einem Ergebnis zu kommen. Das Plädoyer hat zudem eine zusammenfassende Funktion, da alle wichtigen Aspekte noch einmal subjektiv aufgenommen und bewertet werden. Besonders wichtig bei einem Plädoyer ist die Form des Vortrages: Ziel ist es, die Zuhörer vom eigenen Standpunkt zu überzeugen, deshalb sollte es verbal und nonverbal bewusst gestaltet werden. Ein Merkmal eines guten Plädoyers ist, dass es auch dann überzeugt, wenn die Fakten eigentlich gegen die vertretene Meinung sprechen.

Plakat erstellen ➲ Präsentieren/Visualisieren

Podiumsdiskussion

Bei der Podiumsdiskussion werden zu einem Thema unterschiedliche, auch konträre politische und/oder weltanschauliche Positionen und Interessen einander gegenübergestellt. In einem von einem Moderator geleiteten Gespräch werden Gegensätze herausgearbeitet und Möglichkeiten der Annäherung gesucht. Räumlich wird die Podiumsdiskussion so organisiert, dass auf einem Podium die Diskussionsteilnehmer mit dem oder den Moderatoren dem Publikum gegenüber sitzen. Der Ablauf ist mit dem des ➲ Rollenspiels vergleichbar.

Präsentieren/Visualisieren

Bei einer Präsentation stellen Sie anderen Ihre Ergebnisse vor. Präsentationen können mündlich, schriftlich, audiovisuell und interaktiv sein. Oft wird eine Mischung aus den genannten Formen gewählt. Im Folgenden finden Sie einige Tipps für ausgewählte Formen:

Plakat/Wandzeitung (schriftlich/visuelle Form)

Plakate brauchen eine große Schrift, mindestens vier cm, besser größer. Testen Sie vorher die Wirkung. Verwenden Sie Druckbuchstaben, wechseln Sie aber zwischen Groß- und Kleinbuchstaben. Konzentrieren Sie sich auf das Wesentliche, lassen Sie auch Leerräume. Farben unterstützen die Wirkung eines Plakates, wenn sie gezielt und sparsam verwendet werden. Überraschende Bilder und Zeichnungen dienen als Gedächtnisstütze.

Präsentationssoftware

Eine mündliche Präsentation kann mit einem Computerprogramm anschaulich gestaltet werden. Dazu müssen vorher die sog. Folien erstellt werden. Für die Gestaltung dieser Folien ist Folgendes zu beachten:

- möglichst eigene, schlichte Vorlagen gestalten
- die Anzahl der Aussagen auf einer Folie muss auf einen Blick erfassbar sein
- ausreichend Rand und Zeilenabstand lassen
- auf Textfolien sollten höchstens acht Zeilen stehen, pro Zeile maximal zehn Wörter
- möglichst nicht mehr als zehn Folien verwenden
- gut lesbare Schrift verwenden
- Schriftgröße kaum wechseln und Hervorhebungen sparsam einsetzen
- Schriftgröße für Bildunterschriften 20 Punkt, für Fließtext 24 Punkt, Zwischenüberschriften 28 Punkt, fett, Hauptüberschrift 32 Punkt fett
- Farben bewusst zur Hervorhebung, Unterscheidung und Gliederung einsetzen
- nur zentrale Aussagen visualisieren

Die Folien sollen den Vortrag unterstützen, aber nicht ersetzen. Die Präsentation wird auf einem mobilen Datenträger gespeichert und mittels Computer und Beamer vorgeführt. Sie müssen die Technik im Voraus geprüft haben und Zeit für den Aufbau einplanen.

Referat/Vortrag

Unabhängig vom Inhalt ist es sinnvoll, seinen Vortrag zu gliedern. Als besonders hilfreich gilt dabei folgende Aufteilung:

1. Startmodul: die Zuhörer gewinnen, Interesse wecken
2. Einleitungsmodul: Hinführung zum eigentlichen Thema, Überblick über den Inhalt des Vortrages
3. Mittelmodul mit maximal drei Schwerpunkten: Ihr eigentliches Anliegen
4. Abschlussmodul: Zusammenfassung, Ausblick
5. Endmodul: Ihr Abgang (der letzte Eindruck bleibt hängen).

Pro-Kontra-Debatte

Debatten haben im politischen Alltag eine lange Tradition. Sie setzen voraus, dass sich alle Teilnehmer gut vorbereitet haben. Ziel einer Debatte ist der Austausch von Argumenten vor einer abschließenden Abstimmung/Entscheidung. Deshalb sollte das Thema so gewählt sein, dass es dazu in der Klasse unterschiedliche Positionen gibt. Schritte einer Pro- und Kontra-Debatte:

1. Vorbereitung: Teilen Sie die Klasse in zwei Hälften. Die eine Hälfte bildet das Plenum, mit der anderen Hälfte werden so viele Gruppen gebildet, wie es unterschiedliche Positionen zu einem Thema gibt. Die Gruppen bereiten sich vor, indem sie die Pro- bzw. Kontra-Argumente sammeln, sie nach ihrer Wichtigkeit ordnen und auf ein Plakat schreiben. Jede Gruppe sollte sich auch auf mögliche Gegenargumente der anderen Gruppe ¬vorbereiten, ein Anfangsplädoyer verfassen und einen Gruppensprecher wählen.
2. Durchführung: Ein Moderator erteilt den Gruppen nacheinander das Wort, die daraufhin ihr Plädoyer halten. Nach dem ersten Durchgang treffen sich die einzelnen Gruppen wieder, um zu überlegen, wie sie die Argumente der anderen entkräften können. Anschließend gehen die Gruppensprecher in einer Erwiderung auf die Argumente der anderen Debattenteilnehmer ein. Haben alle Gruppensprecher ihre Erwiderung vorgetragen, erhält das Plenum Gelegenheit für weitere Fragen.
3. Auswertung: Zum Abschluss der Debatte findet eine Abstimmung und/oder eine Auswertung der Debatte und der darin vorgetragenen Argumente statt.

Die **Amerikanische Debatte** ist eine Sonderform: Bis zu zehn Vertreter der Pro- und Kontra-Position bereiten ihre Argumente in getrennten Arbeitsgruppen vor. Dann setzen sie sich an einem langen Tisch einander gegenüber. Der Austausch der Argumente läuft im Pingpong-Verfahren über den Tisch: Pro- und Kontra-Redner wechseln sich der Reihe nach ab, wobei der Redner jeweils auf das Argument seines Gegenübers eingehen und es entkräften soll, bevor er ein weiteres eigenes Argument in die Debatte einbringt.

Protokoll führen

Häufig ist es in Diskussionssituationen notwendig, ein Protokoll zu erstellen, damit alle Beteiligten nachher zusammenfassend über die Standpunkte und Ergebnisse informiert werden können. Dies geschieht z.B. bei Parlamentsdebatten, Vereinsversammlungen oder In Ausschüssen. Dabei hat das Protokoll neben der Informationsaufgabe auch die Pflicht, den rechtmäßigen Ablauf zu dokumentieren. Je nach Verwendungszweck unterscheidet man zwischen Verlaufs- und Ergebnisprotokoll.

Verlaufsprotokoll: Der Verlauf einer Veranstaltung wird chronologisch festgehalten. Dabei ist unbedingt auf Objektivität und Vollständigkeit zu achten. Alle vorgebrachten Anträge, alle Argumente und Gegenargumente sollten im Verlaufsprotokoll erfasst werden um nachvollziehen zu können, wie es zu dem getroffenen Ergebnis gekommen ist.

Ergebnisprotokoll: Wie der Name schon sagt, enthalt das Ergebnisprotokoll im Gegensatz zum Verlaufsprotokoll nur die wesentlichen Ergebnisse. Es ist daher sehr viel kürzer und knapper gehalten. Es wird vor allem deshalb verfasst, um auch später noch getroffenen Vereinbarungen oder auch Verantwortungen nachvollziehen zu können.

Quellenanalyse

Quellen sind in der Geschichtswissenschaft alle Arten der Überlieferung, die uns Kenntnis über die Vergangenheit vermitteln. Das können Texte, Bilder, Fotos oder auch Fernsehsendungen und Internetseiten sein. Analysiert man diese Quellen, ist es notwendig, sowohl ihre Entstehungszeit als auch die Umstände ihrer Entstehung zu berücksichtigen. Bei der Interpretation des Inhaltes ist darauf zu achten, dass eine einzelne Quelle zumeist kein objektives Bild der Vergangenheit vermittelt. Deshalb müssen häufig weitere Quellen herangezogen werden, um möglichst vollständiges und objektives Wissen über die Vergangenheit zu gewinnen.

➲ Quiz

Ein Quiz kann als Form der Lernabfrage genutzt werden. Eine Gruppe denkt sich Fragen zu dem behandelten Thema aus, eine andere Gruppe muss diese beantworten. Um einen reibungslosen Ablauf zu gewährleisten, muss die Fragen erstellende Gruppe die Antworten notieren, die sie erwartet. Diese spielerische Form der Abfrage ist vor allem dann geeignete, wenn geschlossenen Fragen, also solche, auf die es nur eine richtige Antwort gibt, gestellt werden.

➲ Referat ➲ Präsentieren/Visualisieren

➲ Reziprokes Lesen

Reziprokes Lesen gehört zu den kooperativen Lerntechniken und ist besonders hilfreich für das Verständnis langer und komplizierter Texte.

1. Schritt: Ein Text wird in vier etwa gleich lange Abschnitte geteilt. Anschließend werden Gruppen zu je vier Personen gebildet, die den Text jeweils abschnittsweise bearbeiten.

2. Schritt: Anschließend lesen alle Mitglieder einer Gruppe den vorher festgelegten Textabschnitt. Die Lesezeit ist begrenzt.

3. Schritt: Für die Bearbeitung des Textes erhält jedes Gruppenmitglied eine eigene Aufgabe, die jeweils auf einer Karteikarte formuliert ist: Der „Fragensteller" stellt 2 bis 3 Fragen an den Text und beantwortet diese, der „Zusammenfasser" fasst den Text zusammen und liest seine Zusammenfassung vor, der „Erklärer" erläutert 1 bis 2 schwierige Textpassagen und der „Prognoseentwickler" stellt Vermutungen darüber an, wie der Text weiter geht.

4. Schritt: Für die Bearbeitung eines weiteren Textteils werden die Rollen getauscht, indem die Karteikarten weitergereicht werden.

➲ Rollenspiel

In einem Rollenspiel soll das Verhalten in verschiedenen sozialen Situationen reflektiert und geübt werden. „Es handelt sich um eine Art Vorbereitung auf die Wirklichkeit in einem „So-tun-als-ob" oder um den Versuch, sich in die Rolle anderer hineinzuversetzen."
Unterscheiden kann man grundsätzlich in das spontane Rollenspiel, bei der die Teilnehmer einen großen Spielraum bei der Gestaltung ihrer Rolle bekommen und dem angeleiteten Rollenspiel, bei denen den Teilnehmern eine genau definierte Rolle mittels einer Rollenkarte zugewiesen wird.
Gemeinsam ist beiden Herangehensweisen, dass Einsichten in Verhaltensweisen und deren Veränderung im Vordergrund stehen.
Ein Rollenspiel ist typischerweise in vier Phasen eingeteilt:

1. Informationsphase
Konfrontation mit dem Problem

2. Vorbereitungsphase
Rollenspielkarten mit Informationen zu den einzelnen Rollen
Erarbeitung von Argumentationsstrategien, Verhalten, Reaktionen in Kleingruppen
Auswahl der Rollenträger
Festsetzung der Beobachtungsaufgaben

3. Rollenspielphase

4. Auswertungsphase
Diskussion der Argumentation und Verhaltensmuster
Zusammenfassung und Visualisierung der Ergebnisse

➲ Szenariotechnik

Bei der Szenariotechnik geht es darum, Möglichkeiten für zukünftige Entwicklungen gedanklich durchzuspielen und mögliche Konsequenzen von bestimmten Entwicklungen einzuschätzen.

1. Schritt: In einer Art ‹ Brainstorming sammeln alle Ideen und Bilder, die Ihnen zu einem Thema einfallen.

2. Schritt: Anschließend spielen Sie zwei extreme Entwicklungen durch: ein „best-case-scenario", das beschreibt, was passieren würde, wenn alles optimal verlaufen würde, und ein „worst-case-scenario", das die schlechtest mögliche Entwicklung aufzeigt.

3. Schritt: Sie überlegen, durch welches Verhalten Sie die eine oder andere Entwicklung beeinflussen können.

Tabu

Beim Gesellschaftsspiel „Tabu" geht es darum, einen Begriff zu erraten, der auf einer Spielkarte notiert ist. Der Begriff wird dazu passend umschrieben, wobei bestimmte Begriffe nicht benutzt werden dürfen. Sie sind tabu.

In Anlehnung an diese Spielregel können mit der „Tabu-Methode" Begriffe aus Politik und Gesellschaft spielerisch entwickelt bzw. reflektiert werden.

Für das Lern- und Wissensspiel müssen die Begriffskarten zunächst von den Teilnehmern erstellt werden. Dazu werden Karteikarten wie folgt beschriftet: Jeweils oben auf der Karteikarte steht der zu erratende Begriff, in den unteren Teil der Karte werden bis zu fünf Begriffe geschrieben, die bei der Umschreibung des gesuchten Wortes nicht verwendet werden dürfen. Gespielt wird in zwei Teams gegeneinander. Ein Team agiert und sammelt Punkte, das andere Team beobachtet, ob die Regeln eingehalten werden. Ein Mitglied des aktiven Teams kennt den Begriff und versucht, den anderen den Begriff möglichst gut zu umschreiben. Dabei darf es die Tabu-Wörter, die im unteren Teil der Spielkarte stehen, nicht verwenden. Verboten ist auch, einen Teil des zu erratenden Wortes für die Erklärung zu benutzen oder durch Laute, Gesten oder Pantomime den Mitspielern zu helfen. Für jeden erratenen Begriff erhält die Gruppe einen Punkt. Nach einer vorher festgelegten Zeit (z.B. zwei Minuten) kommt das andere Team an die Reihe.

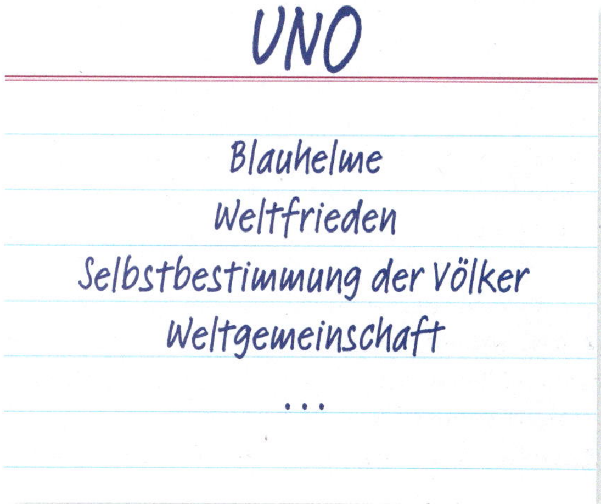

Talkshow

Eine Talkshow eignet sich als Methode zur politischen Meinungsbildung und Entscheidungsfindung. Sie orientiert sich in ihrem Ablauf an den Vorbildern aus dem Fernsehen.

In einer Talkshow gibt es folgende Rollen: einen Moderator, Gäste der Talkshow und das Publikum.

Ablauf:

1. Ein Moderator wird bestimmt, Gruppen werden entsprechend den verschiedenen Gästerollen gebildet.

2. Der Moderator bereitet sich – evtl. auch in einer Gruppe – auf seine Moderatorenaufgabe vor: Er eröffnet die Talkshow mit einer kurzen Einführung und stellt die Gäste vor. Er ist verantwortlich für den Ablauf der Talkshow und steuert diese, indem er Fragen an seine Gäste stellt. Dabei kann er bei Bedarf auch das Publikum einbeziehen, indem er es anspricht. Zudem achtet er darauf, dass Diskussionsregeln, die vorher vereinbart werden müssen, eingehalten werden.

3. Die Gruppen einigen sich, wer als Gast an der Talkrunde teilnimmt. Sie erarbeiten ihre Rolle anhand von Rollenkarten. Die Rollenkarten können Informationen zur Position, Biografie und Argumentation der jeweiligen Person enthalten.

4. Für die Durchführung nehmen Moderator und Gäste auf der „Bühne" Platz, die Zuschauer setzen sich im Halbkreis vor die Bühne. Der Moderator beginnt und die Diskussion nimmt ihren Lauf.

5. Die Talkshow endet, indem jeder Studiogast Gelegenheit zu einem kurzen Abschlussstatement erhält.

6. In einer anschließenden Auswertungsrunde reflektieren und bewerten Zuschauer und Teilnehmer die geäußerten Argumente.

Die Talkshow ist besonders dann eine geeignete Diskussionsform, wenn die Rollen eingehalten werden, um möglichst stereotype Aussagen zu bilden und anschließend zu hinterfragen.

Think-Pair-Share

Think-Pair-Share ist so etwas wie das Nachdenken zu zweit.

Jeder Gruppenteilnehmer erarbeitet zunächst alleine die Antwort auf eine Frage/die Lösung eines Problems. Danach stellt er seine Lösung einem Teilnehmer seiner Wahl vor, man tauscht sich aus. Das Ergebnis wird anschließend im Plenum in einer zuvor abgesprochenen Art präsentiert. (Eine Variante ist: Think-Pair-Square: Es findet ein Austausch zu viert statt.)

Umfrage

Ziel einer Umfrage ist es, Einstellungen, Wünsche und Erwartungen von Menschen kennenzulernen. Die Aussagen der Befragten kann man mit den eigenen Vorstellungen vergleichen und so die eigenen Sichtweisen erweitern.

Ablauf:

1. Planung der Umfrage: Was wollen Sie herausfinden?
2. Fragen entwickeln
3. Fragebogen ausarbeiten
4. Test
5. Durchführung
6. Auswertungsphase
7. Präsentation

Eine gute Arbeitshilfe ist die Befragungssoftware GrafStat, die über die Bundeszentrale für politische Bildung

www.bpb.de/lernen/unterrichten/grafstat/46251/grafstat-im-unterricht

kostenlos an Bildungseinrichtungen abgegeben wird. Hierfindet man auch umfangreiches Material zur Durchführung einer Umfrage.

Stichwortverzeichnis

Abraham Lincoln 113
Abwanderung 50
Adenauer 163, 164
Adolf Hitler 116, 121, 122
Agentur für Arbeit 82
ALG II 159
Allokationsfunktion 30, 31
Altersversorgung 163
Ambiguitätstoleranz 17
amerikanische Geheimdienst 175
Anarchie 235
Anbieter 95
Angebot 94
Anhörungsrechte 76
antike Versammlungsdemokratie 110
Anwerbeankommen 46
Anwerbestopp 49
Apps 98, 179
Äquivalenzeinkommen 33
Äquivalenzprinzip 156
Arabellion 174
arabischer Frühling 174
Arbeit 56, 57, 58, 60
Arbeiter 76
Arbeiterausschüsse 76
Arbeiterbewegung 76, 153
Arbeiterklasse 127
Arbeiterräte 76
Arbeiterselbstverwaltung 76
Arbeitervereinigungen 153
Arbeitgeber 82
Arbeitnehmer 69, 80
Arbeitnehmerbeteiligung 77
Arbeitnehmervertretung 76, 80
Arbeitsbedingungen 224
Arbeitskämpfe 76
Arbeitskräftebedarf 45
Arbeitslosenversicherung 153, 157
Arbeitslosigkeit 63
Arbeitsmarkt 68
Arbeitsmigration 48, 50
Arbeitsplatz 78, 127
Arbeitswelt 60, 62, 72, 86
Aristoteles 111
Armut 34, 35, 226
Armutsgefährdungsquote 35
Asch 21
Asylrecht 52
Asylsuchende 52
Atombombe 121
atypische Beschäftigung 66
Aufenthaltserlaubnis 45
Aufenthaltstitel 48, 49, 162
Aufsichtsrat 78, 80, 81
Ausbeutung 153
Ausbilder-Eignungsverordnung 75
Ausbildung 74, 75
Ausländer 110
Ausländergesetz von 1965 45
Auslandsinvestitionen 221
Außenpolitik 234, 243
Auswanderung 162
Auswanderungswellen 43
Auszubildende 76
Auto 196

Bedarfsgerechtigkeit 37
Bedürfnisebene 92
Bedürfnispyramide 92
Bedürfnisse 14, 19, 25, 89, 91, 92, 194
befristete Verträge 66
Beruf 127
berufliche Zukunft 57
Berufsbildungsgesetz 75
Berufschancen 155
Berufserfahrung 51
Berufsverkehr 197
Berufswahl 10
Besatzungsstatut 123
Besatzungszeit 122
Betrieb 81
betriebliche Mitbestimmung 78, 79, 81, 84
Betriebserkundung 87
Betriebsordnung 75
Betriebsrat 77, 78, 79
Betriebsrätegesetz 76
Betriebsverfassungsgesetz 77, 78, 81, 86
Betriebswirtschaftslehre 58
Bevölkerungsentwicklung 186
Bevölkerungsstruktur 160
Bildschirmarbeitsplätze 161
Bildung 69
Bildungsabschlüssen 51
Bildungsausgaben 69
Bildungschancen 32, 155
Bildungslaufbahn 32
Bildungsstatus 31
Bildungstrichter 31
Binnenmarkt 206, 207
Biotechnik 68
Blaue Karte EU 162
Blue Card EU 51, 162
BND 175
Braindrain 51
Bruttoinlandsprodukt 85, 210
Bundesamt für Migration und Flüchtlinge 52
Bundespersonalvertretungsgesetz 77
Bundesrechnungshof 132
Bundesrepublik Deutschland 121
Bundesstaat 213
Bundestag 128, 133
Bundesverfassungsgericht 132, 142
Bürgerbegehren 144

Stichwortverzeichnis

Bürgerinitiative 132, 141, 144
Bürgerrecht 161
Bürgertum 76

Carrotmob 147
Carsharing 178, 197
Chancengerechtigkeit 37
Chancengleichheit 155
Charta der Vereinten Nationen 244
Chatverbindungen 179
China 73, 84, 101, 178
Club of Rome 92
CO2-Ausstoß 187, 194, 195, 196
CO2-Fußabdruck 187
Cookies 179
Crowdfunding 178
Cybermobbing 13, 176

Dachverband 141
Dampfmaschine 188
Darfur 247
Datenschutz 179
Datenspione 175
David Easton 109
DDR 124
Delegated Voting 148, 149
demografischer Wandel 160, 162, 163
Demokratie 72, 73, 84, 85, 86, 104, 105, 110, 113, 115, 128, 139, 172, 236
demokratische Repräsentation 115
demokratische Selbstregierung 110, 112
deutscher Geheimdienst 175
deutsche Sicherheitsinteressen 245
deutsche Sicherheitspolitik 245
deutsch-türkisches Anwerbeabkommen 46
digitale Spuren 179
digitale Welt 12, 13
Diktatur 116
diplomatische Beziehungen 234
direkte Demokratie 110
Doing Gender 16
Dreigenerationenfamilie 28
Dreimächtekonferenz 122
Drittelbeteiligungsgesetz 81
Drittstaaten 51
Durchschnittseinkommen 33, 34, 35

Easton-Modell des politischen Systems 109
Edward Snowden 175
Egalitäre Gerechtigkeit 37
E-Government 177
Ehegattensplitting 165
Ehepaar 28
Ehrenamt 137
Eigeneinnahmen der EU 210
Eigentum 114, 127
Eigentumsrecht 85
Einheitspartei 124
Einigungsvertrag 125
Einkommen 33, 57
Einkommensschichtung 33
Einkommensungleichheit 33, 36
Einkommensverteilung 33, 50, 85
Einwanderung 46, 49, 162
Einwanderungskontrollen 221
Einwanderungsländer 50
Einwanderungspolitik 50
Ekklesia 110, 111
Elterngeld 165
Eltern-Kind-Beziehung 28
Elternschaft 28
E-Mail 179
Empathie 17, 19
Empfehlung 204
Energiebedarf 185, 188, 194
Energiegewinnung 224
Energieträger 188
Energieverbrauch 195
Energieversorgung 188, 195
Erderwärmung 192, 193
Ermächtigungsgesetz 116
Ernährung 194
Erster Weltkrieg 117, 233
Erwachsenwerden 10
Erwerbsarbeit 59
Erwerbstätigen 68
Erziehung 14
EU 202, 206, 208, 210, 212, 213
EU Haushalt 210
EU-Mitgliedstaaten 208
Euro 208, 209
Europa 65
Europäische Aktiengesellschaft 81
Europäische Gemeinschaft (EG) 201, 206
Europäische Gemeinschaft für Kohle und Stahl 201
Europäischer Rat 208
Europäisches Währungsinstitut 208
Europäische Union 200, 201, 202, 206, 214
Europäische Zentralbank 208
Exekutive 108, 132
Export 223

Facebook 174, 176, 179, 182
Fachkräftemangel 66
Fahrgemeinschaften 197
Fall der Mauer 123
Familie 25, 27, 28, 29, 30, 160, 170
Familienförderung 160
Familienplanung 66
Familienquotient 165
Familien- und Kindernachzug 48
Familienzusammenführung 50
Feinstaubbelastung 196
Fend 30
Fernsehen 170
Fernseher 171
Feudalsystem 43
Fixkosten 93
Flashmob 146
Fluchtbewegungen 44

Flüchtlinge 49
Fluid Identity 13
föderaler Staat 132
formale Gruppen 18
fossile Brennstoffe 188, 192
Fotografie 170
Fragebogen 182
Französische Revolution 105, 115
Freedom House 85
freie Güter 90
Freizeitindustrie 68
Frieden 233, 235
Friedensnobelpreis 201
Friedenspolitik 232
Friktionelle Arbeitslosigkeit 64
Führerschein mit 17 131
Führerstaat 116
funktionale Qualifikationen 30

Ganztagsschulen 165
Gastarbeiter 44, 45, 50
Geburtenrate 165
Gender 16
Generalisierung 14
Generalversammlung 243
Generation 28
Generationengerechtigkeit 190
Generationenvertrag 160, 161, 163, 164
Generation Praktikum 67
Geschlechterrollen 15
Geschlechterstereotype 15
Geschlechtsidentität 15
Gesellschaft 24, 25, 26, 59
Gesellschaftsordnung 84
Gesellschaftsvertrag 113
Gesetzgebung 113
Gesetz gegen den unlauteren Wettbewerb (UWG) 98, 99
gesetzliche Krankenversicherung 153
Gesetzliche Rentenversicherung 153
Gesetzliche Unfallversicherung 153
Gesundheitsindustrie 68
Gesundheitskosten 164
Gettysburg-Formel 113
Gewährleistungszeiten 97
Gewaltenteilung 116, 132
Gewaltmonopol 234, 235, 242
Gewerbeordnung 76
Gewerkschaften 77, 81, 82, 83, 100, 116, 132, 141, 148
Gewerkschaftsvertreter 80
gewichtete Einkommen 33
Gewinnmaximierung 91
Gleichberechtigung 161
Gleichheit 105
globale Erwärmung 193
Global Governance 226
Globalisierung 218, 219, 220, 221, 227, 228
Globalisierungsprozesse 226
Goffman 11
Gottesgnadentum 112
Großbritannien 128
Grundbedürfnis 19, 34, 92
Grundgesetz 52, 82, 113, 126, 127, 132, 141, 143, 144, 145, 172, 245
Grundrechte 52, 116
Gründung der Weimarer Republik 117
Gruppen 9, 18, 19, 21
Gruppenzugehörigkeit 19
Gruppenzwänge 21
Güter 90, 94, 178, 190

Handelsbarrieren 221
Harold Lasswell 108
Hartz IV 164
Hasebrink 12
Haushalt der EU 210
Haushalte 28, 196
Hegemon 235
Herrschaftsvertrag 113
hierarchisch 32
High-occupancy vehicle lanes 197
Hitlerjugend 116
Hobbes 112
Hochqualifizierte 162
Homo oeconomicus 91, 95
Hradil 35, 36
Humankapitalkriterien 50

Ich 10, 12, 13, 18
Identifizierung 9
Identität 8, 9, 10, 11, 13, 14, 17, 18, 19
Identitätsbildung 9, 12, 17
Identitätsdarstellung 17
Identitätsmanagement 11
Ideologie 28
indirekte Steuern 161
Individualprinzip 156
individuelle Mobilität 197
Individuierung 14
Industrialisierung 76, 188, 189, 192
Industrie 189
industrielle Revolution 61, 153, 188
Inflationsrate 208
Informationstechnologie 178
informellen Gruppen 18
institutionelle Theorien 236
Integration 49
Integrationskurs 49
Integrationspolitik 48
Interaktion 14, 18
Interaktionsprozess 18
internationale Beziehungen 237
internationale Kompetenzen 207
internationale Organisationen 243
internationale Politik 235
internationaler Handel 220
Internet 12, 148, 169, 174, 175, 177, 178, 180, 181
iPad 170

James Watt 188
Jeans 230

Stichwortverzeichnis

Johan Galtung 238
Judikative 108, 132
Jugendarbeitslosigkeit 65
Jugendarbeitsschutzgesetz 75
Jugendliche 19, 21, 93
Jugend- und Auszubildendenvertretung 75

Kapitalgesellschaft 80, 81
Kapitalisierung 163
Kapitalströme 220
Kaufkraft 93
Kaufmotiv 93
Kaufverhalten 179
Kinder 28, 160
Kindergeld 165
Kindersterblichkeit 226
Kleidung 15, 16
Kleisthenes 110
Klimaerwärmung 192
Klimaprobleme 233
Klimawandel 41, 193, 219, 224
Knappheit 91
Koalition 133
Kofi Annan 235
Kohlendioxid 193
Kommunikation 14
Kommunikationstechnologie 68
Kommunismus 121
Kompetenzen 9, 17, 22, 25, 30, 41, 54, 57, 70, 73, 86, 89, 102, 105, 118, 121, 134, 137, 150, 153, 166, 169, 182, 185, 198, 201, 214, 217, 230, 233, 246
Kondratieff 61
Konfliktdreieck 238
Konflikte 224, 238
Konformitätsdruck 21
Konjunkturaufschwung 61
Konjunkturelle Arbeitslosigkeit 64
konstituieren 28
Konsum 92
Konsumenten 93
Konsumgüter 93, 178
Kontrolle 132
Kontrollratsgesetz 77
Konvergenzkriterien 208
Körpersprache 16
Korruption 85
Krankenversicherung 157
Krankheit 153
Krappmann 17
Kriege 233, 235, 242
Kriegsfürsten 242
Kriegstypen 239
Krippenplätze 165
Kündigungen 79

Landwirtschaft 188, 189
Lebensbedingungen 35
Lebensgestaltung 63
Lebensgewohnheiten 179
Lebenslagendefinitionen 35
Lebensrisiken 158
Lebensstandard 187
Lebenszyklus 230
Legislative 108, 114, 132
Legislaturperiode 132
Legitimationsfragen 108
Legitimität der Politik 109
Lehrvertrag 74
Leibeigene 137
Leiharbeit 57, 66
Leistungsgerechtigkeit 37
Leonardo da Vinci 207
Leopold von Ranke 235
liberale Theorie 236
Liquid Democracy 148, 149
Lobbyarbeit 141
Locke 112, 114
Logistik 68

Machtergreifung der Nationalsozialisten 117
Machtgleichgewicht 234
Mangelberufe 51, 162
Markt 94
Markttransparenz 91
Marktversagen 96
Marktwirtschaft 73, 96, 123
marxistisch-leninistischen Partei 127
Märzforderungen 115
Märzrevolution 115
Maslow 92
Massenmedien 169, 170, 172, 173, 174
Massenproduktion 188
Mauer 125
Mauerbau 123, 124
Maximalprinzip 91
Mead 10, 14
Medien 9, 12, 132, 169
Medizintechnik 68
Mehrheitsprinzip 105
Meinungsfreiheit 174
Menschenrechte 137, 236
Menschenrechtsverletzungen 41
Menschen- und Bürgerrechte 115
Migration 40
Migrationsbewegungen 41, 44
Migrationspolitik 48, 49
Militär 234
Millennium-Entwicklungsziele 226
Mindestbedarf 37
Mindestgarantiezeit 97
Mindestlohn 101, 132
Minijobs 57, 66
Minimalprinzip 91
Ministerium für Staatssicherheit 124
Mitarbeiterkapitalbeteiligung 69
Mitbestimmung 73, 76, 77, 78, 80, 81, 84, 137
Mitbestimmungsgesetz 81
Mitbestimmungsrechte 76, 78
Mitgliedstaaten der EU 211
Mitspracherechten 76
Mitwirkung 78, 144
Mobbing 176
mobile Endgeräte 174
Mobilität 196

monarchisches Prinzip 115
Montanbetriebe 77
Montan-Mitbestimmungsgesetz 77, 81
Multioptionsgesellschaft 17
multiple Identitäten 13
Multipolarität 236

Nachfrage 94
Nachfrager 95
Nachhaltigkeit 184, 190, 191, 198, 226
Nachkriegszeit 44
Nahrung 242
Nahrungsmittelproduktion 224
Nationalsozialismus 121
Nationalstaaten 42
Natur 189
natürliche Ressourcen 185, 187, 194, 240, 242
Neonazi 143
neorealistische Theorie 235
Neue Kriege 240
neue Medien 168, 169, 177, 178, 182
neue Vergütungsmodelle 69
nichteheliche Lebensgemeinschaft 28
Nichtregierungsorganisationen 226
Niederlassungserlaubnis 49, 162
Notverordnungsrecht 116
Novemberpogrome 117
NPD 143
NSA 175
Nutzenmaximierung 91
Nutzerverhalten 179

Obsoleszenz 97
OECD 226
Öffentlicher Personennahverkehr 196
ökologischer Fußabdruck 187
ökonomischen Grundsätzen 95
ökonomisches Prinzip 91
Online-Dienste 13
Online-Identifikation 13
Online-Plattform 148
Opposition 133
Ordnungspolitik 96
Ostverträge 123
Otto von Bismarck 153, 163

paritätische Mitbestimmung 80
Parlament 128, 149
parlamentarische Regierungssysteme 128
Parlamentarischer Rat 126
Parlamentarismus 116
Parteien 127, 133, 140, 142, 148, 149
Parteienverbot 143
Parteienverdrossenheit 140
Partizipation 138, 142
Partizipationsformen 137
Partizipationstheorie 80
Paus-Hasebrink 12
PC 170, 171
Peergroup 15, 19, 21
personale Identität 11
Persönlichkeitsentfaltung 19
Pflegeversicherung 157
Planwirtschaft 123
Politik 108, 189, 194
politische Ordnung 108, 109
politische Partizipation 144, 146, 148
politische Rechte 137
politisches System 120
Polizei 234
Potsdamer Abkommen 122
Preisbildung 94, 96
Preisstabilität 208
prekäre Beschäftigung 66
Pressefreiheit 115, 172, 174
primären Sozialisation 29
Produktionsfaktoren 58
Produktionsmittel 127
Property-Rights-Theorie 80
Proteste 174

Radlerhaus 197
Reallöhne 34
Recht 180
Recht am eigenen Bild 181
Rechtssicherheit 85
Regierung 108, 113, 128
Regierungshandeln 108
Reichstagsbrand 116
relative Armut 33, 34
relativer Wohlstand 33
Rente 163
Rentenversicherung 157, 163
repräsentative Demokratie 118, 148, 149
re:publica 148
Ressourcen 17, 92, 188, 189, 190, 224
Ressourcendefinition 35
Ressourcensicherung 184, 198
Restauration 115
Richtlinie 204
Rohstoffe 240
Rolle 14, 15
Rollen 9, 11, 14, 15, 18, 29
Rollenanforderungen 9
Rollendistanz 17
Rollenerwartungen 15
Rollenhandeln 16, 17
Rollenkonflikte 9
Rollenübernahme 14
Rollenverhalten 16

Saisonale Arbeitslosigkeit 64
Schneider 28
Schokoladenherstellung 222
Schule 25, 30, 31
Schulpflicht 30
Schwurgerichte 115
Selbstbild 15, 17
Selbstverwirklichung 57
Selektionsfunktion 31
Seniorenwirtschaft 68
Sex 16
Shareconomy 178
Shell Jugendstudie 12, 19

Stichwortverzeichnis

Sicherheitsdilemma 235, 236
Sicherheitspolitik 234, 243
Sicherheitsrat 243
Siegermächte 121, 122
Singlehaushalt 28
Sklaven 110
Smartmob 146
Smartphone 89, 94, 98, 100, 101, 102, 169
Smog 196
Social Media 177
Social Web 12
Social Websites 13
Solidargemeinschaft 28
Solidarität 156, 158, 159
Souveränität 234
sowjetische Besatzungszone 124
Sowjetunion 124
Sowjetzone 123
Sozialdemokratische Partei Deutschland 153
soziale Anerkennung 57
soziale Differenzierung 19
soziale Gerechtigkeit 25, 37, 155, 236
soziale Gruppen 18
soziale Identität 11
soziale Interaktionen 14
soziale Marktwirtschaft 96
soziale Medien 148, 174
soziale Mobilität 31
soziale Dienste 68
soziale Netzwerke 12, 176, 177
soziale Normen 19
soziale Plattform 174
soziale Position 29
sozialer Status 57
soziale Ungleichheit 25, 32
soziale Sicherung 153
Soziale (Un-)Gerechtigkeit 36
Sozialgesetzgebung 163
Sozialisation 14, 18, 19
Sozialisationsinstanz 15, 25
Sozialisationsphase 15, 17
Sozialkassen 163
Sozialstaat 96, 152, 156, 158, 160, 164, 166
Sozialsysteme 68
Sozialversicherung 82, 154, 156, 157, 159, 160, 166
Staatenbund 213
Staat 96
staatliche Institution 30
staatliche Macht 132
Staatsangehörigkeit 49
staatsbürgerliche Gleichheit 115
Staatsräson 234
Staatsschulden 208
Staatsvertrag 125
Stand-by-Betrieb 195
Ständige Mitglieder 243
Statussymbol 89
Stellungnahme 204
Sterbekasse 156
Streik 77
Stromfresser 195
Stromverbrauch 195
Stromversorgung 188
strukturelle Arbeitslosigkeit 64
Strukturfonds 211
Strukturpolitik der EU 211
Studienquote 69
Subsidiaritätsprinzip 156

Tablet-Computer 170
Tablets 170, 171
Tarifautonomie 78, 82
Tarifpartner 82
Tarifverträge 82, 83
Tarifvertragsgesetz 83
Tarifvertragsparteien 83
Tauschbörsen 178
technologische Errungenschaften 61
Teilzeitarbeit 57, 66, 68
Telefon 170
Telefonverbindungen 179
Telegraf 170
territoriale Integrität 234
Territorialstaaten 234
Terrorismus 224
Terroristen 242
transnationale Unternehmen 223
Treibhauseffekt 192, 194
Treibhausgase 193
Trinkwasser 224
Trizone 123
Twitter 169, 171, 174
Tyrannei 110

überbetriebliche Mitbestimmung 78, 82
Umlageverfahren 163
Umverteilungsdruck 85
Umwelt 184, 186, 190
Umweltauflagen 189
Umweltbilanz 196
Umweltkatastrophen 41
Umweltprobleme 196
Umweltprojekte 147
Umweltschutz 219
Umweltsünder 196
Umweltveränderungen 194
Umweltverschmutzung 189
Unabhängigkeitserklärung 105
UNAMID 246
Unfälle 153
Unfallversicherung 157
Ungleichheit 85
UN-Klimakonferenz 193
UN-Millenniumerklärung 226
UNO 226, 243
unternehmensbezogene Mitbestimmung 78, 80
Unternehmensmitbestimmung 77
Unternehmer 69, 77
Unternehmerverbände 141
Untersuchungsausschuss 133
Urheberrecht 180
Ursachen von Arbeitslosigkeit 64

Verantwortung 194

Verband 132, 141
Verbraucher 147
Verbraucherpflichten 100
Verbraucherpolitik 98
Verbraucherpreise 209
Verbraucherrechte 100
Verbraucherschutz 98, 202
Vereinbarkeit von Familie 68
Vereine 82, 127, 132, 141, 142
Vereinigungen 82
Vereinsrecht 115
Vereinten Nationen 243
Verfassung 115
Verfassung der DDR 127
Vergesellschaftung 14
Vergütung 75
Verkehr 68
Verkehrsmittel 196
Vermögen 161
Vermögensungleichheiten 36
Verordnung 204
Versammlungsdemokratie 111, 112
Versammlungsfreiheit 144
Versammlungsgesetz 145
Versammlungsrecht 115
Versicherungspflicht 157
Versicherungsprinzip 156
Verteidigungspolitik 234
Verteilungsgerechtigkeit 155
vertikale soziale Mobilität 31
Vertrag 113
Vertragstheorie 112
Vertrag über die Europäische Union 212
Verursacherprinzip 189
vier Freiheiten 206
Vierte Gewalt 172
Vogelsang 17
Völkerrecht 234, 245
Völkerwanderung 42
Volksdemokratie 124
Volksentscheid 118
Volkskammerwahlen 124
Volkssouveränität 112, 115
Volksvertreter 113
Volkswirtschaft 61, 92
Volkswirtschaftslehre 58
Vollbeschäftigung 59
vollkommener Markt 95
Vorschulen 165
Vorstand 80

Wahlbeteiligung 139, 150
Wahlen 137, 139
Wahlrecht 137
Währungsunion 208
Wallraff 45
Wandel 61
Wanderungsbewegungen 41
Warenaustausch 234
Warenboykott 101
Warenexport 223
Warenhandel 178
Warentransporte 222
Wärmegewinnung 188
Wasser 224, 242
Web 2.0 13, 148, 177
Wechselkurs 208
Weimarer Reichsverfassung 116
Weimarer Republik 115, 121
Weltbank 226
Weltklima 193
Weltklimarat 193
Weltkonjunktur 61
Weltregierung 243
Weltwarenproduktion 223
Weltwassertag 224
Werkverträge 66
Westfälischer Frieden 234
Westfälisches Staatensystem 234
Wiedervereinigung 105, 123, 125
Winston Churchill 201
Wir-Gefühl 18
Wirtschaft 73, 84, 88, 178, 194
wirtschaftliches Handeln 90
Wirtschaftsgut 90
Wirtschaftsraum 214
Wirtschaftsstruktur 61
Wirtschaftsunion 208
Wirtschaftswachstum 92
Wirtschaftswunder 45
wissensbasierte Dienstleistungen 68
Wohlfahrtsstaat 154, 155
Wohlstand 85, 189, 190, 234
Wutbürger 144

Zeitarbeit 66
ziviler Widerstand 145
Zuwanderer 50, 68
Zuwanderung 48, 50, 162
Zuwanderungsgesetz 48
Zweiter Weltkrieg 117, 121, 124, 233, 243

Bildquellenverzeichnis

S.8/9: „Single Fingerprint“ von Lori Danelle/http://loridanelle.com/; S.10/1: iStock/alex-mit; S.10/2: Suhrkamp Verlag; S.11/1: Ausschnitt aus Privatfoto; S.11/2: Shutterstock/rorem; S.14: Fotolia/fidelio; S.15: Picture-Alliance/akg-images; S.16/1: Shutterstock/CREATISTA; S.16/2: Shutterstock/Rtimages; S.18: iStock/mstay; S.20/1: Quint Buchholz; S.20/2: Shell Jugendstudie 2010; S.24: Shutterstock/ollyy; S.26: Krashchin, Nikolay, Moskau; S.27/1: Shutterstock/Goodluz; S.27/2: Shutterstock/Olesia Bilkei; S.27/3: Shutterstock/Blue-Orange Studio; S.27/4–5: Shutterstock/Dubova; S.27/6: Shutterstock/Andrew Lever; S.28: Shutterstock/SoleilC; S.29: Shutterstock/Monkey Business Images; S.30: Shutterstock/Pressmaster; S.31: Guido Zingerl, Fürstenfeldbruck; S.32/1–2: Shutterstock/ALMAGAMI; S.32/3: Shutterstock/Liviu Ionut Pantelimon; S.32/4: Shutterstock/Oliver Klimk; S.37: Der Freitag, Berlin; S.38: Picture-Alliance/Oliver Klimek; S.33/34: Bundeszentrale für politische Bildung, www.bpb.de, Lizenz: Creative Commons by-nc-nd/3.0; S.40: Picture-Alliance/dpa; S.42: Cornelsen Verlagsarchiv/Putzger 104.Auflage; S.43: Elisabeth Berten, Berlin; S.44/1: Cornelsen Verlagsarchiv/Dr. Volkhard Binder; S.44/2: Picture-Alliance/dpa; S.46: Bahaeddin Güngör, Bonn; S.50: Picture-Alliance/dpa/Fotoreport US DoJ; S.51: Bundesministerium des Innern (BMI), Berlin/Bundesanzeiger Verlag; S.52: Bergmoser + Höller Verlag AG; S.54/1: Lars Dietershagen, Bonn; S.54/2: Picture-Alliance/dpa; S.54/3: Gedenkstätte Deutscher Widerstand, Berlin; S.54/4: Ullstein-Bild/Czechatz; S.54/5: Picture-Alliance/dpa; S.56: Shutterstock/Eimantas Buzas; S.60/1–2: Peter Wirtz, Dormagen; S.61: Bundesamt für Sicherheit in der Informationstechnik (BSI), Bonn; S.62/1: Erich Schmidt Verlag; S.62/2–4: Picture Alliance/Globus; S.63: Cornelsen Verlagsarchiv/Gabriele Heinisch; S.64: Picture-Alliance/Globus; S.67/1: Picture-Alliance/Globus; S.67/2: www.spreadshirt.de/herrfaulbaum; S.72: Shutterstock/Alvov; S.76/1: bpk/Kunstbibliothek, SMB Knud Petersen; S.76/2: Picture-Alliance/ZB; S.80: F.A.Z.-Grafik/Niebel; S.82: Picture-Alliance/ Globus; S.86: Bergmoser + Höller Verlag AG; S.88: Shutterstock/tovovan; S.90: Shutterstock/Maxx-Studio; S.93: Picture-Alliance/Globus; S.100: Picture-Alliance/dpa; S.104: bpk/Bayerische Staatsgemäldesammlungen/Leo von Klenze; S.106/107.1: Prof. Dr. Andreas Petrik: Ausschnitt aus Dorfgründungssimulation. Weiterer Verlauf u. Materialien in: Petrik, Andreas: Regiebuch zum Lehrstück Dorfgründung. Eine praxiserprobte Simulation zur Einführung in das demokratische System, politische Theorien, Debattieren und Urteilsbildung. Für Sek. I u. Sek. II. Mit CD-ROM. Schwalbach/Ts.: Wochenschau 2013 (i.V.); S.107/2: Shutterstock/William Perugini; S.110: Ullstein-Bild/Imagestate Collection, National Geographic Society; S.111: Cornelsen Verlagsarchiv/Gabriele Heinisch; S.113: bpk/British Library Board/Robana; S.115/1: Picture-Alliance/Artcolor; S.115/2: akg-images; S.116/1–2: Picture-Alliance/akg-images; S.117: Cornelsen Verlagsarchiv; S.120/121: Cornelsen Verlagsarchiv/Dr. Volkhard Binder; S.121/1: Picture-Alliance/Globus; S.121/2: Haus der Geschichte, Bonn; S.122/1: Picture-Alliance/akgimages; S.122/2: Ullstein-Bild/LEONE; S.123: Mirko Szewczuk; S.124/1: Ullstein-Bild/Probst; S.124/2: Picture-Alliance/ZB; S.126: Ullstein-Bild; S.127/1: Ullstein-Bild/Schöning; S.127/2: M.f.G.: Ondefo-Verlag, Hannover; S.128/1: Picture-Alliance/dpa; S.128/2: Ullstein-Bild/AP; S.129/1: Bergmoser + Höller Verlag AG; S.129/2: Picture-Alliance/Globus;

S. 130: iStock; S. 131: ADAC, München; S. 133: Picture-Alliance/dpa; S. 135/1: Andreas Meenke, Neubrandenburg; S. 135/2–3: Cornelsen Verlagsarchiv/Christoph Berten; S. 136/1: Picture-Alliance/PictureSmile.de; S. 136/2: Picture-Alliance/Bildagentur-online/McPhoto; S. 136/3–4: Picture-Alliance/dpa; S. 137/2: Kulturzentrum am Wartburgplatz, Berlin; S. 137/1: die-weisse-rose.de, Berlin; S. 138/1: Prof. Prof. Gert Pickel & Prof. Susanne Pickel; S. 138/2-3: Picture-Alliance/dpa; S. 138/4: Picture-Alliance/ZB; S. 139: Picture-Alliance/dpa; S. 141/1–2: Picture-Alliance/dpa; S. 142: Cornelsen Verlagsarchiv/Christoph Berten; S. 143: Klaus Stuttmann, www.stuttmann.de; S. 146/1–3: Picture-Alliance/dpa; S. 146/4: Verlag Bertelsmann Stiftung; S. 147: Jugend im Bund für Umwelt und Naturschutz Berlin; S. 148: Picture-Alliance/Globus; S. 150/1: Bundeszentrale für politische Bildung, www.bpb.de; Linzenz: Creative Commons by-nc-nd/3.0; S. 150/2: Roger Schmidt, roger.schmidt@ohmpage.de; S. 151: Picture-Alliance/ZB; S. 152/1: Shutterstock/Alexander Raths; S. 152/2: Shutterstock/Lichtmeister; S. 152/3: Shutterstock/asife; S. 152/4: Shutterstock/auremar; S. 153/1: Shutterstock/forestpath; S. 153/2: Shutterstock/Alexander Raths; S. 154: Picture-Alliance/Globus; S. 156: Shutterstock/HuHu; S. 160: Picture-Alliance/Globus; S. 162: Picture-Alliance/Globus; S. 163: Bergmoser + Höller Verlag AG; S. 165: Cornelsen Verlagsarchiv/Christoph Berten; S. 166/1: Uta Eichborn, Bonn; S. 166/2: dpa; S. 167: Picture Alliance/Globus; S. 168: Shutterstock/Thampapon; S. 170: Fotos 1 und 2: agk-images, 3: akg-images/Erik Bohr, 4: akg-images, 5: sz-foto/Scherl, 6: Picture-Alliance; S. 171: Foto 1: Roy McMahon/Corbis, 2: shutterstock/atribut; 3: shutterstock/NDT, 4: shutterstock/hell114, 5: shutterstock/Oleksiy Mark, 6: OZaiachin, 7: turtleteeth; S. 172: Cornelsen Verlagsarchiv/Christoph Berten; S. 173: Foto © RTL; S. 174/1: © Thomas Hartwell 2011/Redux/laif; S. 174/2. Cornelsen Verlagsarchiv/Christoph Berten; S. 175: taz-Grafik/infotext-berlin; S. 176: Mauritius Images; S. 178: Startnext Crowdfunding gUG; S. 179/1: Shutterstock/Dominik Hladik; 179/2: Cornelsen Verlagsarchiv/zweiband.media; S. 180: Picture-Alliance/Globus; S. 181: M.f.G. Landeszentrale für Medien und Kommunikation (LMK) RhP, Ludwigshafen; S. 182: Picture-Alliance/dpa; S. 183: Landesanstalt für Kommunikation Baden-Württemberg (LFK); S. 184/185: iStock; S. 186/1: Fotolia/Stephi; S. 186/2: Shutterstock/Andrey_Kuzmin; S. 186/4: iStock/daviddegen; S. 186/5: iStock/toos; S. 186/6: iStock/melhi; S. 186/8: Bundeszentrale für politische Bildung, 2010; S. 187/1–2: WWF (World Wide Fund For Nature); S. 188/1: Fotofinder/Science & Society/images.de; S. 188/2: James Davies, Rodrigo Lluberas und Anthony Shorrocks, Credit Suisse Global Wealth Databook 2013; S. 192/1: gfx / APA-Grafik / picturedesk.com; S. 192/2: Picture-Alliance/Globus; S. 195/1–2: Picture-Alliance/Globus; S. 196: Picture-Alliance/Globus; S. 197/1:Picture-Alliance/dpa; S. 197/2: iStock/olaser; S. 198/1: iStock/eldadcarin; S. 198/2: Picture-Alliance/JOKER; S. 198/3: Pro REGENWALD e.V., München; S. 199/1: Shutterstock/Africa Studio; S. 199/2: Shutterstock/casadaphoto; S. 199/3: Shutterstock/litleny; S. 200/1: Shutterstock/Anton Balazh; S. 200/2: Picture-Alliance/dpa; S. 202: Glowimages/ImageBroker; S. 204/1: Ambao; S. 204/2: Shutterstock/leungchopan; S. 204/3: Shutterstock/Olyina; S. 206/1: Shutterstock/PJF; S. 206/2: Shutterstock/DW-Pixel; S. 206/3: Shutterstock/Gena96; S. 206/4: Shutterstock/Lisa S.; S. 207: Klaus Krauth, BBS II Gifhorn;

Bildquellenverzeichnis

Flaggen 1–5 Shutterstock/Globe Turner; Logo: Nationale Agentur Bildung für Europa; S. 208: Axel-Springer AG/Die Welt; S. 209: © 2011, IW-Medien, Magazin 21; S. 210: Cornelsen Verlagsarchiv/Christoph Berten; S. 211: Eurostat Media & Institutional Support, Luxembourg; S. 213: Deutsche Gesellschaft für Auswärtige Politik e.V, 2012; S. 214: Gerhard Mester, Wiesbaden; S. 216/1: Picture-Alliance/dpa; S. 216/2: Picture-Alliance/dpa; S. 216/3: Shutterstock/cdrin; S. 216/4: Shutterstock/Ryan Rodrick Beiler; S. 216/5: Picture-Alliance/ Newscom; S. 216/6: Picture-Alliance/PPI Images; S. 217/1: Picture-Alliance/JOKER; S. 217/2: Picture-Alliance/Keith Gentry; S. 218/1 Bundeszentrale für politische Bildung/Christian Hartmann; S. 218/2: Cornelsen Verlagsarchiv/Christoph Berten; S. 220: Götz Wiedenroth, Flensburg; S. 221: Kaminski, H., Institut für Ökonomische Bildung Oldenburg; S. 223: Welthungerhilfe, Bonn; S. 225: Gerhard Mester, Wiesbaden; S. 228: Thomas Plassmann, www.thomasplassmann.de; S. 229/1: Horst Haitzinger; S. 229/2: Attac Deutschland e.V., Frankfurt/Main; S. 229/3: Aktion Tagwerk e.V., Mainz; S. 229/4: TransFair e.V. (Fairtrade Deutschland), Köln; S. 229/5: Plant-for-the-Planat, Tutzing; S. 230: © Wuppertal Institut/Vislab (MIPS für Kids); S. 231/1: iStock/Track 5; S. 231/2: Shutterstock/Dmitry Kalinovsky; S. 232/1: Picture-Alliance/dpa/dpaweb; S. 232/2: Picture-Alliance/epa; S. 232/3: Picture-Alliance/dpa; S. 232/4: Picture-Alliance/dpa; S. 232/5: Picture-Alliance/dpa; S. 232/6: Picture-Alliance/dpa; S. 234: bpk/Lutz Braun; S. 235/1: Picture-Alliance/AP Photo; S. 235/2: bpk/Nationalgalerie, SMB/Andreas Kilger; S. 237/1–4: Shutterstock/Albert Ziganshin; S. 238: Galtung-Institut, Grenzach-Wyhlen, Johan Galtung, 2007; S. 240: Le Monde diplomatique, Berlin; S. 241/1: Arbeitsgemeinschaft Kriegsursachenforschung (AKUF)/Wolfgang Schreiber; S. 241/2: Picture-Alliance/dpa; S. 241/3: Picture-Alliance/Ton Koene; S. 242/1: Prof. Dr. Christopher Daase, Goethe-Universität Frankfurt am Main; S. 242/2: Picture-Alliance/dpa; S. 243/1: Shutterstock/SeanPavonePhoto; S. 243/2: Copyright Richter-Publizistik, Bonn, www.crp-infotec.de; S. 243/3: Picture-Alliance/Globus; S. 246: imago; S. 247: Le Monde diplomatique, Atlas der Globalisierung, Berlin (taz Verlag), 2009; S. 249/1–2: Cornelsen Verlagsarchiv/Christoph Berten; S. 250/1–2: Cornelsen Verlagsarchiv/Christoph Berten; S. 251–261: Cornelsen Verlagsarchiv/ Christoph Berten.